中国贵州道真第二届仡佬族文化艺术节暨傩文化学术研讨会合影

2017.11.04

0851-28771118

两江酒店

研讨会合影

刘祯会长致开幕辞

费学卿副县长致开幕辞

研讨会现场

《打闹台》

《双开坛》

《骑龙下海》

《山王破狱》

《度关》

《目连戏》

《高台舞狮》

《高台舞狮》

傩戏表演与观众

扮山王者戴面具前礼仪——画符讳

山王破罗网

傩技"顶鏊"

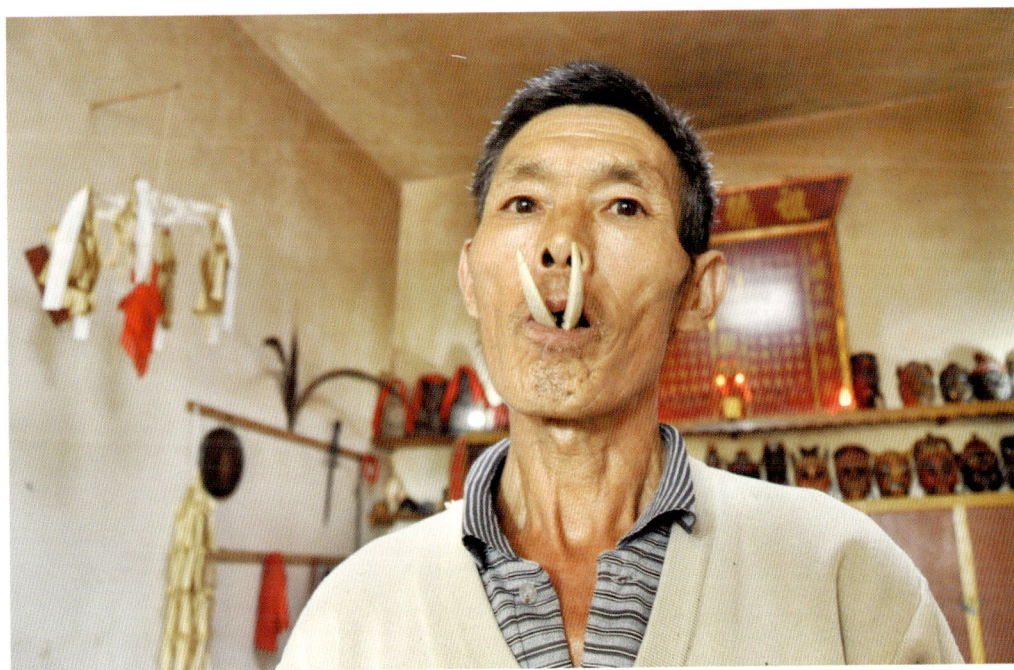

傩技"耍牙"

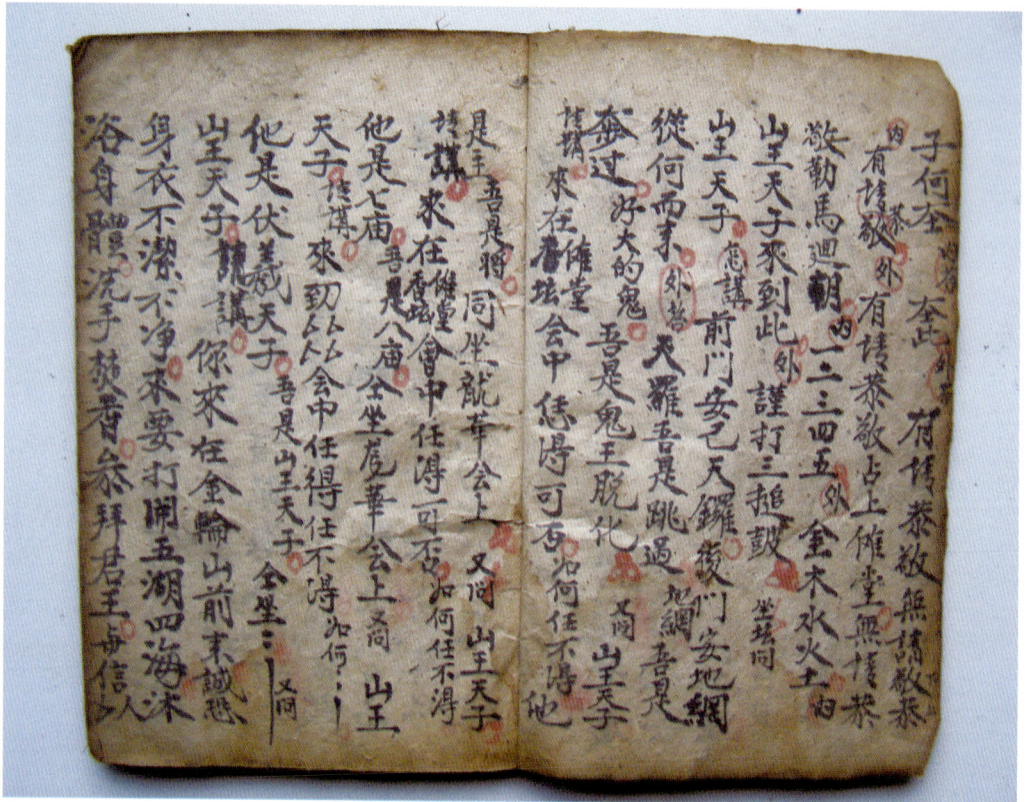

傩戏剧本

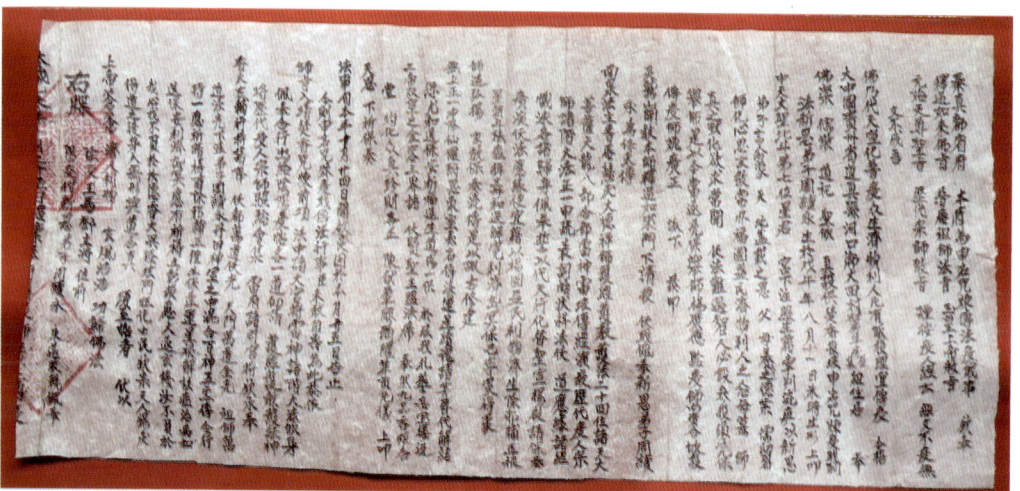

仪式重要文书阴阳牒文之阳牒

2016年7月应邀参加中国湖南新化傩文化国际学术研讨会开幕式表演之《和梅山》

2016年9月应邀参加重庆市第五届文化产业博览会开幕式表演之《山王破狱》

2015年5月，中国傩城规划设计方案专家评审会在北京举行，
中国傩戏学研究会会长刘祯先生等应邀出席会议

2017年3月，全国人大常委、致公党中央副
主席闫小培（前排右二）一行考察、指导中国
傩城建设

2017年8月，中共贵州省委常委、遵义市委
书记龙长春（前排左三）一行考察、指导中国
傩城建设

"中国傩城"部分景区鸟瞰图

福广场"六虎朝傩"雕塑

福广场每日的"山王赐福"仪式

"三幺台"酒楼夜色

中国傩俗礼仪文化丛书

# 傩道圆真

道真第二届仡佬傩文化
学术研讨会论文集

编 | 刘祯

主 | 杨润民

北京时代华文书局

**图书在版编目（CIP）数据**

傩道圆真：道真第二届仡佬傩文化学术研讨会论文集 / 刘祯，杨润民主编 .
— 北京：北京时代华文书局，2018.9
ISBN 978-7-5699-2593-7

Ⅰ．①傩… Ⅱ．①刘… ②杨… Ⅲ．①仡佬族－傩文化－道真仡佬族苗族自治县－学术会议－文集
Ⅳ．① K892.24-53

中国版本图书馆 CIP 数据核字 (2018) 第 215908 号

## 傩道圆真：道真第二届仡佬傩文化学术研讨会论文集

Nuodao Yuanzhen: Daozhen Di-erjie Gelao Nuowenhua Xueshu Yantaohui Lunwenji

主　　编 | 刘　祯　杨润民

出 版 人 | 王训海
责任编辑 | 徐敏峰　陈冬梅
装帧设计 | 段文辉
版式设计 | 赵芝英
责任印制 | 刘　银

出版发行 | 北京时代华文书局 http://www.bjsdsj.com.cn
　　　　　北京市东城区安定门外大街 138 号皇城国际大厦 A 座 8 楼
　　　　　邮编：100011　电话：010-64267955　64267677
印　　刷 | 三河市祥达印刷包装有限公司　0316-3656589
　　　　　（如发现印装质量问题，请与印刷厂联系调换）
开　　本 | 710mm×1000mm　1/16　印　张 | 32.5　彩插16面　字　数 | 492千字
版　　次 | 2018 年 10 月第 1 版　　印　次 | 2018 年 10 月第 1 次印刷
书　　号 | ISBN 978-7-5699-2593-7
定　　价 | 120.00 元

# 目　录

# "破盆"目连：祭祀与戏剧

## ——贵州道真自治县目连戏的发现及意义

中国傩戏学研究会会长　刘祯

20世纪80年代以来，以戏曲为主体而又超越戏曲领域的一个学术热点是目连戏、傩戏之热，以今日之眼光回视，它们依然那么具有光彩，也依然让人觉得扑朔迷离。这种研究热，不仅填补了戏曲及多门学科研究的空白，更主要的是在于我们对民间的重新发现与认识。那个年代，随着《中国戏曲志》《中国戏曲音乐集成》等大型志书的编纂，沉寂多年的祭祀仪式、祭祀表演被人们不断地挖掘、发现和整理，从而孕育了这种"热"现象。

由佛经而变文，从印度至中国，目连救母的故事经历了一个漫长的中国化、世俗化的过程，这一故事也因此从西到东、由北到南，在中国社会特别是民间社会产生了广泛的影响，以讲唱、宝卷、弹词特别是戏曲形式流传。20世纪八九十年代是这一祭祀演出被人们重新发现和重视的一个时期：多次举行专题国际学术研讨会；文本、仪式、傩戏等以活态形式重新展现在人们面前；出现了一批撰写了较多学术论文和考察报告的专家、学者；所涉及的区域十分广大，尤其是南方省份，不仅祭祀演出多，而且活动频率高且影响大。

值得注意的是，在目连戏研究最热之时，南方绝大多数省份目连戏发掘和演出此起彼伏，贵州却始终没有进入这一"热"的研究视野中。历史上贵州镇宁地区，"遇丰年，间有开办盂兰盆会，唱会戏（演《精忠传》及《目连救母》等戏）放烟火之举"①。目连戏是一种祭祀演出，这一点与傩戏具有共同性，而贵州傩戏的发达，无论是安顺地戏、威宁撮泰吉，还是德江傩戏，早已被学者们所关注。在贵州，丰富的似乎只是傩祭傩戏。

2014年10月，中国傩戏学研究会在道真自治县举办了道真仡佬族傩戏国际学术研讨会。仡佬族傩戏被列为国家级非物质文化遗产名录，这次会议对其进行了研讨并观摩了演出。2015年8月下旬，中国傩戏学研究会应邀专程去贵州遵义市道真仡佬族苗族自治县进行仡佬族原生态傩戏考察，深入考察了张邦宪傩班。本次考察比较系统，也比较原生态，并非仅为祭祀仪式的"小戏"或特技展示。此次祭祀演出所展示的是一个较为完整的傩祭结构，是一个庞大的民间文化体系，笔者感觉到仡佬族傩戏是其民间思想、信仰、宗教、文化、情感和审美的集大成体，是一个活态的文化载体，非常系统、完整而成体系。由此而引发的启发是，傩祭傩戏应该是21世纪我们认识传统民间文化的一个不竭武库，傩祭傩戏研究也孕育了学术新的增长点，其意义空间非常大。

在此次考察中，笔者的一个重大收获就是了解到道真自治县还有目连戏

的表演，遂通过县政府有关部门安排，进行了半天的演出观摩。2016年5月中旬，笔者再次前往道真自治县考察目连戏，对道真自治县左朝元班演出的"破盆"目连戏有了初步的认识。两次演出都是由道真自治县三桥镇接龙

---

① 民国《镇宁县志·民风志》。

村刘家坪左朝元傩班在道真城郊仡佬苑进行。左朝元，生于1963年农历四月二十八日，苗族，初中文化。他1983年跟本村的周兴全学佛，1986年跟本村的肖德鸿学傩戏，1988年抛牌出师，主持大小法事，包括冲傩、阳戏、梓潼戏、打财神、打保福、跳坛、山王会、摄送、打粉火、烧五雷胎、安香火、收禁罐、开天门、度关、退箭、退火星、谢土、酬山、开百家锁、遣阴丧、和梅山、和瘟、上钱及荐亡道场等。他在川黔渝等周边活动，经常参加表演，多次获省、市、县奖项，传承弟子十余人。

表演场地前方设香案，称"皇坛"。香案上方挂神像，右边书"三山五岳朝圣主"，左边书"四海九州拜君王"。案桌上摆三杯净茶，一碗净水，一碗米粑，一碗豆腐，一碗糖食，一个刀头，一只公鸡，一瓶白酒。场地正中搭"奈何桥"，以六张饭桌搭成宝塔形，并以长高凳捆绑于两侧作扶栏，顶端为门关，桥左右两边书"目连救母念弥陀""唱乾血湖赦罪人"。桥下置脸盆一个，装满净水，加红墨一滴，使之变红，以象征血河。奈何桥外侧设一香坛，所摆放供品与皇坛相同，所挂神案为"地藏"或"阴总尊"。表演者约10人，包括法师、目连和尚、阎君、牛头、马面、刘氏四娘、桥梁土地，坐坛奏锣鼓4人。

开始为"打闹台"，即序曲。锣鼓牌子有：狮子吼、跌断桥、金钱花、一枝花、牛跳尾、心欠欠、董巴郎、黄铜雀、单铙等。唢呐曲调有：青板、过堂、道士柳、红绣鞋、三钻子、御衣调、耍蛇儿等。

接着是"造桥"，法师二人头戴花冠，肩搭牌带，手持牛角、师刀，在桥案两端来回做法事，边唱神歌，边吹牛角，舞牌带，挽手诀，化钱纸，以示搭建奈何桥采木、造桥、面桥、亮桥、扫桥、坐桥的整个过程。桥案所绘皆为神仙，是仪式中必不可少的环节。仡佬族傩戏祭祀中亦有，也是迎神的一个重要仪式。

接着进入"破盆"表演。"破盆"即破开"六狱",包括血盆、血山、血海、血河、血湖、血池,属于祭、戏合一。叙述孝子目连下地狱救母,后母亲被转轮大王投胎王员外家成为一只白犬,目连担经找到,化其白犬,一头挑经,一头挑白犬(母亲),去参拜佛祖,佛祖为其孝心感动,将他封为地藏菩萨,同时救其母亲刘氏四娘为金毛狮子。

结尾部分是"拆桥",边唱边拆桥,一拆东方木成桥,二拆南方火成桥,三拆西方金成桥,四拆北方水成桥,五拆中央土城。

据左朝元介绍,道真目连戏最长可以演出八个多小时,可以分两天或者三天演,也可以一天演。

在笔者看来,道真目连戏的演出,不仅填补了目连戏演出和传播区域范围的空白,而且其独特的祭祀表演为我们提供了对目连戏全新的认识。[1]具体表现为:

一、在目连戏演出、传播方面,呈现全国普遍存在的态势,南方尤其是重点。在现有的版图中,贵州是祭祀演出特别发达且传统保存特别好的地区,这当然与贵州偏居一隅、地理形势及多民族聚居等方面因素有关。地理位置的偏远和自然条件的复杂艰苦,使得乡民百姓对祭祀宗教有着更多更普遍的要求。贵州多傩所反映的就是历史上贵州各民族各阶层思想和心理的这种需求,这种社会和个体的普遍需求也反哺傩祭存在的基础,使其生生不息。傩戏与目连戏同属祭祀戏剧或仪式戏剧之列,但又有非常具体的不同:目连戏属于比较特殊的剧目演出,它只有一个剧目;傩戏在祭祀仪式及结构下,可以有多个剧目。也许与贵州祭祀仪式的生态有关,贵州不仅发现目连戏演出的存在,而且这种

---

① 宋运超《祭祀戏剧志述》(贵州民族出版社1996年版)有"道士丧堂绕棺《目连戏》",介绍颇详,与道真"破盆"《目连戏》关系密切,值得比较,然其案例作者写"黔地",实为湖南花垣县。

演出与祭祀和傩的关系更为紧密。道真"破盆"目连戏的发现是目连戏研究的一个新突破，不仅确认了贵州目连戏的存在，而且极具地方特色。就目前掌握的信息和资料看，道真"破盆"目连戏还不是仅存，贵州道真之外目连戏的演出还比较普遍，目连戏作为一种祭祀仪式在贵州许多乡村都有演出，包括提线木偶的目连戏，都是还愿祭祀的形式，[①]道真并非个案或仅存。道真及贵州多地目连戏的演出，与傩祭傩戏构筑了贵州祭祀戏剧、祭祀文化的基本形态，彼此之间多有所渗透和交融，也形成了全国目连戏版图的贵州区域。

二、道真"破盆"目连戏演出完全是一种宗教祭祀仪式，是基于仪式基础的目连戏表演。虽然各地目连戏演出有不同的称谓，如平安戏、普度戏、和尚戏、打盆（叉）戏、会戏等，但各地目连戏的主要特征即是作为戏曲表演与民间祭祀、民俗活动的浑然相融，这是我们看到的大多数地方目连戏的特色所在。有些地方的目连戏戏曲化程度更高，逐渐进入纯"艺术"行列，如川剧、祁剧、辰河戏、莆仙戏、豫剧等，已逐渐从祭祀演出中分离出来，不断被净化，正走向人们标定的"剧种"艺术。祭祀仪式仍以潜行状态保存于民间，并逐渐走向衰落。道真目连戏演出一般为丧葬演出，不是以娱乐与艺术的名义进行。据左朝元讲，目连戏在祭祀时才表演，而且都是丧葬中的祭祀，丧葬者为生产过的女性；而没有生产过的女性和男性死亡，不表演目连戏。目连戏属"丧戏"范畴，又称"演目连戏"，属七天以上丧葬仪式中的仪式程序或戏曲之一。这种丧葬仪式称"燃天道场"，早起晚散为"上山道场"，三天为"关车道场"，五天为"地府道场"，九天为"迎驾道场"。

"破盆"目连以祭祀为主，祭祀与戏剧表演相融，演出者不是演员，而

---

① 贵州息烽黄登贵介绍，当地有提线木偶目连戏剧本、还愿祭祀，演出未见。

是做法事的法师等。仪式中要诵的经有：血河、血湖、血盆、血池、血山、血海、解释、解冤。诵多少经，诵什么经，根据祭祀大小而定。笔者在采访现场注意到，经本置于皇坛香案上，需要诵唱时，翻到该页照本宣科。参与仪式表演的左朝元、周仲武、左朝明、何祖荣、周传明、谭文现、毛胜炳、肖廷福、左平、程均等，都是傩班成员。左朝元是傩戏省级传承人，平时的身份就是农民，和很多目连戏演出成员为职业演员不同，他的另一个身份是法师。他们也与祁门等地民间演出目连戏者不同。祁门农村演出目连戏者，身份就是农民，农忙下地，农闲聚集演出。对于这些法师来讲，做法事、做仪式也是他们的职业，某种程度上依此谋生。道真目连表演（祭祀仪式）不是给观众看的，这是它与许多地方目连戏演出显著的不同。道真目连戏演出，有现实中孝子相伴表演，孝子要穿过东南西北四门和中央狱，行往桥上而过，进坛参拜十殿、福神、香火等神圣。

丧葬法事是一项有报酬的仪式活动。笔者2015年8月在道真自治县隆兴镇联心村法师张邦宪家中看到一个笔记本，记录了其10个月的法事活动，达到140多场，应该都是取酬的。这一情况能够说明的问题很多，法师职业本身能够经济独立，而这种经济独立也能够保证其行业的独立和自主，不会被戏曲同化。还愿、祭祀，在民间有不竭的资源，这一特性决定了法师们的经济收入源源不断，从而保证仪式演出的代代相传。戏曲由祭祀而娱乐而审美，是一种历史进化，特别从艺术学角度看意义极大。但在这一历史进程中，其功能逐渐发生变化，人们的关注点越来越趋于单向思维、单项选择、片面追求，而忽略了演出的功能目的，特别是观众始终处于艺术学的边缘位置，这是戏曲作为艺术脱离观众，变得缺乏生命力，最终失去市场甚至难以维持生计的重要原因。祭祀也好，演出也罢，都是一个立体的生态系统，牵一发而动全身，不能顾此失彼。在"破盆"目连表演中，仪式是绝对的，也是细致的，而表演是相对的，也不是专业的，没有专业的戏曲演员，祭祀为主，祭、戏合一。仪式与表演的承担者，既是法师，又是演员，二者合二为一。

三、演出内容主要围绕过奈何桥、目连下地狱救母情节，人物有法师、土

地、目连、刘氏四娘、鬼卒、地藏等。完
整的目连戏桥段，应该包括目连一家的世
俗生活、母亲下地狱后目连西天取经和下
地狱救母三大部分。道真目连戏，其丧葬
祭祀仪式性质决定了其主要内容在地狱部
分，而且是紧紧围绕奈何桥展开，既劝善
行孝，又以地狱惩恶，还紧扣"丧葬"主题。左朝元抄本紧紧围绕目连游十殿
进行。试看游一殿：

    （老生、狱主、王官介，上诗）地藏菩萨妙难量，救度众生不可当，
是夜亡魂皆得度，出离地狱上天堂。（介）吾当坐冥府第一殿，秦某妙广
真君则是，名秦广大王。往日坐在冥府，灯花结彩。今日是闷闷不乐，
不知是主何结兆，代（待）我上坐。

    ［分（吩）咐牛头狱卒、马面夜叉、桥梁土地］何在？

    ［次（伺）候介］

    （介）传桥梁土地！

    （桥梁土地）[1]来也！

    （上桥梁土地，唱）说我家来不远，说我无名却有名，家坐地府幽冥
界。阎王天得知闻河泊水官，支令桥梁土地是吾神。

    （过场，介）吾得到河泊水官的令，封我桥梁土地，令我把守梁桥
一代（带），凡行善之人桥上过，作恶之人桥下行，代（待）我桥上座
（坐）下。

    （生目连上介）地藏菩萨愿力深，发愿地府寻母亲，当时走进幽冥
界，阎罗殿前问母亲，人人都有亲生母，谁知目连没母亲。

---

[1] 原文缺，据文意补。

（王官介）下跪何人？

［目（连）介］目连。

［（王）官介］所为何事？

（目连介）①不知我母犯了何等罪，特来阴司问个明白。

（王官介）只因你母在阳世间，呵风骂雨，咬人是非，此乃是拔舌地狱，你若要你母亲出离地狱，除非阳间有孝顺儿女，请高僧道士诚心诵经礼佛度亡魂，方可出离地狱。

（目介）我寻不见我的母亲，我世（誓）不为人！（下）

（王官介）除非你是西天佛世尊。

（内传）传狱卒鬼使何在？

（内应）②次（伺）候！

（上狱卒鬼使，丑介）狱卒鬼使不言愁，十人见了九人愁，有钱就是好朋友，无钱刀子作（做）对头。今日奉得阎君的差遣，不知是为何事，狱卒告进大殿，见过阎君有礼。

（阎君介）免礼！

（卒介）传得小神进殿，所为何事？

（阎君介）小神那（哪）能知道，今日来一僧人，他来救他的母亲刘氏四娘，严加看管，没有本王的敕旨，不得发放！

（丑介）谢过王官。（下）

（上丑介）今乃闲下无事，等我去把刘氏四娘叫来，枷刑审问。

（丑押刘上，哀子）千悔万悔难悔转，阳间不该造祸端，呵风骂雨时常念，今日阴受熬煎。羊落虎口无人救，不知目连在那（哪）端。

（阎君介）将刘氏四娘送往前狱，严加看管，受罪施行。（下）

---

① 原文缺，据文意补。
② 原文缺，据文意补。

（目连上，诗）人人称我目连尊，特来地府寻母亲，一时走进幽冥，狱卒使把守门。（介）禀告大王，请你还我母亲，要钱给钱，要粮给娘（粮），我要我的刘氏母亲。

（狱卒与目连交战完，接切以后）若人称念一声弥陀佛。（过桥完）（目连唱太子游东门完，下）

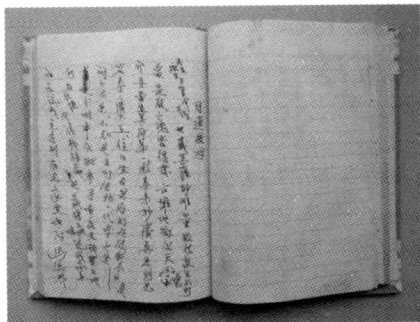

左朝元抄本首页

（卒介）告知大王不知是那（哪）来一个人，说要救他的母亲。

（王介）他是目连，你将刘氏四娘送往二殿去听发落。（下）

人物的表演其实不是主要的，作为民间演出人物之间的对话、语言比较直白，没什么修饰，而仪式和仪式目的才是根本。如果仅从文本着眼，会发现它是一种退化、简略、机械，内容重复、雷同，如一殿至下一殿的情节，但这恰恰说明仪式行为本身所具有的意义，而非戏剧故事的。关于刘氏四娘的罪行，道真目连戏地狱不同殿，说法各异。比如一殿，刘氏的罪过是在阳世"呵风骂雨，咬人是非"，进入拔舌地狱。二殿狱卒据掌簿判官查阅清楚，刘氏四娘"恶有千端，善无半点，十恶不善，在阳世间笑人吃斋拜佛，路焚灯烛，滚汤泼雪，毁杀虫蚁"，进入铁叉地狱。到了三殿，刘氏则是"在阳间瞒昧天良，瞒心昧己，五逆六根之罪"，被推入油锅地狱。六殿为"在阳世间生男育女，搽胭抹粉，在月中未满月之时，灶前灶后行走，秽污灶神，祖宗佛神，还将不干净小衣洗来当天晒，浪秽水倒在地下，秽污水府三官"，进入血河地狱。在各地演出中，刘氏所犯罪行有所不同，但吃荤开戒、打僧骂道是其基本罪名，进入地狱后遍历各殿，遭受不同的折磨和刑罚，但道真目连演出中刘氏的情况有所不同，似乎进入每一殿，她所遭受的刑罚要与她阳世罪行一致，所以她的罪名是不一致的，造成人们对刘氏罪名的多重认定。这样一种解读，也应该是民间朴素的理解，但对刘氏形象而言，增加了她从地狱重生的难度，也给儿子

9

目连带来更多的"负面"影响，不似各地演出中多数都竭力淡化刘氏的罪行，以便为其超生奠定良好基础，也不污目连孝子名声。

祭祀仪式的长短，更主要的是念诵科仪忏法的详略，取决于"法事"规模和时间长短的需要，而不完全是故事情节的取舍。故事情节本身是一种叙事和表达，但不居于支配地位。

四、表演中人物多戴面具，这是道真县目连戏与其他各地目连戏演出的显著区别，也是该目连戏演出与傩班一体的重要标志。以往看到的大多数目连戏表演，除阴间的牛头马面，很少戴面具的。道真"破盆"目连戏，牛头马面以

外其他人物如桥梁土地、阎君等，特别是主人公目连，都头戴面具，这是其他目连戏演出所不曾有的。目连戏是祭祀演出，这从北宋开封中元节《目连救母》杂剧即已奠定，在各地流传中一方面保持祭祀本色，一方面又受到地方剧种影响，有的几乎完全为地方剧种同化。目连戏时空比较开阔，俗世、地狱和西天，人物则除俗世人外，还有其他两界的神鬼，在表演中一般只有牛头马面戴面具，而俗世人物包括其他神鬼多不戴面具。面具是傩戏表演的一个显著特征，道真目连演出，除了做法

事的法师外，神鬼如土地、阎君都戴面具，最不同寻常的是，目连这一人物也戴面具，这在现知的目连戏演出中是绝无仅有的。道真目连戏演出这种祭祀和穿戴装扮，与祭祀仪式关系更密切，是法事中的演出和戏剧，这与我们今天看到的大多数目连戏演出都不同。事实上，这个演出"破盆"目连戏的班子，就是傩班，平时亦多演出傩戏。傩戏与目连、祭祀与戏剧、道教与儒佛等处于融合状态，互相交流，又各有侧重，作为民间文化的重要事项，千百年来一直流行不衰。

阎君

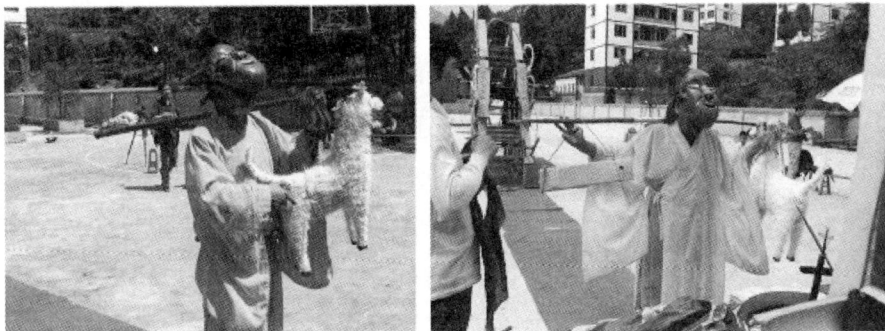

目连

五、高台舞狮与目连戏的影响。无独有偶，在道真不仅有原汁原味"破盆"目连的祭祀表演，还有与此一脉相承的高台舞狮活动。在2015年的考察中，道真自治县领导介绍，除目连戏演出外，还有与此关系紧密的高台舞狮活动，笔者遂在观摩完"破盆"目连戏演出后，又驱车前往隆兴镇浣溪村观摩申学军班的表演。高台舞狮已成为道真仡佬族的一项传统体育项目。这一活动源自农村，由普通农家饭桌搭建高台，并于高台上表演舞狮活动，技巧性、危险性并存。高台的搭建分宝塔式和一炷香式两种。宝塔式用桌十二张，最底层四张，二层三张，三层两张，四、五、六层各一张，形成下大上小的宝塔式，高约7米。一炷香式每层一张桌，垒叠而成，最上面一张桌则要倒扣，桌四脚朝天，高约10米。高台舞狮表演主要依托两个剧目进行，剧目不同，出场人物与表演动作、内容也不同。一个剧目是《目连救母》，一个剧目是《大舜耕田》，顾名思义，后者表现农耕文化，道具多为农具。《目连救母》有4名配乐伴奏，3个主要角色为孙猴、和尚、雄狮（由两人顶戴用竹篾与彩布制作的"狮皮"合扮）。在地面上的表演有踩高桩、叠罗汉、翻拱桥、搭泥饼等，在桌台上的表演动作有鳌鱼吃水、倒上抄椤、节外生枝、遥视苦海、天外探天、天王封印等，技巧难度很多，带有一定危险性。先是笑和尚与孙猴出场，表现的是目连拜师学艺的过程；然后是狮子出场，从地面到高台盘桓而上，达于最高端，参拜四方；最后狮子在台顶桌的四脚上做出各种造型，灵活自如，险象环生，惊险刺激，表演进入高潮。

高台舞狮

这一活动源于目连救母故事。传说目连的母亲刘氏四娘生前作恶，死后被打入地狱。目连为拯救母亲脱离苦海，便拜孙猴为师，习得武艺。[1]目连的母亲投胎转世到王员外家，化成一只白犬。目连从佛祖处得到母亲下落，一路化缘前往。一向凶恶的白犬，见到目连泪流不止，异常温顺。目连知道这便是母亲，向王员外化缘得到白犬。目连一头挑经书，一头担白犬，向佛祖求救。佛祖十分肯定目连的孝道，超度其母亲升入天国，封为吼佛狮子。民间传统这一活动在正月进行，舞狮队正月初一出门，挨家挨户穿行，至十四日返回，十五日火化狮头而结束。笑和尚、孙猴、狮子都是有来历的，与孝子目连、目连救母故事关系紧密，为直接蜕变衍生，并完全与民俗相融，拔除不祥，祈盼乡人平安吉祥。

贵州道真"破盆"目连戏，不仅是目连戏研究领域新的发现，而且其独树一帜的祭祀仪式，在目连戏系列中也是崭新的，是目连戏研究中鲜见的，它的表演更接近于祭祀本质，所以，对祭祀与戏剧关系的揭示更值得引起人们的关注。

（本文的完成，得到贵州省道真自治县冉文玉、左朝元两位先生提供相关资料，谨此说明并感谢！文中照片均为作者拍摄）

---

[1] 目连与孙猴（孙悟空）的关系，一直是学界探讨的一个热门话题。据笔者考证，佛经里"神通第一"的目连是孙悟空形象的原型，参拙著《中国民间目连文化》第十章第二节"深层意绪（1）：目连之于孙悟空"（北京时代华文书局2015年版）。在道真高台舞狮传说故事中，目连与孙悟空（孙猴）的关系颠倒了。这是因为民间所认识的孙猴（孙悟空）神通广大，能够七十二变，自然是师傅，而不知目连与孙猴更深入的历史渊源。

# 论道真仡佬族傩戏向舞台表演转变的可能性

中国艺术研究院戏曲研究所　李志远

当前傩文化领域研究中所使用的傩戏概念无疑是一个泛概念，多是把一切行傩的过程皆称为傩戏。当然，这并不是今天概念使用模糊所致，也与古代对傩的认识有关，如宋代大儒、思想家朱熹在释解《论语·乡党》所载"乡人傩，朝服而立于阼阶"时亦有"傩虽古礼而近于戏"的论断，这显然是把行傩看作了近乎戏剧演出活动，不过朱熹接着又说"亦必朝服而临之者，无所不用其诚敬也"①。可以看出，朱熹认为乡人傩的行傩过程犹如戏剧演出，但孔子之所以还要"朝服而立于阼阶"，是因为他心中存有"诚敬"之念。试想如果面对行傩而心中无"诚敬"之念与"敬畏"之心，而是以置身事外的心态视之，显然一切行傩的过程都犹如戏剧演出。关于这一点，明代传奇《白罗衫》的"捉鬼"一出就是很鲜明的事例，剧中女巫捉鬼的过程其实就是戏剧演出，是搬演于舞台、具有欣赏性的"捉鬼"仪式。日本学者田仲一成曾对社祭祭礼仪式如何转化为戏剧这一问题予以探讨，他称："一般来讲，这些祭祀活动所具有的宗教性、巫术性在村民的观念中逐渐淡化，村民们对祭祀活动的各个部分所抱有的宗教性的畏惧感情减弱，像观看感兴趣的演出那样审视祭礼仪式

---

① （宋）朱熹：《四书章句集注》，中华书局1983年版，第121页。

时，大致可以认为这些祭祀活动的祭礼开始转化为戏剧。"[1]应该说，这个判断是切中肯綮的。正是由于以"戏"的心态看待行傩，行傩本身无论法师和傩神扮演者是多么认真与投入且秉持虔诚之心，都无法改变部分观众的观赏心态与对行傩的"戏剧化"认知。从这个意义上来讲，把一切行傩过程都称为傩戏是没有问题的，这也可以说是广义的傩戏概念。不过，探讨道真仡佬族傩戏能否向舞台表演转变这一问题，笔者并不持这种广义上的傩戏概念，毕竟就现有的大多数傩坛行傩来说，宗教仪式性较强的行傩法事过程更多的还是单调、重复、拖沓而缺乏可观赏性。本文仅持狭义的傩戏概念来探讨该问题，即下文所使用的傩戏概念仅指穿插于行傩过程中、可以单独摘出进行表演的戏剧。具体到道真仡佬族傩坛而言，本文所使用的傩戏仅是指那些被称作插戏的剧目。

在道真仡佬族傩文化中，插戏是与正戏相对而言的，道真仡佬族苗族自治县著名傩文化学者、民宗局副局长冉文玉曾在《道真仡佬族苗族自治县傩文化简志》一文中，把行傩剧目分作正戏和插戏，称"正戏为带戏剧性之仪式程序，属不可减省内容"，"插戏，非必演内容，由法师根据相关性原则及信人

图1　《双开坛》剧照

主观需要来灵活安排，旨在增加娱乐色彩，烘托仪式气氛，以神话题材或历史题材居多"，[2]可以看出其所言的正戏是指傩坛的内坛法事，插戏是指傩坛的外坛表演。笔者也曾先后三次观看过道真仡佬族傩坛行傩的过程，亦感觉到这些插戏剧目可以脱离行傩

---

① 〔日〕田仲一成：《中国祭祀戏剧研究》，布和译，北京大学出版社2008年版，第9页。
② 冉文玉：《道真仡佬族苗族自治县傩文化简志》，冉文玉主编：《道真古傩》，贵州民族出版社2012年版，第77页。

空间单独进行娱乐性表演，特别是在观摩过道真第二届仡佬傩文化艺术节暨傩文化学术研讨会期间的原生态傩戏表演后，更加增强了笔者的这一认识，其中的《双开坛》可谓是一个颇佳的丑角戏。笔者今拟不揣浅陋，据可查阅的文献资料及相关研究成果，结合当前一些少数民族戏曲剧种的形成历史，对道真仡佬族傩戏具有抽离行傩空间进行舞台创作的可能性这一问题从以下几个方面进行学理性探讨，以就教于诸方家。

## 一 道真仡佬族傩戏剧目数量丰富，为舞台演出提供了剧目储备

据冉文玉称，道真仡佬族傩坛行傩规模相当大，行傩过程可以连续一天一夜、三天三夜、七天七夜不等，非连续性的行傩可以是三年五载，甚至是更长时间。显然，这里行傩规模是包括正戏和插戏两部分，时间较短的行傩应是基本没有插戏，或是插戏很少。行傩过程中用于插戏的传统剧目有80多种，如《跑功曹》《收蚩尤》《战洪山》《下天门》《山王图》《五岳图》《财神图》《金鸡岭》《上云台》《中云台》《下云台》《借五台》《黑风洞》《凤凰祭》《秦童剽散》《包公清宅》《钟馗遣鬼》《骑龙下海》《唐二还愿》《盘学》《花仙剑》《双富贵》等[1]。顾朴光先生称这些插戏为道真仡佬族傩戏的外坛剧目，它们"可连演一个月而剧目不重复"，不过现在不少剧目已经失传，仍常演的有《收蚩尤》《山王图》《花仙剑》《天河配》《泰山封禅》《凤凰祭》《骑龙下海》《五岳图》《金鸡岭》《借五台》《战洪山》《黑风洞》《收南邪》《包公清宅》《下天门》《开红山》《钟馗遣鬼》《氾水关》《长生乐》《摸包告天》《湘子度妻》等[2]。从两位专家的介绍可以看出，插戏的剧目数量是相当可观的。从这些可知的剧目数量，我们可以推知这些插戏表演应该曾经很受信人和观众的欢迎，

---

① 冉文玉：《道真傩文化概论》，冉文玉主编：《道真古傩》，贵州民族出版社2012年版，第6页。

② 顾朴光：《贵州道真仡佬族傩戏》，冉文玉主编：《道真古傩》，贵州民族出版社2012年版，第107页。

故而才积累下如此众多的剧目。从某种程度来说，这些剧目是仡佬族一份非常重要的文化艺术财富，也是仡佬族一个稀有的立体活态的民族记忆宝库，仡佬族人需要对其倍加珍惜与呵护。

## 二　多数剧目戏剧性强、角色繁多，
## 具有戏曲行当特色，为转变为舞台演出提供了便利性

道真仡佬族傩戏不仅剧目数量多，而且据所介绍的现存剧目可以看出很有戏剧性，故事情节甚为曲折，搬演角色也甚多，非一般的小戏所能比拟。道真仡佬族傩戏具有很强的"戏剧性"，基本上成为道真仡佬族傩戏研究者的一个共识。如冉文玉称"加演插戏后戏剧性更浓，角色更多"[①]；汪泉恩称《山王图》"极具戏剧性"，评《金鸡岭》"秦童、引路仙官、歪三等丑态百出，极具戏剧性，素为观众喜闻乐见"，评《闹羊山》（又名《骑龙下海》）"此剧人物众多，情节曲折，是非分明，为观众喜闻乐见"。[②]对于道真仡佬族傩戏的角色，冉文称"接龙村冲傩与阳戏有角色82个"，而其中《山王图》剧目有将军、狐精、王道人、邓老道、柳氏师娘、山王、文王、海水仙娘、鞠公、毛包、虾子11个角色，《战洪山》剧目有灵官、柳阳真人、吴基广、图尧、佤尧、阎罗、小鬼7个角色，《下天门》有玉帝、灵官、财神、文魁、武魁、送子天仙、太白金星7个角色。[③]另冉文玉称旧城镇槐坪村傩坛法师李楹祥先生及其弟子邓财林、赵永信、李辉忠所整理出来的《骑龙下海》剧目，角色多达41个。如此体量的剧目及剧目中众多的角色，应该是能够支撑起舞台演出的娱乐性和可观赏性的。

---

① 冉文玉：《道真仡佬族苗族自治县傩文化简志》，冉文玉主编：《道真古傩》，贵州民族出版社2012年版，第78页。

② 汪泉恩：《贵州道真傩戏》，冉文玉主编：《道真古傩》，贵州民族出版社2012年版，第92、93、97页。

③ 参见汪泉恩：《贵州道真傩戏》，冉文玉主编：《道真古傩》，贵州民族出版社2012年版，第91、92页。

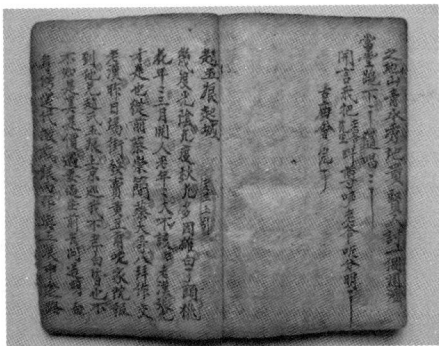

图2 《古庙会》　　　　图3 《赵五娘起城》

道真仡佬族傩戏与其他地方傩戏的不同之处在于，道真仡佬族傩戏的一些剧目具有明显的戏曲行当特点，甚至是在剧本中直接以戏曲行当标注角色。此种戏曲行当特点具体表现在三个方面：

一是插戏剧本中直接标注行当，如冉文玉在溪镇巴渔村清微教、巫教（道士）先生朱福宽处搜集的《傩堂剧仪》，其中有插戏《古庙会》（图2）和《赵五娘起城》（图3），这两个剧本都是直接标注行当的。

二是一些剧目中有戏中戏情节，戏中戏部分直接标注戏曲行当。如上文所述冉文玉搜集的《骑龙下海》剧本，就有演戏庆寿的关目，剧本称：

杨天秀说：父亲八十大寿，想叫你帮忙找个班子来唱寿戏，要多少钱？

王友元说：不要紧！包给你做到。我转去马上就帮你请来。（小旦下）嘿，嘿，请先生啰——

内说：耳朵都不听。

王友元说：请去唱个戏！

内说：你在放狗屁！

小生上，说：哎呀，原是老王，我以为是哪个！唱哪样戏？

王友元说：唱祝寿的戏。杨员外八十大寿，叫我来请你们。要好多钱？不会空判（白白劳动）你们。（下）

小生"走云台"唱：

高搭台子红浪浪，一上台来把戏唱。（奏"六锤锣"。下同）

你们寿酒团团转，你们寿花朵朵开。

你们福山并寿海，你们福禄万万年。

你们老父寿筵期，你们姐妹祝寿齐。

你们不愿别一事，愿你双亲白发齐。

小旦上，"走云台"唱：

今是你父寿筵期，好比南山庆古稀。（奏"六锤锣"。下同）

天赐延龄春不老，地府添寿期延长。

今日祝寿来唱戏，万事亨通百岁齐。

但愿全家增福寿，合家清吉保平安。

小生唱：世间好事忠和孝，臣报君恩子报亲。（奏"六锤锣"。下同）

小旦唱：寿高北斗有天赐，为人慈善在心的（底）。

小生唱：酒宴设在厅堂所，蟠桃庆寿全家乐。

小旦唱：国舅云端把板敲，仙姑手执长生草。

小生唱：相（湘）子云中吹玉箫，拐李仙师道法高。

小旦唱：洞宾背剑清风绕，采和花篮献蟠桃。

小生唱：果老骑驴过小桥，钟离酒醉面如桃。

小旦唱：酒宴设在中高厅，八仙庆寿万万春。

二人面向"三清殿"同拜一礼，下。

太白仙官"走云台"上，说：

吾乃太白仙官。只因金员外八十寿期唱祝寿之戏，惊动吾神，特下凡一观。

　　此戏中戏形式的傩戏，可以说再次把这类行傩表演推向了舞台表演。如果说傩戏中大量存在以历史故事、神话传说为题材的剧作是通例，那么"柳毅传书"题材的引入更应该是向舞台表演学习的结果，毕竟这一题材的戏曲作品从元代至清代就一直成为文人作家青睐的对象。可能正是此题材传播的普遍，令其进入了行傩之中，并结合世俗民众的需要而改编为对恶婆婆、坏小姑的教育。《骑龙下海》应该就是把"柳毅传书"化用后编创的适合农民生活情趣与意愿的大型傩戏剧目，既有着很强的教育功能，也具有相当大的可观赏性。

三是一些行傩的部分仪式也有着装扮的行当提示或说明，如"抛傩上纂"，汪泉恩就称其是"由法师扮小生、小旦、金龟道人三人出场"，其如此说应是有依据的。另如梓潼戏中的"开财门"仪式，其文本记载亦是标注小生、小旦。① 从这三类行当的存在情况可以看出，道真仡佬族傩戏具有明显的戏曲行当意识，更接近于舞台演出的戏曲体制。

另外，一些剧目中也多涉及戏曲装扮特征，如《跑功曹》剧目中都官（韩愈）差遣年值功曹时唱道："仙兄本已年纪老，项下胡须似银条。身穿梭子连环靠，四杆彩旗往后飘。"② 这里的靠、四杆彩旗说的正是年值功曹的武将装扮特点，而这种装扮只在戏曲舞台上才会出现。有时即使是行傩仪式环节，也会出现戏曲专业性的语汇。如梓潼戏中的"投表"，在"四圣上座"部分梓潼、川主、土主、药王分别上座时的唱词中都有"上戏台"，"戏台"显系戏曲专业性词语，这个应具神圣性的仪式中的神仙上座竟然成了"上戏台"，不能不说这里充盈着谐谑、戏剧性成分。

既然道真仡佬族傩戏故事曲折跌宕、引人入胜，戏曲人物众多而个性色彩较浓，且在人物的分类上更采用了戏曲行当，这些事实存在使得把这些插戏剧目表演于舞台成为非困难之事。可以说像《骑龙下海》这样的大剧目，对剧本稍加修改而使剧情更加合理、紧凑、合乎逻辑，就可以搬演于舞台，成为具有道真仡佬族乡音乡情乡韵的舞台作品。

---

① 参见冉文玉：《"接续香烟"的仪式：梓潼戏——道真隆兴傩班正安行法记要》，冉文玉主编：《道真古傩》，贵州民族出版社2012年版，第210页。

② 冉文玉、冉根来、姚佳庆：《傩剧——跑功曹》，冉文玉主编：《道真古傩》，贵州民族出版社2012年版，第295页。

### 三 道真仡佬族傩坛行傩存在着生存窘况，
### 而《山王图》的成功先例为其开拓了新路径

在整个传统戏曲艺术逐渐被边缘化的形式之下，傩戏这种曾饱受争议、当今依然被戴着有色眼镜看待的事物，其生存状况显然会更加困难。随着文明程度和地域开放性程度的提升，傩坛可能会面临更为艰难的生存局面。特别是随着人们对行傩法事仪式驱妖除魔功能的日趋不认可，那依附于行傩仪式的傩戏亦会失去其存在的阵地。就道真仡佬族傩坛而言，亦是"受着前所未有的冲击和挑战"，出现了信徒传授艰难、傩坛人员减少、活动区域窄化、法事仪式缩水而粗疏等现象，[①]这势必会使得曾可以连续演一个月而剧目不重复的道真仡佬族傩戏受到影响，令一些剧目因行傩的现实需要而被逐渐抛弃，从全本到片段再到绝迹，犹如那些现今仅留剧目或剧本的作品一样。

那么如何才能阻挡道真仡佬族傩戏的衰败、消失之势呢？显然，多数人都会开出加大宣传、吸引更多人关注、增加政府投入以扶植傩坛、促其兴旺的药方。当然，如果傩坛行傩能够再次兴盛并成为人们喜欢的逐疫纳吉的形式，也许能够在保留这些傩戏剧目上出现利好作用。不过，作为农耕时代认识水平相对低下的人们依赖的行傩，仅仅依靠保持原样或一些人所秉持的"祖宗的东西动不得"的情怀，显然是难以让傩法事再次兴盛的。既然如此，改换一下这些剧目的存在方式应该是一个不错的选择。就现在的一些文献记载可知，在1957年的贵州省第一届工农业余文艺会演中，道真仡佬族傩戏《山王图》取得了第二名的好成绩。笔者没有找到当时演出的实况记载，也没有看到演出所用的剧本。不过，这次《山王图》的演出不仅是一次相对较为脱离行傩法事空间的纯舞台演出，而且是一次较为成功的舞台演出。《山王图》的舞台演出能够

---

① 参见冉文玉：《傩文化的生命泉源与未来走势——以贵州道真为考察中心》，冉文玉主编：《道真古傩》，贵州民族出版社2012年版，第12—14页。

得到当时评委、观众的认可，取得艺术上的成功，应该说是为道真仡佬族傩戏走向舞台演出提供了一个鲜活的实例，也从某种程度上说明把一些道真仡佬族傩戏推向舞台演出是一个可行的路径。

## 四　傩戏成功转变为戏曲剧种进行舞台表演的先例

在探讨戏曲的起源中，有巫觋说或借鉴傩戏的说法，在傩文化界更有傩戏是戏曲"活化石"的说法。暂不管这些说法或观点在多大程度上吻合了戏曲发展的事实，从中却反映出人们认为傩与戏曲有关系，由傩可以演变、产生出新的戏曲剧种或样式。当然，这一点从一些现在的戏曲剧种中也能够得到某种程度的验证，比如壮师戏、毛南戏、释比戏等。壮师戏是"脱胎于壮族师公主持仪式中的跳神，是在民间宗教'古筛''调筛'即师公歌舞的基础上发展而成的地方剧种"，它经历了从娱神为主到人神兼娱再到娱人为主的发展过程，直到土改结束后"业余剧团的成立，使师公戏从长期与'跳神'宗教仪式混合中分离出来，成为广大民众喜闻乐见的民族剧种"。毛南戏也是"在毛南族民间还愿仪式'肥套'（又称'条套'）歌舞音乐的基础上，并吸收借鉴其他戏曲艺术表现手法演变而成"。[①] 这些以傩戏为基础逐渐发展形成的新剧种，不仅丰富了本民族的艺术样式，还为颇具争议色彩的剧目表演扩大了生存空间。

在道真仡佬族傩戏面临演出机会日趋减少的情形之下，应该可以借鉴壮师戏、毛南戏形成的事例，首先尝试着对现存的道真仡佬族傩戏剧本进行相应的修改，提升剧本质量，然后借鉴、融合仡佬族具有民族特色的歌舞、音乐、杂技等文化艺术元素，形成具有较强观赏性的舞台演出作品，组建相应的表演队伍专门表演这些具有仡佬族民族特色、饱含傩戏韵味的舞台作品。等到搬演于舞台的傩戏作品达到一定数量和质量后，一批从业人员的表演技艺也娴熟和具

---

① 参见王文章主编：《中国少数民族戏曲剧种发展史》，学苑出版社2007年版，第212、213、489页。

有程式之后，那么一个具有仡佬族民族特色和道真地域风味的新剧种——仡佬戏就有可能水到渠成地产生了。

当然，需要再次强调的是，这里所说的道真仡佬族傩戏仅是指行傩过程中的插戏，而不是泛指行傩法事之正戏。这些行傩法事由于其先天具有的神秘性、神圣性及其所拥有的逐疫纳吉功能给人们所带来的人生美好愿景，可以继续在民间传承、发展，一直延续仡佬傩的血脉。插戏则由于其数量较多，本身又具有较强的戏剧性及戏曲行当的特点，面临着行傩过程中表演机会日趋减少的形势，为了更好地保留这份仡佬族艺术遗产必须改变思路。在进行道真仡佬族傩戏保护、传承的过程中，我们可以学习《山王图》表演成功的先例，借鉴其他少数民族以傩戏为基础创作出适合舞台表演的新剧种经验，把这些丰富的插戏进行一定程度的修改使之表演于舞台，让这些民族瑰宝有更多的展现于世人面前的机会。当然，待剧目、人才、表演技艺等有一定规模之后，仡佬族就很有可能会拥有自己的戏剧剧种——仡佬戏。

# 道真自治县傩坛《镇台》文本的解读①

湖南科技大学　李跃忠

《镇台》即《灵官镇台》，是我国西南地区傩坛上搬演较为频仍的一部仪式剧。道真自治县傩坛亦广泛搬演此仪式剧，该剧在不同傩坛有不同的文本。本文对该县槐坪村李楹祥法师传承的文本《镇台》做了静态解读：这虽是一个在神圣祭坛里行使宗教功能的文本，但其展演却以俗世生活为主，带有明显的娱乐性；作为一个有着明显宗教仪式功能的文本，文本应是固定的，但因其主要是在法师之间口耳相传，故亦会随着时代的发展而发生变异；在文化功能上，该文本是祛邪禳灾与祈福纳吉并重。

一

灵官②是中国民间信仰中一组具有强大法力的、能为俗民祛邪禳灾的福神。他们广泛出现于中国戏剧舞台上，不论宫廷还是民间均如此。其出场形态多样，有的是由演员扮饰灵官仅进行舞蹈表演以祛邪，即民间称呼的"跳灵

---

① 基金项目：本成果受湖南科技大学"中国古代文学与社会文化研究基地""湖南省汉语方言与文化科技融合研究基地"资助。

② 戏剧舞台上出现较多的有王灵官、马灵官、赵灵官。

官";有的只出现在戏剧或傩仪中,灵官仅作为一个祛邪禳灾的福神出场,如在贵州德江傩堂戏中,灵官就只是在"造船清火"仪式中被法师请来"钻山破石斩邪精""不畏鬼神皆拱手"①的福神之一;有的是由演员(巫师)扮饰灵官以及其他诸神,敷衍较为复杂但仪式模拟性明显的故事来降魔伏妖,如陕西汉中曲子《大赐福》②,以及本文所要讨论的《镇台》等。

《镇台》,也作《灵官镇台》《灵官镇坛》,是我国西南地区云、贵、川、渝、湘西北等地的一个重要仪式剧,广泛展演于这一广袤地区的傩仪、目连戏中,也作为戏剧班社到新地方首场演出前的"净台"("破台")仪式。此外,它也出现在四川影戏的影窗上,民众以之祛邪驱祟。③

对《灵官镇台》这一仪式剧,学者们多有关注。其具体情形,主要有如下三种情况:

1. 《灵官镇台》演出文本的整理。如《四川傩戏剧本选》收录有"芦山庆坛""绵阳目连戏""梓潼阳戏"《灵官镇台》3个文本,④《中国傩戏剧本集成:川渝阳戏》收录有彭水县李应忠法师傩戏演出文本《灵官镇台》1种,⑤《四川省江北县舒家乡上新村陶宅的汉族"祭财神"仪式》收录仪式之"第八坛《镇台》"1种,⑥《江北县复盛乡协睦村四社谌宅的"庆坛"祭仪调查》收录仪式之"第九坛《镇台》"1种⑦。

---

① 贵州省德江县民族宗教事务局编:《傩韵:贵州德江傩堂戏》,贵州民族出版社2003年版,第382页。

② 王文献:《汉中曲子》,陕西人民教育出版社2006年版,第349—354页。

③ 江玉祥:《中国影戏与民俗》,四川人民出版社2015年版,第332—333页。

④ 于一主编:《四川傩戏剧本选》,四川科学技术出版社2014年版,第3—13页。

⑤ 朱恒夫主编,吴电雷、陈玉平编校:《中国傩戏剧本集成:川渝阳戏》,上海大学出版社2016年版,第327—332页。

⑥ 王跃:《四川省江北县舒家乡上新村陶宅的汉族"祭财神"仪式》,财团法人施合郑民俗文化基金会1993年版,第78—82页。

⑦ 王跃:《江北县复盛乡协睦村四社谌宅的"庆坛"祭仪调查》,财团法人施合郑民俗文化基金会1993年版,第196—201页。

2. 介绍云、贵、川、渝、湘西北戏剧"演出习俗""戏曲舞蹈程式""面具"等时，提到《灵官镇台》。如《重庆戏曲志》"演出习俗"的首条"灵官镇台、扫台"，介绍的就是"班社每到新的演出场所，在首场正戏开演前，必须灵官镇台——驱除邪恶，保佑平安"[①]的习俗。而昆明一带，则是在"每修建戏台完成，必须先跳灵官，而后才能演戏，称为《灵官镇台》，认为非此则不利"[②]。

3. 傩仪程序、目连戏演出程式介绍。如陈玉平介绍道真自治县"消灾傩"的仪式过程时，其第九个程序便是灵官镇台[③]。

总体来说，无论是就西南傩坛来说，还是就道真傩坛而言，人们对《灵官镇台》的研究尚不太深入。目前对道真傩坛"镇台"调查研究最为深入的，当属冉文玉先生。他除在一些介绍研究道真自治县傩文化的文章中提及外，还在《大巫冲傩》一书中对该县槐坪村李楹祥（1932—　）法师传承的在"跳大牙巴"仪式时展演的文本《镇台》（以下简称"李本"《镇台》）[④]深入调查后做了详细介绍。本文即拟对该文本做一静态、简单的解读。

## 二

《镇台》是道真傩坛里的一个重要仪式，因为主家建坛做法事，在家中鸣锣动鼓，邪神妖鬼入宅，故请王灵官下界来镇宅驱邪。该仪式过程是通过法师扮饰灵官，模拟灵官奉命下凡并镇台、赐福的场景来完成。

道真不同的傩班使用的《镇台》文本并不完全相同，有的差异还极大。

---

① 重庆戏曲志编辑委员会编：《重庆戏曲志》，文化艺术出版社1991年版，第436页。

② 张晓秋主编：《昆明市戏曲志》，云南大学出版社2001年版，第478页。

③ 陈玉平：《傩祭：人神鬼关系的建构——以贵州道真自治县"消灾傩"仪式为例》，冉文玉主编：《道真古傩》，贵州民族出版社2012年版，第23页。

④ 本文讨论的李楹祥法师"镇台"的仪式文本由冉文玉先生提供。在此特向冉先生致以诚挚谢意！

如本文将要解读的在"跳大牙巴"仪式时使用的"李本"《镇台》。《镇台》是整个仪式的第14个程序。该程序行坛人员6名，即法师1人，扮土地、灵官、真武祖师、火闪娘娘、千里眼各1人。"镇台"又包括以下9个小程序："（扮灵官者）藏魂；唱白话诗（又称'唱神歌'）；土地奏本；真武传令；上灵官钱；开光（如使用面具不需开光）、挂号；灵官镇台；脱像；（扮灵官者）放魂。"①仪式中法师有不少咒语，灵官、真武祖师、土地间有大量的对白，也有不少唱词。这一程序完成下来，至少需要120分钟。

道真梓潼阳戏还愿仪式时所展演的《灵官镇台》与之相比较，则存在较大差异。如该县隆兴班2010年的一场还愿傩仪，其第八项仪式"下天门"的第五项为"灵官镇台"。据冉文玉介绍，整个第八项仪式需73分钟，其行坛人员为8人，其中法师1人，其他7人分别扮传牒土地、真武祖师、灵官、文魁、财神、送子仙官、风伯雨师。其程式有传牒打扫堂殿、真武传令、上文魁、上财神、灵官镇台，其中"灵官镇台"是主体，又包括法师给灵官开光、请神、通口意、领受、保管、化钱等12项程式。"灵官镇台"的程式多由法师念咒语完成，仅在"化钱"法师请灵官"开金口、露银牙"后，灵官有一段念白，并和风伯雨师有几句简短对白。②

至于和陈玉平介绍的该县"消灾傩"仪式中的"镇台"相比，其差异就更大了。陈先生对该傩仪中的"镇台"介绍说："法师3人分别扮演王灵官和两个战将。所用服饰、道具有帽子（花冠代）、胡须……全套乐器配合。一法师为'王灵官'装扮。因做法事敲锣动鼓，惊动宅内一切邪神邪鬼，便借助王灵官（又称'王天君'）的神威将其清扫出门，以保家宅平安。时间20分钟。"③

---

① 本文李楹祥法师"镇台"文本的所有资料均由冉文玉提供。以下不再一一说明。

② 冉文玉：《"接续香烟"的仪式：梓潼戏——道真隆兴傩班正安行法记要》，冉文玉主编：《道真古傩》，贵州民族出版社2012年版，第208—210、202—203页。

③ 陈玉平：《傩祭：人神鬼关系的建构——以贵州省道真自治县"消灾傩"仪式为例》，冉文玉主编：《道真古傩》，贵州民族出版社2012年版，第23页。

可见"镇台"是诸多傩仪中的一个重要仪式，其文本则因主要是在傩坛法师间口耳相传，故差异很大。

这些文本的差异除了体现在上面介绍的诸如出坛的神灵、科仪繁简等方面外，也体现在法师在同一程式、同一神灵在镇台时念诵的咒语方面。如"李本"《镇台》和隆兴班法师在为灵官"开光"时念诵的开光咒就几乎不同。其中"李本"《镇台》的为：

> 开光！开光！开你头光，头顶三十三天；开你眼光，眼看邪魔；开你耳光，耳听善恶昭彰；开你鼻光，鼻闻真香；开你口光，口含三十六牙；开你脸光，相貌堂堂；开你手光，手掌日月二宫；开你肚光，金心银胆；开你脚光，脚踏云梯上天堂。开光藏菩萨摩诃娑，开光藏菩萨摩诃娑。

隆兴班彭法师念诵的是：

> 开天光，天垂宝盖；开地光，地涌金莲；开眼光，左眼为阴，右眼为阳；开鼻光，鼻闻堂前桂花香；开口光，三十六牙紫荆张；开舌光，舌外舌内放毫光；开耳光，不听邪言自昭彰；开肚光，金心银胆肚内藏；开身光，身穿大红好衣裳；开手光，六十甲子手中藏；开膝光，铜闯王，铁闯王；开足光，足踏莲花朵朵香。[1]

两相比较，除因同是为"灵官"神开光，故所开光的身体部位基本相同外，具体的咒语几乎没有一样的。

---

[1] 冉文玉：《"接续香烟"的仪式：梓潼戏——道真隆兴傩班正安行法记要》，冉文玉主编：《道真古傩》，贵州民族出版社2012年版，第210页。

作为傩坛的一个仪式性剧目，不同法师在扮饰灵官"模拟"其受命降临傩坛镇台的具体情节也是千差万别。如"李本"《镇台》中在"土地奏本"后"真武传令"，令土地去传令灵官到傩坛的过程中，有一段近半个小时的科诨演出，其娱乐性、世俗性极强。这一"模拟"表演和隆兴班的差异明显，而"消灾傩"仪式中则可能没有这一情节。

《镇台》作为一个口传的科仪文本，其展演是一个动态的过程，因此，每一次展演的文本也都会是不一样的。万建中指出"真正的民间文学文本是一个表演的过程，它由声音、表情、动作以及现场的其他符号形式共同构成"[①]。也就是说，假如动态来考察《镇台》这一文本的话，这将是一个难以穷尽的问题。故此，本文中对"李本"《镇台》文本是一种静态考察。

## 三

对道真傩戏剧目，冉文玉分其为"正戏""插戏"两类，其中正戏实为带有戏剧性的仪式程序，属不可减省内容，如冲傩中的开洞、打洞、交标合会、炳灵领牲、灵官镇台、破罗网、判子勾愿等；而插戏则是"非必演内容，由法师根据相关性原则及信人主观需要灵活安排，旨在增强娱乐效果、烘托仪式气氛。剧目以神话题材或历史题材、孝道祈福题材的折子戏居多"[②]。

《镇台》属"正戏"，是傩坛中必演的剧目之一。像傩坛里《镇台》这类剧目"不但孕育、萌生于仪式，而且对仪式活动有很大的依附性和寄生性。这是因为它们演出的宗教信仰功能大于审美功能，以至于难以脱离仪式而独立存在"[③]。对"李本"《镇台》，笔者拟从以下三个方面来简析：

---

① 万建中：《民间文学引论》，北京大学出版社2006年版，第29页。

② 冉文玉：《大巫冲傩·前言》，待出版。

③ 曲六乙、钱茀：《东方傩文化概论》，山西教育出版社2006年版，第70页。

**（一）神圣祭坛里的世俗表演**

傩仪是神圣的、严肃的、虔诚的。在傩坛上，法师们除了要上香烧纸、摆供祭品外，还要发文疏、念诵咒语奉请不少道教神、佛教神、地方民间俗神以及本班傩坛的历代祖师前来助力。在这个过程中，多数程式是神圣的、严肃的、神秘的，在"李本"《镇台》中的"开光、挂号""灵官镇台""脱像""放魂"等程式，也是严肃的。但也有不少程式中充满世俗的、娱乐性的场景，全然没有宗教仪式的神圣感、严肃性。这体现在：

1. 神仙凡人化、世俗化。这主要体现在土地身上。如在"土地奏本"中，土地自我调侃不受民间重视：

> 不知哪时间，香烟来断了。神龛无人打扫，狗屎起几窖窖。小神受之不了，想起好不惨道！那些打猪草的大姐，她才不懂窍，对着老头们把尿来飙。

这里的土地犹如一个受了委屈的弱者，已没有了神仙的神采。在打猪草的大姐之丈夫前来烧香道歉时，土地竟"心想久（敲诈）他几百吊，才好过终朝"，则有点近乎凡间的无赖了。

至于土地在向内坛法师表他的"神气"（即本领）时，则显示了他的斤斤计较。他说"那些打猪草的大姐来敬我……我保佑她把背篼倒转背起，就满背篼背起回去"，若"不敬我就保佑她空背篼背起回去"；"如果怀胎妇人来敬我，我保佑她引（怀）个儿子就打'噏噏'屁"，若不敬呢，"那她就夹来夹去、'奶哟奶哟'痛哦"；"若是那些吃烟的老头敬我，他的烟杆又空、逮得又凶、又用明火点，我保佑他烟子像黄桶那么大股大股的往上飙"，"不敬我噻，我就弄颗黄泥巴把他的烟巴斗脂（泥）倒，让他逮得'呸呃呸'的"；"那些放牛的娃儿他假使敬我的话，我保佑他拴倒放牛，点都不逃（逃）"，若"不敬我噻，我就保佑他牛满山的跑，把别人的庄稼吃了，回去遭他爹打得清叫唤"。

2. 法师在傩坛上为了制造科诨，常常取乐傩坛上的神灵。如在"土地奏本"中，土地来到傩堂，法师叫他"观佛像"。他把"观佛像"称为"官家胡小姐"，且称"我放牛的时候就和她在坡坡上同路过"，又把三界四值功曹说成"三个耗子抬个猪槽"、十二圆觉菩萨说成"十二根牛脚在看戏"、二十八宿说成"二十八箩稻谷"，且调侃"万岁神主"是在"酬还仙傩良愿多喝了二两哦，醉得红脸叮咚的"，伏羲娘娘则是"白脸"。这一系列科诨，全然没有了对神的敬畏，使本应严肃、神秘的傩坛充满了俗世的趣味。

3. 仪式剧中部分表演内容俗世化。按理说，像《镇台》这类属"带有戏剧性的仪式"傩戏剧目，其戏剧性应完全围绕仪式展开，或主要敷衍神界、仙界、地狱等场景，如清代宫廷里不少在元旦、元宵、燕九、花朝节、浴佛节等随节令承应的开场仪式性剧目，其敷衍的基本都是神仙与神仙之间发生的各种情景，①但在"李本"《镇台》中却有篇幅不短的完全是俗世生活的表演。如文中土地夸耀他的"神气"时，显示其神气的对象是乡村"打猪草的大姐""放牛的娃儿"，是人世间"怀胎的妇人""吃烟的老头"；在"土地奏本"中，法师调侃的诸神也多与乡村世俗生活有关，如说"观佛像"是"官家胡小姐"，且称"我放牛的时候就和她在坡坡上同路过"，把功曹说成"猪槽"、圆觉说成"牛脚"、二十八宿说成"二十八箩稻谷"，红脸的傩面具"万岁神主"是因"酬还仙傩良愿多喝了二两哦"。这些情节充满了俗世趣味。至于他在真武面前呈帖，真武问他"头顶何物"时，土地回答说"头顶一泡稀屎"（实为"头顶一张纸"），则近乎低俗了。

总之，在这出约两个小时的仪式剧中，像这样充满滑稽调笑的世俗表演约占三分之一。法师之所以做这样一些表演，自然是为满足民众的娱乐需求。此外，这些幽默的表演也有其他特殊意义，如李丰楙《台湾仪式戏剧中的谐噱性——以道教、法教为主的考察》指出的那样，在一些治疗疾病的仪式

---

① 参见李跃忠：《清代宫廷承应开场戏剧本辑校》，兰台出版社2017年版。

中，这种幽默性的表演有助于缓解十分凝重的仪式气氛，是民俗疗法的特殊之处。①

**（二）傩坛里的承袭与变异**

作为一种驱祟纳吉的仪式，傩仪是神圣和严肃的，为维护仪式的神圣和严肃，对其文本的要求也应该是严肃的，是不能随意变更的。但事实上，纵观中国傩的发展，其一直处于不断变异的过程中。以宫廷傩为例，周朝傩仪的主持者为方相氏。《周礼·夏官》载："方相氏掌蒙熊皮，黄金四目，玄衣朱裳，执戈扬盾，帅百隶而时难，以索室驱疫。"②这里由于文献所载过于简略，无法考察其具体情形。秦汉时，文献所载则翔实多了，可以看出其仪式的一些变异。

秦和西汉的傩礼增加了一些新的内容和程序，如在方相氏和百隶的基础上加进了童男童女。东汉前期又将童男童女改成只有童男担任的"侲子"，汉末又添了"十二兽"吃瘟疫鬼怪歌及"方相与十二兽舞"。《后汉书·礼仪志》载：

> 先腊一日，大傩，谓之逐疫。其仪：选中黄门子弟年十岁以上，十二以下，百二十人为侲子。皆赤帻皂制，执大鼗。方相氏黄金四目，蒙熊皮，玄衣朱裳，执戈扬盾。十二兽有衣毛角。中黄门行之，冗从仆射将之，以逐恶鬼于禁中。夜漏上水，朝臣会，侍中、尚书、御史、谒者、虎贲、羽林郎将执事，皆赤帻陛卫。乘舆御前殿。黄门令奏曰："侲子备，请逐疫。"于是中黄门倡，振子和，曰："甲作食歹凶，胇胃食虎，雄伯食魅，腾简食不祥，揽诸食咎，伯奇食梦，强梁、祖明共食磔死寄生，委随食观，错断食巨，穷奇、腾根共食蛊。凡使十二神追恶凶，赫女

---

躯，拉女干，节解女肉，抽女肺肠。女不急去，后者为粮！"因作方相
与十二兽舞。欢呼，周遍前后省三过，持炬火，送疫出端门；门外骑骑
传炬出宫，司马阙门门外五营骑士传火弃雒水中。①

以后各朝宫廷傩仪，相对于《周礼》《后汉书》所载均有程度不等的变异。②

至于民间的傩事活动，其变异就更为明显了。梁朝时，荆楚间在农历十二
月二十八日腊日"村人并击细腰鼓，戴胡公头，及作金刚力士，以逐疫"③。唐
人《秦中岁时记》载"秦中岁除日"进傩，出现了"二老人各作傩翁、傩母"④的
变化。明清以来，傩仪更趋世俗化，各地傩仪的地域性特征更为明显。如大家熟
悉的同属荆楚傩仪的湖南临武傩"舞岳傩神"、湖南新晃侗族傩仪"咚咚推"、湘
西土家族傩仪"毛古斯"等，其外在形态可谓天壤之别。

道真自治县《镇台》有不同的文本，它们是不同傩坛在漫长的历史中口传
心授传承至今的。这些文本因在不同时代、不同地域、不同传承人之间口耳相
传，因此其发生变化也是必然的。对民间口传文学发生变异的可能性，20世纪
初期芬兰历史—地理学派的安蒂·阿尔奈曾总结出15种可能的原因，其中两种
与时代、社会环境的变化有关："一个传播的故事本身要适应它的新环境：使
人们陌生的习俗或器物被熟悉的代替。在美洲印第安人文本中，王子和公主变
成了头人的儿子和女儿。""同样，过时的特征可能由现代的替换。主人公搭
乘火车去冒险。"⑤刘魁立总结的中国民间文学产生变异的原因和条件中，亦
有时代、社会环境变化的因素："流传、借鉴、因袭得来的作品，落入新的民

---

① （南朝宋）范晔著，李贤等编：《后汉书》（下），中华书局2005年版，第2121—2122页。

② 曲六乙、钱茀：《东方傩文化概论》，山西教育出版社2006年版，第268—283页。

③ （南朝梁）宗懔：《荆楚岁时记》，《荆楚岁时记及其他七种》，中华书局1991年版，第15页。

④ （唐）李淖：《秦中岁时记》，胡朴安编：《中华全国风俗志》（第7卷），上海文艺出版社1988年版，第35页。

⑤ ［美］斯蒂·汤普森：《世界民间故事分类学》，郑海等译，上海文艺出版社1991年版，第524页。

族、新的地域、新的社会环境、新的文化环境，自然要相应地变异。在这种情况下，异文在很大程度上是适应过程的产物。""社会历史、生活、文化环境的变化，也在一定程度上影响着作品的面貌。"[①]

"李本"《镇台》中，内坛法师令土地观看傩坛下排、右面供的菩萨时，土地有两句科诨是传承人在20世纪80年代以后才增加的。这正说明了民间口传文本确会随着时代、社会环境的变化而由传承人自觉地对其进行改易，以适应新的受众需求。这两个片段的表演如下：

A土地：哪个，还要下？现在计划生育管得严，哪个还敢下哟！我已经下了几个了，养不住哪！

内：叫你观观下面，不是"下人"的"下"。

B土地：唉，不对不对！现在改革开放了，这家老板上地又多，又勤快，打了二十八笼稻谷呢！

内：是"二十八宿"。

文中"计划生育""改革开放"，均是我国在20世纪80年代以来施行的政策，所以这两段宾白是在20世纪80年代以后才出现在傩坛上的。

变异是以口传心授方式传承的民间文化的普遍性特征；创新则是其适应新的时代、文化环境的自我调适，是其保有长久生命活力的重要因素。因此，我们以为当下"非遗"文化的一些创新尝试，只要不是迫于外界势力介入（如领导意志、商界干预），而是传承人根据时代特点、社会文化环境的变化而做出的改易，应该是可行的。一部三四千年的傩仪史，一部近千年的戏曲史，都是

---

① 刘魁立：《历史比较研究法和历史类型学研究》，《刘魁立民俗学论集》，上海文艺出版社1998年版，第97页。

很好的例证。

### （三）祛邪禳灾与祈福纳吉

从现有文献记载来看，傩仪的功能一直是多元的。在商周时期，行傩除了有"索室驱疫"之意义外，在天子、王后等大丧时，亦用傩为亡灵驱鬼。《周礼·夏官》"方相氏"条载："大丧，先柩。及墓，入圹，以戈击四隅，驱方良。"① 此外，傩仪更有调和阴阳二气、促风调雨顺之意义。《礼记·月令》载：

> （季春之月）命国难（傩），九门磔禳，以毕春气。
>
> （仲秋之月）天子乃难（傩），以达秋气。
>
> （季冬之月）命有司大难（傩），旁磔，出土牛，以送寒气。②

在以后的历史发展中，民众又给傩仪增加了一些新的功能，这一点尤其体现在民间傩仪活动中。如西汉长沙王吴芮要江西南丰人"祖周公之制传傩，以靖妖气"③、明清时期江西萍乡民间以为傩仪可以"逐疫驱邪""御灾捍患"④、清代乾隆年间湖南泸溪人"入冬迎傩神还旧所许愿时，也必须唱一本《孟姜女》"⑤、清代民国时湖南醴陵人"治颠狂病，则扮二人为夫妇，登台歌舞，谓之'调神'。两人舁木偶巡行，枞（拟）金伐鼓随之，谓之'冲傩'……别有各姓所立傩神者，刻木为人头，置龛中，鸣锣吹角，舁以入人家，夜则搬演影戏以酬愿"⑥等，表明民间赋予了傩仪靖妖气、御灾捍患、还愿、治病等功能。

---

① 杨天宇：《周礼译注》，上海古籍出版社2004年版，第451页。

② 陈戍国点校：《四书五经》（上），岳麓书社2002年版，第489、494、498页。

③ 曲六乙、钱茀：《东方傩文化概论》，山西教育出版社2006年版，第290页。

④ 周华斌：《巫傩面具之历史性巡礼》，《贵州傩文化》2017年第1期。

⑤ 《湘西土家族苗族自治州志丛书：文化志》，湖南出版社1996年版，第84页。

⑥ 丁世良、赵放主编：《中国地方志民俗资料汇编·中南卷》（上），北京图书馆出版社1991年版，第504页。

以上诸多功能，大致都可视为俗民为营建平安、祥和之生产、生活环境而采取的积极主动的举措，即以傩驱赶为害人类的疫疠、邪祟、妖魔等。此外，傩仪还有为主家祈福纳吉的功能，即法师祈求来到傩坛的诸神念诵口彩性的咒语，或者上演诸如《天官赐福》等类型的仪式剧赐予主家（福地）福、禄、寿、财、平安等。在功能上，"李本"《镇台》兼有这两个方面的功能，但以前者为首要目的。

1. 驱赶危害人类的疫疠、邪祟、妖魔。《镇台》仪式的目的是因主家邀请了傩坛弟子来家中行傩仪，鸣锣动鼓，引动了邪师入宅，故请真武祖师的弟子王灵官下界来镇宅驱邪。该程式镇宅驱邪功能的"实施"，主要有以下途径：

首先，奉请的主要神灵之职司是降魔伏妖。"李本"《镇台》出场的神灵有土地、王灵官、真武祖师、火闪娘娘、千里眼。主体是王灵官、真武祖师，又尤以王灵官为重。王灵官乃道教护法神，其神迹明代陆粲《庚巳编》、吴承恩《西游记》，清代乐钧《耳食录》、赵翼《陔余丛考》、翟灏《通俗编》、李调元《新搜神记》、姚福均《铸鼎余闻》等均有载录。其主要事迹如下：

> 道教传说，王灵官本为唐代贞观时襄阳洛里人，本名王恶，父早逝，为遗腹子。少时不读书，力大无比，性情刚直暴戾，好打不平，锄强扶弱。又说，王灵官本为宋徽宗时西蜀人，死后为城隍神，因其吞吃童男童女，萨守坚用符火焚之，将其烧成火眼金睛。王灵官不服，状告天庭，玉皇大帝赐慧眼及金鞭，令其暗随萨守坚，察其过错，以报前仇。王灵官暗中跟随多年，为其折服，拜萨为师，改名王善，被收为雷部三五火车雷公。亦传王灵官被玉皇大帝封为"先天主将"，为皇宫守卫天庭26天将之一。王灵官还随林灵素弟子学道法，也有说他曾从张道陵天师。①

---

① 沈丽华、邵一飞主编：《广东神源初探》，大众文艺出版社2007年版，第21页。

在"李本"《镇台》里，灵官名"吾乃三十三天正一斗口灵官王"，其形象为"头顶紫金冠""手执金鞭一支""脚踏风火轮"，真武祖师令其"镇下凡宅"。

其次，法师和莅临傩坛神灵有不少禳灾驱邪的咒语。"李本"《镇台》中掌坛法师和被请来傩坛的神灵土地、真武、灵官都要念诵不少的咒语。其中一些咒语透露出非常明显的祛邪禳灾之目的。如灵官上场后，在座上默念的"灵官咒"："中央仰请王灵官、马元帅，二位灵官都一般。八只马蹄雷火现，火车高上去冲天。身披黄袍梭子甲，手执金鞭重千斤。专打人间害人鬼，专烧人间为祸神。我今启请叩雷神，四海龙王齐现身……"其中的"专打人间害人鬼，专烧人间为祸神"，祛邪禳灾之意非常明显。又如程式五"上灵官钱"中，法师行"推遣"仪式时，有一段长长的咒语。咒中即将对主家不利的邪祟、瘟疫、鬼怪、灾害，乃至别有用心的小人等都"推遣"到他处去。其文曰：

> 推遣天火地火、年火月火、日火时火；一切火殃火鬼，推在天州天县府玉皇驾前缴旨。天瘟地瘟、年瘟月瘟、日瘟时瘟，一切瘟癀使者，天瘟推于天曹，地瘟推于地府；牛癀赤瘟使者，推在瘟部会中缴旨。再来推遣家庭之中天怪地怪、年怪月怪、日怪时怪、人来带怪、鸟来带怪；公鸡莫乱叫、母鸡不乱啼；百精百怪推在他方，押出外县。再来推遣某宅南门之中五方五路阴血光、阳血光；推在血州血阳县血家村。五方五路游师，推在有人顶敬、无人喊问之处；五方五路冤枉，推出他州，押出外县。再来推遣某宅南门之中披麻戴孝、哭神喊号、阴丧大杀神，蟠桃宴把神，长麻哭殃神；一切凶神恶煞，推在阴山背后。再来推遣某宅之中红脸君子、黑脸小人、当面说好、背后说歹；要铜钉钉口，铁钉钉舌，推到他方，押到×宅屋外。虎儿般般，推在万里青山；屋内蛇虫蚂蚁，推到一十八重地狱，入地埋藏。

再次，仪式中一些法器、科仪具有驱祟辟邪之功效。据冉文玉对"李本"

《镇台》的介绍来看，仪式中，法师（神灵）使用的法器不少，其中明显具有祛邪功能的有神鞭、七星剑、令牌等。令牌，也称"五雷号令"，是道士做法事时的重要法器之一。"令牌用雷击枣木制作最佳，弧顶平底，高约18厘米，宽约7厘米，厚约3厘米，一般正面刻'五雷号令'，背面刻'总召万灵'，两侧刻二十八宿名称。令牌上圆下方，象征天地，醮坛用于召集神将，役使雷神。"①

此外，傩坛上还有一些动作或仪式也有驱祟辟邪之目的，限于篇幅，不再分析。

2. 赐福纳吉。在"李本"《镇台》中，体现为法师或莅临傩坛的神灵给主家（信人）唱诵一些口彩类咒语。前者如法师在"上灵官钱"时念的长长咒语中，"一不保天，二不保地，专保下民信人××合家人等，在××之地，青龙镇东，白虎镇西，人坐千年，宅住万载，千年不离本宫，万年不离本宅。春保无灾，夏保无难，秋保清吉，冬保平安。一年四季行走东南西北方，去时清吉，回时平安，空手出门，抱柴归家"等语就是为主家（信人）祈福纳吉的。后者如"灵官镇台"时念诵的"一镇东方甲乙木，百谷献酒；二镇南方丙丁火，火焰来朝；三镇西方庚辛金，金榜题名；四镇北方壬癸水，麒麟相送；五镇中央戊己土，紫微高照。镇台过后，天无忌，地无忌，年无忌，月无忌，日无忌，时无忌，百无禁忌，百事大吉"，亦是为主家（信人）祈福纳吉的。

## 四

傩文化的数千年发展史表明，傩仪的具体形式、形制是不断变化的，且其"索室驱疫""逐疫"的功能也在不断增加，如后世在周代的基础上增加了"驱祟""镇宅""销愿""祈福"以及娱乐等功能。傩仪功能的增加，促使傩

---

① 张泽洪：《道教斋醮科仪研究》，巴蜀书社1999年版，第97页。

坛法师要根据功能的需要，根据时代、社会环境等的变化，吸纳一些"有用"的元素进来，比方为数不少的道教神、佛教神以及地方民俗神进入傩坛，宗教、巫术以及其他民间俗信中的咒语、符箓、法器等被傩仪传承人搬进傩坛，神的传说、戏曲故事被糅进傩坛仪式，一些生产、生活情节被编入傩戏文本，以共同助推傩仪行为完成。

# 道真傩文化传承发展的困境与出路

## ——兼论中国傩城内涵建设 [①]

长江师范学院　　余继平

乌江流域地区古为"蛮夷之地"，在历史上由于地理位置，曾分设郡县、羁縻、土司等建制沿革诸多原因，大量外来"华夏族系、氐羌族系、苗瑶族系、百越族系及蒙古、回、满等"移居蛮夷之地，加之在不同历史时期不同民族通过古代自然移民、政治移民和军事移民等形式移居这里与原住土著民族杂居，致使各种文化在民族交往中沉积下来，造成乌江流域文化的多样性特征。

## 一　道真傩戏渊源与传承现状

乌江流域历有"信鬼神，重淫祀"之民风。诸多文献中记载民众或遇病灾、或遇不顺之事，往往就巫而求神，在《思南府志·风俗篇》就有"疾病信巫屏医，专事祭鬼，客至击鼓以迎"的记载。广大汉移民迁入，传入傩仪，随即成为乌江流域岁时性的驱鬼仪式民俗活动，据明嘉靖《贵州通志》记载："除夕逐除，俗于是夕具牲礼，扎草船，列纸马，陈火炬，家长督之，遍各房

① 基金项目：教育部人文社会科学研究规划基金项目"武陵地区非物质文化遗产传承人发展困境及对策研究"（项目编号：12YJAZH182）阶段性成果。

室驱呼怒吼，如斥遣状，谓之逐鬼，即古傩意也。"随着历史进程的推进，傩逐渐发展为以驱鬼、许愿还愿、傩戏为主要内容的傩祭形态。如有遭遇生理性疾病，或对于寿命延续有所忧虑，或怀抱更高愿望，或希冀子嗣等，都求助于神灵，而许下良愿，愿望达成后，就会由巫优择吉日在事主家进行傩祭予以酬答。清道光《遵义府志》载："每灾病，力能祷者，则书愿帖，祝于神，许酬阳戏。既许后，验否必酬之。或数月，或数年，预洁羊、豕、酒，择吉，招巫优，即于家歌舞娱神。献生、献熟，必诚必谨；余皆诙谐调弄，观者哄堂。至勾愿，送神而毕。"在《铜仁府志·地理志·风俗》中亦记载："岁暮，招巫歌舞以酬之，名曰还愿。演诸淫剧，观者哄堂。至勾愿送神毕，即以祭物燕乐亲友。"①民众的这种信仰民俗是傩在乌江流域存在发展的前提和基础，并在不同时期的民族文化活动中不断发展丰富。张紫晨先生曾指出："宋代以后，是傩仪向南流布最盛的时期，大体有东西两个传播路线。西线，由秦中至荆楚巴湘，再进而为黔地。""现存贵州傩戏为多元的产物。其来源，除中原傩的影响外，还有当地各民族的原始的宗教、巫术活动的传统内容。"②

道真傩文化就是乌江流域文化多样性的典型代表，近年来受到国内外学者的高度关注，不同学科背景的专家学者对道真傩戏的源流、傩戏表演空间、傩戏面具以及傩戏文化内涵与价值等方面展开研究，取得了十分丰硕的成果。就道真傩戏的源流问题，不少学者③都指出其非原生，而是在元、明时期由移民传入的。《冯氏宗谱》记载冯氏于元成宗九年（1305）落户于播州杉树坝，冯延富之父尝与师傅向德玄、师弟安德志三人，"负神船一架，神头二面"，游走于今重庆酉阳、涪陵、南川、璧山、巴县和贵州道真、正安一带，后来冯延富

① （清）喻竹君：《铜仁府志》，光绪十八年（1892）刻本。
② 张紫晨：《中国傩文化的流布与变异》，《北京师范大学学报（社会科学版）》1991年第2期。
③ 冉文玉：《道真傩戏傩文化》，《贵州民族学院学报（哲学社会科学版）》2004年第4期。杨晏：《贵州黔北仡佬族傩戏艺术研究——以道真仡佬族苗族自治县为个案》，中央民族大学硕士学位论文，2014年。刘大泯、王义：《贵州傩戏文化研究》，中国社会科学出版社2016年版，第21页。

之父在今道真平木乡，用锣舀水，锣内现鲤鱼一双，以为神船、神头显灵，兆此处为鱼米之乡，便于此地落业。宗谱印证了道真早在元代已有傩事的民俗活动。顾朴光先生却认为道真傩戏的传入时间应该在明末清初，为四川傩、湖南傩流入。[①]笔者在对道真三桥黄续应班坛弟子黄本济的访谈中，得知其班坛大致也应在明末时期由原四川涪陵傩传入贵州道真。道真自治县与重庆市、武隆县、彭水，贵州正安县、务川接壤，素有"黔蜀门屏"之称。旧时三桥多数民众前往武隆白马、南川等地赶集。

因道真自治县特殊的地理位置、交通状况和民族历史等诸因素，使得傩文化在此扎根，并广泛传播和发展，深深影响着当地的人民。傩文化在县内覆盖面积广，而且傩戏的种类甚多，表现形式十分丰富，傩坛及从业者数量不少。道真傩戏傩文化实际内容可分为"小巫"与"大巫"，傩仪种类有冲傩、打保福、阳戏、梓潼戏、度职等共37种，加上其中所含小类或不同的操作方式，共268种。[②]这些仪式在民间履行着为人治病、接寿、续嗣、净宅、度职、驱邪免灾、还愿等驱邪纳吉、祈福迎祥的功能。道真傩戏派系较多，有玉皇、老君、淮南、师娘等支派，而且一个坛班的"掌坛师"除单习巫教统领的傩戏内容外，往往还要兼习以做荐亡法事为主的佛教、道教、清微教、儒教中的某一教，这就使其坛班成为巫佛合一、巫道合一、巫清合一、巫儒合一等特殊形式。如道真三桥的掌坛师黄续应（法名，本名黄守奎）先拜李龙船学巫教，又分别向陈大元学风水相命、向车海臣习佛教、向黄吉显学习上树刀，可以说是巫道佛合一，其傩班常行走于渝黔两地，在南川一带颇有名气。道真玉溪巴渔村张树祥在佛坛和傩坛度职，他既从事巫教，为人冲傩还愿，又能为死者举行丧葬法事。

---

① 顾朴光：《贵州道真仡佬族傩戏》，冉文玉主编：《道真古傩》，贵州民族出版社2012年版，第103—104页。

② 冉文玉：《微型傩仪——"上钱"探微——以道真仡佬族苗族自治县为例》，冉文玉主编：《道真古傩》，贵州民族出版社2012年版，第53页。

## 道真自治县傩坛、面具、演员统计表（1988年底）

| 乡镇 | 傩坛数 | 面具数 | 演员数 |
|---|---|---|---|
| 玉溪镇 | 1 | 5 | 6 |
| 巴渔 | 1 | 20 | 14 |
| 双河 | 1 | 2 | 4 |
| 上坝 | 1 | 12 | 10 |
| 蟠溪 | 1 | 0 | 4 |
| 大路 | 0 | 0 | 0 |
| 淞江 | 1 | 0 | 2 |
| 梅江 | 1 | 12 | 6 |
| 大田 | 0 | 0 | 1 |
| 池村 | 1 | 12 | 6 |
| 爱国 | 1 | 2 | 10 |
| 莲池寺 | 1 | 12 | 8 |
| 浣溪 | 1 | 4 | 7 |
| 杉木 | 0 | 0 | 3 |
| 云峰 | 1 | 0 | 4 |
| 群乐 | 0 | 0 | 0 |
| 三江 | 3 | 32 | 20 |
| 旧城 | 0 | 0 | 3 |
| 杨坝 | 1 | 6 | 7 |
| 永成 | 1 | 14 | 8 |
| 关中坝 | 1 | 14 | 8 |
| 棕坪 | 0 | 0 | 1 |
| 槐坪 | 2 | 19 | 22 |
| 石桥 | 1 | 1 | 8 |
| 忠信 | 1 | 12 | 12 |
| 龙桥 | 0 | 0 | 1 |
| 水石脚 | 2 | 12 | 14 |
| 山岩 | 1 | 0 | 5 |
| 桃源 | 2 | 14 | 10 |
| 群益 | 1 | 14 | 8 |
| 清溪 | 1 | 0 | 7 |
| 洛龙 | 1 | 10 | 5 |
| 凌霞 | 2 | 16 | 10 |

续表

| 乡镇 | 傩坛数 | 面具数 | 演员数 |
|------|--------|--------|--------|
| 河口 | 0 | 0 | 5 |
| 阳溪 | 1 | 30 | 6 |
| 阳坝 | 0 | 0 | 0 |
| 增产 | 1 | 10 | 7 |
| 大塘 | 0 | 0 | 0 |
| 三会 | 0 | 0 | 0 |
| 开建 | 0 | 0 | 0 |
| 永锡 | 1 | 1 | 6 |
| 杠村 | 0 | 0 | 4 |
| 接龙 | 3 | 0 | 21 |
| 大磏 | 1 | 12 | 4 |
| 福星 | 2 | 0 | 8 |
| 石人 | 1 | 0 | 6 |
| 平胜 | 2 | 0 | 4 |
| 兴宝 | 0 | 1 | 1 |
| 平模 | 1 | 0 | 6 |
| 顺河 | 1 | 0 | 5 |

道真傩坛分布广泛，傩坛林立，1949年前在全县14乡镇135保中共建有100余坛，职业人员数以千计，即使在"文革"期间，也有多个坛班秘密地进行傩事活动。改革开放后，县内乡镇上的傩坛逐渐恢复，据1988年底道真民族宗教委员会的统计，全县除大田、杉木、大路、群乐、棕坪、龙桥、河口、阳坝、大塘、三会、开建、杠村、兴宝几个乡没设傩坛外，其余均设有1—3个坛班，全县共有46个，其中三江和接龙设坛最多，各有3坛，槐坪、忠信、水石脚、桃源、凌霞、福星及平胜分别设有2坛。全县演员317名，其中槐坪、接龙、三江的从职人数最多，分别为22、21、20人，10—20人的坛班有巴渔、水石脚、忠信、上坝、爱国、桃源、凌霞等乡镇，没有从职人员的乡镇有大路、群乐、阳坝、大塘、三会、开建。全县共有傩面具299面，其中三江和阳溪保存面具

居多，分别有32面、30面，其次是巴渔20面、槐坪19面、凌霞16面，其余除蟠溪等23个乡没有面具外，均为1—15面不等。在这47个傩坛班的掌坛师中，仡佬族居多，占总人数的52.2%，其次是汉族占26.1%，苗族、土家族分别占13%、8.7%。时至今日，据不完全统计，道真自治县仍有50余个傩坛活动于境内，从职人员达630余人，分布14个乡镇，其中以三桥、隆兴、河口、玉溪、上坝居多。班坛人数河口乡一个坛班成员有15人，另一坛班成员共32人，在玉溪巴渔傩坛中现有9位成员，其中仡佬族6人、苗族2人、汉族1人。平模、三桥镇一坛班成员却减至4人。①

## 二 道真傩坛组织及传承机制

道真傩戏组织在民间称之"坛班"，是专司祭仪的组织，派属"巫教""巫门"。一个小型的傩戏坛班成员七八人或十数人不等，这些成员多由同村寨或者相邻村寨的人士组成，他们多是师徒或师兄弟关系。坛班的核心人物是掌坛师，精通各种巫术，有的还会佛事。掌坛师是法事的组织者和领导者。班坛成员的分工，一般有掌坛师、引荐师、誊录师、过法师、传牌师、保举师和接法师等，他们在活动中各司其职，相互合作。道真傩坛的传承，在《道真县志》中载：道真傩戏传承传统与规制严格，傩艺传男不传女。传授更加注重家传，以传内为根本，传外为辅助。外传主要是家传不济时辅以"收徒传法""外人学艺"。子承父业称"根上艺"，如三桥黄续应坛班中其徒弟徐本清将手艺传其子徐觉源，弟子聂本鸿传于子聂美强，弟子黄本济传于两个儿子黄觉应、黄觉鸿；传与子嗣称"家艺"，如黄续应自己无儿，他将传于堂侄黄本淋、黄本源。家人学艺的年龄较早，多为七八岁就开始学艺。黄本济传艺给自己的两个

---

① 冉文玉：《道真仡佬族苗族自治县傩文化简志》，冉文玉主编：《道真古傩》，贵州民族出版社2012年版，第68页。

儿子黄觉应、黄觉鸿，两人学艺年龄都在七八岁。外人拜师学艺一般都需要请引荐师引荐，投拜师帖，接收的师傅先是考虑学艺者要品行端正、聪明正直、吃苦耐劳，有的先允许随坛就学，通过相关花灯考察，能遵守坛规，持禁戒，吹打弹唱已有一定基础，才肯授意收入门下为徒。学艺一般有拜师、学艺、秘传、过师法、封牌、谢师、度职等一整套程序。拜师时要有随师礼、行三拜九叩，在学艺期间师傅一般要在俗名之外按照本门派的传承谱系确定字辈，另起一个法名。如三桥傩戏黄守奎坛门谱系字派为"智慧清净，道德圆明。真如性海，寂照普通。心源广续，本觉昌隆。能仁圣果，常演宽宏。惟传法印，正悟会融。坚持戒定，永继祖宗"。掌坛师黄守奎，法名续应，其弟子聂本鸿、黄本济、黄本淋、黄本源、徐本清等都是本字辈的法名，其徒孙徐觉源、郑觉净、黄觉应、黄觉鸿、周觉远、李觉惠、周觉法、彭觉治为觉字辈。学习傩戏期间，师傅一般都要将自己的收藏秘本交给徒弟誊录，或者将自己抄写的经书或科仪（唱本）赠予徒弟。徒弟平时认真记科仪内容，练唱腔调，一旦有活动就跟班学习。一旦傩艺学成，都要行谢师礼，即度职仪式，只有度职了才具有独立从事傩艺活动的资格。一个掌坛师一生可招收众多弟子，但其衣钵弟

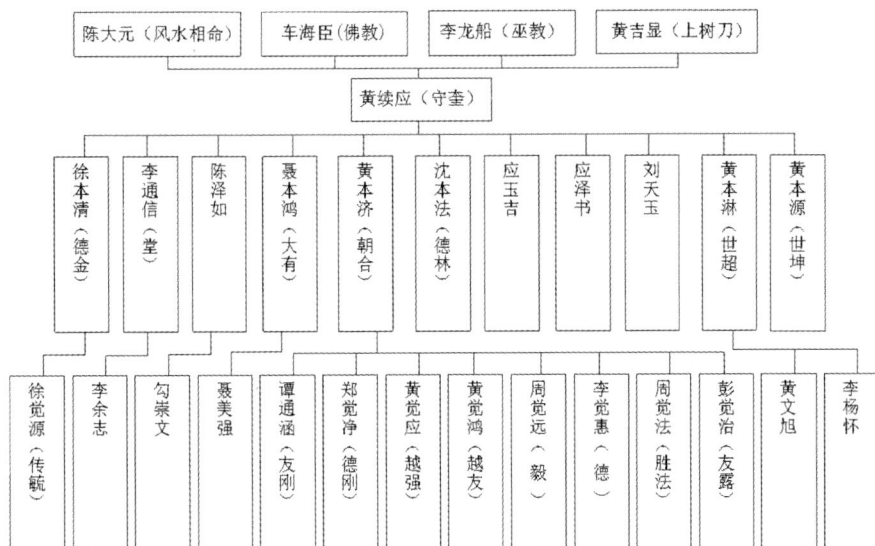

子只有一人，传职衣钵仪式有阳传和阴传两种形式。阳传即掌坛师生前选定衣钵弟子，选定吉日，召集众弟子，并请参师或师叔等在场见证。阴传即为掌坛师过世，由徒弟为其开天门，在庆师登仙时，众弟子扶起尸身，然后焚香卜卦，每一位徒弟按进师门先后依次打卦。打卦前请一位道士先生问离世师傅愿不愿意将衣钵传给弟子，然后弟子连卜三卦，三卦都是阴卦，则被确定为衣钵弟子。得到衣钵的弟子继承师傅的经书、面具、神案和各种道具，负责主持师傅的葬仪。

### 三 道真傩戏发展的现实困境

目前，道真傩戏的传承发展整体上看不仅群众基础较好，还得到学术界各类人士的关心，得到当地政府的保护和扶持，得到文化部门的发掘和弘扬，并且在2008年被列为国家级非物质文化遗产代表性名录。但随着历史进程的发展，傩文化赖以生存的人文生态环境也发生了巨大变化，人们生活条件的改变、交通条件的改善、娱乐方式的转变、外来文化的冲击，以及年轻人不相信傩仪的功效，人们对巫术、神祇的信仰普遍淡化，傩戏在民间的演出机会越来越少，加上青壮年外出打工等诸多方面影响，民间从事傩事活动的艺人和土老师年岁已高，已经很难遵循老套的传承模式，吸收年轻人来完成傩戏传承接班的任务。道真傩戏的传承在当今社会中也面临青黄不接的趋势，因此专家学者对道真傩戏所面临的传承危机问题展开讨论。

**1. 道真傩坛班多数掌坛师老龄化，注意防范人员接班断层问题**

随着人们生活方式的转化、交通及文化信息的便捷，自然会导致从事傩文化活动的人员减少。当前，多数坛班成员尤其是掌坛师老龄化较为严重。1988年底，掌坛师平均年龄62岁，60—65岁的人数最多，有14人；其次是70—75岁段，有11人；60岁以下共计16人，其中40—45岁段只有2人。1988年底统计的数据显示，道真各个乡镇的掌坛师年龄结构比为：70岁以上的掌坛师所占比例为29%，50—60岁之间的掌坛师所占比例为20%，而50岁以下的掌坛师所占比例仅16%。这表明道真傩坛的传承人结构趋向老龄化，缺乏

## 道真傩坛班掌坛师年龄统计表（1988年底）

| 年龄 | 40—45 | 45—49 | 50—54 | 55—59 | 60—65 | 66—69 | 70—75 | 75以上 |
|------|-------|-------|-------|-------|-------|-------|-------|--------|
| 人数 | 2 | 5 | 3 | 6 | 14 | 2 | 11 | 2 |

年轻血液的灌输，这阻碍了傩坛班子的发展，同时也存在傩坛传承断层的现象。道真傩戏发展至今，不少老掌坛师已经离世，就是尚存年老的一代艺人也已有七八十岁的高龄，那些难度高的傩祭、傩技表演他们已力不从心。而且一次法事往往是连续一天一夜、三天三夜、七天七夜不等，时间长，程序繁杂，老年人体力能否吃得消也是个问题。虽然道真自治县境内目前的坛班平均年龄多在近50岁，整体情况看上去没有问题，据2004年红岩村做平安傩时的10位法师情况统计[①]，红岩村坛班掌坛师李盈祥当时年龄72岁，其班坛平均年龄49岁，在巴渔坛班中平均年龄47岁，年岁最高者78岁，最小者25岁，且高中文化水平只有1人，4人初中文化。度职能够独立掌坛的有5人。隆兴傩班于2010年在正安安场农户家进行"梓潼戏"，接续香烟仪式由张邦连主持，其坛班平均年龄47岁，年长者张绑宪68岁，最年轻者是21岁的张信波。[②]但是，每个坛班中的掌坛师都年岁已高，年轻人学艺仍然较少。另外，傩戏掌坛师老艺人主动传承技艺的意识仍然不强，再加上傩戏、傩祭的枯燥无味和冗长经文，年轻一代不愿学习，而是更青睐舶来品，更热衷于电视、网络、手机游戏等互联网娱乐方式，对古老的道

---

① ［韩］崔龙洙、［韩］韩相德：《中国贵州省道真仡佬族苗族平安傩调查述要》，冉文玉主编：《道真古傩》，贵州民族出版社2012年版，第114页。

② 冉文玉：《"接续香烟"的仪式：梓潼戏——道真隆兴傩班正安行法记要》，冉文玉主编：《道真古傩》，贵州民族出版社2012年版，第195页。

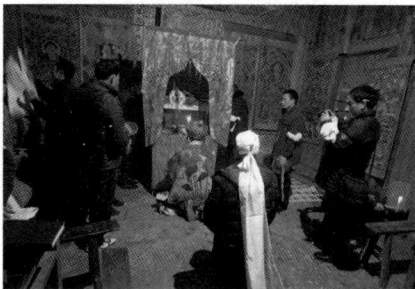

真傩戏则嗤之以鼻，兴趣淡薄。就中年人而言，也因傩戏活动收入不高、不定时等原因，为供子女上学以及日常生活中的人情消费等，生计维持艰难而外出务工，或者改行另谋职业，诸如此类，道真傩戏的传承必须要考虑面临青黄不接的尴尬和文化断层的危险问题。

### 2. 道真傩戏的外部空间日趋萎缩，生存环境不容乐观

随着科技进步以及市场经济的发展，老百姓的文化生活日益丰富，文化审美需求也得以提高，人们也更相信得病要进医院治疗，如医院无法治疗，才抱着侥幸心理礼请法师冲傩还愿，以求心理宽慰。总之，老百姓对傩的关注越来越淡薄，除五六十岁以上的人还笃信傩外，中年、青年、小孩对傩都不感兴趣，对傩文化更是知之甚少。而且，请傩坛班子的事主少了，就是有请的，其花销也不少，据调查，一坛班表演一般需要6—10人不等，每人每天300元利时钱，一天最少得开销1800元。这对法师而言价钱不高不低，但整个活动下来，事主的经济开支却不少。由此，傩戏的发展没有经费支持也就无法保证，坛班目前开展的活动因职业力量的分散化严重，往往依靠多地就近集合力量的办法才勉强支撑，散兵游勇状态似乎成了常态。从宏观上看，道真傩戏的演出以及影响范围明显不如从前，其生存环境也遇到挑战。过去道真处于相对落后、封闭的山区，傩戏能被原汁原味地保留下来。如今道南高速、道真至遵义的高速已全线开通，傩戏的生存空间面临严峻挑战。

### 3. 道真傩文化挖掘仍需深入，傩文化利用现状不乐观

道真傩文化受到专家学者和学术界的广泛关注，各种研究和保护工作取得突出的成就。20世纪80年代末，中国傩戏学研究会成立，举办了一系列国际傩文化学术研讨会等活动，有效地推进了全国及道真傩戏的保护与研究。在陈列展览方面，道真仡佬族苗族自治县建立了民族研究所和傩文化博物馆，收集和展出了傩面具、科仪、神案和各种道具等实物达850多

件。先后出版有《道真傩文化概述》《传承民族文化，服务建设发展——道真仡佬族苗族自治县傩文化》《贵州道真傩戏》《道真仡佬族傩戏》《道真仡佬族傩戏：一朵瑰丽的民族民间文化奇葩》《古傩新论》《道真古傩》等著作，《中国贵州省道真仡佬族苗族平安傩调查述要》《贵州道真自治县丧葬及傩祭仪式调查报告》《中国西南部巫教祭祀仪礼过程与口头传承研究》等[①]调研报告，《道真傩戏傩文化》[②]《探析道真傩文化的现代价值》[③]《道真傩文化旅游开发初探》[④]等学术文章不断涌现，傩戏研究呈现良好趋势。

道真傩文化具有傩坛多、从职人员多、品种多、层次多样、道具科仪丰富多样、覆盖面宽、分布区域广、资料保存较好等特点，很值得进一步对其深入研究，充分阐释道真傩信仰地区的民众宗教信仰、生活方式、民间习俗和地域文化，这对传统文化的有效传承有着重要的理论指导意义和现实意义。就目前的研究情况来看，还存在一些不足：

一是对道真傩戏的起源、分类、表演特征及传承环境和谱系的研究亟待深入。特别是对道真的历史渊源探究，目前只是借助《冯氏家谱》和少量的文献资料，缺乏大量的田野调研，历史渊源仍较模糊。对道真各坛班传承谱系的研究也比较薄弱，多集中在法事活动的记述及个案分析，对传承谱系、传承机制、生态研究涉及不多，缺少道真傩戏文化的系统研究。二是道真傩戏文化学术研究的学科背景相对单薄，艺术学科背景的学者介入较少，较少涉及道真傩戏陈设造型艺术、傩戏及道场音乐、傩戏表演艺术等傩戏艺术体系的研究。三是保护与传承方面仍存在不足，特别是保护机制、保护政策、政府及部门在民族文化及民族文化产业发展绩效评估、傩戏文化利用等问题的研究。四是道真

---

① 杨军昌：《道真傩文化及其传承问题：〈道真仡佬族苗族自治县志·傩文化〉读后》，《西南民族大学学报（人文社会科学版）》2011年第11期。

② 冉文玉：《道真傩戏傩文化》，《贵州民族学院学报（哲学社会科学版）》2004年第4期。

③ 袁霞：《探析道真傩文化的现代价值》，《学理论》2015年第9期。

④ 钟金贵：《道真傩文化旅游开发初探》，《遵义师范学院学报》2010年第1期。

傩文化虽然得到一定的利用，但从傩文化旅游产品利用来看，傩文化旅游项目利用交叉重复现象比较严重，傩文化舞台演出节目大同小异，局限于上刀山、煞铧等傩技节目，道真傩戏剧目十分丰富，没有得到充分的利用和编排，对一些优秀的传统剧目如《战洪山》《山王图》《钟馗遣鬼》《包公清宅》《唐二还愿》等本身具有观赏性的舞台演出节目，缺少很好的编创利用。傩戏文创产品的开发不力，傩文化创新性产品较少，对傩戏中具有旅游纪念开发潜力的产品（如傩画像、傩面具、傩服饰、傩符和傩道具等）利用不足。虽然成立有中黔傩文化艺术承传有限公司，由于缺乏创新团队，多停留于收藏品展示、简单复制现有的傩戏造型道具，而且雕刻技师缺乏，工艺粗糙，存在对傩文化产品研发意识不足、市场开发不够等问题。傩文化融入旅游业的发展，缺乏游客参与傩文化活动的产品，游客于傩文化兴趣主动性调动缺乏。同时，道真傩文化宣传、信息化管理和数据库等研究也存在不足。由此可以看出，道真傩文化的利用问题还需再发力，道真自治县各级政府、部门应加强傩文化保护与科学合理利用的研究，做好傩文化保护与利用的中长期规划，设立傩文化专项资金，引进和培养非遗管理及旅游管理人才及研究人员，确保傩文化保护与旅游资源的可持续利用和发展。

## 四　道真傩戏传承的对策建议

道真傩戏作为我国非物质文化遗产之一，是中华民族的宝贵财富，蕴含着历史、文学、经济、艺术等方面的价值，历来为人们所重视。当前，非物质文化遗产的保护和传承已经遇到前所未有的挑战，如非遗传承人面临断层，非遗文化整理困难，非遗从业者举步维艰，产业性非遗行业发展缓慢甚至呈现不断萎缩之势，非遗保护观念不当阻碍和影响保护的效果，非遗保护专业人才的匮乏等。如何保护道真傩文化，如何利用好其旅游功能，将其创造性地转化为现实社会效益及经济效益，发展傩文化创意产业，笔者认为可从以下几个方面着手：

**1. 制定道真傩文化保护发展战略，做好保护与利用规划**

认真落实《中华人民共和国非物质文化遗产法》《贵州省非物质文化遗产保护条例》等文件精神，首先要摸清家底，然后制定、出台道真自治县非物质文化遗产保护相关政策措施，切实把道真傩戏在内的非遗保护传承工作纳入全县国民经济和社会发展规划，制定切实可行的非遗保护中长期发展规划，道真自治县政府应把非遗保护经费列入县财政预算，并按财政年度收入比例逐年调整。同时要充分借助网络、微博、微信、电视等现代化信息传播载体的宣传，加强区域间协同创新发展，充分调动及整合社会各方资源形成全民参与傩文化在内的非遗整体性、活态性保护活力。正确认识非遗内涵，做好道真原生性傩戏、傩戏生态保护与傩戏演艺业发展，道真傩戏保护与文创衍生品研发等规划。

**2. 重视培养傩戏文化传承与傩城旅游管理、旅游产品研发人才**

一是加强建立政府、地方院校、中小学及民间艺人合作的长效机制，让傩文化进校园、进课堂、进教材，培养傩文化爱好者、傩文化消费者和傩文化传承者。同时制定传承奖励办法，鼓励和激励文化企业参与到傩文化保护传承工程中来，特别是利用和发挥好"中国傩城"项目，切实以傩文化内涵建设为核心。投资公司应把此地作为传承傩文化基地，解决傩文化传承人就业，形成再生傩文化生态空间，这不仅有利于传承人的生活保障、激励更多的年轻人加入传承傩戏队伍，也利于傩文化新业态的发展。

二是政府部门要把傩文化作为道真自治县文化品牌建设和城市人文品质提升的高度，切实把傩文化创意产业放在道真自治县文化事业发展的工作重点，使之成为文化事业转型发展的有力抓手。设立傩文化创意产业专项资金，一方面，政府委托第三方开展道真傩文化剧本整理、剧目编创及表演骨干人才的培训培养，在县文联各协会中选拔热爱傩戏并愿意从事傩文化传承事业的中青年会员以及具备戏剧剧本创作或表演的中青年，组织起来集中展开培训，尽快培养一批道真傩文化剧本整理、剧本二度创作和原创人才，使他们能在继承传统的基础上去吸取营养，采取"移植、改编、创作"三管齐下的举措，丰富上演的剧目、伴奏音乐等内容，不断探索和创新道路。另一方面，设立文艺创作及奖励专项基金，建立文艺作品创作、奖励机制，促进道真文艺精品力作的产出。组织精干的文艺创作团队深入各村寨进行摸底、文艺采风调研，体验生活，摄取民间文艺营养，创作出人民群众喜闻乐见的傩文化作品。特别是舞台傩剧作品，可以采取多方协同提高傩戏演出及剧本创作、舞台傩剧作品质量，推出一批阳戏节目和阳戏剧本精品，并且及时推荐，积极参与各种展示展演活动。

三是加强中国傩城文化旅游产品管理及研发专业人才的培养。通过招聘或者与相关高校开展订单式人才培养，参与高校人才培养方案的制定，为中国傩城培养高素质傩文化旅游管理及项目开发人才，提升旅游服务质量。加强傩戏文化创造性转化，开发形式多样化的傩戏体验项目，突出傩文化旅游体验，着力提升傩文化主题公园品质，塑造中国乃至世界知名傩文化活态博物馆。

**3. 加强中国傩城内涵建设，重视傩文化创意产品开发，树立中国傩城主题公园及旅游目的地品牌**

傩城的建设，关键在傩文化体系建设、傩文化传承基地、傩文化主题公园的挖掘和展现。一是要把傩城作为道真傩文化传承展示的一个重要基地，要深入挖掘傩文化生成机制、傩文化及生态环境和谐发展的内在规律，促成傩与民俗在傩城的再塑。一座城市不仅要有漂亮的建筑，关键还要有人，特别是要有从事傩艺之人，要把傩文化与傩城居民融为一体，再塑傩文化生态。傩城的发展应该与道真自治县精准扶贫和精准脱贫有效结合，把偏僻的零散的民众引导入住傩城，让傩城成为民众居住地。要民众在此居住，总得要有一份职业，投资商提供一部分岗位，政府多方运作，调控调整农耕土地，让一部分人在傩城周围发展无公害农业、农副业，既可以保障傩城物资供给，同时建立农村电子商务，还能供给外地城市需求。傩城有了常驻居民，还得考虑民众的宗教习俗，除建筑傩戏戏台外，还得考虑修建当地民间信仰建筑，如土地庙、先贤祠等。傩城建设不仅要满足游客需求，也要满足常驻居民的需要，不是纯粹的景点建设问题，更不是房地产开发、商铺营建，而是建造民众宜居、乡村疗养生活之地。只要傩城有了傩文化生活气息，傩城旅游目的地才能活起来。

二是道真傩城文化主题公园建设，要从不同角度、不同层次、不同类别，多层次、全方位立体地展示传统傩文化。傩城建设的目的是既要加强傩文化保护，建立中国傩文化静态与活态相结合的博物馆，又要满足旅游者多样化休闲娱乐的需求。如可以通过将傩文化资源创意转化为傩城景观雕塑小品、雕塑亭廊，甚至运用到步道及细部景观等处的装饰处理；把傩道具的色彩提炼设计核心元素运用到傩城主题酒店、店铺、道示牌、地方特色农副产品包装等方面的设计；将傩文化元素的各种文创纪念品，合理运用于手工技艺类的刺绣、民间剪纸、漆器、木雕、石雕、玉雕、泥塑、陶瓷烧制等设计，以表达傩文化内涵产品，如研发傩文化木雕木刻，多种材质傩戏人物形象雕像。另外不要忽视道真仡佬族生活物质资源的开发利用，可"针对当地手工艺工具、生产生活器具、居宅陈设、服装饰品、乐舞道具等用品进行专题研究，并对民族手工艺的原材料、加工工艺、技术内涵、技艺口诀等进行归纳整理，并以就材加工、量材为用的原则开发民族旅游文化资源和纪念品类"[1]。创设仡佬族民族风情体验区、虚拟现实傩戏演艺体验区等参与式产品的开发，让傩城主题公园都融入与傩文化有关的传统文化元素，真正使道真傩戏文化深入社会生产生活的各个领域，促进傩文化衍生产业的发展。

**4. 建立"中国傩文化传媒中心"，加强宣传促销力度**

道真傩文化保护及傩城建设都要充分利用互联网，实现多途径数字化推广、推介，不断提高道真傩文化及傩城在国内外的知名度，树立道真傩文化及傩城、仡佬族文化旅游特色的品牌形象。在这方面，道真自治县政府要长期定期开展"中国傩文化艺术节及傩文化学术研讨会""中国傩文化非遗展演及傩文化创意产品博览会"，竭力打造傩文化旅游目的地品牌，进一步提升傩城旅游地及傩文化利用市场效果，提升道真文化旅游的吸引力。成立"中国傩文化

---

① 余继平、徐芳梅：《彭水民族文化资源与乡村旅游发展》，《民族论坛》2013年第6期。

传媒中心"机构，多渠道筹资，策划"中国傩文化影视城""仡佬族文化体验城"，开发与傩文化、仡佬族文化相关的影视剧以及数码媒体文化产品，培育傩文化新业态。同时为当地群众和消费者提供广泛交流平台，以更有利于长期在此举办区域性、全国性的艺术节和大型民族文化活动。利用这种形式把民族文化旅游宣传与影视文化结合起来，通过民族风光片、电视、作品摄影等，充分展示道真多彩的仡佬族文化、傩文化，把傩城文化游、道真自然风光游推向全国，推向世界。

**5．调整优化经济结构**

完善制度体系，培育旅游产业链条，加快转变经济发展方式，把道真傩城建设成为环境优美、社区和谐、居民生活富裕、文化旅游经济繁荣的傩文化保护示范主题园，建设成具有傩文化内涵和地方民族特色的文化疗养地及傩文化体验旅游度假区。

# 结　语

道真傩文化保护与中国傩城项目建设，必须与相关产业联动，携手共建，抱团发展，比如与手工制造业和影视传媒业等对接，充分挖掘傩戏文化遗产的学术含量以及潜在的市场价值，从而进行文化产业培育，在遵循傩内在规律、保护傩文化基因的前提下，将积淀深厚的傩戏文化资源及傩文化元素创造性转化为文化创意衍生产品，推动傩文化品牌效应和傩城旅游品牌发展，并助推道真文化经济的发展。

# 贵州道真古傩"尝新敬祖"仪式研究

湖南省沅陵县交通运输局　李晓晖

## 序

贵州道真仡佬族为古老的民族，夙愿表白中的"尝新敬祖"仪式为一年一度的农耕祭祖现象与行为，其意义是对祖先的感恩祭拜。"尝新敬祖"以敬的形式保存着几千年来仡佬族百姓对祖先的祭奠与膜拜，以及对现实生活的憧憬。

祈求年年丰收，岁岁"尝新敬祖"，并形成"中国的感恩节"。"尝新敬祖"因依托教门不同而分为巫教或佛教，仪式中法师使用相应法名，因使用铰子乐器与否而略有差异，所依教门不同，所唱赞的赞词亦各有异。如果使用铰子乐器，请神时一迎一请即可；未使用铰子乐器，则需三迎三请。它的主要目的就是感恩与祭拜。衣食住行解决好当然要感恩五谷之神，让神最先尝到辛勤劳动收获的粮食。这是人们最朴实的愿望，是神愿傩望。于是，千百年来就形成了独特的道真古傩"尝新敬祖"十八道仪式。

"尝新敬祖"为民间行为。它的思想文化、宗教信仰、感情表达过程与故事情节有着区别，其中审美属于活态文化载体集大成表现，仪式表演细节的根本就是"尝新敬祖"感恩回馈，以示对祖先的尊重、对神明的敬畏。

### （一）唱赞

唱赞的本意在弘扬儒、佛、道三教，以表仰敬之心。法师头顶红帕，面立香案，敲动铰子，击打令牌，唱：清净会启，尝新敬祖筵开，大众虔诚，歌扬赞咏。法师穿法衣（或着便装），戴法帽，持铰子，面立香案接着唱三教赞：大成至圣文宣王，住在鲁国昌平乡。三千徒众子，七十二贤人。接着念：穷理尽性，南无香供养菩萨。（敲铰子）灵鹫三千释迦尊，毗卢园内降生身。九龙清吐水，沐浴紫金身。念：明心见性，南无香供养菩萨。（敲铰子）大罗天上李老君，降生八十发如银。生吾无日月，长吾无星辰。念：修身养性，南无香供养菩萨。（敲铰子）三教原来是一家，道贯如理释迦尊。知晓三教赞，同缘栽种果开花。念：儒释道教尊，南无香供养菩萨。（敲铰子）法师续唱：上来燃灯焚香迎请，点起说文，法师布露。（敲铰子）净心一念周沙界，五分香烟遍四方。愿凭感格圣贤心，宝殿宫中降吉祥。（敲铰子）南无南海岸上救苦救难观世音菩萨座下善财龙女、四羯谛神、洒净童子、祛疫郎君光降道场，证盟洒净功德。（敲铰子）应宜虔诚，上香摄拜。（敲铰子）

### （二）洒净

洒净的本意在洁净坛场，备迎神众。法师唱：一炷信香请观音，暂别香山紫竹林。手执净瓶空中现，三枝杨柳洒凡尘。（敲铰子）手燃纸钱，边唱边化于水碗中：伏闻此水者，妙湛灵源，无三世十方之影相；真空性水，现六凡四圣之波澜。绕华藏世界而来，从阿耨达池而出。滔滔觉海，浩浩朝宗。何妨细雨洒杨枝，莫不普沾香水海。洗心涤虑，如八德之清凉；激浊扬清，同一时之潇洒。所谓道：一派泉中水，加持遍大千。荡除诸垢秽，清净礼金莲。（敲铰子）一滴能清净，心花五叶开。观音菩萨法水到，诸厌秽，化为尘。（敲铰子）二滴能清净，心花五叶开。师公师祖法水到，诸厌秽，化为尘。（敲铰子）三滴能清净，心花五叶开。行坛弟子法水到，诸厌秽，化为尘。（敲铰子）一洒天门大展开，二洒地户涌金莲，三洒人间诸厌秽，四洒尊神显威灵。（敲铰子）南无杨枝水观世音菩萨摩诃萨。（敲铰子）大悲无碍陀罗尼神咒海水佛菩萨。（敲铰子）法师唱念天地咒：天地自然，秽气消散。洞中虚玄，晃朗太元。八方威神，使我自然。灵宝符命，普告九天。乾罗怛那，洞罡太玄。斩妖缚邪，杀鬼万千。中山神咒，元始玉文。持诵一遍，却鬼延年。按行五岳，八海知闻。魔王束首，侍卫我轩。凶秽消散，道炁长存。急急如律令。坛场内外，悉令清净。（敲铰子）

### （三）禀职

禀职的本意在禀明法师身份，以证仪式合于教法，傩愿可通三界并蒙诸神护佑。法师唱：洒净已毕，敕当请神论文，法师布露。（敲铰子）一切恭敬，信礼常住三宝，焚香供养请神功德。（敲铰子）伏以，天何言哉，叩之必应，神则灵矣，感而遂通。五色祥云之处，四时泰来之照。恭对虔诚，禀称法职：（敲铰子，然后跪下）钦秉上清三洞伏魔镇鬼五雷排演北极驱邪都察邪魔拷鬼院行教玉皇门下法事凡昧臣××（法名）带领迎祥信人×××奉请众位尊神。

### （四）请神

请神的本意在恭请众神降临道场，大显威灵，为信人赐福赐禄，降吉降祥。法师唱：恭炷真香，虔诚奉请。奉请天地国亲师五大圣人、净莘有感福德明神、本音门中××郡历代高曾远祖老幼脉派先灵、严唐罗冉四员官将、盖天古佛关圣帝君、七曲文昌梓潼帝君、文武二大魁星夫子、逝多林中牛王菩萨、大成至圣文宣素王、九天东厨灶王府君，或苏州城内药王先圣广目真人、南海岸上救苦救难观世音菩萨等，依主家香火安设神位而定，降赴斯时谷打满仓、尝新敬祖、保吉迎祥法师自在家作则称保吉弟子。下同清泰功德。（敲铰子）恭炷真香，虔诚奉请。奉请住居土府九垒高皇大帝、后土紫英夫人、值年太岁至德尊神、左青龙、右白虎、前朱雀、后玄武、来山去水、地脉龙神、招财童子、进宝郎君，降赴斯时尝新敬祖、保吉迎祥清泰功德。（敲铰子）恭炷真香，虔诚奉请。奉请土府会中九宫八卦乾坎艮震巽离坤兑神君、土家娘子、土府郎君、天地月德尊神、一白二黑三碧四绿五黄六白七赤八白九紫神君，降赴斯时尝新敬祖、保吉迎祥清泰功德。（敲铰子）恭炷真香，虔诚奉请。奉请东方土府张贵先甲乙寅卯木德土府宅龙神君、南方土府蔡子贵丙丁巳午火德土府宅龙神君、西方土府张子学庚申辛酉金德土府宅龙神君、北方土府林敬宗壬癸亥子水德土府宅龙神君、中央土府陶伯宗戊己丑未土德土府宅龙神君，降赴斯时尝新敬祖、保吉迎祥清泰功德。（敲铰子）恭炷真香，虔诚奉请。奉请左门神秦叔宝、右门神金德星君，降赴斯时尝新敬祖、保吉迎祥清泰功德。（敲铰子）如果法师在自己家做法事，则需增请所顶敬诸般神祇：恭炷真香，虔诚奉请。奉请太上无形无名三清三境应化天尊、太阴太阳神君、元始天尊、灵宝天尊、道德天尊、虚无三宝天王老君、昊天至尊金阙玉皇上帝、五岳五天圣帝、五宫五明皇后夫人、正殿炳灵相公、注寿星君、七十七司判官、八十一案典吏、十二太保、沿路仙官、东山圣公尊祖爷爷、南山圣母掌印娘娘、二帝朝王圣主、玉仙娘娘、上傩中傩二十四傩、下傩十二游傩、十二年王、十二月将、肖家一代、孟家一宗、瘟部所统合干真宰、五营四哨包括地傩太子、小三兵马、千千兵马、万万兵将，降赴斯时尝新敬祖、保吉迎祥清泰功德。（敲铰子）恭炷真香，虔诚奉请。前去思州迎请统天旺化山王天子国王父母、灌州迎请川主万天崇应惠民大帝、贵州迎请黑神天子都督显灵大帝、正安迎请城隍主者辅德大王、璧山迎请土主清明合潼帝君、苏州迎请药王老祖紫霄大帝，迎请殿前三千口、殿后七百人、三千七百口、一百七十二贤人、神父神母、神子神孙，迎请三世神王、七世老母、枯木三千、枯木树神、木包之神、木叶之精、红花幼女、历山砍树之神、独脚五道将军、西眉山上五道将军、游行破木五道将军、金上金精神、银上银精神、铜上铜精神、铁上铁精神、锡上锡精神、水上水精神、火上火精神、土上土精神、木上木精神，东殿南岳天子生案判官、死案判官，原日掌愿仙官、今日勾销使者，前去披毡漂海迎请蛮王天子九洞将军，云顶山系道真仡佬族苗族自治县城东南山峰。据《正安州志》载：南宋理宗封山神于此。迎请敕封行雨白蛇大将，拦牛坎迎请遍天显化三抚相公，前去七角洞中迎请上洞梅山赵大王、中洞梅山胡大王、下洞梅山李大王，风火院中迎请丹天风火灵官大帝。可略为统天旺化山王天子国王父母统领行祠八庙、坐祠八庙，八庙一切尊神，降赴斯时尝新敬祖、保吉迎祥清泰功德。（敲铰子）恭炷真香，虔诚奉请。奉请上元一品赐福天官紫微大帝、中元二品赦罪地官清虚大帝、下元三品解厄水官洞阴大帝，三元三品三官大帝，降赴斯时尝新敬祖、保吉迎祥清泰功德。（敲铰子）恭炷真香，虔诚奉请。奉请行案会上合干真宰，北方镇天真武祖师玄天仁威上帝统领三十六雷、十大元帅、庞刘勾毕四大天君、天仙地仙水仙三仙王母、解结斗姥、度关王母、上傩曹洪中仙娘、中傩曹九中仙娘、下傩曹救男救女仙娘、太皇宝山临济祖师、统兵圣母、郭氏三娘、千千兵马、万万兵将，降赴斯时尝新敬祖、保吉迎祥清泰功德。（敲铰子）恭炷真香，虔诚奉请。奉请当年奉敕统瘟天符大帝、春季行瘟使者张元伯、夏季行瘟使者刘元达、秋季行瘟使者赵公明、冬季行瘟使者史文业、四季行瘟使者钟仕贵、五瘟使者、八大魔王、瘟部所统合干真宰，降赴斯时尝新敬祖、保吉迎祥清泰功德。（敲铰子）恭炷真香，虔诚奉请。奉请阳戏会上三百公婆、啄木老将、绣球太子、梅花小娘，降赴斯时尝新敬祖、保吉迎祥清泰功德。（敲铰子）恭炷真香，虔诚奉请。奉请桃园三洞好耍郎君、龙公龙婆、龙子龙孙，降赴斯时尝新敬祖、保吉迎祥清泰功德。（敲铰子）恭炷真香，虔诚奉请。奉请上界驱驭良神金盔金甲将军、中界驱驭兰神银盔银甲将军、下界驱驭铁神铁盔铁甲将军、三司黑路黑黑南司大神，降赴斯时尝新敬祖、保吉迎祥清泰功德。（敲铰子）恭炷真香，虔诚奉请。奉请三千佛礼大法老师、桃汤粉火仙师、起丧发驾仙师、挖坑破土仙师、雪山海水仙师、靸铧顶鏊仙师、杨救贫仙师、李淳风仙师、顺风耳仙师、大傩翻解仙师、小傩翻解仙师、速报仙师、限报仙师、文王八卦仙师、龙凤山前董仲仙师、捡卦童子、翻卦郎君、阴兵五十五万、阳兵五十五万、立在坛前大神官将、东方青帝九夷兵、南方赤帝八蛮兵、西方白帝六戎兵、北方黑帝五狄兵、中央黄帝三秦战鼓兵、阵前五郎、阵后五猖、生吃五猖、熟吃五猖、五猖五路阴师兵马、千千兵马、万万兵将，降赴斯时尝新敬祖、保吉迎祥清泰功德。（敲铰子）恭炷真香，虔诚奉请。奉请天门土地、庙门土地，灌州飞云走马告报土地、洪门土地，一乡一里、二乡二里、三乡四里、五五二十五里土地，弟子随行传奏功曹土地，应请赴外作法则加来路仙官捷路土地，落水仙官桥梁土地，屋团屋转窑神土地、炉神土地、把界土地、翻山护送梅山土地，请不到说不到一切大小土地、一切大小神圣，降赴斯时尝新敬祖、保吉迎祥清泰功德。（敲铰子）恭炷真香，虔诚奉请。

奉请弟子顶敬傩牌会（据张照玄法师传，凡通巫教各仪者称"傩牌会"，仅通部分者称"雷坛会"）上三师大法教主，师祖谢应玄、余道真、罗法印、罗法真、陈师婆、蔡法旺、肖法通、刘法灵、周法高、王法官、陈首清、李道玄、江法清、陶如刚、江信真、江洪休、张真如、张妙清、何法清、夏海清，师公张信忠、张吉星、万照法，父师张召圆，活口度师张照玄，师伯张海澄，师叔张普真（胞叔、师兄），恩师张玄应（堂兄），弟子顶敬鲁班会上、雕刻会上、药王会上一切三师大法教主、阴传阴教师、阳传阳教师、心传口授师、不传自教师，应请外作加本宅顶敬一切三师大法教主，降赴斯时尝新敬祖、保吉迎祥清泰功德。（敲铰子）恭炷真香，虔诚奉请。奉请门外虚空过往纠察善神、无边真宰孤魂等众，上十五里游师、下十五里孤魂、横十五里游师、顺十五里孤魂，岩崩树打、抹脖吊颈、前宅开荒业主、后宅历代贤人，一切孤魂等众，降赴斯时尝新敬祖、保吉迎祥清泰功德。（敲铰子）

### （五）安位

安位的本意在安定座位，以供所请神祇安坐。法师唱：上来大神请在香炉之前，小神请在香炉之后；高者高坐，矮者矮排；神有座位，佛有灵台。一遍经章，普伸安位。（敲铰子）边敲铰子边唱：玉皇诰志心皈命礼，太上弥罗无上天。妙有玄真境，渺渺紫金阙。太微玉清宫，无极无上圣。廓落发光明，寂寂浩无踪。玄范总十方，湛寂真常道。恢漠大神通，玉皇大天尊，玄穹高上帝。（敲铰子）奉请功德，普伸安位。（敲铰子）安位一请保平安，祈保信人常清泰。二六时中降吉祥，吉祥摩诃般惹波罗蜜。（敲铰子）

### （六）奠酒

奠酒的本意在为神献酒，以表礼敬。法师念：上来奉请安位已毕，瓶中有酒，开瓶奠献。初奠初杯酒，瓶内菊花香。众位尊神来领酒，合宅人眷保安康。信人自在家作则为"弟子"，下同虔诚，酒行初奠。（奠酒）念：酒是神仙药，将来案上酌。众位尊神来领酒，合宅人眷保安乐。信人虔诚，酒行二奠。（奠酒）酒是糯米浆，将来劝神王。众位尊神来领酒，合宅老幼降吉祥。信人虔诚，酒行三奠。（奠酒）

### （七）通口意

通口意的本意在通明仪式因由，让神知道"尝新敬祖"的事情。法师念：一奠二奠三奠圆满，今有口意，对神敷宣：一时天下南赡部洲，今有大中国贵州遵义市道真仡佬族苗族自治县×镇（乡）×村×组管辖小地名×屋基迎祥信人，应请外作则念：香童弟子××于本年谷打满仓，尝新敬祖。虔备何财？虔备何物？木油净茶、非供凡仪、片盐散菜、瓮中美酒、千烛信香、青油净灯、金白长钱、净水马料，一堂恩礼，摆在当堂，献在当案。伏望弟子排名所请众殿尊神，阳卦欢欢领当，胜卦喜喜领受。（扣卦）领当领受三巡杯酒，酒巡三奠。（奠酒）领受上去，敬灶到来。

### （八）敬灶

敬灶的本意在预知灶神，请其上奏天庭。将茶盘内预置《灶牒》文书，外以牒壳封装，长钱24束、散钱一叠、香三炷、烛一支，端入厨房。边行边敲铰子，并唱三净咒：净心神咒，太上台星，应变无停。驱邪缚魅，保命护身。智慧明净，心神安宁。三魂永久，魄无丧倾。净口神咒，丹珠口神，吐秽除氛。舌神正伦，通命养神。罗千齿神，祛邪卫真。喉神虎贲，伸气引精。心神丹元，令我通真。思神炼液，道气长存。净身神咒，灵宝天尊，安慰身形。弟子魂魄，五脏玄冥。青龙白虎，队仗纷纭。朱雀玄武，侍卫我真。至灶前，将茶盘放于灶台，唱"杨枝水赞"：清净会启，尝新敬祖，敬灶行事。大众虔诚，歌扬赞咏。杨枝净水，遍洒三千。心空八德利人天，福寿广增延。灭罪消愆，火焰化红莲。南无清凉境菩萨。九天司命灶君王，每年月日上天堂。好话天空传言奏，恶话与他降吉祥。禀职（与前同，略）。请神（只请灶神）。法师唱：恭灶真香，虔诚奉请。奉请天灶地灶神君、年灶月灶神君、日灶时灶神君、老灶新灶神君、长灶短灶神君、铜锅瓦灶神君、淘米仙姑、灶门土地、引进仙官、灶家一切眷属，降赴斯时（或"某宅"）尝新敬灶，保吉迎祥清泰功德。（敲铰子）供灶真香，虔诚奉请。奉请东方青帝甲乙寅卯木德灶君、南方赤帝丙丁巳午火德灶君、西方白帝庚辛申酉金德灶君、北方黑帝壬癸亥子水德灶君、中央黄帝戊己丑未土德灶君、灶公灶母、灶子灶孙，降赴斯时尝新敬灶，保吉迎祥清泰功德。(敲铰子)上来迎请神众,已沐云临。一卷经章,普伸安位。(敲铰子)念准提咒:稽首皈依苏悉帝,头面顶礼七俱胝。我今称赞大准提,唯愿慈悲垂加护。南无飒哆喃,三藐三菩陀。俱胝喃,怛侄他。唵,折戾主戾,准提娑婆诃。(敲铰子)奉请功德,普伸安位。(二合)安位一请保平安,祈保人民常清泰。二六时中降吉祥,吉祥摩诃波惹波罗蜜。上来奉请安位者,今有法事主牒。聪明之谓圣,正直之为神。来圣来显,必定作威作福。今有敬灶牒文,朗然宣读:雷霆都督府为尝新敬灶事,今据大中国贵州省道真仡佬族苗族自治县×村×组管辖小地名×住居奉圣,迎祥信人××又协和家善眷人等投诚上干圣造。生居下土,命属上苍。信人×于×月旬中尝新敬祖行事,坛中奉燃九品香炉各堂,陈献菲供凡仪一筵,上酬众神之洪恩,下祈民心而清泰。今则道场开启,迎请灶王府君。一家之主,掌四季之祯祥;凡有修禁,必定先知。祈合家清泰,人眷安康;官瘟火盗,四裂冰消;二六时中,全叨庇佑。准教。故牒。右牒上九天司命灶王府君。准此。天运×年×月×日吉时发上来牒文宣读已周,宣读已明。今有牒文一道,银钱各正,拿上灶府门下,用凭火化。弟子唱赞奏纳。傩法师边敲铰子边唱灶王赞:九天司命主,福德灶君王。谈论火部甚威光,祈福保安康。司命主,灶君王,消灾赐福降祯祥。南无尽虚空遍法界。牒文一道奏上诣,灶府门下去呈进。南无炎帝王菩萨。法事纳财。清风明月透人怀,吉善之家大展开。信人今日献新后,家门清吉保安泰。今时原有修因迎祥信人×发心叩许尝新敬灶牒文一道,灶府门下呈进。恭望圣慈,曲垂洞鉴。唯愿使者升腾奏,莲花奉送降香坛。纳财已毕,运乐回坛。(回转堂屋)

## (九)保管

保管的本意在祈保人畜平安,五谷丰登,钱财不失。跪香案前,击打令牌念:敬灶已毕,保管到来。一保人民清吉,老安少怀;二保五谷丰收,家道兴隆;三保灾难不至,祸盗潜消;四保六畜长旺,总降吉祥。阳卦保管,胜卦护佑。(扣阳卦、胜卦)保管三巡杯酒,酒行三奠。(奠酒)再来保管,再来护佑。保管香童弟子一年十二月春夏秋冬,走东去西,走南去北,瘟家门前吃好酒,孝家门前吃好汤;去不拖灾,来不惹难;去则清吉,回时平安。阳卦保管，胜卦护佑。（扣卦）保管三巡杯酒，酒行三奠。（奠酒）再来保管，再来护佑。保管下民或信人。自在家作为弟子一年四季，空手出门，抱财归家；喂养六畜，过沟过坎，四蹄端正；鸡牲鹅鸭，远去他方，前门换来成双，后门换来成对。阳卦保管，胜卦护佑。（扣卦）保管三巡杯酒，酒行三奠。（奠酒）

### （十）推遣

推遣的本意在将一切瘟火邪怪远遣他方，祈保信人诸般吉祥。法师念：保管已毕，推遣到来。推遣天瘟地瘟、年瘟月瘟、日瘟时瘟、八八六十四瘟；天怪地怪、年怪月怪、日怪时怪、八八六十四怪；鸡来带怪，鸟来带怪，蛇虫蚂蚁百般精怪。虎儿般般，推在万林深山；蛇儿有毒，推在一十八重地狱。推遣三巡杯酒，酒行三奠。（奠酒）再来推遣天火地火、年火月火、日火时火；壁上挂灯，灯上起火；炉中抽柴，灶内之火；人来客去，过路点火。火是南方丙丁火，水是北方壬癸水。火起一尺，水淹一丈；火起一丈，水淹天上。推遣三巡杯酒，酒行三奠。（奠酒）再来推遣天赤口、地赤口、年赤口、月赤口、日赤口、时赤口、一家老幼协和赤口；红面君子，白面小人，当面说好，背地说歹；男人打扮，巧女梳妆，铜钉钉舌，铁钉钉口。阳卦推出他方，阴卦押出外境。（扣卦）推遣三巡杯酒，酒行三奠。（奠酒）

### （十一）漂食

漂食的本意在做食分食，以供神灵享用。傩法师续念：推遣已去，漂食到来。阳间厨官，只能漂生，不能漂熟。神灵带来阴间厨官，又会漂生，又会漂熟。分左吃左，分右吃右。吃骨在前，抛骨在后。漂食三巡杯酒，酒行三奠。（奠酒）先漂上位，后漂两旁。香童弟子，请的神多，铺下盏少。千神共杯，万神共盏。金刀来砍，银斧来分。漂食三巡杯酒，酒行三奠。（奠酒）

### （十二）交钱

交钱的本意是将长散二钱，交与仪中所请神祇及信人老少亡魂等众，是对神的尊重。取长钱120束、散钱一叠于手，法师边撕边念：漂食已毕，交钱到来。长钱120束，上不交与天曹，下不交与地府，自在家作为主人交与弟子，弟子交与三师，三师交与传奏功曹，交与弟子排名所请众位尊神，也可按上请神祇——交纳三师大法教主；散钱交与信人老少亡魂及一切孤魂等众。阳卦交钱，胜卦领纸。（扣卦）交钱三巡杯酒，酒行三奠。（奠酒）

### （十三）撤愿

撤愿的本意在撤除信人所许一切心良口愿，从此不在悬挂，心安而理得。法师续念：交钱已毕，撤愿到来。今有撤愿牒文，朗然宣读：雷霆都督府为尝新敬祖事，今据大中国贵州省遵义市道真仡佬族苗族自治县×村×组管辖小地名××住居奉圣，迎祥信人××又协和家善眷人等投诚上干圣造。生居下土，命属上苍。信人×于×月旬中尝新敬祖行事，坛中奉燃九品香炬各堂，陈献菲供凡仪一筵，上酬众神之洪恩，下祈民心而清泰。今则道场开启，尝新断愿行事，迎请原日掌愿仙官，今日勾销使者，玉历簿中注勾销之字。祈合家清泰，人眷安康；官瘟火盗，四裂冰消；二六时中，全叨庇佑。不忘洪麻，准教故牒。右牒上解愿仙官。准此。天运×年×月×日吉时发牒文宣读已周，宣读已明，交与净方之中。撤了迎祥信人心中愿、梦中愿，行持愿在外许、坐持愿家中许。吩咐原日掌愿仙官，今日勾销使者，红笔上簿，墨笔勾销，墨笔上簿，红笔勾销；一笔勾销，铲销除愿。阳卦打出阳标，阴卦撤除阴愿（扣卦）。如为胜卦，则说，胜了胜，你不撬一阵；再为胜卦，则说，胜卦打得笑必有大神到；仍为胜卦，则说三胜三开台，阴阳快急来。打了好标，破了好愿。打标破愿，三巡杯酒，酒行三奠。（奠酒）

### （十四）削罪

削罪的本意在削除弟子、信人及其他有关人员仪式中所犯之罪过。法师续念：撤愿已毕，削罪到来。香童弟子在近，头上无好帽，身上无好衣，言轻词昧，口齿厌秽，请神不知前后，安神不知座位，仰望活口度师，传言答奏。多一言，与我弟子赶一言；少一言，与我弟子添一言。千罪恕过，万罪恕除。阳卦削除阳愆，阴卦削除阴罪。（扣卦）除愆削罪三巡杯酒，酒行三奠。（奠酒）再来除愆，再来削罪。主人拈香不到，换水来迟；供献渺小，记得轻微，酒水残破；管酒之人，酒或漏落。阳卦削除阳愆，阴卦削除阴罪。（扣卦）除愆削罪三巡杯酒，酒行三奠。（奠酒）

### （十五）安位

再一次安位的本意是礼请家龛神祇回归香位。法师续念：削罪已毕，安位到来。不添香烟，安位何神？安位何意？安位信人顶敬儒释道三教香火满堂尊神。领了银钱，安位旺香台上。位前安位三巡杯酒，酒行三奠。（奠酒）不添香烟，安位何神？安位何意？安位住居土府九垒高皇大帝、后土紫英夫人、戊己宫中一切尊神。领了银钱，安位家龛位前。位前安位三巡杯酒，酒行三奠。（奠酒）不添香烟，安位何神？安位何意？安位左门神秦叔宝、右门神金德星君。领了银钱，安位南门之中。位前安位三巡杯酒，酒行三奠。（奠酒）

### （十六）奉送

奉送的本意在奉送前请神祇，除家龛神祇外，各归方位。法师续念：安位已毕，奉送到来。不添香烟，奉送何神？奉送何意？奉送三清玉皇大帝，五岳五天圣帝，五宫五明皇后夫人，行祠八庙，坐祠八庙，三元三品三官大帝，行案会上合干真宰，当年奉敕统瘟天符大帝，阳戏会上三伯公婆、啄木老将、绣球太子、梅花小娘，桃园三洞好耍郎君，龙公龙婆，龙子龙孙，三司黑路黑黑南司大神，一切大小土地，五营四哨千兵万马，三师大法教主，门外虚空过往纠察善神，无边真宰孤魂等众，请不到说不到一切大小神圣，领了银钱，有堂归堂，无堂归殿。阴胜二卦，回鸾转驾。（扣卦）起马三巡杯酒，酒行三奠。（奠酒）众位尊神，大人起身说好话，大神起身值好卦。不求千卦万卦，要求一副全卦。开添阴卦一个，单闭邪神邪鬼的马路；开添阳卦一个，打开财门，财源滚滚，福禄滔滔；开添胜卦一个，日进千箱宝，时招万里财，土中生白玉，地内出黄金。有缘无缘，一副周全。（扣求阴、阳、胜三卦）得蒙好卦，万事无忧。今有牒文一道（即前《撤愿牒》），银钱各正，拿上天阶，用凭火化。自在家作，可化于案侧地下；如应请外作，须化于室外净处。

### （十七）唱赞

再一次唱赞的本意是向神礼请，拜送功曹上天传奏，起身出大门。法师（敲铰子）唱风火赞，如果自己在家作，则免。续念：风火涌涌，风火涌涌。风火涌涌起祥烟，拜请功曹上九天。（敲铰子）来时无影，来时无影。来时无影去无踪，云中只见上天空。（敲铰子）腰挎双刀，腰挎双刀。腰挎双刀不一般，云中只见马蹄翻。（敲铰子）牒文一道，牒文一道。牒文一道奏上诣，都官门下去呈进。（敲铰子）南无升腾奏菩萨。（敲铰子）傩法师念：法事纳财。天又保，南斗六星；地又保，北斗七星；国又保，忠臣良将；家又保，孝子良孙。纳财已毕，运乐回坛。

### （十八）回向

回向的本意就是告慰神灵，了却心愿。法师边敲铰子回坛中香案前。自在家作奉送，完毕即回向。击打令牌，边敲边唱：皈命礼，道宝香，紫微琼霄藏。我今大皈依，道宝皆回向。皈命礼，经宝香，白玉莲台上。我今大皈依，经宝皆回向。皈命礼，师宝香，游傩消灾障。我今大皈依，师宝皆回向。法师念：回向赐福朝东海，涛涛坐金莲。增长南山寿，松柏一时辰。一年四季常安乐，合家稽首皆回向。回向回向再回向，我佛高坐莲台上。回坛呈献赵州茶，稽首顿首皆回向。回向十方三世佛，诸真位菩萨摩诃萨。南无圆满藏菩萨。所谓一声弥陀佛，诸佛叹奇哉，圣真各安排，昧臣拆班退位。

## 结　论

傩仪有史以来始发于汉族，并由中原区域辐射到四夷，逐渐形成华夏大地的傩俗，作用于农业社会利用傩面进行驱鬼纳吉，敬神感恩。从观看道真自治县中国傩城、三幺台、傩神山、祈福圣地、傩神博物馆、原生态节目表演的考察所表明，傩文化就是汉文化，即百姓文化。"尝新敬祖"是傩文化的一个种类。

贵州道真古傩"尝新敬祖"仪式十八种祭祖过程独特的仪式与咒语，本来是借助神力来感恩与"尝新敬祖"的。从语言的角度分析来看，它多出自佛教，并且综合了道教、巫教和土教。使用了法师衣帽、铰子乐器、手诀、心诀、口诀、唱、念、卜卦、新鲜供品、收取交钱，整个仪式就是人受到神灵恩惠而辛勤劳动获得成果又来供奉神灵的轮回惠顾，法师收取的交钱是做法事的劳动所得。法师做的是神职工作。

"尝新敬祖"仪式成为傩艺人言传身教的绝活。它的活力恰如道真的目连戏加高台舞狮，既古老又活力四射。"尝新敬祖"仪式细节唯有法师懂得，传承傩法事技艺，培养年轻人接班，需要下大功夫，要挖掘和整理古傩仪传承，保护"尝新敬祖"仪式的完整性，做好傩仪的收集整理工作，使中国傩戏学有一本古傩"尝新敬祖"的完整资料。

# 错位与冲突：贵州道真傩戏《骑龙下海》的戏剧矛盾分析[①]

长江师范学院　彭福荣　张小琴

贵州道真是以东汉西南名儒、贵州教育鼻祖尹道真先生的名字命名的县份，自然环境优美，是汉族与仡佬族、苗族和土家族等少数民族杂居繁衍之地。其中，仡佬族是贵州高原最古老的民族之一，历史人文底蕴深厚，民族文化源远流长，内涵丰富的傩戏有"跳大牙巴"、梓潼戏、和梅山等37个大类290多个小类，具有独特的宗教、民俗、历史、文学、艺术等多重价值，影响深远。"道真傩戏，由于领牲受祭的神灵不同，而有不同的名目。如由东岳大帝、炳灵太子领牲的，称傩戏；由二郎领牲的，称阳戏；由火官童子领牲的，称梓潼戏。而它们的主奉神头、行坛程序和内容完全一样，所以都是傩戏。"[②]

值"道真第二届仡佬傩文化艺术节暨傩文化学术研讨会"召开之际，道真冉文玉先生念多年携手之谊，给笔者提供了整理好的傩戏《骑龙下海》文本。文玉先生在"剧情概说"指出：《骑龙下海》是贵州道真旧城镇槐坪村七天七

---

① 基金项目：国家社科基金资助项目"乌江流域历代土司的国家认同研究"成果之一（批准号：10XMZ013）；长江师范学院"中国土司制度与土司文化研究创新团队"建设计划资助项目（编号：2014XJTD04）。

② 汪泉恩：《贵州道真傩戏》，冉文玉主编：《道真古傩》，贵州民族出版社2012年版，第82页。

夜规模"冲傩"仪式插演的戏剧之一，但也可单独演出，完整的剧情描述员外金昌玉及妻"金老婆婆"金范氏和子女的婚姻家庭故事：长子金才寿娶员外女杨天秀为妻，次子金长寿娶龙宫罚贬俗世龙三女为妻。其三女金幺姑跋扈挑唆，使夫妻恩爱、勤劳明礼的龙三女在夫赴考后，被强势苛刻的婆婆罚往山中放羊，不幸为黑风大王掳作压寨夫人。龙三女不从力战，被逼跳崖身亡，后因太白仙官施救传法，斩杀黑风大王。得到鸦啼狗咬兆示后，金范氏派人寻回龙三女。赶羊回家途中，龙三女巧遇赴京赶考书生柳义，让其传递血签的求救书信到龙宫。龙王得信大怒，令三弟点兵出海，对金老婆婆、金幺姑加以剐骨熬油、燃点天灯等惩治。最后，龙王恩准龙三女与杨天秀分别配嫁柳义、龙三太子，共享荣华富贵。

十多年来，全国包括傩戏在内的非物质文化遗产保护不断深化，相关研究成果不断涌现。在"知网"系统，"主题"词语"道真仡佬族"能检索出70余条相关记录，"仡佬族傩戏"能检索出王继英《从仡佬族傩戏看我国古代戏剧的产生》（2010）等十条记录，"道真傩戏"和"道真仡佬族傩戏"都各能检索出冉文玉《道真傩戏傩文化》（2004）和何雪恒《浅谈道真仡佬族傩戏》（2013）等三条记录，"贵州仡佬族傩戏"仅能检索出曲六乙《蚩尤与蚩尤戏剧文化》（2010）一条记录，"骑龙下海"没有检索记录。由此可见，贵州尤其是道真仡佬族及其傩戏傩文化事象已经引起专家学者的关注，但具体傩戏剧目及其文本文献研究亟待深化。为此，笔者系统把握《骑龙下海》剧目，探讨其剧情发展的原因，供专家学者指正。拙文草成并见诸方家，亦慰冉文玉先生扶助之谊。

## 一 矛盾缘起：俗世、龙宫和仙界的错位

众所周知，戏剧是由演员扮演角色、在舞台上表演故事的综合艺术，或许与原始的宗教巫术活动有密切关系，但矛盾和冲突仍是推动情节、塑造人物的关键性要素。纵观傩戏剧目《骑龙下海》展演过程和文本记录，笔者认为其矛盾冲突源于俗世、龙宫和仙界的错位。

### （一）俗世：母子的区隔

社会是由多个有组织、有规则或纪律而相互依存合作的群体构成，人类社会主要的关系有家庭关系、共同文化及传统习俗，包括个体之间、个体与集体、个体与国家等多重关系。"家庭作为个体获得归属感和社会认同感的来源，既是人类社会最基本的构成体，也是国家稳定发展的基础；既是社会活动的缩影，亦是一种文化的体现。"[①] 家庭是俗世人间的基础单元，母子相亲是基本的家庭伦理关系，母慈子孝、相互庇佑是彼此的基本义务之一。以此观之，《骑龙下海》就是脱离上述关系和义务而引出的故事。

根据文本分析和田野调研，傩戏《骑龙下海》的金氏一门是人丁兴旺、家庭富足之户。员外金昌玉与妻"金老婆婆"金范氏育有二子一女，"家有不少金元宝"，可供二子读诗书，考功名，能花费不菲地请媒人牵线搭桥，与员外杨金喜和龙公敖广结成儿女亲家，是家兴业旺、耕读并举的富户。为功名，金长寿离家读书，使母亲庇佑的对象缺失，让母亲把亲近信任之情集聚到女儿金幺姑身上，由儿媳承担孝奉义务，为其女无事生非、挑唆陷害留出了时机。因此，《骑龙下海》的矛盾冲突源于母子关系的错位。

金氏家境富足，耕读并举，其长子金才寿虽"十七八岁未订婚"，但与杨天秀做成姻缘后，因"担心考期过了"，匆匆"上京赶考"谋功名。与金才寿似而不同，弟金长寿十二岁，亦为"上京攻书"，抛却新婚娇妻孤守空房，把侍奉亲老、操持家务等留给龙三女。在这样的背景下，勤劳的龙三女就与严婆恶姑发生了冲突。"幺姑起祸"片段的金范氏亮相独白："大儿子上京赶考未回，二儿子在学堂攻读书文。老娘今年八十八，家中幺女未曾嫁。她今年纪十七八岁，不懂针线和纺麻。她的老子出外收债，又不见回。我要叫她出来，教训摆布，才是道理。"

---

① 马瑾、李兆福：《夫妻与亲子：中西方文化家庭伦理观比较研究》，《沈阳工业大学学报（社会科学版）》2017年第3期。

剧情中，少年丈夫金长寿临出门并未太多安慰新婚娇妻，只称"你说话来我记心，时刻不忘你心情。我今去到学堂上，一心攻书求功名。家中一切你管照，父母面前多尽心"，为功名，"夫妻就此来分别"。在儿子离家外出时，严婆金范氏训女不成。龙三女勤劳能干，承担对丈夫忠诚贞节的义务，承受孝事翁姑的责任，遵守"不惹是非""不坏名声"的要求，但遭到金幺姑戏弄陷害，也无法获得丈夫在母子兄妹之间调停沟通，丧失夫妻相扶之义，遇事只能独立应承，推动情节走向深化。

### （二）龙宫：父女、叔侄的区隔

傩戏《骑龙下海》描述的另一个环境是龙宫，高度伦理化的统治秩序与社会结构和俗世并无差别，但龙宫龙种到俗世所形成的错位是悲剧得以发生的又一前提。

龙宫是个接地气而类俗世的世界，由龙王敖广等兄弟统治管辖，有其独特的统治结构和社会秩序。为区隔龙宫与俗世，傩戏艺人对《骑龙下海》的角色围绕龙宫水域性环境进行了定义。冉文玉先生田野调查发现：龙王名敖广，又称"龙公"，系龙婆之夫，龙三女之父，龙王三弟之兄，舞台扮相是头戴黑虎头，口戴黑须，身穿老生褶子，手持拂尘。龙婆乃龙王之妻，龙三女之母，龙王三弟之嫂，舞台扮相是头戴假发，外包白帕，上穿女衫，下拴罗裙，手拄拐杖。龙王三弟即龙王之三弟，龙三女之三叔，舞台扮相是头戴黑虎头，口戴黑须，身穿老生褶子，手中先后持扇子、大刀，其坐骑也是一人在前一人在后装扮的龙。龙三女系龙王、龙婆之三女，先后嫁金长寿、柳义为妻，舞台扮相是头戴云勒，上穿女衫，下穿罗裙，先后手拿彩帕、扇子、水桶、扁担、羊鞭、金枪。虾将是龙王麾下的兵将，舞台扮相是头包红帕，上穿马褂，下拴帮子，手持宝剑。虾兵为龙王麾下的兵将，舞台扮相为头包红帕，上穿马褂，下拴帮子，手持宝剑。海鬼为龙宫之鬼卒，舞台扮相是头包红帕，上穿马褂，下拴帮子，手持宝剑。上述角色及其分工，被傩戏艺人模拟了一个类俗世的世界，社会结构和阶层分化与人间基本相同。

根据剧情设置，傩戏《骑龙下海》建构了高度伦理化的社会结构和统治秩序，算是"水下"的家国天下。龙王敖广及其兄弟家族的"水国"由虾兵、虾将、鬼卒等支撑和维系，为维护权威将错绣龙袍的女儿责罚到俗世，嫁作金才寿妻。对于龙女的身份，在"龙女成婚"情节中，龙公敖广指出："此女前期错绣龙衣龙袍，正当贬往人间受三年难星，待期满后再回龙宫。""龙衣龙袍"寓示不可冒犯的权威，龙公敖广就是权威的代表者和执行者，即使子女也严惩不贷，故龙三女被"贬往人间受三年难星"。于是，十二岁未婚的金才寿"十字街前排八字，说我今年有婚姻。昨夜三更得一梦，此梦做得好惊人"，被"鬼谷先生"圆梦为"东海龙宫有婚姻"，通过自己和母亲的请求，由李进王成功做媒牵线，与龙三女拜堂成亲，为后续情节和家庭悲剧的展开奠定了前提。

需要指出的是，傩戏《骑龙下海》这样的安排使龙公敖广与龙三女之间的社会及家庭关系发生错位，呈现为父女不能相保的尴尬。龙三女作为龙种龙裔，因冒犯权威被迫离开她生活的大海，失去了父母、家庭的关爱和庇佑。由于贬地是"世态炎凉"的人间，亦非父亲龙王权威能轻易产生作用的空间，故龙三女的前途命运肯定存在比"龙游浅滩遭虾戏"还要凄惨的可能性。由于和龙宫社会与家庭关系的错位，龙三女与其三叔的亲情也被隔离。龙三女与父母和三叔等权威和亲情的错位，使龙三女失去"水国"权威、父爱亲情的庇佑，为其悲剧发展提供了前提。剧情事实也是沿着这样的脉络展开，最后只得龙公发兵，遣派三弟骑龙救回龙三女。

### （三）仙界：神仙与魔鬼的区隔

仙与魔的冲突发生在傩戏《骑龙下海》的情节推动之中，也是拓展傩戏表演内容的必然选择，统一于逐疫纳吉的表演初衷和场景，仙魔斗法消弭了仙界与魔界的区隔，其结果改变了龙三女的人生命运。

受灵魂观念的影响，鬼神成为相对人类俗世的另一种生命形态。神仙拥有特殊能力，能够长生不死。魔是能够夺人魂魄生命的恶鬼神，妨碍善事和修行。由此而言，仙与魔的斗争实际是俗世善良与邪恶的另一种较量。通览傩戏《骑龙下海》，民间艺人建构起魔、仙二界，黑风大王又称"黑煞"，是"扰乱江山不太平"的"妖精"，舞台扮相是头戴黑虎头，口戴黑须，身穿靠子，肩搭云肩，手持大刀。喽啰随侍黑风大王，舞台扮相是头戴狐尾帽，上穿马褂，下拴帮子，手拿宝剑。与此相对，仙界的太白仙官又称"太白星君"，能用仙丹令龙三女归魂苏醒，舞台扮相是头戴花冠，身穿法衣，手拿拐杖、扇子。仙与魔、善与恶的区隔通过龙三女来弥合，消解错位的结果是龙三女和杨天秀重组家庭。

黑风大王"在山前坐守为王"，也有自由威风世界："家坐深山壁陡岩，只会杀人不会埋。手执大刀往下举，只见人头落下来"，手底下还有数目不清的喽啰。由于被罚往深山放羊，龙三女突破俗世边界，进入黑风大王主宰的魔界，成为后者及其喽啰欺凌的对象，举手投足就要将此放羊姑娘赶上山，"做个压寨夫人"，俨然另一人间俗世：统治者强横霸道，掠财霸女，"举刀欲杀龙三女"。结果，"龙三女举刀相迎，刀枪相架"，被黑风大王"追逼坠岩而亡"。在闻得土地公婆香烟通报后，太白金星"将仙丹敷其口上，令其三魂归身"，使龙三女苏醒还魂，又"太白仙官传龙三女仙法"："赐你金枪拿在手，赐你战裙带随身。内圈子来外圈子，内四门来外四门。上砍雪花来盖顶，下砍苦竹来盘根。四门斗顶传与你，闹羊山前报仇人。"得到仙人传法，龙三女习艺，再战黑风大王："黑风大王出，与交战，被斩其头"，除报得前仇大快人心外，还斩落"扰乱江山不太平"的"妖精"，扫除乾坤动荡，宣泄了民众天下扰攘的焦虑，表现了企盼国泰民安的主题。

## 二 矛盾深化：父系男权的缺位

在傩戏《骑龙下海》中，少年金长寿不知愁滋味，为功名科考匆匆离家，使娇妻与严婆恶姑正面冲突。最终，龙三女因为夫妻不能相守相保，遭到严婆恶姑的苛责要求，被辱罚荒山放羊，遭遇饥饿虐待，被黑风大王逼婚跌亡，在太白仙官帮助下还魂复仇，戏剧情节得到深化。

在《骑龙下海》中，金才寿与杨天秀、金长寿与龙三女都曾为功名而夫妻乖隔，剧情显示：金才寿"十七八岁尚未订婚"，母亲金范氏"请干亲家王老庚当个媒人"，求得员外女杨天秀嫁作子媳，舞台说明称"金才寿、杨天秀二人由左右方向同上，拜堂为婚"。金长寿"自幼年小未订婚"，自称"我今年有十二岁"，得"鬼谷先生"解梦指引，自己和母亲主动求请李进王赴龙宫"当媒人"，使龙公敖广将"错绣龙衣龙袍，正当贬往人间受三年难星"的龙三女嫁入金氏门庭。"中国封建社会的生产方式是自耕自足的小农经济，生产经验和生活经验的获得往往耗费时日，与人年龄的增长可以说是成正比的关系。长者在传统社会农业中往往象征着权威之意。"[1]在父亲外出收债未归的背景下，金氏兄弟尤其金长寿由于赴京赶考和外出读书，被迫抛妻出门，夫妻别离难两顾，给小妹金幺姑搬弄是非、母亲金范氏苛责虐待子媳留出了空间，延展了复杂的情节。

在《骑龙下海》"为父贺寿"中，杨天秀因夫金才寿"赶考甫落"而尚未"急速归来"，适逢"为父亲大人八十寿辰之期"，被"我婆范氏过问儿媳如何筹备宴席"，充当家庭男丁的主事角色。较杨天秀而言，龙三女更遭磨难。在"龙女送夫"片段中，龙三女为丈夫"名登金榜"，送君"上京攻书"，使夫妻劳燕分飞，还替夫"侍奉堂上二双亲"，被丈夫委以"家中一切你管照，父母面前多尽心"之责，亦纯然家庭主事男丁样。"幺姑起祸"片段中，金范氏"所生儿女三人，大儿子上京赴考未回，二儿子在学堂攻读书文。老娘今年八十八，家中幺女未曾嫁。她今年纪十七八岁，不懂针线和纺麻。她的老子出外收债，又不见回"。由于男丁缺位，其女金幺姑以"划篾条补裤子""漂洋过海""洗碗""念经"等理由，拒绝母亲教育，极粗俗"对着妈妈屙泡尿""靠金老婆婆坐下，用力挤之"，倒"又反向挤之"等言行忤逆家长权威，颇具不敬不孝不尊不爱的顽劣。闻知婆婆教授小姑"挑花绣朵"的要求，龙三女尽管聪慧地预见会有"反来骂我不像人"的后果，但还是答应"只要幺妹依我教，百般花朵我应承"，将自己和恶姑的冲突直接展开。金幺姑懒惰贪玩，"胡

---

① 邢亚玲：《传统"孝"的伦理及其现代化》，《阴山学刊（社会科学版）》2002年第4期。

挑乱挑"，以"这个不好耍"为由，不学"画花"，请人"要玩板凳龙和狮子"；受人挑唆，甚至装雷神惊吓母亲；借给母亲"倒杯茶"之机，称"这是嫂嫂烧的，里面加有金钩莲"，戏言嫂嫂说"'要得妈妈屁股圆，里头要加金钩莲'"，搬弄是非，说"恐怕她想闹（毒）你"。尽管龙三女呼之即来，来之有礼，但严婆对其责以响篙之殴，责备她教导不力，"在家中乱胡行"："叫你走东你走西，叫你撵鸭你撵鸡"，"屋头差（脏乱）得像牛圈！一点不理事"；龙三女尽管"打扫前堂与后堂，打扫上厅与下厅。两边打扫四边去，四面打扫无灰尘"，但被恶姑故意"将杂物乱丢于地"，向严婆诬告嫂嫂忤逆家长，"扫地不净"，遭到严婆"贱人，你看你打扫的像个什么东西"之骂和"举物打"列举诸般"不听话"："叫你上山去砍柴，你说要补你的鞋。叫你去把肉来烧，你说要做糊海椒。叫你去拿荒瓜煮，你说要推菜豆腐"。龙三女尽管"鞋尖脚小难行路"，再尊母命去"去担水"，于"手拿瓢儿处伤心"之时，又被"金幺姑在后偷偷使坏，致桶滑落"，诬告其故意打烂母亲"买来打发我的水桶"，被严婆"举物打"又苛责"摆布你来不受教"："叫你煮饭你咚嘴，叫你燃火你担水。叫你栽秧你薅草，叫你挖土你打柴。叫你淋菜你赶场，叫你割草你栽苕"。为惩罚其违背家长意志的忤逆"敢犟"的行为，龙三女被严婆罚去深山放羊三百只："羊儿交给你，羊儿不许丢一个，羊毛不许失一根！白天要放羊，夜晚要齐麻；粗的头发大，细的要老娘认不真；白天要交四两，夜晚要交半斤"。在"嫂嫂送饭"片段，龙三女"奴今受尽千般苦，还将棍棒打奴身"，屈辱艰苦放羊："白日放羊三百个，夜晚舂碓到天明。白日齐麻要四两，夜晚齐麻要半斤。粗的齐来头发大，细的齐来认不真。长的齐在深沟里，短的齐在对门山。倘若麻纱风吹去，又将棍棒打奴身。好茶好饭不得吃，锅巴冷饭要奴吞。好衣好裳不得穿，破衣烂片来遮身。金席牙床不得睡，榻板高上去安身。轻重活都要奴做，一点不到打奴身"。这种遭遇得到善良妯娌杨天秀的同情，冒险深山送饭。龙三女满腹怨气，借《十二月歌》唱尽自己的屈辱艰难，随黑风大王"手执大刀"舞"三合把子"出场，傩戏《骑龙下海》的矛盾走向深化。在"大闹羊山"片段，黑风大王指使喽啰"把她赶上山来做个压寨夫人"，遭到龙三女的不屈反抗，"举刀相迎，刀枪相架"，跌死山崖，得土地公、土地婆和太白仙官庇佑传法，终得复仇："黑风大王出与交战，被斩其头"，扫荡"扰乱江山不太平"的羊山妖精，恢复乾坤平静，解除民间遭遇的强横与袭扰，传递出民众祈求世界安平的愿望。

《骑龙下海》上述剧情属于较为典型的"三个女人一台戏"，所有的戏剧矛盾来自金氏男丁的缺位：父亲金员外"外出收债"，家庭缺乏男性家长的主持，给严婆持家主政留出空间，也给恶姑搬弄是非、因私害人带来机会，成为贤媳龙三女噩梦的开始。作为丈夫，金氏兄弟尤其金长寿贪图功名，置"夫为天"庇佑扶持义务于不顾，抛妻远行，使杨天秀和龙三女遭遇劳燕分飞之痛，更使贤善之妻直接面对严婆恶姑，缺失中间调和机制，使违背儒家纲常的家庭悲剧得以发生并走向深化。即为人父母不尊不慈，有倚势凌人之苛；为人之子不孝不嗣，有抛家别妻之过；为人之女不遵纲常不事女红，有诬陷害人之罪。

## 三 矛盾高潮：伦理观念的颠覆

傩戏《骑龙下海》是日常生活的曲折呈现，其不落俗套的结局消解了戏剧矛盾的高潮，伦理观念的颠覆使其成为民众审美情趣和社会理想的形象反映，充分体现了民间文学的属性，传奇性结尾情节将戏剧带上高潮，显出对传统伦常观念的颠覆。

"寻找龙女"片段中，金老婆婆由于乌鸦叫门兆端，"想起我家放羊人"，花钱请人"把我媳妇找转来"。但善良顾家的龙三女反身赶羊回家，遇逢赴京赶考的书生柳义，表白"我是龙王第三女"，被远嫁凡人"三千七百里，来时有路去无门"，尽管"夫妻好合过光阴"，原本"只因幺姑没良心"，"怂起婆婆罗致人"，遭到严婆的羞辱和苛责，于"上天无路""下地无门"中，请求"信传海内奏龙门"，使其父母相会解救。书生柳义古道热肠，硬将龙三女的奋笔血书送至龙宫敖广处。在"龙王救女"片段，龙王敖广以龙三女"难星已满"和金家无道为由，请其三弟起兵"把三女儿接回来"。龙王三弟率领虾兵、虾将、夜叉、海鬼等前来解救侄女于倒悬，将对严婆金范氏施以"剐皮抽筋点天灯"的惩罚，对恶姑施加"剐皮抽筋烧成灰"的责罚，带龙三女、杨天秀妯娌骑龙下海，宣扬了惩恶扬善的劝世主题。不过，全剧也凸显了对封建家长制度与封建家庭的愤恨，龙三女对前来搭救自己的龙王三叔哭诉如下：

> 龙女当时心思想，心中思想二三分。相公与我传书信，恐怕（估计）
> 三叔接奴身。一把扯住三叔手，哭得天昏地不明。我在金家多受苦，千
> 言万语诉不清。吩咐雷神并雷将，打死金家一满门。只有金公心不好，
> 将刀割肉上秤称。只有金婆心肠歹，将她拿来滚油淋。只有小姑心不
> 悔，开肠破肚去肝心。拿她一刀割四两，将她二刀割半斤。拿肉烧灰掩
> （撒）四门，剐骨熬油点天灯。

在傩戏《骑龙下海》中，龙三女为宣泄满腹仇恨，请求三叔对金家施以雷公灭门之惩，对金公施以割心秤肉之罚，将金婆"拿来滚油淋"，将金幺姑"开肠破肚去肝心"，施以"割肉烧灰掩（撒）四门，剐骨熬油点天灯"，对封建家长及为恶者刑罚残忍至极，令观众大快人心，直接迎合民众惩恶扬善的普遍心理，使现实遭受的屈辱压迫得到火山喷发式的宣泄。

根据剧情，傩戏《骑龙下海》相关人物的命运出人意料，显示出民间艺人强烈的自由精神和艺术创造能力，对传统伦理观念的批评值得高度关注。根据龙王敖广的安排，传书秀才柳义与受苦受难的龙三女"结为百年朱陈"，"就在宫内共享荣华，富贵两全，并派海兵侍奉"。杨天秀由于对妯娌的关爱之情，被龙公敖广安排"与三太子结为夫妻，亦就此拜堂成亲"。在艺人和民众看来，相对于渺不可及的仙界与纷繁芜杂的俗世，龙宫别为一界，社会自有其阶层结构与运行机制，故不受俗世体制规则的限制和约束，拆解人物最初的社会关系，以重组人物家庭关系的方式将剧情带到高潮和结束。

但是，傩戏《骑龙下海》的高潮结局实际已经颠覆了传统俗世的观念与关系。中华民族与中华文化在"多元一体"历史进程中，儒家君臣父子的纲常伦

理观念对各民族产生了深远的影响，"忠臣不事二主，烈女不嫁二夫"的贞节观念使人们有"宁拆十座庙，不毁一门亲"的社会认知。站在马克思主义的立场与观点看，仙魔鬼神之道尽管奇幻神秘，但都只是人类社会的曲折反映，是民众依据自身的生活体验、生产知识、社会理想、审美观念虚构出来，用以解释和说明俗世的生存困顿、社会理想。由此而言，《骑龙下海》用家破妻离的方式，惩戒制造罪恶的封建家庭，宣扬善恶必报的观念，安排龙三女、杨天秀重组家庭的结局，消解龙三女与金才寿人神异道的冲突，也再次造成杨天秀与龙三太子的限域冲突。这既显示了民间文学的粗朴特质，也反映了民众矛盾的社会心态。随着学校教育的兴起和中原文化传播的深入，儒家纲常逐渐被道真境内各民族内化为行为准则和社会规范，成为极端情况下婚姻和谐和爱情幸福的桎梏，产生否定批判的思想倾向，在封建时代主流意识形态的背景下，借助虚幻的形式表达出来。

# 浅论道真傩戏现代化传播与品牌构建

## ——以道真原生傩表演为例

四川师范大学硕士研究生　　康雪梅

傩，作为我国一种极其古老的文化体系，以古代阴阳五行学说为哲理依据，融汇了多元的宗教文化、民俗文化和艺术文化。其起源与史前的原始狩猎、图腾文化以及巫术意识有关。据考证，目前所发现的关于傩的史料能溯源至殷商上甲微时代。在周代，傩被纳入了国家礼制，形成周礼的"占梦"体系。汉唐时期傩礼制度得以重构，但到宋代之后，傩礼制度开始走向衰微之路。

傩戏，是在傩祭与傩舞的基础上逐渐演变出来的戏剧样式，它既具有驱逐疫鬼、祈福纳吉的祭祀功能，又兼具娱人娱神的娱乐功能。这种祭祀与娱乐功能兼备的属性追根于傩戏的起源与发展，我们不难发现傩戏的漫长发展与多种宗教文化交织不离。傩戏在宗教文化的滋养下，反过来也给宗教的发展以活力与支持。其发展很大原因是基于某些宗教宣传与宗教仪式的需要，并不单纯作为观赏功能让受众去欣赏。因此，当我们用一种严格的戏剧概念去看待傩戏这门戏剧艺术时，会发现基于其复杂的成因和功能的多样，傩戏还不能定义为一种完全成熟的戏剧艺术。傩戏的发展在经历了形成期、发展期后再到趋于成熟的时期，当其戏剧因素越来越强而宗教因素淡化与分离后，傩戏究竟会走向怎样的一条道路？这或许是值得思考的一个问题，但谈其未来发展就必须面对当下傩戏发展的现状问题。我们必须认识到，伴随着时代的变迁以及地域性文化生态的改变，傩文化正在面临着极其艰难的生存困境，如四川境内部分傩戏班子近年来也呈萎靡状发展。高龄的傩戏传承人难以找到技艺的继承人、信仰缺失导致越来越少的演出次数等都是大部分傩文化地区面临的窘迫现实问题。

道真自治县位于贵州省最北部，长期隶属于遵涪两境。道真的傩文化属于黔东北傩戏群，其傩戏的发展层次属于贵州民族民间傩戏系统的第二个层次，其傩戏虽与傩祭密不可分，但戏剧因素不断增长和完善，是向单一的戏剧艺术过渡的中间层次。①道真傩文化的保护工作历经调演推评、陈列展览以及研究交流三个阶段。近年来，道真自治县政府更是将道真傩文化的保护工作与开发旅游资源相结合，联合企业合力开发打造大沙河仡佬文化旅游度假区。其一期项目大沙河中国傩城的开园也让更多的民众能够通过旅游休闲的方式接触到中国古老又神秘的傩文化，道真傩文化的发展与传播也将借由中国傩城这一实体平台得以继续。而隶属于道真傩文化的傩戏又该如何借助中国傩城使其自身得以发展与传承呢？下面笔者将浅谈一些关于如何进行道真傩戏的现代化传播以及品牌构建方面的不成熟建议与观点。

## 一 道真傩戏的舞台化演出

在新时代的环境下，中国傩戏的传承与发展举步维艰。道真傩戏历经辉煌后，面临着现代语境以及传媒力量的冲击和涤荡。当傩戏不再作为一种请神还愿、驱疫逐鬼、寄托人们信仰的仪式戏剧时，其自身能否通过增加艺术欣赏价值或进行商业化包装等来扩大生存发展空间，将傩戏的寿命延伸至舞台。这一想法在目前的再生态傩戏中有所尝试。再生态傩戏受到一些本土戏曲的影响，开始在其表演中加入更多戏曲舞台表演的成分，且其代表的剧目也多为戏曲舞台表演的剧目，其演出组织也开始向戏曲的体制靠拢，以成立"剧团"的形

---

① 庹修明：《巫傩文化与仪式戏剧研究：中国傩戏傩文化》，贵州民族出版社2009年版，第12页。

式来吸收表演者、创作者等。如此次在道真中国傩城中所观看的《打财神》剧目，就是由道真仡佬族傩戏艺术团所表演的。除此之外，此次演出的傩戏更多是由当地乡镇上的傩坛班子联合开展的傩戏表演。

谈道真傩戏的舞台化，就绕不开对傩戏剧本的讨论。贵州的傩戏名目繁多、保存完好，其傩戏的剧目自然也丰富优良。据相关资料显示，贵州傩戏的演出剧目中，流传最广、影响最大的应是"还傩愿""打保福""庆坛"等名目繁多的祭祀活动。这类傩戏在设祭、搬演方式和程序上大同小异。[①]对于这类傩戏剧本，已然没有太大的改编空间，尽量保持其原汁原味的风貌，在一些特定的日期进行大规模的表演，从而融入傩城祭祀演出中，或许是一种很好的处理方法。而一些同傩坛祭祀中的阴戏相融的剧目、傩戏外坛活动中独有的剧目以及部分为适应社会发展和生存创作的剧目，其故事性相对更强，因而有着较大的创作空间，可对这类剧目进行艺术再加工，使之更好地呈现于舞台之上，引起更多观众的关注与欣赏。道真傩戏剧本的创新与发展需要一种广采博纳的兼容功能，一剧之本的发展需要吸收本土的文化精髓，以此来丰富自身的内涵。道真傩戏这样一种带有浓厚宗教色彩的仪式戏剧，更是要跟上时代的步伐，以符合现代观众观念的世俗文化精神去改造自己的精神内核。此外，还要增强对戏曲文化营养的吸收，用戏曲艺术的艺术创造来提升自己的艺术品位。最后，要注重对本土技艺技巧的吸纳，通过巧妙的融合将技艺丰富到傩戏的表演中去。此次观看的傩原生态表演中，《目连戏＋高台舞狮》的表演就是将道真本土的民俗技巧表演融入了《目连戏》的故事情节中，既丰富了剧情，又使其表演层次得到提升。

在本次的傩原生态表演中，共演出了11个节目。其中的傩戏表演剧目有《打闹台》《双开坛》《山王破狱》《梓潼戏》《开路接梁》《度关》《打财神》《骑龙下海》《目连戏＋高台舞狮》。观其表演者的组成，多由几个固定的傩

① 刘大泯、王义：《贵州傩戏文化研究》，中国社会科学出版社2016年版，第119页。

坛班子轮流组合而成，其主要的演员也多有重合，如其中一位名叫张邦宪的演员，更是在一些剧目中身兼双职，又编又演。联想到如今的戏曲人才困境，可想而知作为受众范围更小的傩戏，其表演者的流失与后继无人困境是何其严重。在许多关于傩戏传承人的采访中，都会听到这样的回答：随着年老的巫师过世，愿意学习傩戏的年轻人已很少，他们更多选择外出打工，而且一些傩戏的传承人也选择外出打工，因为现在相信傩的人不多了，他们的演出机会也随之减少，更少的演出机会也意味着他们无法只依靠傩戏演出来维持其基本的生活。所以，在对傩戏进行舞台化演出打造的同时，应重视对演出人员的培养。一方面可以将现有的傩坛班子吸纳进专业的傩剧团之中，以保护这类人才并使傩戏得以传承下去，另一方面还可招纳年轻的表演者，进行大规模专业化的培训，以此来保证傩戏的演出质量，使之发展形成良性循环。当对道真傩戏进行了更好的舞台化打造时，可利用中国傩城这一实体平台，效仿九寨沟旅游景区进行《千古九寨情》这类大型实景表演，将道真傩戏与中国傩城旅游项目更好地结合，用旅游带动傩戏的发展与保护，用傩戏的现代化演出来丰富旅游的项目与体验。

## 二　道真傩戏的现代化传播

道真傩戏由于地处荒蛮，有着崇山峻岭的天然屏障，其诞生之初就处在一个自我封闭的状态之中。在这样一种自然生发、自然成长的社会环境之中，傩戏仅需满足其信众的需求即可。傩戏本身也主要是演绎给神明看。张庚先生说："过去没有戏曲的时候，做法事的师公就神神道道的，像踩火链、上刀梯等，我小时候看过，的确是在烧红的砖上走的。但光这样不行，要搞好几天，不得不演戏，傩堂戏就应运而生。"[①]所以我们从傩戏的诞生可以看到，傩戏

---

① 张庚：《张庚戏曲论著选辑》，文化艺术出版社2014年版，第156页。

的表演者早已习惯了其作为"侍神者"的身份，而非演员或者传播者。在长期的演绎中，傩师们仅需满足事主的需要和部分围观群众的欣赏，其本身并没有意识到自己对傩戏传播的责任与必要，其对于自我身份的认同依旧是"侍神者"。而这样的认知在当下这样一种傩戏信仰者锐减的现实中是无甚益处的，傩师们必须清楚地意识到"积极走出去"的重要性，利用新媒体时代的传播途径来进行自我营销，将自己的技艺以及表演进行广而告之的宣传，以自身的营销传播来达到宣传傩戏的目的，从而吸引更多的人来关注了解傩戏。

傩戏的传播不仅面临着传承人自身的身份认知困境，还面临着所处语言环境的失落现象。傩戏的传播是典型的口语传播，其表演的环境需要能口述傩咒的传播者、能听懂傩戏的受众。道真傩戏的表演带有浓厚的地方方言特色，在这次的表演中，有来自全国各地的学者及部分海外学者。观其当晚的演出，浓厚的贵州方言对于川渝两地的观众来说尚且有些吃力，而其他地方的观众更是可想而知了。而围观的当地民众，则能很好地欣赏其表演，在一些台词搞笑之处均报以笑声回应。这样一种语言环境的失落，已然是傩戏传播不可回避的。如何保持傩戏原汁原味的特性并克服这种语言环境的障碍，是今天所有关注傩戏发展与传播的人们所需要思考的。或许运用现代化的摄影技术打造傩戏的影视化作品并配之字幕的方式，可以让更多的人能够欣赏到这样一种艺术。视频化的制作不仅可以将傩戏的表演借助传统电视媒体的端口进行传播，更是可以做成小视频形式通过微博、微信以及众多视频类、社交类APP的形式来进行全方位的发布与传播。

如今的新媒体主导时代使得媒介的传播途径、传播形式都有了极大的丰富。这样丰富的传播方式对于傩戏的现代化传播与传承有着怎样的影响呢？新媒体的发展，让互联网链接了各个领域，所有的物质需求以及精神需求都可以通过互联网来进行传递。同理，小众的傩戏也可搭载互联网来扩大自己的传播空间，傩戏应该建立丰富的传播渠道来让那些想要了解傩戏的人足不出户就可自由便捷地观看到傩戏表演。此外，网络技术的发展也让傩戏的保存有了很好的途径。傩戏年迈的传承人能够通过电子化的记录将其表演与傩戏资料进行永久而便捷的保存，道真修建的傩文化博物馆也可将其收藏的资料电子化并上传官方网站，方便需要的人查阅了解。

### 三　道真傩戏的品牌化建构

品牌是营销的旗帜。品牌源于商品的符号和标记。在市场竞争不断加剧的今天，关于品牌的力量和重要性日益引起广大消费者和生产者的重视，于是品牌效应得以形成并推广。品牌的营销需要创造出产品，在市场竞争日益激烈的今天，道真傩戏的品牌化需要打造出精品化的剧目，以此来进行推广营销。精品化的剧目打造，则需要通过政策与奖励机制来吸纳戏剧人才来对现有的剧目进行艺术化加工、丰富新创剧目的演出内容。这样打造出来的精品剧目既可以通过推送参赛的形式得到很好的宣传与检验，又可以结合现有的旅游资源平台进行商业化输出，使其接受市场的检验和审核。纵观中外艺术的发展史，我们可以得知：凡是脱离了市场的艺术，都是没有前途的；而历来得到长足发展的艺术，全是由市场推动的。市场兴隆，收益较高，自然会吸引许许多多有才干的人投身于此艺术行业，形成竞争的态势，从而促进这一艺术形式的进步。[1]在经历过市场检验后的道真傩戏精品剧目再加以现代化的传播途径，则可以形成一个良性循环，使得道真傩戏的优质品牌形象得以产生。

仅是对道真傩戏剧目的打造，自然是远远不够的。用市场营销理念来促进道真傩戏的发展，还须健全其演出机构、优化其艺术生产机构。正如前面所说，道真傩戏需要有专业的演出团体，而这样的团体需要广泛地去吸纳现有的傩坛班子人才以及提供稳定的工作收益岗位吸引年轻人的加入。傩戏的口口相传、师徒相传形式到了剧团的经营方式中需要有所改变。效仿现代戏曲传承机制，建立傩戏表演培养班、傩戏剧本创作培养班等培训机制显得尤为重要。此

---

① 朱恒夫：《城市化进程中戏曲传承与发展研究》，上海人民出版社2013年版，第340页。

外剧团还要联合企业、政府等开发优质剧目，全方位地开展对外交流，开发国内国际演出市场。在与道真本土旅游资源的结合上，剧团需要将其产品进行深度的融合，可以将其精品剧目的展演加入中国傩城的旅游项目体验中，用固定的表演场次与时间段来吸纳到访的旅游人群对傩戏表演进行体验，还可开发出相关的周边产品进行展演销售，丰富其产品的层次，让消费者增加其消费体验点。此外，可将傩戏传承人进行包装打造，开发祈福纳吉的体验项目，让消费者不仅能够观赏傩戏表演，更能够深度体验这种古老而神秘的傩文化。

综上而言，道真傩戏的发展与传承面临着社会语言环境的"失语"状态以及信仰者缺失、传承人后继无人的局面。道真傩戏的发展与传承需要借助现代化的传播途径"走出去"，并借助相关的品牌营销策略扎根本土旅游土壤，才能长远地生存下去。

# 贵州傩戏文化

贵州民族大学　庹修明

贵州省各民族傩戏，被学术界、艺术界誉为"中国原始文化的活化石""中国古文化的活化石""中国戏剧文化的活化石"。贵州傩戏以其丰富的文化内涵和多学科的学术、审美价值，引起中外学者的关注与兴趣。

贵州是一个多民族的省份，少数民族主要有苗族、布依族、侗族、土家族、彝族、仡佬族、水族等，人口为1100多万，占全省总人口的三分之一，遍布全省各地。

古代的贵州是"蛮夷之地"，居住着众多的少数民族。由于地理位置、建制沿革、民族习俗等诸多因素，以及巴蜀、荆楚文化的影响，傩文化的传入与巴、楚文化有着渊源关系。

由于历史上屡遭军事、政治和文化制度冲刷，许多古老的华夏文化和楚文化的因子被卷到了华夏文化巨潮的边缘地带永久遗存下来。其中，我国西南地区就是保留华夏文化因子最多的一个大"文化袋"。贵州在历史上较少受到各种外来干扰，又有巨岭恶瘴作自然壁垒，加之地处荆楚、巴蜀文化交汇地带，成为古老华夏文化的天然储存地，多种地域文化的沉积带给我们留下很多古老文化的活形态，其中最具代表性的就是贵州傩文化。

傩文化的载体是傩戏。贵州民族民间傩戏系统，主要包括两个系列、三个层次。汉、苗、侗、土家、彝、仡佬等民族地区的傩戏为一个系列，即民间傩系列。彝族傩戏"撮泰吉",完成了傩祭向傩戏艺术的初步过渡,是傩戏的雏形,是低级层次。汉、苗、侗、土家、仡佬等民族地区的傩戏,虽与傩祭密不可分,但戏剧因素不断增长和完善,是向单一的傩戏艺术过渡的中间层次。贵州地戏是属于军傩系列的傩戏,是傩戏发展的较高级层次。

贵州傩戏具有民族多、品种多、层次多、分布广、保存完整等特点,其代表为威宁彝族傩戏"撮泰吉"、黔东北傩戏群、安顺地戏。

## 一 原始傩戏雏形——撮泰吉

黔西北威宁彝族回族苗族自治县板底乡裸戛村,是一个仅有五十户的彝人村寨。裸戛村民至今保存着一项古老的传统,即在农历正月初三到十五,举寨祭火,又称"扫火星",以撮泰吉的形态呈现。撮泰吉是彝语,有人将它译为"变人戏"。撮泰吉以人与人类先祖祭祀、耕作、喜庆、扫寨一整套傩事完成一年一度的大祭。

撮泰吉演出由四个部分组成:

### 1. 祭祀

由用包头布把头顶缠成锥形,身上紧缠白布以象征裸体,戴木制面具,走罗圈腿步伐,以示先民初立直立行走的一群演员上场表演。演员6人,他们是:惹戛阿布(山神),不戴面具,穿黑衣,贴白胡子;阿布摩(1700岁),戴白胡子面具;阿达姆(1500岁),背着娃娃,戴无须面具;麻洪摩(1200岁),戴黑胡须面具;嘿布(1000岁),戴兔唇面具;阿安(小娃),戴无须面具。另有扮演狮子3人,扮演牛2人,敲锣、铙2人(伴奏)。

开场时在场地四角点燃灯笼,由惹戛阿布按山神旨意发号施令,演出人员绕场一周,各就各位。阿布摩领着几个撮泰老人,手执棍棒,踉踉跄跄,像从遥远的原始森林里走来,发出类猴叫声,接着向天地、祖先、山神、谷神斟酒祭拜。

### 2. 变人戏

祭祀完毕,演出正戏。撮泰吉只有一个剧目——《变人》。内容是反映彝族先民创业、生产、繁衍、迁徙的历史，反映的是"人类刚刚变成的时代"。戏里对先民如何驯牛、犁地、播种、薅刨、收割、脱粒、翻晒、贮藏等生产过程做了粗犷的示意性动作描述。劳作休息时，嘿布挑逗阿达姆，并与其交媾。阿布摩发现，追打嘿布。阿布摩接着与阿达姆交媾。此外，还有阿达姆给小孩喂奶，以及阿安与众人亲热无间的场面。这是原始人群生活的真实写照。

演出由示意性动作和原始舞蹈组成，中间穿插着用彝语讲述的对白和诵词。诵词一般由惹戛阿布领诵，内容是驱邪、讲史、祝福。演出中惹戛阿布用常人声调讲彝语，几个撮泰老人则用抽气冲击声带发出怪声答话，像猿类的叫声。

### 3．喜庆

正戏结束，狮子登场翩翩起舞，扮人的演员挥舞棍棒，做着各种可笑动作挑耍狮子，场内场外，一片欢笑，气氛热烈。

### 4．扫寨

即"扫火星"，是撮泰吉的高潮，也是主题。正月十五演出后，由惹戛阿布带着撮泰老人，走村串寨，向村民祝愿："一切天灾人祸、邪恶灾难随着老人去；一切吉利留下来，六畜兴旺，四季发财，五谷丰登，子孙满堂。"撮泰老人走到各家，要把木棒插在炕上摇来晃去，说一些吉利的话，主人要备酒欢迎。在同辈的人家，撮泰老人还要唱古老情歌；在未育夫妻家里，阿布摩与阿达姆还有一些示意性交媾动作，主人家认为会驱走不吉利，来年会生个胖娃娃。最后由惹戛阿布念祝词。

撮泰吉的发掘，为研究仪式与戏剧、宗教与戏剧提供了信息和资料，是戏剧发生学和戏剧文化的"活化石"。

## 二　黔东北傩戏群

由于民间信仰的宽容，黔东北地区对各流派道门兼容并包，历经千年的冲突与融合，各种教派道门形成了自己独特的道、儒、释一体的傩仪。寄形于"冲傩""还愿"的驱邪、祈禳、纳吉巫术，至今依然活跃在铜仁、松桃、印江、沿河、德江、思南、石阡、万山、玉屏、岑巩、天柱、镇远、务川、道真等广大汉、苗、土家、侗、亿佬等民族聚居地区。民谚"一傩冲百鬼，一愿了千神"就是这一信仰习俗的概括。

傩这种活动，目前被乡民、法师、艺人、学术界统称"傩戏"。这是由于法事本身就具有戏剧的"模拟"特征，而请神、酬神、送神等仪式，依照民间趣味取向，已越来越世俗化、规范化、人情化、娱乐化，与此同时，做法事的全套人马也演化为傩戏的演出班子。

德江县和岑巩县的傩戏，作为黔东北傩群中具有代表性的品种，是贵州大傩从傩祭向傩舞向傩戏发展中所含人文基因最生动的一部分，具有多学科的学术价值。据德江县民委统计，全县有傩堂戏班103坛，从艺人员514人；岑巩县文化局不完全统计，共有从艺人员76人（其中掌坛师69人），傩愿脚48种。

**1．傩戏的演出**

黔东北傩戏演出，各地大同小异，一般都要经历请神（傩祭）、酬神（演傩戏）、送神（祈神）几个阶段。

德江傩堂戏演出为开坛、开洞、闭坛。开坛和闭坛为酬（请）神和送神，表示对祖先、神灵、先师的祈求与忠诚。开坛时要设置"香案"，挂上"三清图"和"司坛图"。演出时，演员要净手、焚化纸钱、燃放鞭炮、跪在坛前叩首礼拜，用手蘸米酒轻弹于地，嘴里念着历代神灵、先师的名字、咒语、诵词，望其宽恕在演出中的失误。三叩首，爆竹齐鸣之后，轮流喝下"敬师酒"才开始演出。演出结束时，也要举行类似的仪式。

法事完毕，就是开坛出戏，即《开洞》。《开洞》由掌坛师主持，由两个演员表演，法师请"金角将军"来打开桃园洞口，请出十二或二十四戏（即二十四个面具）。金角将军不知去路，法师指点他去请"唐氏太婆"。传说，唐氏太婆掌管"桃园三洞"的钥匙，只有她才能打开上、中、下三洞的锁，"搬"出二十四戏来。洞门打开，请出来的戏是演给活人看的，所以有人叫它为"阳戏"，把傩坛祭祀叫"阴戏"。阳戏主要是娱乐性的，是傩戏的主要部分，即正戏。正戏分全堂戏和半堂戏，全堂戏演二十四出，半堂戏演十二出。

正戏中插入一些节目叫插戏（杂戏），把插戏放在正戏后演则叫后戏。正戏和插戏，多取材于神话传说、历史演义、民间故事、戏曲故事。

德江二十四戏，上堂十二戏是：《唐氏太婆》《金角将军》《关圣帝君》《周仓猛将》《引兵土地》《押兵先师》《开山猛将》《九洲和尚》《十洲道士》《柳毅传书》《开路将军》《勾愿先锋》。下堂十二戏是：《秦童挑担》《三娘送行》《甘生赶考》《杨泗将军》《梁山土地》《李龙神王》《城隍菩萨》《灵官菩萨》《文王卦师》《丫鬟》《蔡阳大将》《勾簿判官》。

傩戏的演出单位是坛，也就是小型的戏班。掌坛的叫掌坛师，是有声望的法师，既是导演又是演员。一个坛少则六七人，多则十余人，全为男性。演员大多与掌坛师有师徒关系，也有临时请来客串的。傩坛演出傩戏，一般是"还愿"的主家邀请才去，演出剧目多少根据主家经济状况来决定，没有严格规定。所谓还愿，是针对"许愿"而言的，某家有事，祈求神灵护佑，或许以战文，届时搬演，这就是还愿。

**2. 傩戏的服装和道具**

以贵州黔东北傩戏为例，法师们把它概括为：旗、冠、衣、裙、角、卦、杖、令、牌、水、刀、鞭等。傩戏的道具和服装充满神秘色彩，在傩事活动中处于重要地位，它是沟通人神交往的中介和符号。傩坛服饰主要有三大件：头扎，掌坛师的冠；法衣，又称朝服或礼衣；法裙，分八幅罗裙、太极罗裙、山河社稷罗裙等。

傩坛道具具有两重性：在傩戏演出世俗剧目时是演员使用的道具；在傩祭和神戏演出时是法器，有神性。傩坛道具分大、小两种。大道具有令牌、牛角、师刀、宝剑、牌带等；小道具有神印、卦子、神鞭、水碗、木鱼等。道具大多有固定的规格，并有一些相关的传说。傩坛所用道具，其中一类是多功能的，既是傩仪的法器，也是傩戏傩舞里的道具和乐器，如：牛角、师刀、神鼓、木鱼等。傩戏表演里使用的道具不多，且简陋短小，武将使用的刀、枪、剑、弓等，均为木质，以便于小场地施展。在外戏演出中，根据剧情偶尔也有较为精致的道具。傩戏里所需生活用品类道具，均就地取用，无须置办。傩戏的服装道具使用的随意性很大，因地制宜，没有严格的要求与规范。

### 3. 傩戏的音乐与舞蹈

在长期流传中，傩戏逐步形成了一套富于民族特色和地方特色的唱腔。德江傩戏音乐多见于五声羽调式和五声高徵调式。演唱节奏明快，气氛热烈，音调与词似唱非唱，似说非说，流动感强，很注意字与音的韵味。乐曲中常出现一个乐句反复演唱，领唱时不用打击乐，合唱时则加入打击乐伴奏。一般常用马锣（小锣）、中锣、钹、小钗、鼓。一般情况，唱时不舞，舞时不唱，多数情况是演唱者在唱腔间奏中随锣鼓起舞。

傩戏音乐根据节目和表演形式，有祭祀性音乐、正戏音乐和外戏（插戏）音乐几种类型。祭祀性音乐和正戏音乐是为傩仪服务的，具有宗教色彩和吟唱风格。外戏音乐是在传统正戏音乐基础上，吸收了当地的花灯小调、民歌民谣以及一些外来戏曲音乐形成的，提高了傩戏的表现力。

傩戏的表演动作比较简单，还没有形成完整的程式化动作，除动作的模拟外，有不少类似拳术和戏曲动作的舞姿，强调动作的力度。演员还遵循对称、方整的程式，向两个或四个方向重复一套动作，让四方观众都能看得见。

傩戏的舞蹈，除吸收民间舞蹈与戏曲动作外，继承了古老巫舞里的基本舞步，即"禹步"。法师们称其为"踩八卦""踩九洲"，是傩仪与正戏中最常见的基本舞步。

手势是无声的语言、丰富的舞蹈语汇。傩舞的手语是极其丰富的，据有关专家调查，其种类不下200种，想象力十分丰富，充满神话色彩和浪漫情调。法师称手势为"手诀""手挽"，是人与神、神与鬼、鬼与人相互沟通的媒介、表情达意的图像标记。

傩戏在表演艺术上的一大特色，就是它的综合性。傩坛为了充实宗教活动的内容，吸引更多的人来参加，充分利用当地群众所喜闻乐见的其他文艺形式为其服务，在黔东北地区的傩戏里，就插进了花灯、山歌民谣、薅草锣鼓、摆手舞、快板、金钱板、相声、绕口令、吟诗作对，甚至杂技、魔术、特技等，使之成为具有综合性、娱乐性的一种表演艺术。

### 4．傩戏的面具

傩戏演出要戴上面具，面具也叫脸壳或脸子，在傩戏里具有重要地位，是这个剧种突出的艺术特色。傩戏的面具与一般面具戏里的面具是不相同的。一般面具戏里的面具，只是一种演员化妆的手段，而傩戏面具则是作为神祇看待的。德江民谚就有"戴上脸壳就是神，放下脸壳就是人"。正戏演出开始，要用一个大簸箕盛放着面具，用纸钱盖在面具上，由掌坛师来请戏，每请一个面具，法师都要念诵神名与颂词，并用米酒相敬，十分虔诚，请完后把面具抬到"功曹"桌上备用。

演出使用面具的数目，德江有"全堂戏二十四面""半堂戏十二面"的说法。半堂戏十二面具的名称是：唐氏太婆、桃园土地、灵官、开路将军、关爷（关羽）、引兵土地、押兵先师、先锋小姐、消灾和尚、梁山土地、秦童（歪嘴）、甘生。全堂戏除半堂戏十二个面具外，另外加上十二个面具，即：开山莽将、掐时先生、卜卦先师、鞠躬老师、幺儿媳妇、李龙、杨泗、柳三（柳毅）、乡约保长、了愿判官、关夫子、秦童娘子。每个面具都有固定的名称，由于传承地域、流派不同，因而同一面具就出现了不同名称。其实，傩戏面具无论是名称还是实物，都已大大超过二十四面。

傩戏面具多选用白杨、柳木制作。面具造型是根据说唱本提供的线索和此类人物的传说绘制、雕刻的。其类型大致为：（1）正神面具；（2）凶神面具；（3）世俗人物面具；（4）丑角面具；（5）牛头马面面具。傩戏面具色彩的调配，分淡彩和重彩两种。这些面具之所以美，就在于它以这些怪异形象的雄健线条、深沉凹凸的雕刻、拙朴浑厚的色彩，恰到好处地体现了一种无畏的、原始的、无法用语言表达的原始宗教感情、观念和理想。

### 5．傩戏与宗教

傩戏孕育于宗教文化的土壤之中，直接脱胎于傩祭仪式活动。傩戏（舞）形成于唐宋，是多种宗教文化互相渗透、混合的产物，各地傩戏明显受巫、道、儒、释宗教思想的影响。黔东北傩群受道教的影响最深，主要表现在傩戏（仪）的斋醮化和傩神道教化方面。

傩坛布置是极其重要而复杂的工程，以扎"龙厅宝架"最为宏伟。龙厅宝架，又称"三清殿""金銮殿"，俗称"花坛"。它是用竹篾和各种彩色剪纸扎成宫殿形三迭牌楼式的纸架，放在堂屋正中傩神木雕像前。如果说扎龙厅宝架是为神祇修屋建楼，那么，挂案子则是请神到位。案子又称"神案"，有三清图、师坛图和功曹图，分别挂在堂屋正中的三清殿及两侧的功曹殿和师坛府。三清图分中岳案、东岳案、南岳案及副案，共五张，有九十九位先祖、仙道、神道的画像。傩坛宗教信仰是兼收并容的，傩坛神谱充分说明了这一点，巫、道、儒、释在傩坛里占有各自的位置。

傩坛与儒、释、道关系密切，但它不是它们的分支。因为巫傩是自发的信仰，没有创教人，也没有严格的宗教组织；巫师是不脱产的人员，没有特权，也不是支配信仰的权威；信仰多神，互不统辖，神系混乱；没有完整系统的思想体系，没有经典；宗教信条、禁忌与民俗交织在一起；具有血缘性、局限性和地方性。由于傩坛没有形成自己的思想体系，在强大的儒、释、道面前，失去了发展成为人为宗教的竞争力，在三教不断斗争中，它兼收并蓄，获得了生存发展的机遇与空间。傩坛是一种尚未发育完全的准宗教形态。

### 6．傩坛传承与巫术（傩技）

从一个普通农民成长为被公众认可的傩坛艺人（掌坛师），一般都要经历投师拜法、跟班学艺、抛牌过职三个环节。傩坛弟子经过三年五载的跟班学艺，各项操作娴熟的弟子便可向师傅提出抛牌过职的要求，待同意后，由过职弟子精心筹划，请师傅主持，在众师傅和师兄弟以及公众面前表演一堂完整的傩坛法事、傩戏和傩技，经师傅传法并考试合格后，就可取得师傅赏赐的雷印、法衣、牛角、师刀等法器和经书（科仪本），并与师傅交换牌带与牌巾，由师傅安排新的坛榜。经过这样一些复杂仪式，便取得了掌坛师的资格，以后就可以自立门户、开坛收徒，得到公认的地位。

傩坛过职仪式由仪式的筹备、全堂傩愿活动、传法过职三个部分组成。全堂傩愿活动，包括傩坛祭祀和傩戏（傩技）表演，由过职弟子所在傩班全体成员共同参加，过职弟子在全过程中担任主角。傩祭和傩戏部分，黔东北各地大同小异，但在傩祭巫术部分，由于考核具有汇报的性质，因而集中了傩坛特技与巫术中最具代表性的项目踩红犁、顶红三角、口衔红铁、捞油锅、掰竹、过火海、上刀梯等。

傩坛过职仪式的核心是传法过职，仪式相当复杂烦琐。仅举《入口传度》一节为例：传度师穿上新鞋，上"桥"舞刀摇带。桥，又叫桥案，法师在桥上对跪于桥下的弟子进行对口传度仪式。

传度师将唾液传入弟子口中，表示师徒二人血脉相连；香炉师给传度师喝两口水，传度师含着水走到桥头，将水喂入弟子口中，弟子将水咽下，表示"过净水职"；香炉师将三根香纸两头点燃，一头放入传度师口中，传度师衔着香纸到桥头，将另一头递入弟子口中（共三次），表示香烟不断，傩坛后继有人；香炉师给传度师喂一块肉，传度师又将肉传入弟子口中（共三块），弟子将肉咽下，表示"肉（入）口传度"，要弟子不忘师傅之恩。传度结束，师傅摇刀舞带，问："徒弟，你得完没有？"徒弟答："得完了。"师傅说："得完了，你要背我下桥呢！"于是，新坛弟子将师傅背下法桥。

### 7．傩戏与民俗

信仰本民族的巫师，是黔东北少数民族的一个特点。土家族的巫师叫土老师，时至今日，在土家人心目中仍有较大影响，治病、求子、保寿都要请土老师"施法"。打扫屋子，要请土老师"跳神"，祈保一年中无灾无难，平安无事；壮年夫妻无子，要请土老师冲傩，以求得子；生了病要请土老师"冲消灾难"，以求病愈；家有凶事，要请土老师"开红山"，化凶为吉；老人生日要请土老师冲寿傩，以求高寿；"干贵"人家的小孩（小孩少而多病），在十二岁前要请土老师"打十二太保""跳家关""保关煞"，以保小孩过关，不受灾生病，易长成人。这些民俗活动都与傩戏演出密切相关。

在城乡祭祀民俗活动中，"叩许戏文，届时扮演"，指的就是傩戏等演出活动。民谚有"一傩冲百鬼，一愿了千神"，足见黔东北巫风之盛。一般来说，冲傩是一种镇压性、强制性的驱邪手段；还愿以酬神、媚神为手段，祈福禳灾。因此还愿要比冲傩热烈而有趣。

冲傩有三种：（1）"太平傩"——家宅不宁、人畜不旺、怪异作祟。（2）"急救傩"——家人病重、久病垂危。（3）"地傩"——偷盗诈骗、奸淫行凶，难以破获。还愿也有三种：（1）"寿愿"——这是一种祈求高龄的吉愿。（2）"子童愿"——这是祈求生子所许的愿。（3）"过关愿"——这是为了免除小孩灾难、使其健康成长而许的愿。

冲寿傩是一种隆重而热烈的民俗活动，它与一般的祝寿不同，必须请一个傩戏班子来做法事、演傩戏。活动的时间根据主人家的财力和人力而定，少的一两天，多的要七八天。祝寿仪式按下列程序进行：（1）出坛；（2）穿衣顶帽；（3）三堂号角；（4）藏魂；（5）辞神；（6）招五方兵马；（7）游五岳；（8）宣读"口意"；（9）寿星登位；（10）卜寿延卦；（11）换新衣；（12）参神请圣；（13）普神安位；（14）宣读表词；（15）差功曹；（16）拜寿；（17）奉献礼品；（18）全家礼拜祝寿。

拜寿、奉献礼品、全家礼拜祝寿三个程序，民俗味道特别浓，是冲寿傩的高潮。此时，鸣锣击鼓、吹奏唢呐，将寿桌安放在寿星席前，上放"十供奉"。掌坛师高声念诵："下面众案人等请排班，排班归位拜寿星。"拜毕，奉献礼品。在诵词声中，掌坛师将寿礼逐一递给寿星的儿子，其子作一揖后送还掌坛师，由掌坛师送给寿星，寿星拿在手里稍留片刻，再由掌坛师接过来放在寿桌上。这时整个寿堂里被围观者挤得满满的，对各色寿礼评头论足，欢声笑语，热闹非凡。

## 三　贵州地戏

地戏指主要流行于贵州省清镇、平坝、安顺、镇宁、普安、郎岱、兴义、长顺等20多个县（市），以及贵阳市郊区广大农村的古老剧种，属于傩戏的一支——军傩。地戏活动的中心在安顺，因此，习惯上叫"安顺地戏"。地戏在贵州有300多堂，仅安顺就有125堂。

安顺素有"黔之腹，滇之喉"之称，是兵家必争之地，也是明王朝建立初期南征军的重要大本营。傩文化的主体本是中原文化，早在明军中盛行的融合祭祀、操练、娱乐为一体的军傩和在中原民间传承的民间傩，也随南征军和移民进入贵州，并与当地民情、民俗结合，形成了以安顺为中心的贵州地戏。

### 1. 地戏演出

安顺地戏在春节期间演出20天左右，称为"跳新春"，是岁终新正的聚戏活动，与逐疫、纳吉礼仪一起举行。地戏演出时，村口或醒目的地方要插上一面大红旗，旗上绣着很大的"帅"字，表示这个村子里今天要演出地戏，也有纳吉之意。演出由"开财门""扫开场""跳神""扫收场"四部分组成。演出前，要将存放脸子的木箱（柜）从神庙或存放人家里抬出来，举行庄严的开箱仪式，请出脸子。

"开财门"，由演员扮戏剧中人物到村寨里各家各户门前说"吉利话"，主人家则备果品迎接，一来表示对角色的尊敬，二来互祝吉利。尔后，燃放鞭炮送客。

"扫开场"是一种打扫演出场地的祭祀仪式，为保村寨平安，演出顺利。目前此仪式已淡化。

地戏的正戏演出叫"跳神"。扮演交战双方的君主或主帅先坐在圆场营房位置，有戏唱戏，无戏看戏，演员们站在圆场的边沿上，然后"出马门"亮相，自报家门。地戏剧目只有武戏，没有文戏，更没有生活小戏和公案戏，只演"正史"，不演旁杂剧目。剧目有：《封神演义》《东周列国志》《楚汉相争》《三国演义》《四马投唐》《罗通扫北》《薛仁贵征东》《薛丁山征西》《薛刚反唐》《粉妆楼》《岳飞传》《岳雷扫北》等，全是唱朝代兴衰的历史故事。唱词以七言叙事诗为主，杂以十言、五言诗和道白，通俗易懂，朗朗上口。

### 2. 地戏角色

安顺地戏正规演出只准男演员参加，没有女性。角色有文将、武将、老将、少将、女将，还有道人、小军、丑角。虽然已初具种种角色，但尚无成熟的戏曲中生、旦、净、末、丑等行当，属于标准的"农民戏剧"，武将是戏中顶梁柱，最受观众仰慕。

地戏的布景道具都很简朴，这是农民戏剧的特征之一。布景就地取材，常以桌子、树枝、竹竿之类代替。桌子象征高山、关隘，几张桌子搭成高台、插满树枝，即成《封神演义》里的神界。道具中最常用的是兵器和脸子，兵器是木质的，短小轻便，便于小圆场里挥舞。

地戏演员都是农民，戏装也多由演员自备。其实，所谓戏装不过是在日常生活服外加一条"战裙"；而"战裙"也往往由演员自家妻子手缝。讲究的演员腰间多佩饰物，如鱼、如意、香包、扇袋等，上绣各色图案吉语。这些饰物与角色身份无关，多为演员的爱人所赠。

武打是地戏的灵魂。因只演武戏，则每戏必打，每场必打。仅《征西》一台戏就有十六个关口，数十个战阵。武打分主将及小军两套，主将有八个套路："操刀""挡刀""追刀""两飞脚""三飞脚""摆劈亮翅""前甩后甩"和"扇子戏"。小军套路有"猪拱鼻""小牛擦痒""插秧""捡石头"等。两套武打不可混用。地戏的伴奏乐器只有一锣一鼓，鼓点是指挥，有"催战鼓""行军鼓""聚将鼓"等鼓谱名目。

### 3. 地戏的面具

地戏的脸子，是神化了的英雄面具。地戏面具同时具有神格和人格。安顺等地有专门从事脸子雕制的艺人。村寨演出班子新购置的面具，未经法事前，可以随意放置，视为木雕，一经点将封号，即为神物。"开光"是将面具升华为神的仪式，由雕匠主持。先将脸子郑重陈列在神龛上，然后杀一只大公鸡，以鸡血点在脸上，同时念动开光词，赋予脸子以生命。

地戏演出时，演员无一例外都要戴上面具。先用青纱长统套头将头包住，置面具于额头之上，便于武打。面具用丁香木或白杨木精雕细刻而成，做工讲究，神态生动。面具由面孔、帽盔、耳子三个部分组成。面相分文、武、老、少、女五类，俗称"五色相"。除主将外，还有小军、道人、丑角、动物等类别。在诸多面具里，武将面具最复杂，可细分为少将、老将、女将、番将、正派将军、反派将军等。面具的五官造型形成了一定的程式，如眉毛必遵循"少将一支箭，女将一根线，武将如烈焰"之说；嘴的刻法有"天包地"与"地包天"两种；眼则是"男将豹眼圆睁，女将凤眼微闭"。

地戏面具头盔和耳子的雕刻独具匠心。头盔上的装饰分龙凤饰、星宿饰、吉祥饰等。男盔一般饰以龙纹，若隐若现，有头有尾，对称严整之下变化多端，图案有"二龙抢宝""八金龙"等。女盔常用凤纹装饰，飞舞回旋，优美华丽，图案有"凤翔牡丹""双凤朝阳"等。

就技法而言，地戏脸子多为浅浮雕与镂空相结合，精细却不烦琐；色彩上用贴金、刷银的亮色，以及红、绿、蓝、白、黄、黑等。有的面具还要镶嵌上玻璃片，显得富丽堂皇。

地戏面具是根据《地戏谱》提供的线索和民间有关此类人物的传说来绘制雕刻的。这些英雄人物在流传中已趋定型，并有大量文字、图画、雕刻、脸谱可供参考，加之一堂地戏面具可多达百余面，实难避免雷同。地戏面具已日趋程式化、脸谱化、工艺化，渐渐少了傩堂戏面具原有的个性与灵气。

# 论贵州多民族傩信仰的社会性[①]

贵州民族大学　吴电雷

"生活化的信仰，信仰化的生活。"[②]傩信仰与民众的日常生活密切相关，他们祈福驱邪、崇拜祖先、崇拜生殖、崇拜土地神、崇拜人格神，用最朴素的方式和最原始的创造力实现身体与灵魂的融会，成为依附于主流传统文化之下的"小传统"。"小传统"自有它形成的人文历史环境，也必然对当今社会产生深远的影响。本文将从傩事活动操办者和参与者的角度切入，分析傩信仰的家庭社会性、村寨社会性、公众社会性及其国家社会性四个方面。

## 一　傩信仰与家庭社会

家庭操办的傩信仰活动有土家族、仡佬族、苗族、侗族的傩堂戏和喇叭苗族、穿青人、布依族的庆坛，以及汉族的阳戏。从举行仪式的目的来看，傩坛的行傩活动是为满足个人家庭的需要。傩堂班受家庭邀请的演出主要有还愿、颁职、送葬等活动。

① 基金项目: 国家社科基金2017年度西部项目"西南少数民族庆坛仪式唱书整理与研究"（项目编号: 17XZW028）阶段性成果。

② 陈勤建:《当代民间信仰与民众生活》，上海锦绣文章出版社2013年版，第276页。

傩堂戏过关还愿仪式，一般是个体家庭为儿子过关煞，因幼儿生大病、哭闹不止等事因，医药治疗效果不明显，父母许愿病好后，请先生过关煞。以贵州省德江县游家坡村一游氏族家庭举办的傩堂还愿戏为例。[①]当年4月，游氏小儿大病一场，住院医治期间，游氏称孩子病好后杀猪祀神、请傩坛班为儿子度关。神明在天，出口许愿，许期在当年10月1日还愿。半坛傩堂戏共有12出法事戏，时间一般为两天一夜。

傩坛传承所形成的种种关系属于傩信仰与家庭社会的关系。掌坛师年事已高或者弟子能熟练操作傩祭、傩技、傩仪等基本技能以后，掌坛师就要给其举行颁职仪式，取法号，传内密，让其出师，之后独立行坛。这类颁职仪式要等到弟子成家以后，在弟子家中举办，邀请坛上所有法师及其亲戚朋友到场，或作为过职的见证人，或帮忙实施法事。

庆坛之坛神即为愿主家的家庭保护神，坛神罐置顶于堂屋的正堂之上。[②]坛罐里面装盐、茶、五谷，外面用麻绳捆扎，五色线吊起，罐颈部插一支愿标、数根鸡毛。庆坛常做的法事有两种：一种是镇宅、安神谢土、超度亡灵庆坛祀神；一种是娃娃不乖、老人延寿、成人生病庆坛还愿。正常情况是上半年许愿，下半年还愿，也有即时许愿即时还愿的情况，如生了急病时许愿，病愈后就要立即还愿。庆坛法事的时间一般是两天两夜，即当天下午、第二天一整天、第三天上午，俗称"三进三出"。演出的主要仪式程式有请圣、发功曹、请五显神、下马赞、华光赞、杀猪、改位、回熟、跳兵、放兵、出五郎、造桥、大郎科、装身换体、迎五圣、监牲七郎、画猪、退身、二郎科、净灶、甜酒开封、传献、解愿、勾愿、养生科、迎千岁老人上坛、辞圣扎坛等。庆坛作法展示的具象空间是私人家宅，意象空间即家庭、家族、村寨以及里亲外戚的社会关系

---

① 田野调查材料。时间：2013年10月1日至2日；地点：贵州省德江县游家坡村游××家；调查事项：土家族傩堂戏过关还愿仪式；采访对象：安永柏掌坛师。

② 田野调查资料。时间：2016年4月3日；地点：长顺县威远镇张家院村张玉兴家；调查事项：长顺县五显坛信仰；采访对象：张玉兴掌坛师。

系统。

仪式性阳戏如同傩堂戏，旨在为家庭成员祛病逐疫、还愿祈福。行傩的主要场所是事主家的堂屋院坝，在正堂神龛处设置神坛祀神，主要祀奉川主、土主、药王"三圣"，保佑家庭清吉平安、家人无病无灾。

傩堂戏、庆坛、仪式性阳戏以及布依族还愿仪式"肥套"的组织性质皆是以个体家庭为单位操办的。举行仪式的场域仅限于事主家及其亲属的家宅庭院，法师行傩时要到近亲属的住室和牲畜栏棚去扫瘟逐疫。只有"施孤""扫荡"这两出仪式不在堂屋院坝内，前者发生在村外田边荒野，后者发生在村外的水边路口。"施孤"意即施舍四处游荡的孤魂野鬼，"扫荡"意即扫除给家庭带来瘟疫凶煞的鬼祟，一是安慰游魂野鬼不要入室作乱，一是遣送作祟的鬼煞远离事主的家园。总之，发生在外部环境的法事仪式是围绕内部家宅庭院这个核心场域展开的。

祀神还愿的每个环节皆围绕事主的家庭关系展开。犒赏傩坛法师的红花利市不仅是事主的事情，也是其近亲属的事情，他们的名字和利市数目要列入账单。当然，在还愿的契约单上除写事主的名字外，还写有其近亲属的名字。

## 二　傩信仰与村寨社会

在黔地，具有村寨集体性质的傩信仰活动有彝族的撮泰吉和黔中屯堡汉族的地戏。"撮泰吉"在彝族"扫火星"民俗活动中演出，时间在每年正月初三至十五。活动宗旨是为全寨除祟祈福，所以活动自始至终体现出集体性质。

整个活动的筹备由寨主负责，筹集费用、安排人事、组织分工皆由村寨上的主事人负责。表演内容有先祖迁徙、春种夏锄秋收冬藏的农业生产劳动和交媾哺乳寓意种族繁衍，这些行为意象皆为了全村寨百姓。表演结束后的"扫火星"活动更体现出"撮泰吉"的村寨集体性质。在扫火星活动中，头领热嘎阿布领着其他撮泰老人到寨中挨家挨户送祝福。[①]离开时，还要从寨民家的草房上扯数根茅草，取数个鸡蛋。走到村外，撮泰老人把其中的三个鸡蛋埋在土里，剩余的放在木架上用茅草作燃料烧烤。鸡蛋烧熟后，由撮泰老人和观众分食，并齐声高呼："火星走了！火星走了！"为整个寨子能够得到彻底的清平安宁而欢呼。等到第二年，撮泰老人把埋在土里的鸡蛋挖出来进行占卜。如果鸡蛋完好，预示着新的一年风调雨顺、全寨人畜平安；如果鸡蛋腐烂，则为年景不祥的预兆。

在表演生产劳动场面之后，由热嘎阿布念诵驱邪、祝福的祝词：一切天灾人祸，邪恶灾难随着老人去，一切吉利留下来，六畜兴旺，四季发财，五谷丰登，子孙满堂。[②]"撮泰吉"演出完毕，撮泰老人们摘下面具，统一放在寨边的人家或寨子后面的山洞里。日常看护、管理面具也是全寨的集体性事务。

演出地戏亦是全屯堡村民参与的集体活动。地戏的准备阶段由其组织者"神头"召集演出人员，检点刀枪靶子、服饰翎子、唱书戏谱的准备情况，还要安排"跳神"者在一起编排演练。

"跳神"演地戏是全屯堡民众的节日。地戏演出前，将存放面具的"神柜"从神庙或"神头"家里抬到庭院中，举行开箱仪式，请面具出箱。开箱时，烧纸钱，点香烛，"神头"双手托抱着开市公鸡，鞠躬三次参拜"神柜"。然后，跪在"神柜"前，掐破鸡冠，把鸡冠血滴在"神柜"盖与"神柜"体的合缝处，称作"开光"。神头打开"神柜"，端出"脸子"，庄重地给演员一一戴上象征英雄神祇的面具。

戴上面具后，"跳神"队伍要去神庙"参庙"，有的屯堡参观音庙、如来神庙，有的参路边的土地神庙，还有的参汪华汪公庙，但是在安顺市刘官乡傅家寨参拜调北征南大将军傅友德衣冠冢和他的"军饷洞"。不论参哪一尊神，都

---

① 罗德显：《撮泰吉——古代彝语民间戏剧演出记录本重译》，《重庆师专学报》1999年第4期。
② 庹修明：《贵州傩戏文化》，《教育文化论坛》2010年第3期。

是为了整个屯堡寨子的"平安丰收，幸福吉祥"。

村寨的集体性是由众多家庭的个体性质构成的，为村寨祈福禳灾的集体性傩信仰活动是由个体性驱傩祈福活动组成的。地戏演出完成"开箱""参庙"的集体性活动以后，演出队伍要回到村寨里"开财门"。演出人员戴上面具到每家每户门前念诵吉祥临门的祝福语，然后主人家打开房门，象征招财进宝、迎祥纳福，同时送上瓜果钱物作为利市，地戏队再转到下一户"开财门"。

地戏"扫收场"蕴含着丰富的傩文化内涵。地戏演出最后一天，举行"扫场"仪式。"扫场"又称"扫收场"，旨在扫除各种邪魔鬼怪，保佑屯堡村寨平安。扫场演出的主角是和尚和道士，其他演出人员戴面具穿战衣执刀枪把子围成一圈，与道士、和尚一起唱扫场词，按东、西、南、北、中五方的顺序将各种精灵鬼怪、瘟疫恶煞扫出去，将金银财宝、福禄吉祥扫进来。扫场结束，偃锣息鼓，刀枪把子收起，用黄表纸包好面具装入"神柜"，即所谓的"封箱"。最后举行全村参"神柜"的活动。

参"神柜"，不仅跳演地戏的人员参加，村寨上有五年内出生小孩的家庭都要来祭祀，他们自带香烛纸钱，每家或大人提或小孩抱着一只雄鸡来参拜。参"神柜"开始，先把"神柜"锁好，放置于场地中央的祭祀桌上，"神头"鞠躬施礼感恩神祇保佑。随后，前来参神的村民就争先恐后地在"神柜"前点香燃烛烧纸钱，杀鸡祀神，拔下一撮鸡毛沾着鸡血粘贴到上面，祈求神灵保佑孩子无病无疾无关无煞，健康成长。祭祀"神柜"之后，全村人围坐一圈共进"全鸡宴"，总结跳演地戏费用的收支情况。

除"撮泰吉"、地戏"跳神"外，黔地具有集体性质的傩信仰形式还有普遍流行的打清醮。打清醮旨在求雨、祈晴、驱瘟，往往由几个寨子联合举办，场所设在一个大的公共空间中。打清醮仪式的最后要举行扫寨送瘟活动，以期一方清吉平安。

另外，傩信仰活动的操办者是集体性质还是个体性质是相对的。有些是以家庭为单位操办的，在特定范围内也有集体行为。同样，在集体操办的傩信仰活动中也存在为家庭祈福禳灾、清吉镇宅的个体意向。

因操办主体的性质不同，傩信仰的内涵亦有较大区别。首先，从傩事活动的时空维度来看，组织主体希冀通过傩事活动实现的目的各异，相应举办傩事活动的时间空间亦不相同。组织性质为集体时，整个村寨的人寿年丰和居民的生命健康是傩事活动的主旨，演出时间以岁时节令为契机，演出的地点是街头巷尾、旷野广场、寺庙舞台等空间宽阔的地方。以家庭为单位主办的傩事活动，经常是因家庭遭到某种不幸而求神驱逐作祟鬼疫、保佑愿主家人畜平安。傩事活动时间的选择自由度大，由主人与巫师商定。傩戏演剧活动的空间主要发生在主人家的堂屋庭院。

其次，从服务的对象来看，村寨集体主办的傩事活动要为全村寨服务，即使涉及单独指向某个家庭，也要服务于为全寨民众行傩祈福的旨意。如"撮泰吉"举行"扫火星"仪式，把鸡蛋埋在土里、用茅草烧鸡蛋来为整个村寨祈祷来年五谷丰登、寨民福寿康宁，即便用的鸡蛋、茅草、麻是从个体家庭讨来的也没有关系。跳演地戏到土地庙祭祀土地神、扫收场扫出瘟疫灾病、扫进金银财宝也是为屯堡村民，不指向个体。至于跳演地戏前的"开财门"挨家挨户送祝福，则是突出村寨整体"欢乐祥和"的新春气象。

再次，不同的傩文化的演剧形态与傩之驱鬼逐疫、祈福禳灾、求神还愿的内涵体现亲疏鲜明的层次关系，家庭个体性质的傩事活动其信仰内涵比村寨集体性质浓厚得多。"撮泰吉"和地戏表演的剧目内容与驱鬼逐疫的傩文化内涵联系不大，只是在一些相关仪式中有祈福纳祥的内容，傩的内涵不典型。傩堂戏、仪式性阳戏和庆坛行傩的含义具有典型性。在傩堂戏的传承区域一直用"傩"这个字，傩坛上崇拜的最高神灵称为"傩公""傩母"。阳戏坛上崇奉川主、土主、药王"三圣"。庆坛的神祇形象一般不具象，而是用大米、玉米、黄豆充实的坛枪或装满泥土的斗状纸筐。举办此类傩事活动，缘于某一家庭遭受灾难或家人身患疾病，在当地民众看来是邪魔鬼怪作祟而导致种种不顺，所以就请巫师来行作法除祟仪式。

### 三 傩信仰与公众社会

当历史发展到20世纪80年代，黔地多样化的傩信仰开始以不同方式与国内外的公众社会产生了频繁而密切的联系，贵州地戏、傩堂戏、傩技等文化样式常常应邀到国外表演。

安顺地戏自1986年始先后到法国、西班牙、韩国、日本、新加坡等国家演出，[①]得到观众和各界人士的称赞。2006年，德江傩堂戏和花溪大寨布依族地戏分别在2月、10月赴日本演出，受到日本民众的好评。2013年春节，德江县安永柏傩坛在台湾台中市春节民俗庙会演出傩戏、傩舞12场次。2013年10月，黄果树艺术团地戏队应邀赴保加利亚参加第十九届佩尔尼克国际化妆假面活动艺术节，取得圆满成功。

贵州傩戏在国内舞台演出的机会更多，往往利用节假日的会演、巡回展演等形式向观众展现傩文化真善美的一面。2007年3月11日，贵阳市花溪区举办"花溪地戏会演"，共有来自11个村寨的13支地戏队参赛。2012年8月15日—9月9日，"傩魂神韵——中国傩戏·傩面具艺术展"在北京国家大剧院举办，期间，平坝县天龙屯堡地戏队演出《陆文龙双枪战五将》《三英战吕布》等地戏谱。2012年，岑巩思州傩戏艺术团在肖光华的带领下先后到宁夏银川市、河南洛阳市、浙江杭州市、山东济南市、湖南凤凰县等地进行交流演出，共计100余场次，表演《飞凤望月》《四郎大战潘夫人》《腾龙翻山》等傩戏和赤脚踩红铧、口衔红齿、上刀山、下火海、喊竹等傩技。2012年初，平坝天龙地戏班参加以地戏为主题的电影《脸谱》的拍摄。同时，天龙屯堡地戏作为屯堡旅游的重要景点常年在屯堡"演武堂"演出《张飞大战马超》，向国内外游客展现贵州面具文化的魅力。2012年贵阳市第六届旅游发展大会期间，息烽阳戏班在

---

① 1986年10月，蔡官地戏队应邀参加法国巴黎第十五届秋季表演艺术节；1986年11月，蔡官地戏队应邀参加西班牙马德里第二届秋季表演艺术节；1999年11月17日—12月6日，蔡官地戏队在日本早稻田大学演出《大破金光阵》《三擒三放》，在青山学院演出《锁阳大战》。

阳郎风情小镇演出。同年，德江傩缘傩戏演出队在县人民公园组织三场义演活动。2014年10月底，在道真首届仡佬族傩文化艺术节上，傩戏班在舞台上演出《钟馗斩五鬼》等多个剧目。2015年、2016年、2017年普定县马关镇屯院村连续三年于正月十六举办安顺市地戏大赛。2017年2月2日湄潭傩戏艺术团在遵义非物质文化遗产展演中演出《骑龙下海》《差兵》。

近年来，黔地傩戏作为贵州的一张文化名片频频走上央视舞台。自2012年以来，湄潭县傩戏艺术团、傩文化研究会频繁组织傩戏演出活动。2015年11月参加中央电视台7频道《乡村大世界》栏目在湄潭县的录制，逢节假日常在茶乡广场、浙大广场以及各乡镇舞台义务演出。2015年4月，"撮泰吉"被搬上中央电视台11频道《九州大戏台》的舞台，演出共分5幕，时间近30分钟。2017年2月9日，贵州屯堡傩面具和湄潭傩戏艺术团演出的《捉山妖》搬上中央电视台7频道《乡土》栏目。

文化部门利用博物馆、展览馆等平台，积极举办傩文化的展示活动，让民众认识、亲近、热爱自己的传统文化。1987年"贵州民族民间傩戏面具展"在中国美术馆举行，贵州傩文化从此走上"国家舞台"。2012年8月15日—9月9日，由国家大剧院、北京民族文化宫、贵州民族文化宫联合主办的"傩魂神韵——中国傩戏·傩面具艺术展"在国家大剧院展出，贵州仡佬族、苗族、土家族面具占了很大比重。同年11月28日赴厦门陈嘉庚纪念馆展览，展期至2013年1月17日。2013年5月18日，"傩魂神韵——中国傩戏·傩面具艺术展"移至贵州民族文化宫展出，展期至同年7月20日。铜仁傩文化博物馆成立于1993年，是国内唯一的傩文化专题博物馆，展览内容有傩戏、傩舞、傩歌、傩技、傩仪、傩俗等。该馆于2012年4月24日正式更名为"贵州傩文化博物馆"，并于2013年5月28日第37届"世界博物馆日"举行开馆仪式。贵州傩文化博物馆属于省级博物馆，位于铜仁市"民族风情园"中，主要陈列一些珍贵的傩堂神案、傩面具、法器道具、科仪文书等，对观众免费开放。另外，还有安顺市西秀区刘官乡周官村秦发忠傩雕展览馆，安顺市正积极筹建世界傩面具博物馆。贵州道真自治县在大沙河仡佬文化国际度假区建成了世界上最大的傩文化古城——中国傩城，占地60平方公里，总投资300亿元，年接待能力1500万人次，已于2016年4月28日正式开门纳客。

贵州傩文化以各种形式走进校园，让学生认识热爱长期哺育自己的乡土文化。安顺地戏已成功走进中小学的课堂教学，部分优秀艺人工匠被聘为兼职教师教授手工制作及制作理论。西秀区的刘官乡、大西桥镇和平坝天龙镇等地从众多学生中选出地戏爱好者，举办了多期少儿地戏培训班。自2012年11月，湄潭县傩文化研究会在湄潭中学利用三个周末举办傩戏面具雕刻培训班，由杨志刚先生亲自指导，培训了10名学生，共制作了15个傩面具。德江县则在全县中小学推广"傩韵操"，并从2013年秋季起将"傩韵操"列入全县中小学的体育课程内容，锣鼓、牛角号声和踏罡步、祖师诀、开山步、撒网步等步法罡诀融汇其中。该县八一爱民中学还将傩面具雕刻引入课堂的手工制作内容，聘请贵州雕刻名匠王国华先生为兼职指导老师，为学生传授面具雕刻技艺。2014年春季起，道真自治县职业技术学校设置傩韵律课间操，并把傩堂戏因素融入校歌的创作中。2017年，贵州民族大学启动"高雅艺术进校园"活动，1月2日湄潭县傩戏团应邀来校演出傩戏经典剧目《骑龙下海》和《钟馗捉鬼》。

## 四 傩信仰与国家社会

"国之大事，在祀与戎。"[①]中国社会的早期，频繁的傩事活动属于"国事"。至元代，传统意义的傩文化形式由于生存空间受正统文化的挤压只能在偏远地区隐忍发展。即便如此，在明清时期傩信仰之花也未能因拘于一隅而自由绽放，因为不利朝政的民间势力或所谓的"不正之习"常利用巫术的神力而召集民众"犯上"，当时朝廷为确保政权长久稳固，对诸如巫傩信仰一类民间

---

① ［日］服部千春：《孙子兵法校解》，军事科学出版社1987年版，第1页。

文化强加干涉。巫傩信仰被假以"诱聚若狂，实败风俗"①、"左道乱正之术，煽惑人民"②、"聚赌为害不细"③等名目而屡被禁止。

20世纪80年代以来，国家非常重视传统文化和民族民间文化的发展与振兴，傩信仰迎来了新的发展时期。尤其是在贵州这个傩文化资源丰富、傩文化品种齐全的省份，国家社会生活对傩信仰发展的促动力显得更强劲。

首先，自2006年以来，国家启动对非物质文化遗产名录实施分级保护的措施，贵州多种傩文化形态陆续被列入国家、省、市非物质文化遗产名录。如威宁彝族"撮泰吉"、安顺地戏、德江傩堂戏、道真仡佬族傩戏与石阡县木偶戏在2006年被列入第一批国家级非物质文化遗产名录。而沿河阳戏、息烽阳戏、黔西阳戏、罗甸阳戏、开阳阳戏、天柱阳戏和印江土家族傩戏、荔波布依族傩戏、织金穿青人傩戏、江口傩戏分别以"阳戏"和"傩戏"之名先后被列入贵州省第二批、第三批非物质文化遗产名录。

另外，福泉市的福泉阳戏、岑巩县的思州喜傩神、镇远县的土家族傩戏、道真自治县的仡佬族傩戏、贵阳市白云区的蓬莱布依地戏、长顺县马路屯堡地戏、金沙县端公戏、正安县滚龙戏等进入了贵州省级非物质文化遗产名录。傩技是傩信仰的重要组成部分，它们以惊险、神秘、科学不能解释而为世人所称道，其中许多类型亦被列入非物质文化遗产名录。例如，松桃苗族自治县的傩技上刀山。

其次，保护非物质文化遗产是目的，传承文化是根本。评定非物质文化遗产传承人和维护传承人的利益亦被列入国家行为的日程。从2007年起，文化部开始评选非物质文化遗产传承人。在文化部评定的第二批国家级非物质文化遗产代表作传承人中，贵州省有6位傩戏艺人入选：罗晓云、文道华（彝族"撮

---

① （清）曾受一：《江津县志》，《故宫珍本丛刊》（第215册），影印清乾隆三十三年刊本，海南出版社2001年版，第368页。

② （明）姚思仁注：《大明律附例注解》，北京大学出版社1993年版，第474页。

③ 王鉴清等修，施纪云等纂：《涪陵县续修涪州志》，《中国地方志集成》四川府县志辑第47册，据民国十七年铅印本影印，巴蜀书社1992年版，第48页。

泰吉"传承人）、詹学彦、顾之炎（安顺地戏传承人）、张毓福、安永柏（傩堂戏传承人）。

同时，贵州省文化厅也评选了一批傩坛非物质文化遗产传承人，并给予经济资助。贵州省政府对108名国家级和省级非物质文化遗产传承人进行资助，让他们"带薪"传承。全省有37名国家级非物质文化遗产传承人，每年中央财政给每人拨发8000元工作津贴，文化厅每年给71名省级非物质文化遗产传承人每人5000元补助金，县级传承人由所在县（市、区）文化部门负责发放。

再次，省、市、县各级政府十分重视与"非遗保护"相关的法律、法规的制定与实施。2011年2月国家出台《中华人民共和国非物质文化遗产法》，从此傩文化的保护、传承能够做到有法可依。早在2002年7月，贵州省颁布了《贵州省民族民间文化保护条例》，并于2003年1月1日起正式施行。该条例明确了民族民间文化保护的目的、范围、原则、方法、措施。

另外，为促进傩文化艺人艺术的精进与交流，各级政府定期举办民间技艺竞赛或文艺会演。2007年1月贵州安顺市刘官乡举行木雕（面具雕刻）工艺评比大赛，全乡的50余名能工巧匠竞相展示傩雕技艺。2010年以来，每年都举办"多彩贵州"能工巧匠选拔大赛，傩面具雕刻艺人也多次参加比赛。在2016年7月举办的国际屯堡面具节上，屯堡雕刻艺人聚集一堂，切磋技艺。

## 结　语

概言之，贵州较有特色的地理地貌和历史人文环境孕育了多样化的傩信仰形态。在长期发展过程中，傩信仰在黔地形成了多元且根深的社会性质，对域内外多民族的家庭社会、村寨社会、公众社会和国家生活产生了深远的影响。

傩信仰的社会性涵括两个方面：一是傩信仰与自然社会的关系，论傩信仰之人与自然和谐的生态内质；二是傩信仰与人类社会的关系，论傩信仰的社会规约性。傩信仰以道德感化提升民众的精神品格，整合增强农村社会凝聚力，维系多民族之间的和谐关系，服务于新农村生态建设，这是傩信仰在新时期的价值所在。

# 贵州傩堂戏手抄本研究
## ——以道真、印江、岑巩为例

贵州民族大学硕士研究生　　陈紫星

## 一　手抄本构成要素

手抄本是傩堂戏剧本最主要的传承方式，目前笔者已经收集到来自贵州三个县城的傩堂戏部分手抄本：道真1本，印江老抄本10本、新抄本8本，岑巩19本。在这些手抄本中，除了演剧类剧本和各种仪式科书外，还有各类疏文。其中抄写时间最早的是流传于岑巩县的仪式科书《禳星科》，抄写时间为大清公元甲子年腊月十九日。其后依次是流传于道真自治县的《骑龙下海》（由贵州民族大学文学院院长陈玉平收藏），抄写时间为民国廿八年（1939）；岑巩的《急救万民》，抄写于1985年；周兴全抄写于2005年的《疏文全集》。最新的是由印江掌坛师秦仁军保存的抄本，抄写于2016年丙申岁季春。

以上各个手抄本虽然抄写年代、抄写人、流传区域均不同，但在抄写形式、行文格式、书写形式上皆有相似之处。傩堂戏手抄本抄写工具均用毛笔，书写格式从右到左竖排抄写，且从后往前抄，文字一般选用繁体。

从流传于三个县城的傩堂戏手抄本来看，除了行文格式和抄写形式相同外，其中俗字和特殊符号构成了傩堂戏手抄本独特的民间书法。

### （一）特殊字体

傩堂戏手抄本呈现出"自成一派"的"民间书法"，手抄本中经常出现不同类别的俗字，主要有自创俗字、谐音俗字、形近俗字和方言俗字。"所谓俗字，是区别于正字而言的一种通俗字体，是一种不合法的、其造字方法未必合于六书标准的浅近字体，它适用于民间的通俗文书，适宜于平民百姓使用。"[①]俗字产生于民间的土壤，大抵是"下里巴人"约定俗成的产物。一般不把这类文字视为普通理解的错别字，它是民间艺人在抄写过程中所形成的独特风格。

首先是自创俗字。抄本中经常出现类似汉字的字，也读作汉字的音、取汉字的义，但字形却区别于汉字，属于民间手抄本特有的文字。笔者称这类文字为自创俗字，由民间艺人在抄写过程中对原来汉字进行"改造"或"换形"而成。这些文字有的只是在汉字上多加一二笔或减少一二笔；有的直接改变了汉字原来的偏旁，但大致还保存着汉字原来的字样；有的则在原来的汉字上大加笔画，远看似一幅画，近看像一道魔咒，形成一种"鬼画符"的书写风格。在这些异样的字体中，前两类可以根据该字前后的意思进行猜测，基本可以认出，最后一种则为掌坛师自己认识的傩坛符号，旁人一般要通过掌坛师解释才可得知。笔者又将这种复杂程度不同的自创俗字分为简单自创俗字和复杂自创俗字。

与正字相比较，简单自创俗字在字形上变化不大，增减笔画不多。为了便于区分正字和俗字，下表列举了抄本中的部分俗字与正字，以便进行对比。

---

① 胡双宝编：《异体字规范字应用辨析字典》，北京大学出版社2012年版，第1页。

## 简单自创俗字与正字对比表

| 顺序 | 抄本俗字 | 正字 | 抄本例句 |
|---|---|---|---|
| a | △① | | |
| d | 㘴 | 地 | 天地 |
| e | △ | | |
| f | 奉 | 奉 | 虔诚奉请 |
| g | 圤 | 锅 | 锅巴 |
| | 旺 | 国 | 民国 |
| h | 灰 | 灰 | 灰尘 |
| i | △ | | |
| j | 臧 | 减 | 消衍减罪 |
| l | 牪 | 牛 | 犁牛 |
| m | 蒲 | 满 | 满堂中 |
| n | 挊 | 弄 | 弄我 |
| o | △ | | |
| p | △ | | |
| r | 旮 | 日 | 日娘的② |
| s | 蒜 | 蒜 | 葱蒜 |
| t | 坮 | 坛 | 速运搬转下坛场 |
| u | △ | | |
| w | 敄 | 骛 | 好高骛远 |
| x | 函 | 凶 | 趋吉避凶；凶星退位降吉祥 |
| y | 様 | 样 | 一样 |
| z | 厷 | 在 | 早听在娘亲近前 |

注：① △表示目前暂时还没有发现有该音节的自创俗字。

② 骂人的粗语。

在复杂自创俗字中有两种不同的情况：一种是民间艺人自创的复杂性文字，在读音上由掌坛师自取，在字形上相对于更复杂的"鬼画符"则较为简单。如图1中由相同两个汉字构成"囍"字形左右结构的字："囍""马马""龘""君君"；相同三个汉字构成"品"字形上下结构的字："春春春""马马马""鑫""君君君"。无论是这类整合型俗字还是"门"字分割型俗字，或是似"由"非"甲"的形近俗字，均属民间艺人自创俗字，并且由掌坛师给予了其独特的读音。

在读音上主要采用拟声词的方法，如从右往左的第一句读为"一春tī ta tī ta百花开"，第五句读作"五营兵马tī ta走"，在字形上虽不一样，但在读音上却是一致的，而且含义也相同，同取脚步声。"'一春tī ta tī ta百花开'形容人的脚步声，表示春天来到，外出踏青人的脚步声。其中'七'为省略符号，关于这类符号，在下一节中会做进一步分析。而'五营兵马tī ta走'形容的是马蹄声，表示傩堂兵马队伍强大和奔赴傩堂时急促而自信的情形。"[①]其含义与"踢踏"一词相同，均表示脚步声，但抄本中的自创俗字后一个读音为轻声音节。

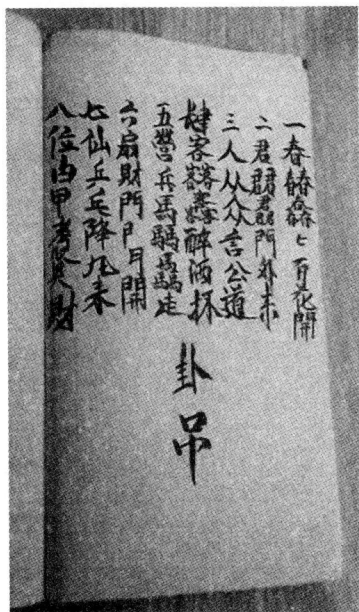

图1　由岑巩县傩堂掌坛师肖光华保存

除此之外，原本左右结构完整的"门"字被一分为二，变成了"卩"和"弓"。原本只是一个汉字的一部分，在独立成字以后有了自己的含义与读音，该词表示两扇木门一齐打开的情形，因此读音也是作为拟声词存在，"gēi ga"是掌坛师读该词的音。而最左边一句"由""甲"两字，造字字形与其含义

---

① 2017年10月23日，访谈岑巩县傩堂戏掌坛师肖光华，地点：贵州民族大学学术交流中心。

十分吻合。两字合在一起读作"ā
kā",为当地方言。"甴""甲"从字
形上看分别是"由"字不到底、
"甲"字不到顶的别字,充分体现
了其字的含义。该词的含义用汉
语来作解就是故意为难别人的意
思。而两字下不下到底、上不上
到顶,处于游离的状态,有故意
为之的痕迹。

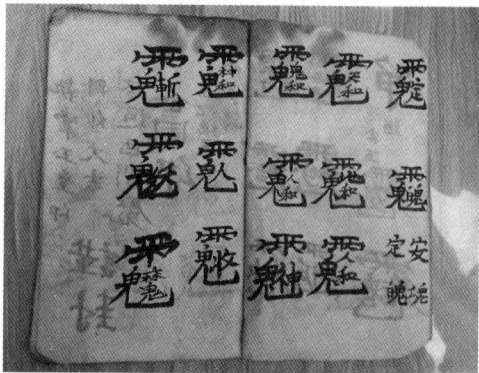

图2　由岑巩县傩堂掌坛师肖光华保存

比以上更为复杂的自创俗字,在正字上方加"雨"字头、左边加"鬼"字
旁,在读音上只读被"雨"字头和"鬼"字旁包围的正字原本的音,但在含义
上却了有了新的变化。

从图2中我们可以看到很多"雨"字头、"鬼"字旁的自创俗字,字的读
音为被"雨"字头和"鬼"字旁包围的正字原本的音,如"𩇔""𩇫""𩇮"
"𩇱"等,读音只取被包围的正字,依次是"斩""人""魔""妖"。其在含义
上却有了新的变化,如"𩇔"虽然读"斩"的音,却不取"斩"的义,而是
由掌坛师给予了新的含义,即"如果斩妖除魔的过程中受到了旁边的'鬼'的
破坏或阻挡,上方的'雨'代表着法师至高无上的法术,必将'鬼'镇压,
从而保证仪式的顺利进行"①。这种类型的其他自创俗字含义亦是如此,"鬼"
与"雨"一正一邪加上一个或两个正字构成新的字形,形成新的含义,最终
"正"胜"邪"。这不仅反映了傩堂掌坛师对自己拥有的法术的自信,也反映
了人们惩恶扬善的积极思想。

其次是谐音俗字。通过抄本和原文的对比分析,从汉字正确意义的角度出
发,抄本中经常出现同音字代替正字的情况,不能完全、正确地表达出原本要

---

① 2017年10月23日,访谈岑巩县傩堂戏掌坛师肖光华,地点:贵州民族大学学术交流中心。

表达的内容。由于傩堂戏手抄本属于民间手抄本，具有特殊性，又不能将其视为错别字，因此称之为谐音俗字。

## 谐音俗字与正字对比表

| 顺序 | 抄本俗字 | 正字 | 抄本例句 |
|---|---|---|---|
| a | 安 | 鞍 | 马鞍 |
| b | 伴 | 扮 | 装扮 |
| c | 川 | 穿 | 穿衣戴帽 |
| d | 代 | 待；带；戴 | 待我大叫一声；带来的；披麻戴孝 |
| e | △ | | |
| f | 凤 | 奉 | 奉太上老君急急如律令 |
| g | 歌 | 哥 | 哥哥 |
| h | 何活 | 和合 | 和合二仙 |
| i | △ | | |
| j | 间 | 见 | 听见 |
| k | △ | | |
| l | 凉 | 良 | 良药苦口 |
| m | 森 | 缈 | 香烟缈缈透天庭 |
| n | 那 | 哪 | 哪头是手哪头是脚 |
| o | △ | | |
| p | 配 | 辔 | 辔头 |
| q | △ | | |
| r | △ | | |
| s | 三 | 山 | 正是上中老山羊 |
| t | 台 | 抬 | 抬起 |
| u | △ | | |
| w | 吾 | 无 | 无别事 |
| x | 秀 | 绣 | 绣花女 |
| y | 元 | 原 | 原因；原来 |
| z | 召 | 照 | 照常 |

　　谐音字俗字的使用在抄本中依然很普遍，相对于正字而言，抄本中的俗字简单化，字的笔画减少，字形相对简单，也方便掌坛师认识和记忆。傩堂戏掌坛师文化程度普遍偏低，有些复杂的正字对于他们来说确实存在难度。这种俗字的产生，和"抄其自用"（即抄本纯粹是供自己使用）有着很大联系。所以，只要自己能读懂其中的含义，对错便不去计较。而且掌管傩堂法事只是其业余爱好，他们大部分人要从事农事活动或务工以保障生活。他们都是利用空闲时间匆忙抄写，而且基本在夜间，由于时间紧迫和灯光昏暗致使俗字的产生也确实可以理解。

## 形近俗字与正字对比表

| 顺序 | 抄本俗字 | 正字 | 抄本例句 |
| --- | --- | --- | --- |
| 1 | 么 | 幺 | 幺姑娘 |
| 2 | 似 | 以 | 以后 |
| 3 | 狼 | 很 | 很多 |
| 4 | 乍 | 咋 | 咋样 |
| 5 | 妆 | 收 | 收拾 |
| 6 | 兑 | 说 | 他说 |
| 7 | 雪 | 需 | 需要 |
| 8 | 恨 | 狠 | 心肠狠 |
| 9 | 彼 | 被 | 被子 |
| 10 | 滕 | 膝 | 双膝跪 |
| 11 | 弟 | 第 | 第三 |
| 12 | 请 | 清 | 清洁 |
| 13 | 枼 | 牒 | 牒文 |
| 14 | 具 | 且 | 且说何人衙内会 |
| 15 | 娆 | 烧 | 得见文书烧一烧 |
| 16 | 胞 | 袍 | 红袍 |
| 17 | 坪 | 称 | 上秤称 |
| 18 | 令 | 今 | 今朝 |
| 19 | 筲 | 箫 | 笙箫 |
| 20 | 患 | 忠 | 忠良 |

续表

| 顺序 | 抄本俗字 | 正字 | 抄本例句 |
|------|----------|------|----------|
| 21 | 硐 | 洞 | 桃源洞 |
| 22 | 荒 | 慌 | 莫慌 |
| 23 | 毫 | 豪 | 豪光 |
| 24 | 凌 | 绫 | 绫罗 |
| 25 | 叻 | 劝 | 将来诚劝满堂神 |
| 26 | 壮 | 状 | 状元 |
| 27 | 娥 | 峨 | 峨眉 |
| 28 | 肩 | 眉 | 峨眉 |
| 29 | 坎 | 砍 | 大树砍倒 |
| 30 | 方 | 万 | 千千万 |

形近俗字在抄本中出现的概率并不高，它的产生与谐音俗字产生的原因应该是一致的。在匆忙抄写的时候，突然记不起本字，于是选用相似的他字来代替。

最后一类是方言俗字，这种类型的俗字在抄本中出现的概率和频率都较低，相对于不懂当地方言的人来说，阅读起来还是存在一定难度。如出现在道真《骑龙下海》抄本中的"存""代""至""浪"等方言俗字，其中"存"是遵义标准的方言，应为"曾"。抄本的原文为"哪曾（存）知道"是地道的遵义发音方式，遵义人一般不发"un"这个韵母，在日常生活中，遵义人说"遵义"一般说成"zēn义"，"un"变为了"en"。其余几字同理。

又如出现在印江手抄本中的"进"和"值"方言俗字，正字应为"见"和"只"。抄本原句分别为"闻见（进）""六只（值）草鸡共三双"。在铜仁地区一般不发"an"音，本该为"见"却写成了"进"，就是受到当地方言影响的结果。这种例子在日常的生活中也随时可见，例如"沿河县"当地方言称为"银河信"，"吃面"会说成"吃命"。而"值"则受到了当地音调的影响，同一个音却变成了其他音调的字。根据原抄本"六值草鸡共三双"表达的意思应是"六只草鸡"。"只"变为"值"，是因为当地不发阴平声，而是读作阳声"zhí"，所以就变成了"值"这个方言俗字。

还有一点值得提及的情况，即在对印江新旧手抄本对比研究中发现，原本出现在旧剧本中的俗字，大多在新剧本中得到了更正，如"杯""齐""角""声""戴""念"等更正为了正确的汉字。新剧本对比旧剧本而言，字体更加工整，排版更趋完善，还做出了页码标识。俗字的情况虽然依然存在，但俗字数量明显减少，出现频率明显降低，抄写者已经有了明确的纠错意识。

### （二）特殊符号

上面对流传于三个县城的傩堂戏手抄本俗字有了简单介绍。除了俗字，在手抄本构成要素中，特殊符号也是值得注意的。

在翻阅手抄本时，经常看到镶嵌在文字中的各种符号，它们与现今正规书写符号有所不同，属于民间艺人自创的一种民间符号，也是傩堂戏手抄本一个独特且显著的特征。在判断这些符号含义的时候，我们须根据上下文才可得知。归纳起来，主要有修改符号、省略符号和提示符号。

首先是修改符号，这类符号主要在修改错别字和语序颠倒的情况下使用。傩堂戏手抄本不是个人单独的作品，而是傩堂艺人集体的作品。在笔者收集到的为数不多的手抄本中，就涉及肖法开、周兴权、肖光华、秦法明、秦仁杰、秦双龙、秦法通等多位民间艺人。虽然他们所属坛班、生活年代与生活区域不同，但抄本中出现的民间文学却是相同的。不过抄写时间离现在越近的手抄本，俗字明显减少，且正字的意识更为强烈。因此这种符号在印江坛班秦仁军保存的新手抄本中使用最多。抄写者对错别字的修改，没有使用特殊的修改符号，而是在错别字旁用铅笔或者红色碳水笔重新写出正确的字，或在缺少偏旁字的旁边直接加上偏旁，只是修改的字体比原来的字体小了很多。

抄本中"女兵到地扎右营"一句均为错字，抄写者用铅笔在旁边写出正确句子"白旗一杆登在此"。

另外使用到修改符号的就是把错别字划掉，再写出正确的汉字。如抄本中"把你丢在九霄云"应为"凡民从此不信神"。

还有一种情况就是把错别字用圆圈圈起来，并在旁边画上×，再写出正确的汉字。如"一时"应为"一十"（图5），先用圆圈圈出再画上××，提示得更加明显。

语序颠倒的情况在手抄本中出现频率较高，修改符号主要有两种。一种是用方位词在旁边标注正确的语序，一种是用阿拉伯数字进行逐一的顺序调换。方位词一类的修改符号，用到的方位词为"上"和"下"二字。如：抄本中标出的"上""下"二字，并不是剧本的内容，只是一种独特的修改符号，意在纠正语序。"镇北方守水城桥"一句中，"守"字为后移字，应该前置，正确的语序应为"镇守北方水城桥"。又如：图5中用圆圈圈起来的阿拉伯数字亦为一种修改符号，"又来安洞慰三神"为错误语序，正确的语序应为"又来安慰三洞神"。除了单句语序有错外，句子与句子之间也有颠倒的情况，抄者用同样的方式进行更正。如图4中标注有③①②的三句，为语序颠倒句，序号为修改符号，正确的语序为"西方安下定国邦，一杆白旗为军令，白旗一杆登在此。"

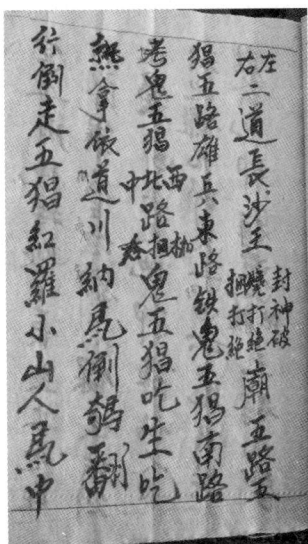

图3 印江秦氏坛班秦法明抄写，秦仁军保存

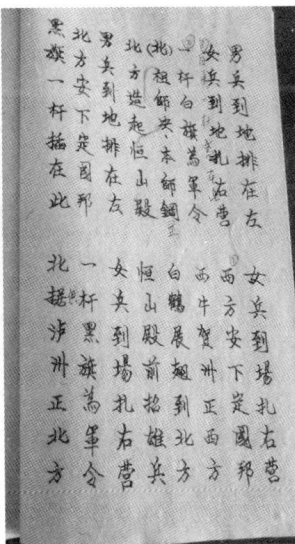

图4 印江秦氏坛班秦仁杰抄写，秦仁军保存

图5 印江秦氏坛班秦法明抄写，秦仁军保存

其次是省略符号，如下表：

| 含义 | 符号 | 例子 |
|---|---|---|
| 可改 | △①；○ | 弟子△△△；○年○月○天大旱 |
| 省略 | ‥— | 东方架朵青云起，南方二朵赤祥云‥—；好苦‥— |
| 替代 | 匕；<br>乇；、、 | 哥匕亡故；爹匕命丧黄泉；大匕；嫂匕；婆匕；姊匕；爷匕；<br>人匕；团匕转匕；嫂乇；快、、；微、、笑；慢、、 |

在手抄本中常见到的省略符号为括号中写出一句中不同的单个字或多个字，镶嵌在句子中，和其他公用字连成一个新的句子，形成了一种独特的简写模式。如"奉请（东南西北中）方（青赤白黑黄）云"为简写句式，完整句式应为"奉请东方青云，奉请南方赤云，奉请西方白云，奉请北方黑云，奉请中方黄云"。又如"奉请（东南西北中）方（木火金水土）城兵"亦为简写句，完整句式为"奉请东方木城兵，奉请南方火城兵，奉请西方金城兵，奉请北方水城兵，奉请中方土城兵"。"一（二三四五）打（东南西北中）方（青赤白黑黄）罗网，（青赤白黑黄）罗（青赤白黑黄）网下山场"的完整句式为"一打东方青罗网，青罗青网下山场。二打南方赤罗网，赤罗赤网下山场。三打西方白罗网，白罗白网下山场。四打北方黑罗网，黑罗黑网下山场。五打中央黄罗网，黄罗黄网下山场"。这类简写模式在抄本中比比皆是。

最后是提示符号。这类符号对于阅读者来说是一种说明符号，对于演唱者则为一种提示符号。一般为在括号中写上提示内容，如"（念）""（唱）""（阳卦）""（阴卦）"等；在圆圈中写出提示内容，如把"正旦""小旦""生介"用圆圈圈起来，一是起到了区别抄本正文内容的作用，二是提醒演员上场顺序。傩堂戏剧本为傩堂戏表演时所用，而且一般不外传。所以，说其是一种供人阅读的说明符号，显然不对，这样标注应该是提示

---

① 一般为可以更改的人名、地名和日期。

演员，以免出错。

## 二　手抄本价值

傩堂戏为一种古老的民间剧种，从最初口耳相传的方式到文字记载的过程，经历了漫长的岁月。剧本作为戏剧之本，在傩堂戏演出过程中起着引领性的作用，而其以手抄本形态流传至今实为难得。手抄本中出现了很多自创俗字、谐音俗字和形近俗字。由于区域不同，方言有所区别，抄本中因为方言而至俗字产生的情况也不少，而谐音俗字和形近字尤为繁多。虽然这从表面上反映了抄写者（傩堂艺人）有限的文化水平，但是其中自创俗字和特殊符号却从侧面反映出了傩堂民间艺人的智慧。新旧抄本之间的对比，更是傩堂艺人对傩堂戏抄本不断追求完善所做努力的体现。

到目前为止，有关傩堂戏剧本的整理出版取得了丰硕成果，最为完善的应当数《中国傩戏剧本集成　贵州傩堂戏》（一、二）。在各位学术先贤的努力下，傩堂戏剧本已经得到了一定的保护，但是民间抄本仍具有收藏价值和学术价值。

### （一）文字学价值

文字学作为语言学的一个分支，是以文字为研究对象的学科，研究文字的起源、发展、文字演变等。汉字在字体上经历了甲骨文、金文、小篆、隶书、楷书的演变，"这种演变和新旧字体的更替并不是一蹴而就的，新的字体一般总是在旧有字体的基础上逐渐发展起来并最终取代旧字体的地位，其间总有一个或长或短的新旧字体并存的时期"[1]。就是在这样不断的演变过程中，俗字随着文字的产生又不停更换而产生。"在文字形体的演变过程里，俗体所起的作用十分重要。有时候，一种新的正体就是由前一阶段的俗体发展而

---

[1]　丁喜霞、王方:《略论〈古今正字〉的文字学研究价值》,《中国文字研究》2014年第1期。

成的。"①"在汉字字体演变的整个历史进程中，俗字在其间扮演了关键的、革命性的角色。"②俗字虽然一直被更正，但这个过程十分漫长，至今依然存在。

张涌泉曾经论述道："凡是区别于正字的异体字，都可以认为是俗字。俗字可以是简化字，也可以是繁化字，可以是后起字，也可以是古体字。"③在贵州傩堂戏手抄本中就有很多的俗字，包括简化俗字，也包括繁化俗字，还有后起俗字。

简化俗字如"罄—配""照—召""鞍—安""戴—代""穿—川"；繁化俗字如"斩—靈""人—惡""妖—靈"；后起俗字有"在—在""杯—盃""窗—窻""凶—立"等。另外如"囍""弓号""韶""屇""賷""弓""嵾""屈""尸""亐""占""甲"这类自由组合型的俗字，无疑给文字学的造字提供了一个新的方向。

### （二）民众文化心理诉求

《论语·阳货》："《诗》可以兴、可以观、可以群、可以怨。"④这里把"诗"的作用提到了一定的高度，从而揭示出欣赏诗的心理特征。而"诗"历来作为文人墨客的得意之作，通过特殊的修辞手法和优美的语言表达其情感理念，属于"雅"作。作为傩堂戏的民间艺人，他们的文化水平极其有限，不可能写出高雅的作品，而是把心中诉求通过其他方式展现出来。手抄本一定程度上体现出了他们的心理诉求和文化心理特征。

"雨"字头、"鬼"字旁的自创俗字，表现出了他们相信鬼怪的存在却不惧怕的勇敢心理。敢于面对生活困难的积极人生态度，也是他们对于美好生活向往的体现。而"正"能胜"邪"则体现了他们扬善惩恶的人生态度。

---

① 裘锡圭：《文字学概要》，商务印书馆1988年版，第44页。
② 张涌泉：《汉语俗字研究》（增订本），商务印书馆2010年版，第14页。
③ 同上，第6页。
④ 杨伯峻译注：《论语译注》（大字本），中华书局2015年版，第213页。

# 余 论

综上所述，傩堂戏手抄本具有文字学研究价值，也反映出了民众普遍的心理诉求。本文只是归纳整理出了抄本中显著的俗字和特殊符号的类型，对于理论层面的研究还十分浅显。希望本文起到抛砖引玉的作用，也希望得到诸位方家的批评赐教。

# 从贵州傩戏表演文化看中国民间戏剧的
# 传承与保护

民进贵州省委文化出版委员会　王义

　　傩是源于中国古代原始宗教的一种文化现象和古老的文化事象，是古人类在原始社会中的图腾、鬼魂及祖先崇拜的展现，傩可以说是一种从古到今的文化传承现象，属世界性的泛文化范畴。人们今天看到的傩，就其内容或形式来讲，乃是夹杂着巫、儒、道、释的混合体。在民间主要是靠口头传播和行为传录，这种现象统称为傩文化活动。

　　傩文化是一种远古的原始文化，是中国传统文化的一个重要组成部分。远古先民在征服自然中获得生息，繁衍后代，生存的欲望需要宗教（自然宗教）观念的帮助来超越自我，乃至于创造了灿烂的巫傩文化。"傩"乃人避其难之谓，意为"惊驱疫疠之鬼"。巫傩活动在生命意识上满足了广大信仰者的心理要求，长期以来，巫傩之风的传承与流布融入习俗之中，即使在现代，仍以传统文化的形态存留于民间。

　　傩，起源于远古的驱鬼逐疫仪式，傩活动可追溯到殷商时期，《论语》就有"乡人傩，朝服而立于阼阶"的记载。傩祭祀仪式中的表演，被誉为中国戏剧的"活化石"。经历了两三千年历史的积淀和衍化，有的发展为傩戏表演艺术，有的仍停留在祭仪阶段。

　　中国傩戏有着悠久的历史，它源于原始社会图腾崇拜的傩祭。到商代（前

1600—前1046）形成了一种固定的用以驱鬼逐疫的祭祀仪式，先秦时期就有既娱神又娱人的巫歌傩舞。在整个傩文化（祭祀）活动中，傩仪、傩舞、傩戏也不断地完善，其中的傩戏基本划分为三个不同的傩文化艺术表演流派，即宫廷傩（喇嘛傩，现流存于西藏地区）、乡人傩（民傩）、军傩（地戏）。从现在已掌握的中国傩文化系列中的资料可以了解到，随着历史的变迁，由于社会政治、经济、文化等诸多原因，曾在中原一代盛行的傩文化系列活动，开始向长江、珠江流域和西南边远的少数民族地区转移。在中原地区的傩文化系列活动衰落失传之后，流传边远地区的那一部分仍以其强大的生命力，继续在与当地的各种文化事象相互渗入与影响中，得以演变和发展，成为今天保留下来的傩文化艺术系列之一的傩戏艺术。

关于中国傩戏（舞）、傩文化的调查研究，早在20世纪50年代就开始起步，其丰富的文化内涵曾引起学术眼光敏锐的专家学者关注。中国舞蹈艺术研究会（中国舞协前身）有一个全面调查傩舞的计划，其中包括江西、湖南、广西、山东、陕西等地。1956年由盛婕副会长率领的傩舞调查组，在江西5县12个乡镇，调查了82个傩舞节目，获得了大量第一手资料，撰写了中国第一篇傩学专文《江西省"傩舞"调查介绍》。

1957年夏，继江西调查之后，中国舞协又由刘恩伯、孙景琛先生组成第二个傩舞调查组赴广西桂林市及桂北四县共13个乡开展调研活动，访问了80多位艺人，采集了80多个傩舞节目。这次调查因"反右"而被终止，受到批判，整个傩舞调查计划随之夭折，傩文化的调查研究成为学术领域的"禁区"。由刘恩伯、孙景琛两位先生撰写的广西傩戏调查报告《桂北跳神》有幸被保留下来，刊载于1957年《舞蹈丛刊》第四辑。在"文革"期间，傩艺人受到严厉批斗，傩具、法器及科仪本被焚毁，傩学调研完全停止。

中共十一届三中全会以后，随着思想解放运动的深入，"百家争鸣"方针的进一步落实，戏剧界、艺术界、学术界对傩戏傩文化的发掘与研究开始被重视。有关省（区）结合戏曲志、舞蹈志、民间文学三套集成的编写，以及民族志和民族识别工作，组织力量对傩戏傩文化进行了比较系统的开发和调查研究，取得了一批成果。贵州由于有关部门重视，起步较早，因而取得的成果也比较突出。

贵州的傩戏表演文化系列拥有不同的类型、层次和形态，在中国傩戏表演文化中最具研究价值、学术价值和审美价值。我们依托这一文化资源优势，进入这一研究领域，可以对中国傩戏表演文化系列的发展起到积极的推动作用。

傩戏表演是傩文化的载体。贵州傩戏表演文化作为一种待开发和研究的民族民间文化，既是古老的，又是新奇的，其蕴含着久远的历史文化沉淀信息，具有很高的文化欣赏价值和学术研究价值。贵州民族民间傩戏表演系统，主要有三个系列、四个层次，其中：汉、苗、侗、土家、彝、仡佬等民族地区的傩戏为一个系列，即民间傩系列。彝族傩戏"撮泰吉"（变人戏）、布依族傩戏"哑面"完成了傩祭向傩戏表演艺术的初步过渡，是傩戏的雏形，其只供奉祖先、亡灵，属于低级层次傩文化。汉、苗、侗、土家、仡佬等民族地区的傩戏，虽与傩祭密不可分，但戏剧因素不断增长和完善，是向单一的艺术过渡的中间层次，其主要供奉傩公（伏羲）傩婆（女娲）。贵州福泉、金沙、安龙等县的梓潼阳戏，则是过渡到有一定戏剧表演雏形的形式，除供奉傩公（伏羲）傩婆（女娲）外，还供奉川主、土主、药王，有些地方也加入了太子及真武大帝。贵州地戏是属于军傩系列的傩戏，是傩戏发展的较高级层次，主要供奉历史上的征战英雄亡灵，有类似于梨园的"开箱仪式"。贵州傩戏具有民族多、品种多、层次多、分布广、保存完整等特点，其代表为：威宁彝族傩戏"撮泰吉"（变人戏），黔东北（铜仁地区）傩戏群，黔北（遵义地区）傩戏带，黔中地区的梓潼阳戏，安顺等地区的地戏。

1986年10月，被称为傩文化中"戏剧活化石"之一的贵州安顺蔡官地戏应邀赴法国和西班牙演出。不久，贵州傩艺术形态展又前往德国展出，受到了国外的关注。<sup>①</sup>后由贵州省民族事务委员会和贵州民族学院主办的"贵州民族民间傩戏面具展览"于1987年11月在北京中国美术馆展出,引起国内外学术界、艺术界的浓厚兴趣。这样大型的古傩面具展览在中国还是第一次,这些面具不仅非常丰富,而且有不同的层次,标志着傩戏文化规模性开发的新起点,结束了长期以来国外一些学者认为中国无面具文化的历史。<sup>②</sup>

1988年11月,全国18个省区的学者在贵阳成立"中国傩戏学研究会",随后召开了一系列中国傩戏学国际学术研讨会,出版了一系列研究成果。

1990年8月,受第11届北京亚洲运动会组委会文展部特邀参加"亚洲艺术节"并举办"中国(贵州)傩戏面具艺术展",贵州傩戏得到了新闻媒体和国内外专家的高度重视。这些活动对傩学热的兴起具有极大的推动作用。在由中国傩戏学研究会、贵州省文化厅、铜仁地区行署等主办的"2003年中国梵净山傩文化学术研讨"上,百余名中外专家学者专程前来参加傩文化方面的学术交流活动,这些专家来自日本、新加坡、德国、韩国及中国台湾、香港等地,在整个傩文化学术交流活动中,提交有关傩文化方面的学术论文达百余篇。2006年,贵州傩戏(威宁彝族撮泰吉、安顺地戏、德江傩堂戏、道真仡佬族傩戏)进入国家级非物质文化遗产名录,贵州傩文化进入发展的快车道。2012—2014年,在政府相关部门的支持下,在学者和民间艺人的共同努力下,贵州傩文化尤其是傩面具雕刻、展览、演出、开发等方面均取得了突出的成绩,贵州民族大学为此还成立了西南国际傩文化研究院,发布了《贵州傩文化发展现状综述》。由此看来,世界傩文化现象保存的最多的是中国,而中国保存的最多最为完整的应首推贵州。

贵州傩文化系列近年来在国际学术界受到广泛关注和高度重视,一个重要的原因是,贵州傩文化系列在复原历史方面有着其他任何档案、文献资料无

---

① 参见陈跃红、徐新建、钱荫榆:《中国傩文化》,中央编译出版社2008年版。

② 庹修明:《〈中国傩戏傩文化〉序》,《民俗研究》1997年第3期。

法取代的价值。从历史记录的广度而言，贵州傩文化系列提供了相当广阔的空间。人类活动无比繁复，即使再详细的文献、档案，也只能记录其中极其微小的一部分，且多为枯燥的统计数据，缺少有血有肉的个案记录。

近年来，随着我国非物质文化遗产保护工作的不断深入发展，整体性、原真性、生态性保护理念已成为人们非物质文化遗产保护的共识。以娱人和纳吉为主的傩戏表演，源于远古初民原始的自然崇拜和多神意识，至今仍繁衍传承，被称为"戏剧文化的活化石"，是宝贵的非物质文化遗产。

傩戏表演文化是整个傩文化活动中以祭奉神灵、娱人、自娱和纳吉为主的"乡人傩"的分支，由原始傩戏文化艺术系列中以讨好神灵为目的逐渐演变为以娱人、自娱和纳吉为目的，是联系古代文明和现代文明的纽带。作为傩戏文化系列中的一个重要链接部分，它在当今社会越来越受到国内外众多专家和学者的关注与喜爱。

贵州是一个多民族的省份，有48个少数民族，其中有17个世居民族。在历史的长河里，贵州各民族在迁徙、流动的过程中，逐渐形成"大杂居，小聚居""既杂居又聚居"的分布状况。在其他地方早已消失的文化现象，由于历史和地理原因，在贵州延续下来，不同经济文化类型的民族，在贵州都找到了他们生存发展的空间，而且长期保持各自不同的文化。就某一文化的局部区域而言，各民族的文化显然不同，表现出"十里不同风俗"的特点。

这种多元文化的共存现象，不仅在国内而且在世界上也是十分罕见的，也给人类留下许多宝贵的文化遗产。贵州省内各民族长期生活在一起，相互往来，相互学习，相互影响，在生产、生活中相互渗入，形成了你中有我、我中有你的多元文化现象，特别是贵州目前拥有的民族民间傩戏文化。

在贵州民族民间傩戏的发展过程中，血缘传承与地缘传承一直是传承的主要方式。贵州傩戏是一种历史最为悠久的文化传承形式之一，它不只是宗教与艺术长期互相渗透的一种传统文化现象，还涉及人类历史、民族学、宗教学、戏剧学、工艺美术等相当广泛的学科领域。我们可以透过其有限的宗教色彩的戏剧表演窗口，窥视到当地不同历史阶段的文化风貌及古风民俗。

贵州傩戏文化艺术，由于表现出较重的巫的成分以及众多神灵的形式，因而被认为是中国傩戏文化中最为古老和完整的傩戏文化形式之一，其蕴藏着大量丰富的原始戏剧文化雏形信息，是十分难能可贵的。贵州傩戏的表演艺术和面具艺术比起周边省份的同类艺术更古老，更具地域的独特性和历史的久远性，也更粗犷豪放，更具原生形态特征，因而更有学术价值和资料价值。同时贵州傩文化系列也是当今傩戏表演文化保留得最为完整、最为丰富的地区之一。近年来，随着对赫章、德江、道真、福泉、安顺等地的傩戏表演发掘、整理、研究和保护工作的深入，我们还从中探知了一些已经流失的中原古代文化活动的空白点，为研究贵州与中原地区和周边省区的民俗文化现象提供了可靠的信息，并获得了过去研究工作中从未有过的原始戏剧文化知识，其现存的丰富原始文化内涵，是补充和完善贵州民族民间戏剧历史乃至中国戏剧历史的珍贵资料。

由于上述工作的不断深化与扩大，使中外文化专家对深层次文化研究兴趣大增，贵州各地傩戏表演文化现象也引起了学术界的高度重视，认为建立以贵州为中心，辐射湘、渝、川、滇、桂等周边省区的贵州傩戏表演文化带（圈），有利于对傩戏表演文化理论的深入研究，有利于傩戏表演文化资源的有效整合，有利于傩戏表演文化资源的有效保护、科学开发及利用。

贵州傩戏表演文化研究的对象是不同区域的傩戏表演坛班、他们的经历与往事、他们所生活的社会背景及生活习俗。贵州傩戏表演文化是在各民族文化交流中形成和发展起来的，只有对它们之间的互动、交融、吸收与流变，互为依存的文化现象进行科学的分析，才能做出比较公正的历史评价。因此，贵州傩戏表演文化带的界定并非完全地理区域上的连片，而是将所有的傩戏表演这一文化现象均纳入文化带中进行研究。

我们力图通过贵州傩戏表演文化资源现状、理论研究状况，对建立傩戏表演文化保护带的目的意义、内容范围、主要类型功能、重要作用等问题进行深入系统的研究，发掘出傩戏表演丰富的文化内涵和价值取向，奠定贵州傩戏表演文化保护带的基础。

建立以贵州为中心的贵州傩戏表演文化带，一方面是为丰富中国西部傩戏文化的学术研究，另一方面是为当地打造贵州傩戏文化带提供理论支持和决策参考，最终达到促进傩戏文化资源的有效保护和科学开发及利用。可以说，建立贵州傩戏表演文化研究具有重要的理论意义和现实意义。

中国是目前世界上拥有非物质文化遗产数量最多的国家之一，但是随着全球化、工业化和城市化进程的影响，许多非物质文化遗产面临消亡的危险。比如有"戏剧活化石"之称的贵州傩戏表演文化，正面临被人们遗忘的危险。在30多项贵州非物质文化遗产名录中，关于民间戏剧文化方面的就有贵州傩戏表演。而民间戏剧作为人民群众文化智慧的结晶，是最能直接反映现实、被人民群众普遍掌握、广泛流行的歌唱艺术。《诗经》作为我国第一部诗歌总集，其中的《国风》便是当时北方15个地区的民间戏剧。民间戏剧作为中国传统文化的重要组成部分，目前正面临着各种经济、文化等因素的冲击。下面笔者结合贵州傩戏表演，探讨我国的民间戏剧文化的传承与保护问题。

## 一 传承保护的困境

民间戏剧是人类社会生活和思想情感最直接、最真实的反映。随着我国现代化进程的加快和改革开放的深入，贵州侗族的生活方式和生产方式发生了翻天覆地的变化，贵州黔东南侗族地区（岑巩）傩戏表演正面临着市场经济和外来文化的全面冲击，傩戏表演赖以生存的族群结构、经济基础和文化土壤发生了前所未有的变化。许多侗族人离开祖祖辈辈赖以生存的土地，外出打工、经商、求学等，参加傩戏表演的青年人越来越少了。正如贵州省侗学会会长杨序顺所说："许多著名傩戏表演的巫师、演员均已年过古稀，侗乡民俗活动一年不如一年热闹，傩戏表演的传承、发展面临一定的艰难处境。"尽管我国的传统民间戏剧有其辉煌的历史，但与当代的许多非物质文化遗产一样，民间戏剧文化也难以跳出盛衰相继的历史轨迹。目前，在冲击和荡涤的过程中，民间戏剧文化能否实现嬗变与再生，是社会各方面人士的历史责任。

## 二　危机与机遇并存

任何一种文化遗产都面临着保护问题。贵州傩戏表演获得成功后，引起了世界的关注，一方面面临着保护的问题，另一方面也存在着发展的机遇。因为傩戏表演这一传统文化风习并没有在贵州各民族人的日常生活中消失，仍然吸引着贵州各民族人的热情参与。同时，贵州傩戏表演在国内外的演出以及媒体的广泛报道，使得傩戏表演这一演唱传统在当代呈现得比过去任何时代都更加鲜明，侗族在诸多民族中获得了更加突出的族群形象，与傩戏表演伴生的各种侗族民俗事项也因此获得了更大的生存机会和空间。随着贵州傩戏表演在中国许多重要城市乃至世界各国的公开演出，越来越多的人开始了解傩戏表演的独特魅力，并将其作为我国少数民族传统文化的典型代表。这使得贵州部分少数民族地区开始将其作为自己的民族文化符号，自觉接受这一文化形式，这为贵州各族共同的族群认同打下了良好的基础。只有民族的，才是世界的。越是具有民族特色的东西越具有世界性，越是优秀的传统文化越具有现代传播价值，贵州傩戏表演获得成功说明中国的传统文化正面临着发展机遇。

## 三　民间戏剧文化的保护与传承

我们知道，传承是活态保护民间文化的核心任务，它主要包括传习与教育，建立有关的机构和进行广泛深入的科学研究。传统的中国民间戏剧有着丰富的文化内涵和深厚的历史积淀，这一点使得传统民间戏剧的功能已经大大超出了现代人对艺术功能之"审美与娱乐"的一般理解，保护与传承好民间戏剧文化就是保护了我们民族文化的血脉。

一般来说，文化的保护主要包括两大部分，一是静态部分，一是动态部分。下面以贵州傩戏表演近年来保护实践为例，说说我国民间戏剧文化的传承与保护措施。

### （一）先进的理念与科学的保护措施

对于傩戏表演这一类的民间戏剧文化资源，我们要借鉴古今中外先进国家及国际组织在保护非物质文化遗产方面的经验，用先进的理念与科学的方法来制定好保护的措施。联合国教科文组织在《人类口头和非物质文化遗产代表作申报书编写指南》中提出了保护的理念：一是调动舆论，提高人们对口头和非物质文化遗产价值以及拯救和振兴此种遗产的必要性的认识；二是在全球范围内摸清口头和非物质文化遗产名册，并采取司法和行政措施对其加以保护；三是推动艺术家和地方创作人员参与非物质文化遗产的认定复兴工作。认识这三大理念是做好傩戏表演这类民间戏剧文化资源保护与传承的重要基础环节。

### （二）政府专业高效的管理保护措施

我国政府制定的非物质文化遗产工作保护的指导方针是：保护为主，抢救第一，合理利用，加强管理。按照这一指导思想，贵州省委、省政府高度重视傩戏表演这一世界非物质文化遗产，各级地方政府及其主管部门成立了相应的部门，并出台相应的政策措施来保护这一民间戏剧文化资源，如省里下发了《多彩贵州：傩戏表演振兴计划》等。

### （三）积极筹措各类资金，加大实际的保护措施

贵州傩戏保护区内的黔东南、黔南等地区还出台了傩戏表演非物质文化遗产传承人每年1万元左右的扶持办法。从2014年至2019年，贵州省级财政每年拿出1000万元扶持傩戏表演的传承保护。此外，还努力争取国内国际民间组织对其支持的力度。

### （四）实施社会传承和校园传承并举的保护措施

各种非物质文化遗产的传承，历史上主要靠社会传承，即父母、师傅等来传承。进入现代社会后，人们大多进入校园学习生活，贵州少数民族地区的各级教育部门把傩戏表演进校园工程列入重要议事日程，通过把傩戏表演编入学校音乐课程、组建校园傩戏表演队、举办傩戏表演传承人培训班、聘请傩戏表演进校园等社会传承和校园传承并举的措施，来推进傩戏表演的保护。

### （五）组织傩戏展演活动，提高其传播力

目前，贵州傩戏表演通过中央电视台、多彩贵州及各类演出活动，已经有了一定的美誉度、影响力；下一步还要在保护中发展，不但在贵州，还要在全国乃至全世界各类文化交流活动中大幅度增加展演场次，通过广泛深入的展演和交流，扩大傩戏表演的传播力。

### （六）良性的文化市场运作措施，使傩戏表演的保护变成人们的自觉行动

笔者在近期与刘大泯合著出版的《贵州民间戏剧艺术论》一书中就认为：如果只强调保护而不予以合理的开发，传统的民间戏剧文化资源将会在当下语境中失去现实生命力，失去其存在的价值和保护的意义。反之，傩戏表演之类的民间戏剧文化资源通过市场化的产业运作方式使当地群众受益，并推动地方经济发展时，无论是政府还是当地的民众，都会因为有用而自觉起来保护。市场化运作并不等于追求利润最大化以及随之而来的破坏。很多国家和地区对文化遗产的理解，早已超越了被动消极的维护层面，在完善的法律体系、科学的管理制度和专业知识技能约束的前提下，像贵州傩戏表演之类的民间戏剧文化遗产的市场化运作，已经是被各文化遗产保护的国家及地区所普遍采用的方式。通过对文化遗产的科学管理和有效经营，从而将文化遗产的价值、功能、作用充分发挥出来，由此创造出经济财富，这是民间戏剧传承与保护中必须要走的路径，也是其存在并发展的必然抉择。

此外，贵州还正在大力建设"贵州省100个傩戏表演传承基地"、积极开展"贵州省100个傩戏表演重点传承人"等活动。总之，贵州民间戏剧的传承与保护是一个系统工程，需要得到社会各界的广泛关注、大力支持，我国的非物质文化遗产保护工作还有漫长的路要走，这也是实现中华民族伟大复兴的一项工程，我们要倍加珍惜和维护。

# 屯堡人祭祀仪式戏剧跳神的传承与创新

安顺市西秀区屯堡傩雕协会　秦发忠

## 一

跳神，是屯堡人于祭祀祈福、娱神娱人为一体，不用舞台，随便找一块空地就能演出的传统古老戏剧。每一个屯堡村寨大都有一支跳神队伍，大一点的村寨以街道或家族区分，有两支或三支传统跳神队伍。

一支队伍的组织成立，需要多方的努力，做好相关的准备工作，个人需要准备的是自己的服装、扇袋、靠旗、鞋和面纱等，当然，这些必备的物品也不是自己亲自去做，而是由演员的母亲或者妻子、姐妹来完成。而集体的剧本、脸子、锣鼓、兵器、神柜等，包括每次演出的生活开支则由群众集资。实行土地承包责任制后，很多村寨都留有跳神田，每年两度的演出由跳神组把跳神田承包给农户，每年收取一定租金作为跳神组的生活基金。尤其是脸子，它是神灵的化身，是跳神必需的演出道具，一切都马虎不得。选谁来做，要经过熟悉跳神的老人多次开会探讨，深入考察，然后对比之后才确定谁来雕制。

通过跟雕匠对接商量后，确定是砍村里的神树来刻还是雕刻师傅自备材料，是请师傅上门刻还是在雕刻师傅家里刻，然后选定黄道吉日架马动工。不管是请师傅去村里雕制还是在师傅家里雕制，雕刻师傅动工的当天，都要举行祭鲁班仪式，把材料准备好，磨快刻刀，准备好糖丝果品、香蜡纸烛，虔诚地

祭拜鲁班。

雕刻师傅点燃香后，向天敬请鲁班先师，念道："抬头看青天，师傅在眼前，弟子焚香请，有请师傅受香烟，磕头叩首。"然后，逐一摸一下要用的工具，拿起又放下，拿起的时候说："一把斧头亮晶晶，鲁班赐来塑尊神，塑尊神灵来保佑，全村老幼得太平；一把锯子牙齿长，鲁班赐来锯大梁，锯棵神树雕脸子，保佑老幼寿延长；一把尺子割正方，鲁班赐来作丈量，割得材料得方正，保佑鹅鸭满池塘；一把凿子亮堂堂，鲁班赐来雕神样，雕得神灵多形象，财源滚滚似水长。"接着从神头手里接过雄鸡，又念："仔鸡仔鸡，此鸡不是非凡鸡，头戴红冠子，身穿五色六毛衣，白天你在昆仑山上叫，夜晚你在凡人笼内息，今日落在弟子手，拿你作个拜师鸡。"然后把鸡冠掐破，用雄鸡鸡冠血点雕制脸子时用的工具，按照生产时用的先后顺序点，大概顺序是斧头、锯子、尺子、凿子（刻刀），一边点一边念："仔鸡点斧头，安全又顺手；仔鸡点切锯，健康又顺利；仔鸡点雕凿，工事不耽搁；仔鸡点木马，一帆风顺万年长。日吉时良，天地开光，今日开工，百事齐昌。"鸣炮，神头安排人把鸡给关起来代养，等雕刻师傅回去的时候带走。这是保鲁班师傅的，雕刻师傅也就是当代的"鲁班"。

拜完鲁班后，师傅就接着开工，首先抬一下材料，通过计算，将材料按照脸子的大小要求锯成几节，然后堆放起来，将其中的一节破开为两个胚子，再把胚子固定在马凳上，开始雕琢。这一天，戏友们和村里的很多人都会来看。第一天开工，戏友们都会参加款待师傅，由于以前的生活艰苦，一般只有在招待贵客的时候才吃肉，戏友敬仰艺人，艺人敬师傅，师傅敬祭鲁班，下午师傅提前一些时间休息，然后跟戏友们一起共进晚餐。因此，这样的形式称为"打牙祭"。直到如今，在屯堡区域内，只要说打牙祭，大家都明白是会餐。

不管是三月两月，也不管是一年或是半载，雕刻师傅雕刻完整套脸子之后，要通知村里，寨老们要马上组织召开会议，选择黄道吉日给脸子开光。开光仪式由雕刻师傅主持。到了看好的那天，一早起来戏友就帮着把脸子全部摆放在一块门板或者桌子上，正将摆在前面，番将摆在后面，正将中按照皇帝、军师、五虎上将的顺序摆放，因为师傅开光一般也只以这些将帅为主。脸子前面安放一张桌子，把开光仪式所用的香蜡纸烛、猪头、活雄鸡、一升米、利市钱、鞭炮、糖丝果品摆放在桌子上。开光仪式开始，雕刻师傅叩首磕头，并说道："天无忌，地无忌，日无忌，时无忌，姜太公在此，诸神回避。"然后烧香祭拜，一边烧一边念道："一炷香烟升上天，南天门外接圣贤，有请圣贤无别事，来到人间保平安。点起香烛敬神堂，好日好时才开光，有请大神大仙下凡后，保佑贵村顺利万事兴。"请完神后，把雄鸡抱起，一边磕头一说："弟子手提一只鸡，慢慢将鸡说原因，鸡从哪里起，鸡从哪里生，王母娘娘赐下五个蛋，送到人间来孵成，吃了主人米，费了主人心。大哥飞到天上去，天上吃，天上长，取名叫金鸡；二哥飞到山上去，山上吃，山上长，取名叫野鸡；三哥飞到林中去，林中吃，林中长，取名叫艳鸡；四哥飞到田里去，田中吃，田中长，取名叫秧鸡；只有五哥飞得高，飞到弟子手中提，凡人拿来无用处，弟子拿作开光点将鸡。"说完，便把鸡冠弄破，从皇帝开始点起，边点边说："雄鸡点明君，贵村一代更比一代兴；雄鸡点元帅，贵村子孙发达富贵在。"然后又将雄鸡点元帅或其中一个正面大将，按照脸子的组成部位从上到下、从左到右边点边说："雄鸡点盔头，贵村儿子孙子中诸侯；雄鸡点眼睛，贵村荣华富贵代代兴；雄鸡点鼻梁，贵村鸡牲鹅鸭满池塘；雄鸡点耳朵，贵村子子孙孙中高科。一点天长地久，二点地久天长，三点荣华富贵，四点儿孙满堂，五点五子登科，六点文武状元郎，七点六畜兴旺，八点人寿安康，九点禾苗茂盛，十点万事吉祥，点将已毕，百事大吉。鸣炮！"

开光这天，一般来说都是要演出的，因此，吃过午饭，戏友们开始着装，在神头的安排下戴上脸子游街，让神灵了解村里的大概环境情况。

晚上，为第二天喜送雕刻师傅，大家又一起共餐。晚饭过后，由神头安排地戏队伍的财务把工钱结清给雕刻师傅。

如果是在雕刻师傅家里雕，村寨还要在雕刻师傅全部做好后，看好日子去接。开光仪式相同，只是去接的时候，除了带上鞭炮、雄鸡、利市钱外，还要带上一块红布。静茶饭由雕刻师傅这边准备。开完光后，雕刻师傅逐一把脸子点将交给来接的人，让他们知道哪个脸子是哪个对应的人物。全部点完后，一个一个的用白纸包裹起来放进神柜，盖上神柜的盖子，把红布盖在神柜上。当来接的人抬着神柜走时，鞭炮响起。这种情况，那边叫接神，这边叫送神。

一般情况下，不管是请师傅来村里雕还是在师傅家里雕，开光的那一天戏友们是安排好的，都会由神头组织跳演一段。因此，如果是在师傅家里雕，那戏友们就在家里做好准备，等神柜抬到村里后，神头组织重新开箱仪式。

经过开光后的脸子，从此就不是一般的面具，而是神灵了，戏友戴上开光后的脸子，同样也是神灵，是非常神圣的。

以前，无论是请雕刻师傅去村里雕，还是在雕刻师傅家里雕，开光的时候，妇女是不能在场的。开光后的脸子，女性特别是四眼人（怀孕的妇女）绝不能触摸，因为女性有生理的反应，尤其是已婚女性有了性行为之后在场对神灵甚是大为不敬。这不是她个人的事，而是全村对神灵的不忠不敬，怕遭受到神灵的惩罚，给村里带来病灾和厄运。

每年的春节和农历的七月半，屯堡人都要举行这一传统活动，一年两度的演出皆是在村里寨老和神头的组织下进行。哪一天跳，首先要翻皇历，看看哪一天是黄道吉日，选定之后，大家一起商议并做好一切准备。演员要熟悉剧本内容，后勤要谋划用餐采买，神头要负责统一安排指挥。

到了选定的日子，神头安排组织演员穿上自己的戏装，拿上扇子，背上靠旗，穿上战裙，前往神柜存放处。同时安排后勤和寨老们把准备好的米、雄鸡、猪头、糖丝果品、香蜡纸烛、鞭炮等拿到开箱的地点，把神柜抬出，在神柜的前面摆上四方桌子，把开箱需要的用具摆放在供桌上，由神头带头，众戏友分站左右，群众围得水泄不通，大家目视神柜，焦急地等待着请出神柜里的脸子。

神头站在中央，开始点亮蜡烛，并说吉祥言语："华堂点灯亮堂堂，带齐戏友来开箱，风调雨顺人长寿，人畜安康万年长。"点亮蜡烛后，点燃香，焚香祷告："好日好时好时辰，吉日开箱来请神，有请大神来保佑，全村老幼得太平；香烟滚滚升上天，有请上天众神仙，众位神仙来保佑，全村老幼得安宁。"把香插在装有谷米的升子里后，双手抱着雄鸡，虔诚地向神灵说："仔鸡，仔鸡，此鸡不是非凡鸡，头戴红冠子，身穿五彩衣，今日落在弟子手，拿你作个开箱请神鸡。"说罢，掐破鸡冠，用鸡冠从上到下、从左到右点神柜，并念念有词："仔鸡点神柜，全村老幼享不尽的荣华和富贵；仔鸡点柜角，全村老幼、众姓人等五子登科；仔鸡点柜腰，保佑全村老幼脱了蓝衫换紫袍。自从今日开箱后，全村老幼安康又吉祥。"然后站在供桌前说道："日结时良，天地开张，吉日开箱，万事荣昌。"随着炮手鸣炮，寨老和神头从神柜里取出脸子，按照事先商量跳演的剧目内容配发演员脸子，演员戴上脸子后，鼓手敲着行路鼓，演员紧随其后在锣鼓声中朝演出地走去。

在传统祭祀仪式中，如果村里有寺庙的要先去参庙，如果没有寺庙的要去参土地庙。在老百姓的心中，无论你是多大的神灵，到了村寨还是要拜望当地的土地神，他们才是守护和保佑当地村民的第一大功臣。所以，地戏演出前，奉请和告慰庙里的大神大仙和寨门土地是首当之事。不管是参庙还是参寨门土地，都是正面元帅带兵去参，反面角色是不出现的，这充分表明屯堡人崇尚善美的美德。开财门的时候，锣鼓手敲着锣打着鼓在前，两个小童一手拿着扇子，一手拿着帕子，欢天喜地跟随其后，元帅走在正中，众军分两路随其后，到了门前，锣鼓手站定，两小童喜笑颜开摇晃着身体分站两旁，元帅开言，每唱完一句，两小童摇着手帕，扇着扇子，做着欢天喜地的动作互换一次位置。唱罢恭贺完毕，鞭炮声响，主人喜迎众傩神。围观者一片哗然，好不热闹。

每年每个节气开演地戏，都要进行扫场，进场的时候叫扫开场，跳完一个季节叫扫收场。众戏友排成两行，两行之间表示一条路，峨眉山和尚（麻和尚）和南天门土地（白胡子土地）分居两行傩神中间。

扫开场是表示美好的祝愿与期盼。和尚和土地有一段对唱，表现的是屯堡人生产生活的幸福美满。

一送华堂亮堂堂，周围都是玻璃装，头上盖起林内瓦，家中坐起状元郎；又送锅来又送碗，又送饭来又送瓢，又送牛来又送马，又送猪来又送羊；又送鸡牲和鹅鸭，又送狗来又送猫；犁靶送来搞生产，又送锄头和镰刀；又送撮箕和扁担，送担水桶来得挑；又送大田和大地，又送山林树木几片摇，大田拿去栽谷子，大地栽得苞谷和高粱，开河之水又得用，抽在田中救秧苗；各种礼物送齐了，转回天庭把票销。

同样，在扫收场时唱的也是美好的祝愿。

一扫日月并三光，一扫天上甘露降，风调雨顺降雪霜；

二扫日月常高照，万国九州共太阳；

三扫皇王多有道，春夏秋冬四季康；

四扫妇人生贵子，一举成名天下扬；

五扫四方干戈息，万国敬恭在中央；

六扫禾苗多茂盛，五谷丰登收上仓；

七扫老人活百岁，福如东海寿延长；

八扫牛马多兴旺，鸡牲鹅鸭满池塘；

九扫贵境常清净，人财两发万年长。

每次地戏表演完最后一个祭祀仪式，扫场完毕后，戏友们取下脸子交给后勤人员，后勤人员把脸子放在神柜的桌子前和神柜上，等许愿和还愿的村民（上了年纪的屯堡妇女）将她们从家里带来的祭祀品（果碟、刀头、水豆腐等）敬奉，祈祷完毕后，后勤人员（多是村里上了年纪的老人）用白纸把脸子包裹起来，在神头的安排下小心翼翼地放进神柜。把脸子放回神柜的时候，番将放在下面，正将放在上面，边放边祈祷。

跳神，除了传统的祭祀仪式，还有很多内在的讲究，600多年来的传承，变的只是人们对它的认知和传承形式，不变的是它的灵魂。

## 二

一个社会有它的发展所需，一种文化也是如此，不同的时代有着不同的特点，同一种文化也有它的不同传承形式。跳神这种古老的祭祀仪式戏剧，在社会快速发展的今天，有它变的一面，也有它不变的一面。

从组织层面来说，之前是村民自发组织成立，由德高望重、知书达理、具有一定感染力和号召力的能人发起，改革开放后，由基层政府出面发动和号召村里德高望重的老人组织成立。剧本，是识文达字的文人通过拜读古书，然后通过自身对历代英雄故事的理解撰写而成，撰写时用白纸手抄，村里有文人就在村里请，如果村里没有文人就要花高价请外村的人抄写。20世纪70年代，蜡版油印技术出现，人们则采用一版多印的方法刻字印刷。脸子从前是存放在寺庙，后来担心丢失转由神头安排诚实守信的人保管。

从接班人而言，之前是传内不传外，戏友从儿童时期就开始跟随父辈或者祖辈学艺。后来由村大队组织，老艺人把关遴选确定男性继承人，根据个人特长初定角色，由各角色的戏友专门组织排练，排练的时候拿工分，打破了"将门之子"的传统传承模式。到了近代，由于受到经济的充斥，年轻人外出打工挣钱，留在家里的皆是老人和妇女，传承出现了危机。于是，曾经连开光、开箱仪式时都不得在场的屯堡妇女加入了传承队伍，动作、唱腔则由年老的男性老艺人负责传授，但由于身体的差异，所学的东西也只能是表面上的，根深蒂固的精神寄托、祖辈的传承教育思想是女性演员无法体会和洞悉的。

每次跳神，从开箱到封箱，要经过精心的组织安排，都是按照传统仪式流程进行：开箱、参庙、扫开场、设朝、出马门、校场点兵、剧情演出、开财门、扫收场、封箱。在祭祀仪式上，贡品形式多样。如今，随着社会发展和很多老艺人的不断逝去，祭祀仪式已经淡化，不是削减就是简化。开箱仪式不再用雄鸡猪头，而是简单的三页纸钱两炷香，说几句祷告之词就算是开箱了。传统演出是按照剧本从头到尾演，即便这次没有演完，下次演出时也是接着上次的内容演。而现在大多是节选片段进行演出。演出时间也在压缩，以前从开箱算起，至少要演出半个月以上，现在演出最多不超过一个星期，有的村寨直接就是应付活动了。围观群众以前是全村老幼，争先恐后抢占观看位置，如今围观者只是老年人和几个喜欢文化的人。

祭祀仪式戏剧跳神，屯堡人实际上跳的是祖先的精神。屯堡人的祖先都是征南的将领、征南的兵，跳的就是英雄们忠、义、仁、勇的精神。忠，是对国家的忠、对民族的忠、对人民的忠，《岳飞传》中岳飞的精忠报国就是忠。仁，就是仁义，就是讲感情，重义气，《三国演义》中刘、关、张桃园结义，异性兄弟自始至终不离不弃就是仁，就是义。通过跳演古代历史英雄的事迹，表达对神的敬畏，内心那份对神的虔诚是一种精神支柱，寄望神显灵，驱逐邪恶，招来吉祥，这便是跳神的最终目的和意义，是跳神的核心灵魂。除此之外，屯堡人跳神还有一个凝聚人心、团结友谊、互帮互助、相互学习的功能，对地方安定团结有着重要的社会价值。

仪式在变，流程和内容也在变，就连名字也在变。早期介入调查的专家学者在国家层面研究戏曲的背景下为避免受鬼神的封建迷信影响，说是不用舞台随意找一块地就能演出的戏曲形式叫"地戏"，从此地戏成了跳神的专有代名词。

尤其是在旅游市场的需要下，地戏作为政府对外展示和彰显的文化名片，推动了地戏的传播，扩大了外界对屯堡的认知和了解。为更好地加大旅游宣传和推介，地戏不得已被推上了舞台，并在各种推介舞台一一亮相。可以说，哪里有屯堡文化的宣传活动，哪里就会有地戏演出，在发展旅游的屯堡村寨，地戏更是作为一个景区必不可少的文艺会演走向商业市场化。

地戏被商业化，剥离了传统的祭祀仪式，只是较为规范化的几个片段节目，对于这种商业的传承模式，政界说是创新，学术界说是破坏，而民间艺人则认为是热爱和生活的迫不得已。其实，这是社会发展的必然。艺人要生存，文化要传承，怎么解决这一社会现实问题，既要让传统跳神这一古老文化得以有效传承，又要解除民间艺人的生存难题，创新传承发展模式便是需要思考的问题。

传承文化，发展旅游，其实这并不矛盾，关键是怎么将文化融入旅游当中，既发挥文化软实力在旅游发展中的作用，又让旅游带来的经济收入促进地戏文化的传承发展。

保护、传承和利用发展好安顺屯堡地戏、傩雕文化，彰显好屯堡文化内涵，做大做强傩雕文化产业，是屯堡人的一份责任，也是一份担当。

安顺"黄、龙、屯、格"的旅游发展战略规划已制定，安顺"十三五"规划已明确，全区人民群众在区委政府的坚强领导下，紧紧围绕"大屯堡""大数据""大旅游"来发展全域旅游，进一步配合区委区政府打好"大扶贫战略"。笔者作为传承人，结合自身实际，自主投资修建了屯堡傩雕文化艺术博物馆。为什么要修建这个博物馆呢？笔者认为面具是傩文化的载体，没有面具

人们不会发现地戏，没有地戏或许也不会有今天的安顺屯堡，更不会有今天庞大的傩文化学术研究团队。傩雕是中国汉民族最为传统的民间技艺之一，作为民族民间的文化艺术，记录下了一个民族的发展史。在旅游业迅猛发展的当下，越是民族的越是世界的，那么，在旅游业正在迅猛发展的当下，傩雕将会对未来安顺汉民族的屯堡乡村旅游带来什么样的影响呢？

笔者以传承实践为基础，凭着对中国传统民族文化的肤浅认识，修建中国首座屯堡傩雕艺术博物馆，意在寄望于通过此举来架构世界了解和研究屯堡文化、傩雕文化的一个空间和桥梁，吸引更多的人走进安顺屯堡。更重要的是计划通过博物馆的免费开放，吸引更多的游客进入屯堡，从而达到带领附近农户为满足客人的"吃住行，游购娱"的市场需求，为老百姓带来一定的就业和收入。

为满足各种游客的需要，将屯堡的地戏剧目、演出片段、演出流程、祭祀仪式等文化板块做成菜单，游客可以自己点节目，根据客人点的节目安排不同村寨的地戏队伍演出，并与游客互动。

自2016年博物馆免费开放以来，共接待国内外游客、专家学者、博士研究生两万多人，传统地戏演出30多场次，演出收入上万元，演出收入全部用于地戏文化的传承工作。

如此一来，无形中给地戏艺人构建了一个展示风采、彰显文化的传承舞台，他们在传承的同时也能利用文化达到劳有所益、劳有所获，增强他们自发传承的信心和决心。客人看了地戏演出，可以体验地戏的动作套路，可以体验脸子的雕刻技法，进一步认识和了解了地戏文化的精神所在，从而购买特色傩雕作品和旅游纪念品。观众改变了，演出场地改变了，而原有的文化内涵却没有改变，而且达到了传承和发展的目的，这便是最有效的将文化与旅游有机结合的创新模式。

## 小　结

通过对传统祭祀仪式戏剧屯堡人跳神的调查研究，并以一个传承人的社会实践综合来看，社会要发展，人类要进步，人们对文化生活水平的要求越来越高，任何一种传统文化要在社会潮流中不被淘汰，唯有进行一定的创新。但在创新发展中，我们始终要明白，创新并不是忘掉了所有传统的改变。在创新发展中，哪些能变，哪些不能变，做到既保留传统又适合于现代人的需求，这才是真正意义上的创新发展。

# 通往变身的标识

—— 日本假面于眼部、口部的呈现及与贵州傩面具的比较

中国艺术研究院戏曲研究所　李玲

　　面具是人类对自身相貌的一种认识与超越，通过想象的叠加改变自我，达到变身效果，完成宗教祭祀功能或表演艺术的追求。除了纯粹模拟动物的面具以外，无论神、鬼、男、女，大多数面具以人脸五官为基础进行夸张塑形。观察一副面具，在眉、眼、鼻、口、耳五官中，眼部、口部处于脸部正面，视觉上比耳朵处于更显著的位置，是捕捉面具特征及比较不同国家、民族面具时"求同""求异"步骤的细节；眼部、口部所占面积比眉毛或鼻子更大，在造型变化上呈现出更多可能性；在祭祀仪式或表演过程中，面具眼部提供视野的大小，口部是否具有发声空间这些特性不仅具有实际功能，同时暗示着支撑面具发展历史的潜在思路。

　　将傩戏与能乐并列考察，得出农耕社会祭礼的共性、文化传播路径及各自发展本土化的一些问题，例如有徐建新《中国傩（戏）与日本能（乐）之比较》（《戏剧艺术》1991年第3期）、曲六乙《中国傩戏与日本能乐的比较——兼议东方传统戏剧的特征》（《民族艺术》1996年第3期）等。将中国各地傩仪傩戏所用面具与日本假面进行比较，则是傩学、面具研究深入关注的一个方向，例如通过田野考察，顾朴光《中国傩戏面具与日本能乐面具之比较》（《民族艺术》1994年第2期）、广田律子《中国江西省与日本大分县的追傩仪式》（《中

华戏曲》1997年第20辑）中提到两国假面表现诸神的样貌，而广田津子则进一步将视线集中于两国假面眼部造型的功能与意义，例如《鬼神假面的造型——从日本与中国的事例看咒眼的表现》[①]。某些面具强烈的个性特征引起学者的兴趣，例如丁淑梅《从歪嘴秦童看傩戏面具的变形与异出》（《民族艺术研究》2016年第5期）。

本文介绍日本面具（包括民俗面具、能面、狂言面）在眼部、口部所呈现的符号含义及面具渐进发展的痕迹，并兼与贵州面具略做比较。

## 日本假面

目前，在日本使用面具的表演项目包括宫廷及重要寺院神社的歌舞仪礼、戏剧演出及宗教民俗活动。雅乐是宫廷仪式性艺能，这种艺能传承至今，其中包含舞乐，而舞乐某些曲目需佩戴面具，因此舞乐面具是古代日本及其源流东亚大陆及朝鲜半岛面具之遗存。曾与雅乐同时流行的古代伎乐是寺院法会上表演的娱乐节目，属于配乐的以行进小队伍表现的哑剧，现代艺术家曾经创造性地复原了伎乐表演，但古代伎乐面具只收藏于日本正仓院或博物馆，其表演的描述存留于文献。

使用面具的戏剧演出有能乐与歌舞伎，能乐包括假面歌舞剧能和滑稽小喜剧狂言，能面种类丰富，因能乐戏剧体系的发达与精深而使能面在舞台运用、美学、雕刻技术上集大成，远远超越舞台道具的功能，其代表性的面容甚至成为日本传统文化的一个标志，这也是提及日本假面即想到能面的原因；狂言戏也有使用面具的剧目，但品类少了很多，由于与能戏并列演出，狂言面也并肩保持着能乐的审美观念。歌舞伎只有极个别剧目使用面具，例如1740年首演的《七面具》曾经是"歌舞伎十八番"经典戏之一，在明治时期被改编为舞蹈剧，轮流佩戴7个面具来表现不同的舞姿，2016年1月市川海老藏演出过这个

---

① 曲六乙、陈达新主编：《傩苑——中国梵净山傩文化研讨会论文集》，中国戏剧出版社2004年版。

戏，但这些面具都不是歌舞伎专用面具，借用的是能面、狂言面或神乐面具。

日本许多宗教民俗活动使用面具，包括各地寺社继承的民间雅乐系统里的舞乐表演、神社迎神镇魂的神乐仪式及表演（民间神乐称为里神乐，宫廷神乐称为御神乐）、各地民间祭礼等。新潟县能生白山神社传承的民间舞乐，有一出陵王舞叫作《没日还舞乐》①，其陵王面具与装束都具有地方特色，是国家级重要无形民俗文化财；滋贺县石部町的长寿寺、常乐寺均有"跑鬼"仪式，使用赤鬼、青鬼面具，寺院历史悠久，常乐寺的本堂及三重塔均为国宝。跑鬼及其系列祭礼目的在于驱鬼逐厄，祈祷五谷丰登、家庭安全与村落繁荣。②这一类民间祭礼面具包罗万象，虽然没有宫廷传承的规模品格或专业戏剧表演的精致，但它囊括继承着古代面具的多种源流及地域风土性格，与中国傩面具有着更近似的性质。

### 面具的眼睛和嘴巴

在面具发展史中，人类文明早期面具一般多捕捉眼、口的特征，通过挖空钻孔以眼、口的位置和大小来区别出人脸和兽脸。例如日本熊本县熊本市阿高贝塚出土的贝制假面（图1），只有两眼和口部空洞的三个洞。它是在日本绳文时代中期，由长度达到19.8厘米的大型牡蛎壳制成，③西日本沿海地区的贝塚多有类似的贝制假面。贝壳的边缘虽然也有经过磨砺的痕迹，但由于材质容易破裂，大概难以制作成人类脸庞的形状，所以基本保持着材料——牡蛎壳的原型。同样是新石器时代的韩国釜山市影岛的东三洞贝塚，也出土了很相似的贝

---

① 《没日还舞乐》（ほつじつかんごらく），日本文化电子图书馆http://www2.ntj.jac.go.jp/dglib/contents/learn/edc22/hirogari/chiiki/index01.html#4。

② ［日］宫畑巳年生：《近江の祭りと民俗》，ナカニシヤ1988年，第44页。

③ ［日］黑住耐二：《東アジアにおける貝製仮面およびその類似製品に利用された貝類の同定》，《千葉県立中央博物館研究報告》，2017年3月，第82—96页。

制面具，长11.6厘米的扇贝有双眼和嘴，据推测这些面具都是作为咒术或护身符使用，[1]也有专家认为东三洞出土的新石器时代贝壳面具等遗物是上古时代演戏史的残影。[2]无论是牡蛎壳还是扇贝，都保持原材料的样子，只是多了代表人类面容的三个孔。

图1　阿高贝假面　　　　图2　莳前台土制假面　　　　图3　《呐喊》

当面具的原料变成泥土时，在造型和刻画上就有更自由的空间了，绳文时代的土偶产生了装饰性图案。日本东北地区岩手县二户郡，有绳文时代晚期莳前台遗迹出土的土制假面[3]（图2），这副假面很特别，鼻子是弯曲的，空洞的眼睛和歪斜的嘴巴，似乎有喊叫的动感，让人想起挪威画家爱德华·蒙克的名作《呐喊》里的人脸（图3）。土制假面不仅脸型完美，而且额头上方有搓捏出类似饰物的隆起，脸部有了显而易见的表情，比贝壳制品更趋同于人类脸庞。

---

① 参考［日］诹访春雄：《日本的祭祀与艺能》，南京大学出版社2013年版，第124页。

② 参考［韩］田耕旭：《韩国的传统戏剧》，复旦大学出版社2014年版，第44页。

③ 收录于日本国立历史民俗博物馆数据库https://www.rekihaku.ac.jp/education_research/gallery/database/index.html。

图4　佛　　　　　　　　　　图5　野郎

日本静冈县滨松市天竜区怀山泰藏院收藏有一副木质民俗面具①，纵长20厘米，横长15厘米，年代属于公元后，未标注具体时期。面具被命名为"ほとけ"，即"佛"之假面（图4）。不知道被命名为"佛"的根据是什么，这副面具的模样很像《后汉书》卷85《东夷列传·倭》所记载的列岛先民——"男子皆黥面文身，以其文左右大小别尊卑之差"②。面具头顶束发（也可能是冠的形状），无耳，眼、口、下颌大面积涂抹黑色，脸颊两侧的黑色斜插上扬，下巴及颧骨处有对称的圆点或痕迹装饰，很像是黥面刺青的效果，植物汁液渗入刺破的伤口成为黑色，而且有了简单的装饰图形，束发也代表着进入文明进程的人类形象。但值得注意的是，这副面具眼睛是两个圆洞，与比例匀称、形状准确的脸庞、鼻子和嘴巴相比，眼睛还保留着早期面具未经装饰刻画的样子。如果对比泰藏院收藏的另一副叫作"野郎"（图5）的民俗面具，大概能理解"佛"面具名称的理由吧。"野郎"面具纵长18厘米，横长15厘米，眼部横

① 图像收录于日本国立历史民俗博物馆数据库。

② （南朝宋）范晔：《后汉书》（下），岳麓书社2009年版，第966页。

长，鼻子和嘴巴形状与比例都没有"佛"准确，也没有装饰性的对称圆点，头部平齐无发髻或头冠，刺青图案与"佛"很不同，但两者刺青范围都包裹住眼部和口部，这大概体现出"以其文左右大小别尊卑之差"吧。这两副面具对古代先民容貌的刻画具有相当的现实性，"佛"面具的神性由规整的刺青形状和对称圆点来强调，与代表庶民的"野郎"样貌差距并不大，神灵面具还没有夸张造型或超凡脱俗的阶段，也许正体现了外来文化未完全渗入前的本土性。当然，这一切都是基于面具名称产生的猜测，需要进一步核实。

中国贵州彝族撮泰吉面具（图6）也描绘了古代先民的容貌，面具不仅挖空了眼、鼻、口的对应位置，还对其形状有了进一步的夸张和规范，眼睛是斜吊上扬杏仁形的"斜目"，鼻子直长，呈上窄下宽的柱形，嘴角上扬。最吸引视线的当然是撮泰吉面具的墨色底面与白色条纹的强烈对比，有学者考察认为面具上的白色条纹代表皱纹，体现年龄很大，[①]笔者认为同时也可能是西南少数民族文身文面的标志，神秘而不可知的墨黑色代表着原始人对自然的恐惧与敬畏，白色纹路图案加深了这种神秘效果。值得留意的是，撮泰吉面具上白色

图6　撮泰吉面具

① 王田：《贵州威宁"撮泰吉"田野调查报告》，赵心愚、罗布江村等：《西南民族地区面具文化与保护利用研究》附录，民族出版社2013年版，第410—411页。

纹路在整个眼眶处比别处要宽一倍，倒吊的"斜目"更加突出，这与前面提到的"佛""野郎"面具眼部的刺青痕迹略有相像。它们除了"这里是眼睛"的指事符号之外，还产生了更具体的类型化内容及文化含义。

## 微笑的眼睛

当眼睛具有鲜明的造型时，面具的性格呼之而出。同样是滨松市泰藏院收藏的同一系列民俗面具，同样有刺青痕迹，它笑容可掬，叫作"翁"（图7），纵长20厘米，横长17厘米。"翁"系列艺能既保存于专业的能乐戏剧曲目中，也传承于各有特色的民间祭祀活动中，"翁"面具是一个微笑的老翁形象，代表赐予人间五谷丰登、子孙繁衍的土地神。泰藏院每年1月3日至5日举行春祭活动，过去曾传承40种艺能曲目，包括中世遗留的田游、猿乐、田乐等艺能，被指定为国

图7 翁

家级重要无形民俗文化财。①如今祭日活动的程序被大大简化，但舞蹈表演时多有表现农业耕种的动作，这与当地水稻耕作息息相关。这副"翁"面土地神有"八字"微笑的眼睛，日本将这种眼睛类型用假名"へ（He）"的形状来命名，这类微笑的へ眼睛代表慈祥温和的神性。刺青的翁面口部全开，露全齿，笑起来很有些滑稽可爱，这种口齿的刻画在其他翁面具里非常少见。但请注意，刺青翁面是切颚面具，它的下颌被切开，于面颊两侧下部用绳连接。切颚是面具类型中非常关键的特征，后文会关注这一要素。微笑的へ眼睛和切颚是翁面具最重要的特征，刺青翁面露齿大笑的嘴巴却没有被其他翁面具继承，体

---

① 日本文化厅文化财数据库http://www.bunka.go.jp/seisaku/bunkazai/index.html。

现了面具造型递进性的发展和某种审美需求。

我们再对比看高知县室户市吉良川町御田八幡宫和奈良县吉野水分神社所收藏的民俗翁面具，前者纵长20厘米、横长16厘米（图8），后者纵长15.5厘米、横长12.8厘米（图9），这两副均为类型化的翁面典型容貌，微笑的へ眼睛和切颚，并且脸部有了螺旋状的皱纹图案，不仅强调了神灵长者年岁重叠的神秘感，而且基本形状和纹路走向都已经固定成型。吉野水分神社的翁面下颌有长长的植须，御田八幡宫的翁面原来也是有植须的，可能被磨损了，从图片上仍能看到植须的小孔。这两个神社的祭祀活动都与农耕稻作相关，吉良川町御田八幡宫有御田祭，于5月3日以御田八幡宫的拜殿为舞台，模拟从插秧、播种到收获的耕种动作，也包括品类丰富的民间艺能。奈良县古代为大和国，此地有东南西北四个水分神社，祭祀各处重要水源或分水岭，《古事记》里曾有"天之水分神""国之水分神"登场，吉野水分神社位于南端。水分这个读音很特别，读作"みくまり"，在吉野当地被转换读作"みこもり"，变为"御子守"，即儿童保护神，保护受孕、安产的灵神，其正殿为重要文化财，主祭神是天之水分大神，右殿的求子娘娘叫作玉依姬，被列为国宝，左殿有负责安产、保护儿童的御子神。

岛根县古称出云国，为古代诸神出没、神话源头之地，神社林立的出云市

图8　翁

图9　翁

图10　神乐翁面　　　　　　　　　　图11　翁能面

延续着传统艺能和祭祀活动。根据出云市市政府的统计，仅以神乐祭礼及神乐舞登录的项目就有83项，[①]分别由各个神社或社区的保存会团体来传承。出云见々久神乐（みみく神楽）是其中之一，被指定为岛根县的重要无形民俗文化财。见々久神乐每年10月25日举行，是御崎神社秋季大祭，包括净场念祝词、表演式三番、神能、巫女、山神、弓箭舞祛恶、方言化的狂言节目等乡土艺能。式三番其中有翁舞，使用翁面具，见々久神乐保持者会这个组织收藏的翁面（图10）呈现出神乐系统翁面的特色，纵长17.9厘米、横长16厘米的翁面并没有切颚，嘴露二齿和略为夸张的唇形，加上须发颜色的变化，具有神乐翁面俚俗、土著的风格。

　　如果再对比能乐专业戏剧舞台所使用的翁能面（图11），可以看到面具精致化、雅化的发展方向。微笑的へ眼睛、饱满的前额、螺旋图案皱纹，切颚断开的位置不同使唇形自然温和，植须更精细齐整，前额用兔毛装饰的"蓬蓬眉"强调了慈眉善目的和蔼，这两团圆形装饰其实很像刺青"佛"面具的圆

---

　　① 岛根县出云市传统艺能神乐、神乐舞项目统计http://www.city.izumo.shimane.jp/www/contents/1347411393274/html/common/56eb9616003.html。

图12　黑式尉

点，其实是面具神性元素的发展。能面在雕刻工艺和审美观念上的高尚化，与能乐戏剧理论及表演体系的成熟步调一致。在能乐中，翁面具被称为"白式尉"，表演分为两部分，首先能艺人使用白式尉面具跳万岁乐舞，祈祷天下太平、国泰民安；然后由狂言艺人用"黑式尉"（图12）面具表演春播耕作的踏足舞蹈。黑式尉是土地与五谷之神，比白式尉的品级要低一些，从面具的颜色与表演内容和次序都能看出来。

中国贵州傩面具中的"土地"也是笑容满面的老者形象（图13），黔北汉族傩面具的土地都有弯曲的眼睛和图案化的皱纹，他们的眼睑特别厚重，眼部镂空多刻画出眼球，也有植须、切颚的形制，多露齿，甚至用缺齿来表现贴近土地和生活。土地头顶明确地刻出冠帽，而日本面具除了形制较大的伎乐面刻画头部或头顶，其他假面只刻画面部，一些面具前额涂黑一圈表示戴冠，例如白式尉。傩面具的土地神相互之间有相似的特点，但呈现出多样化和随意性，并没有固定为统一雕刻样式。雕刻出凝固的笑容表现神灵的祝福应该是中日之间共通的认识。

图13　贵州傩面具中的"土地"

## 愤怒的眼睛

面具的愤怒相除了面部肌肉夸张地隆起，塑造出血脉贲张的形象，暴突圆睁的眼睛也是特征之一。以下几副能面是凸目圆睁愤怒相的典型，分别是天神（图14）、雷电（图15）、大飞出（图16）、般若（图17）。

天神和雷电分别使用于能戏《雷电》的前半场和后半场，讲的是诗歌学问大家菅原道真受政治迫害而死，其灵魂追求复仇，变成雷神的故事。天神能面怒目圆睁、金属镶嵌的大眼球向前突出，瞳孔为朝下的圆形，有蔑视凡间的感觉，眉毛和髭须向上飞扬，额头戴冠代表地位，张嘴露出上下牙齿，显示力量、威严和愤怒。

后半场使用雷神能面，菅原道真露出雷神真容，全脸泥金色，失去了人类肤色，眉毛髭须变为闪电锯齿状，眼球更爆裂突出，瞳孔大而圆，有一股正视前方的强烈威慑力，龇牙咧嘴露出四颗獠牙，可见翘起的鲜红舌头。能面造型中，露舌是超越常人与极端力量的标志，同时眼部的金工镶嵌是能面非常典型的特征，用于表现异端、强力和超常的角色。后面两副能面大飞出和般若的眼部雕刻亦如此。所谓"飞出"，指的就是凸目几乎飞出眼眶的面部特征，大飞出能面用于贺茂雷神、金刚藏王等天神角色。般若是女性怨灵面具，在《葵上》《道成寺》《黑塚》等剧目中，主角由于妒忌、怨恨、悲痛交织复仇的气焰，活人变作厉鬼，其面容造型强烈到极点，金色眼部凸成球状，嘴像野兽一

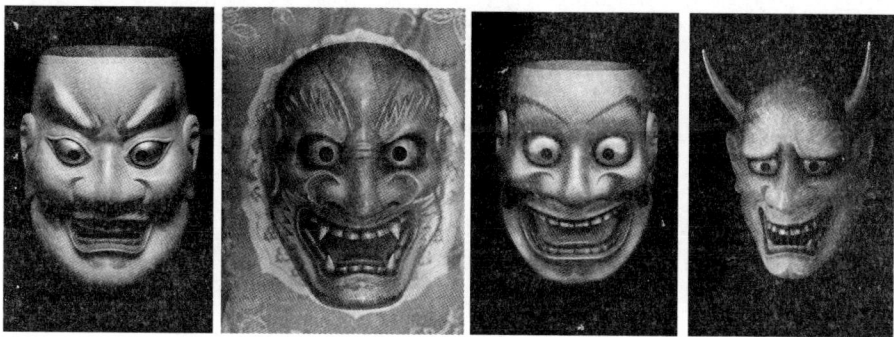

图14　天神　　　　图15　雷电　　　　图16　大飞出　　　图17　般若

样咧开，头长犄角，口生獠牙。只看上半部的眼睛，可以看到哀伤和恐惧，只看下半部形如兽类之口，可以看到狰狞壮烈，只有前额隐约的高眉和纷乱鬓发存留女性特征的提示。般若是能面雕刻技巧的代表作之一，其眼、口的刻画令人过目不忘。

凸目的形状、金属镶嵌的材料、泥金的颜色这几种特征均为能面眼部表现异于常人、鬼神形象的规律，即便这三个条件不同时具备，例如女面中叫作"泥眼"的能面（图18），眼眶内嵌入小片金属或涂泥金色，加上几丝纷乱的细发，塑造出内心隐藏怨恨怪异的幽灵。

我们再对比看贵州傩面里凸目的面具（图19—21），有周仓、开山、开路、二郎、龙三、龙王、判官等。这些角色怒目圆睁，或头上长角，或张嘴露齿，是孔武有力的扫除邪魔的正能量。眼部有的钻出瞳孔，但佩戴者的视线主要靠穿过眼球下方的狭长镂空来视物，视力范围受限但比日本面具的眼部要视物方便一些。日本面具，特别是能面中的女面，眼部只有1平方厘米的空隙，视物非常困难，移动几乎靠经验和下意识，而且由于能面比人脸小，是紧贴于面部甚至露出半个下颌、脖颈，窒息感、紧迫感强烈。制作能面的工匠会按艺人脸部要求制作贴合的面具，可以做到私人定制，因此能面对表演者的控制由物理感受到心理意识，引导出表演上的静谧缓慢和审美意识的幽远，面具与表演相互影响。而视线相对宽松，紧迫感没有那么强烈的面具也许给予身体动作更多的可能性，而面具也呈现出未固定的多样性，这同样也是一种相辅相成。

图18　泥眼　　　　图19　　　　　　图20　　　　　　图21

## 歪斜凸出的嘴巴

贵州傩戏有一个极为活跃的人物，眼斜嘴歪露缺齿，叫作秦童或歪嘴秦童，还有个与之配对的秦童娘子也是歪嘴形象，仡佬族傩面具叫作老歪，均为插科打诨、滑稽可笑的丑角，具有俚俗的喜剧效果。日本面具也有类似的歪嘴滑稽角色，但嘴部除了歪斜，更显著的特点是嘴巴拱圆向前或向侧面突出，好像在吹气，这类面具叫作"嘘吹"或"空吹"，一般用片假名来写。下面四副面具前两副都是民俗面具，第一副颜色剥落严重的收藏于京都市千本阎魔堂（图22），第二副面具上朱红色漆（图23），嘴巴努力撮圆后造成脸部肌肉变形的样子，刻画得真实生动而可笑。据说空吹的原型来源于民间故事，其实是火神、灶社，他的嘴巴用力吹吹火筒，脸也是红色的，他的眼睛也是极力圆睁，而且加以金属镶嵌，非常鲜明地说明空吹是神格面具。当然面具造型在发展中不断变化，特别是在民俗活动中使用更是如此。例如第三副白色的空吹是前面提到的见々久神乐面具，名称变为"里人"（图24），意思是村里乡人，这副面具不对称的低斜眼睛、下撇的眉毛、难看的鼻孔、瘦削的脸庞，变成了一个鄙俗的下里巴人，倒很符合神乐余兴节目的插科打诨。再看能乐系统的空吹面具（图25），这是一副狂言面，它的眼部、嘴部刻画得相当精致，肌肉隆起和皱纹图案细腻对称，脸部每一处细节都有设计感，连植须的方向长短都是精确计算的结果，眉毛也细致美观，可以说这是空吹面具置于能乐美学关照下的成型，即便是滑稽可笑，也被控制在充满设计感的温文尔雅的范围内，是假面戏

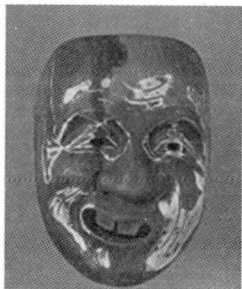
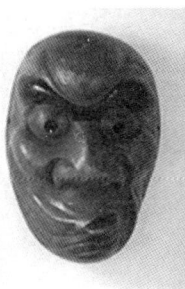

图22　　　　　　图23　　　　　　图24　　　　　图25　空吹

剧美学发展至烂熟下的作品。

关于面具眼部、嘴部的细节，还有一个一直受到学者关心的问题——中日都有切颚、吊颚或动眼切颚面具，贵州有山王、龙三、龙王，有些秦童、老歪也做成动眼切颚的形状，日本舞乐面陵王（图26、27）、还城乐（图28）、纳曾利、采桑老（图29）都是动眼切颚面具，那么陵王究竟是否来自中国呢？顾朴光在《中国面具史》里有一节专门考证舞乐面陵王的形制和造型，[①]认为兰陵王面具属于中国系面具，保留着中国兰陵王面具的基本特征。值得补充的是，日本古代舞乐面作为先行面具对后世面具造型有影响，但切颚这一形态只保留在翁系面具中，例如白式尉和黑式尉。面具为什么要切开重组呢？如果说两部分分离距离较远的吊颚面具是为了造型奇特，那么切开后用绳连接的切颚面具有利于呼吸与歌唱，戴舞乐面具的表演者表演舞蹈身段，无须歌唱发声，只有《采桑老》一曲表演者需要吟咏，而采桑老面具却是切颚面具。能乐《翁》戏高度的祝祷祭祀色彩区别于其他能戏，其面具古老的源头亦可以证明这一点。

综上所述，我们看到日本面具在戏剧向雅化、精致化发展的方向中形成了固定形制、审美观点和制作方法，眼部的形状、金工材质、颜色，嘴部口齿的刻画，是否有舌头均有严格规范，而表演传承的单一性和演老戏的传统也使面具得以不断循环使用，利用率高。日本民间传承的民俗面具呈现出更丰富的样貌，正如各地傩戏面具地域特色的多样化。

图26    图27    图28    图29

① 顾朴光：《中国面具史》，贵州民族出版社2002年版。

# 作为"寨子戏"的羌族民间仪式戏剧的活态存在

## ——来自理县蒲溪尔玛人村寨的田野报告 [①]

四川大学　李祥林

"二月二，龙抬头。"传说二月二是主管天上云雨的龙王爷抬头的日子，自此以后，滋润大地的雨水会逐渐多起来。老百姓相信，过了二十四节气的惊蛰，经过冬日蛰伏的龙神会被春雷惊醒，抬头而起，随之万物复苏，农耕播种的季节就要来临。2013年，农历二月二，我去了岷江上游羌族地区理县蒲溪乡休溪寨，参加了当地尔玛人隆重举办的夬儒节，有幸目睹了活态的羌族民间仪式戏剧演出。[②]本文便是我这次深入岷江上游高山羌寨进行田野考察后的研究成果，随文配图均是在我田野考察以及剧场观摩中所拍摄。

一

理县位于阿坝藏族羌族自治州东南部，距离省府成都170公里、州府马尔

---

① 本文是教育部人文社科基金项目"作为文化遗产和民俗艺术的羌戏研究"（项目编号：17YJA850004）阶段性成果。

② 后来，我又有幸在高山峡谷中的羌族村寨多次观看这出民间仪式戏剧，印象深刻。得知该戏活态存在的信息，2015年韩国EBS（Educational Broadcasting System）电视台曾派摄制组前往蒲溪高山羌寨拍摄。

康160公里，地处东经102°33′至103°30′、北纬30°54′至31°12′之间，幅员4300多平方公里，河谷中的县城海拔超过1800米。其东北与茂县、黑水接壤，东南与汶川相通，西北与马尔康、红原毗邻。理县地跨岷江上游支流杂谷脑河两岸，国道317线穿境而过，境内群山绵延，层峦叠嶂，沟谷纵横，是典型的高山峡谷区。这里地势复杂，气候多样，气温亦随地形变化而有显著差异。境内有米亚罗、毕棚沟、薛城熊耳山、孟董沟九龙池等自然景观，有甘堡、木堆、桃坪、木卡等颇具特色的藏、羌村寨，有筹边楼、白空寺、危关碉等人文胜迹。对于研究少数民族文化的我来说，理县是做田野调查屡去之地。

3月13日，农历二月二清晨，天空晴朗，我们乘坐由当地司机驾驶的中巴车，从蒲溪沟上山，去最顶端的休溪寨。沟口就在从理县到汶川的公路（国道317）中段右侧。路边立着宣传牌，上面有大幅节庆场面彩照，写着"探秘古羌文化　体验羌寨风情——2013理县蒲溪古羌央儒节"。进入沟口，前方建筑物上又有红色横幅标语"2013理县蒲溪央儒节欢迎你"。蒲溪乡距离县城20公里，路程虽不远，道路却崎岖。中巴车沿沟上行，两侧山势陡峭。岷江上游是有名的干旱河谷，由于好些日子未下雨，汽车行驶在乡村道路上，尘土飞扬。入沟后走了10多公里山路，越是往上，道路越险，到后来完全是未经硬化的机耕道，汽车呈"之"字形上行，路窄坡陡，每到拐弯处，我们的车总得后退一下（身后险峻的地势让人有些不敢看，此时你不能不由衷地赞叹当地师傅出色的驾驶技艺），加大油门才能冲上去。县里的朋友告诉我，若遇下雨天，这路面全是泥浆，车是绝对不能开的。位置偏僻，地势险恶，交通不便，凡此种种在给当地老百姓生活造成诸多难处的同时，也给古羌文化少受外界干扰而保存较好提供了条件。世间有许许多多事儿，总是这么悖论式地出现在你面前，让人感慨。

蒲溪是大山里的一条深沟，主沟全长19公里多，水流注入岷江支流杂谷脑河。地处蒲溪沟两岸的蒲溪乡，以高山峡谷为主，平均海拔2400米，属暖温带高原性气候，农作物以玉米、小麦、洋芋为主，辖河坝、色尔、奎寨、休溪、蒲溪(大蒲溪)5个村,为羌族聚居区。据《羌族词典》,"境内居住有羌、藏、汉等民族,1984年末,全乡总人口1936人,其中羌族1914人,占总人口的98.9%"①。上山途中,我们停车等候之地(因上山车子多而道路窄,有民警在疏通)叫作河坝村,乡政府设在这里(后来,我亦在此参加过当地的节日活动)。村子岔路口有路标指示"羌神庙",我下车后朝巷子里走了一段,未见庙之踪迹,便折身回来。我询问同车一位当地旅游部门的女士,她也不太熟悉,说神庙大概是在村子上方新建的广场吧(就我后来所见,所谓"神庙"实际是指石砌的祭神的塔子,并非是汉族地区常见的那种寺庙)。车子继续上行,到了休溪村山脚,上去的道路因坡面陡峭而更见窄险。休溪村地处蒲溪沟最顶端,海拔2600米左右,山高地陡,土质松散干燥,种植结构单一,有80%耕地的坡度都在30度以上,是"5·12"地震中受灾十分严重的寨子。我们去的是上寨,地势更高,相对平坦些。不远处的下寨位于陡坡上,县里的朋友告诉我,那里已无人居住(村民全部搬上来了)。透过车窗望去,但见一座座石砌的房屋犹存,寨子四周的坡面是农田,一片灰蒙蒙的沙土,让人明显感觉到地理条件的恶劣。倒是在寨子后方山头上,有大片绿色的树林。下了车,我步入悬挂着羊头、写着"休溪羌寨"四个大字的寨门。锣鼓喧天,彩旗飞扬,两边是身着羌装的男女们(主要是妇女,她们头缠青帕,与男子头上青白相间的帕子形成对照,脚穿云云鞋,身着节日的盛装,所系的手工羌绣围腰纹样相当丰富,吸引着来宾的目光)唱着羌歌夹道欢迎,上前为来宾们挂上祝福的羌红。沿途若干人家门前,

图1 走访理县蒲溪沟深处的休溪羌寨

---

① 《羌族词典》,巴蜀书社2004年版,第17页。

放着桌子或茶几，摆上咂酒、糖果、花生等招待客人。灾后重建的寨子，路面整洁，房屋齐整。屋顶供着白石的纳萨（纳察、勒夏）上插着青青的神树枝，有的还插上了鲜艳的红旗。

　　节日是重要的文化遗产，具有增强认同、凝聚感情、协调民间、和谐社会的重要功能。同时，节日也是不可多得的文化资源，尤其在地处偏远的少数民族区域。灾后重建，发展旅游，是国家政府为川西北羌区指点的发展路子，节日文化资源也受到当地的高度重视。我手中有份理县旅游宣传彩页，其中要点有二，一是讲游览四季山水，一是讲领略藏羌风情，后者云："理县世居着藏、羌、汉三个主体民族，据史料记载，理县所居嘉绒藏族4世纪从西藏迁徙而来，距今已有1300多年的历史。羌族素有民族活化石之称，公元前4世纪已活跃在岷江上游。千百年来，各民族不但完整地保存和延续着本民族的语言文字、宗教信仰、文化习俗、生活方式，而且形成了独特的共居文化。尤其是藏羌民族的节庆活动（红叶温泉节、若木纽节、花儿纳吉赛歌节、夬儒节），更是藏羌民俗风情的最好展示。"红叶温泉属自然资源，若木纽是藏族传统节日，花儿纳吉、夬儒是当地尔玛人的民俗事象。站在休溪寨门口，回头望去，阳光下，四周皆是连绵起伏的巍峨大山，远处对面山腰上遥遥可见成片的房屋及农田，有人说那里是大蒲溪寨。在人口比例上以羌为主的蒲溪沟中，较好保存着古老的释比文化，当地释比跳皮鼓也很知名。2013年6月在成都举办的非遗节开幕式上，就有来自蒲溪的羊皮鼓舞亮相。这些皮鼓表演者（包括老释比）的矫健身姿还曾出现在中央电视台综艺频道"舞蹈民星"栏目中。2006年上半年，我负责为《中国少数民族戏曲剧种发展史》就四川藏戏和羌戏组织文稿时，据州里的朋友马成富来信告知，岷江上游地区释比戏传人有茂县的龙国志、肖永庆，汶川的余明海、余世荣和王治升，理县的王九清、王定香和韩全保，等等。2013年春节前，我参加《羌族文化生态保护实验区总体规划》修改稿评审会议，遇见省音乐舞蹈研究所的杨莉女士（她也是大型歌舞《羌风》的编导之一，我们在藏羌文化、傩文化研究方面有多年的合作），她告诉我蒲溪恢复了一出释比戏，该戏的挖掘曾得到已故老释比王定香（生于1927年）生前亲自指点。对于羌族民间戏剧，我已关注多年，闻此消息，自然高兴。①

羌人信奉万物有灵，他们以白石象征神灵并祭祀之。休溪寨上方供着白石的祭塔前，神情庄严的释比主持着仪式，祭神的白色烟雾冉冉升起……穿过寨子，随着人流，沿着弯弯的山道，我们往举办活动的场地走去。路上，遇见羌族作家叶星光，我们是认识多年的朋友。他是羌戏《木姐珠剪纸救百兽》的搜集者，我们边走边聊，谈尔玛人的祭山，谈羌族的民间戏剧，谈今天的节日活动。"央儒"乃羌语之汉语译音，指祭山会、祭祀神灵的日子。每年二月二，当地羌人要祭祀山神和天神，祈求风调雨顺、丰收吉祥，这天村民们在释比带领下聚集到白石祭塔前，诵太平经，跳羊皮鼓，宰牛杀羊，敬神驱邪，并且有歌舞、戏剧、竞技等种种活动。当地的宣传资料表述为："'央儒节'不仅是农耕社会文化的缩影，同样也是羌人传统婚恋文化的透射，因而，'央儒节'的集体欢庆活动，参与者以年轻人为主，包含很多传统的歌舞活动与体育游戏，皆为优秀的非物质文化遗产代表作。"今年央儒节的主要活动场所是在寨子上方的休溪坪，这里有较开阔的草坪，山头青青，神树高大，稍远处巍峨的雪山在灿烂的阳光下熠熠生辉，巍峨地横亘在眼前。有朋友告诉我，那就是四姑娘（斯古拉）神山。活动参与者除了休溪村的，还有来自蒲溪村、奎寨村、河坝村的村民。根据当地介绍，整个活动内容主要有"祭祀""刮浦日（释比戏）"和"原生态古羌文化"三部分，其中，羌戏的亮相吸引了行中人士的眼球，古羌文化节目《尔玛圣鼓》《恰机热》《俄米切让》《扎嘎嘿》《哇系切玛》和《叶尔保啧》等也多姿多彩。上午10点左右，随着塔子上敬神的烟烟熏（川

---

① 关于羌族戏剧文化研究，请参阅拙文《羌族戏剧文化遗产亟待抢救保护》（冯骥才主编《羌去何处——紧急保护羌族文化遗产专家建言录》，中国文联出版社2008年版）、《释比·羌戏·文化遗产》（曹顺庆主编《中外文化与文论》第18辑，四川大学出版社2009年版，全文转载于人大复印报刊资料《舞台艺术》2010年第1期）、《川西北尔玛人祭神驱邪的民间仪式戏剧》（《民族艺术研究》2012年第5期）等。

话读音qiu）起，释比唱经主持咂酒开坛，人们宰杀牦牛祭祀山神、天神，活动拉开了帷幕，不仅有县领导致辞，还邀请了若干贵宾和多家媒体记者，在祭祀、戏剧、歌舞、竞技等之后，以来宾随同村民一起跳起欢快的舞蹈结束。

<h2 style="text-align:center">二</h2>

　　"尔玛"是川西北羌人自称。亮相在"夬儒节"上的《刮浦日》（图2），主办方以"释比戏"相称（川西北羌区山高谷深，各地的方言彼此有差异，理县这边称释比为"释古"，而"释比戏"作为民间仪式戏剧是列入由我们编纂并于2004年出版的《四川傩戏志》的），演出使用羌语，属于"寨子戏"。剧名"刮浦日"，其含义为何？有关申报书云："'羌族释比戏'，羌语名为'刮浦日'，是由祭司'释比'创作、排练及指导表演的戏剧，其功能则是在纷繁多样的传统祭祀庆典活动中，让每一个羌人个体皆能在耳濡目染、潜移默化中接受和遵从由'神'所引导的社会道德体系，所谓'高台教化'，便是如此。"[1]2013年7月6日，我给理县的羌族朋友王明军发去短信再次请教："明

图2　羌族民间仪式戏剧《刮浦日》演出场面

军，你好！前次在蒲溪看的羌戏《刮浦日》，这三字是羌语的译音，其意思直接译出来应该是什么呢？请通过蒲溪的朋友帮我核实一下，谢谢。"7月9日下午，明军给我回了电话，说蒲溪方面告诉他"刮浦日"的大致意思是说"大家一起赌咒发誓，防止砍树、偷盗之类不

---

① 非物质文化遗产项目申报书《羌族"释比戏"》，蒲溪文化中心服务站制作，2013年1月。

好的事情”。后来，与释比王福山聊天，他也告诉我，羌民在尖儒节上要祈祷人畜平平安安、庄稼不要被糟蹋等，这是一年的总祭，意义重大。如此说来，此乃跟村寨生活密切相关的仪式性戏剧，作为剧情内容的概括，从羌语译音的剧名原本指人们在神灵面前起誓订立规约的行为（由此可窥该剧的信仰民俗内涵），要找一个现成的汉语词来对译似乎不太容易。下面，我的介绍及论述即依据该剧在3月13日那天的现场演出本（汉语译本由当地提供），而仅仅对其中明显的文字错讹及格式异常处，做了校订。

开篇是关于场景、仪式、角色等的提示和说明。村里广场上方塔子熏烟祭神已见前述，这里再次突出了在头戴三尖猴皮帽、手执羊皮鼓的释比带领下跳皮鼓的仪式，彰显出尔玛人这植根信仰民俗的“寨子戏”演出的非凡色彩。关于祈神还愿跳皮鼓，释比经文多有唱述，如：“解秽堂在啥地方／我们奉旨到坪地／愿坛就在白岩地／我们出发去愿坛／二月里来敲响鼓／敲鼓不停手酸痛……”[1]对此，我亦有专文论述，[2]可供读者参考。《刮浦日》的开场说明为：

> 释比在村祭祀塔前请神，并带领全体参加羌戏表演的人员绕祭祀塔转三圈祭告神灵，并驱逐一切邪恶和妖魔。
>
> 驱逐毕。跳羊皮鼓娱神。

“咚、咚”的跳皮鼓，据此表述，功能有二：祀神和逐祟。羊皮鼓是释比手中的法器，释比通过跳皮鼓，既向上天神灵做了通白，也为打扫山场除了邪气，《刮浦日》的演出时空便由俗转圣，把不寻常的感觉带给在场的每个人。众释比跳罢皮鼓之后，首先是会首出场，向大家宣布《刮浦日》演出开始。会

---

[1] 《羌族释比经典》，四川民族出版社2008年版，第806页。

[2] 李祥林：《羌族羊皮鼓及其传说的人类学解读》，中国艺术人类学学会编：《艺术活态传承与文化共享》，学苑出版社2013年版。

首是寨子中本届"央儒节"的代表，此时此刻，他可以代表村民向大家传达集体的决议和把握执行方式，但是，如当地村民所告诉我的，这会首没有特权，更不是整个村寨的寨主，着生活装的他在服饰上跟其他村民亦无异。因此，与其说会首是至上权力的掌握者，毋宁说他是这次活动中的集体意志体现者。会首之告白如下：

> 全寨的父老乡亲辛苦了！今年是2013年的农历二月初二"龙抬头之日"，也是我们蒲溪羌寨一年一度的"央儒节"祭祀活动的好日子。我们在释比的带领下已在祭祀塔前祭祀过神灵了，我们会得到神灵的保佑的。接下来我们将在天神、山神、寨神等神灵的面前说出自己看见的、听到的、想到的，我们用古老而原始的方式进行说、唱，要大家认真看，仔细听，用心想，我们在平时的生活中将怎样去做好自己的事，管好自家的人。

我们看到，接下来的戏剧性演出有12个人物相继出场，他们是由村民分别扮演的尖勾子、讨口子、秃子、瞎子、哑巴、驼背、小偷等角色。每人上场后说一方面的事情，彼此不重复，如此这般，将此仪式戏剧演出步步推进。整个演出过程中，从人物的衣着到对白，都是十分生活化的，真正是"质朴"的戏剧，没有所谓专业戏剧那种刻意的舞台化、艺术化、装饰化痕迹。其中，尖勾子是一个穿针引线的人物，相当活跃。且看秃子上场：

> 秃子：哇……全寨的父老乡亲们都认真听了哦……
>
> 今天我们聚到寨子的祭祀塔下，在释比的带领下，敲起羊皮鼓，烧香柏枝、蜡、纸钱，宰牛杀羊，给神敬上美酒，祭祀神灵。祈祷来年风调雨顺，五谷丰登；请神灵降世，消除虫害；祈求天神和山神等神灵保佑全寨人寿年丰、全寨安宁。
>
> 尖勾子：哎嗨嗨嗨——你这个烂秃子，到这来干什么，不要坏了今天

的灵气了，来这里有你啥子事嘛，倒不如找一个向阳点的地方去晒你的秃子呢。

秃子：你少给我说这些哦。现在，我们的寨子不是这家有祸事就是那家发生不好的事，树木砍得像我这秃子的头发一样少了，这些年也不风调雨顺了，我们的庄稼长得像我秃子的头发一样了。是哪些不守规矩的人去山上乱砍树木，乱开垦荒地，得罪了天神、山神。今天，我要当着全村人的面，在天神、山神面前发誓，这以后还有乱砍、乱开荒，不按以前规矩做事的人，要受到神的惩罚，要砍断他的手和脚。

尖勾子：秃子说得对不对，说得好不好？

众和：坏人是不会有好下场的。

（然后秃子就用自己的利器去击打、刺杀那替代一切邪恶的茅草人。秃子解恨后心情愉快地唱起了农耕山歌。）

此处通过秃子之口，重申"央儒"仪式的神圣性质，强调了面对神灵起誓定下的乡规民约是不可以违背的，否则，会遭到神、人共弃。反对乱砍滥伐乱开荒，体现出当地民众自觉保护村寨及其周边生态环境的意识。长期以来，生活在川西北高山峡谷地带的尔玛人，对于保护他们生存所依的自然生态环境有清醒的意识，他们由此形成的地方性知识系统和信仰习俗传承至今，我对此有文章论述①，可供读者参考。又如哑巴、讨口子（乞丐）上场：

哑子：（比画）尖勾子，这么热闹是在做什么哦？

尖勾子：今天是"央儒节"，全寨人都在这里过节，唱戏、祈祷。

哑子：（比画）哦哦哦，我晓得了，我要在神面前唾骂那些做邪恶事情的人，我们寨子有人去干偷牛盗马的事，这些人都应该遭到天打

---

① 李祥林：《人类学视野中的羌族圣树崇拜与族群生活》，《宗教学研究》2016年第2期。

雷劈！

（刺杀茅草人，以解对邪恶的痛恨之心。）

讨口子：哇……全寨的乡亲们，我是对河山上的人，为家中修房子，劳累了一生，老了没人管我了。

尖勾子：哎嗨嗨嗨——这个烂讨口子也来这里做啥？你来这里干啥？也有你说话的份吗？

讨口子：我是经常在这一带要饭的讨口子，村子里的好人家给了我饭吃和衣穿，谢谢你们了。我今天要诅咒那些对老人不孝的人、对父母不孝的人，这些人都应该受到天下人的唾骂，受到千刀万剐。

（然后讨口子用自己的利器去击打和刺杀茅草人，以示诅咒的威力，高兴地唱起了农耕山歌。）

这里，通过"唱戏"，通过两个角色的对话，借助天神、山神至高无上的权威，谴责了偷盗行为，张扬了人间孝道，把对邪恶的厌弃和对良善的倡举传递给每个在场的村民。《刮浦日》的正面主题，再得呈现。剧中选择身体有残疾者为角色，这种叙事视角很有意思，如当地表述："其选取了'弱势群体'的特殊视角，表达了小人物的内心诉求，即自己生活在社会的底层却依然秉持善良的品格，那些作恶之人难道不应该有所反思？贯穿始终的'自省'精神，将该剧思想性推至哲思的层面。"[①]剧情末尾，是一位正人君子抓住偷盗者送交会首处理：

正人君子和小偷扭打入场。

寨子里年轻的正人君子抓住一个惯偷交给会首处理。会首指着茅草人

---

① 非物质文化遗产项目申报书《羌族"释比戏"》，蒲溪文化中心服务站制作，2013年1月。

代替的邪恶者说：

今天我们用寨子特定的方式来解决和处理以往做坏事的人，比如乱槽踏庄稼的、乱砍林木的、偷牛盗马的、搬弄是非的、不孝父母的、欺男霸女的、欺软怕硬的、奸淫乱伦的、自家的畜生下了别人的田地也不管的。我们要在天神、山神面前诅咒他们，唾骂他们。

（然后带领大家一齐诅咒。

将代替一切邪恶的茅草人用铁链子套上，拖向刑场进行诅咒并焚烧后将骨灰乱洒，让其不得安身。

全寨人跳锅庄庆贺。）

以上是《刮浦日》演出的基本情况。尽管眼下有关方面为《刮浦日》整理出了文字本，但从根本上讲，其在有语言无文字的尔玛人中是依靠口头和行为来传承的。如人类学家指出，"口语'文学'是无文字社会的一种标准形式（或文体）"①，而《刮浦日》即属于这种口口相传的民间艺术类型，所以它的亮相引起人们关注。有如媒体宣传，今年"夬儒节"上，羌戏演出尤其是一大亮点。事先，当地官方通过网络发布新闻稿，有以《释比戏将首度亮相蒲溪古羌"夬儒节"》为题的，云："3月13日，蒲溪古羌'夬儒节'将在理县蒲溪乡休溪村隆重开幕，一场丰盛的古羌文化盛宴正喜迎八方宾朋。据悉，此次节庆活动中将首次对外亮相唯蒲溪乡独有的羌戏（释比戏）和'龙舞'。释比戏是其他羌族地区已经失传、唯蒲溪乡尚存，新近打造的一台羌戏，该戏正在申报国家级非物质文化遗产。"②当然，用语"打造"二字欠准确，符合事实的说法应是"挖掘"或"恢复"，因为前辈留下的遗产并非今天打造出来的。

---

① ［英］杰克·古迪：《神话、仪式与口述》，李源译，中国人民大学出版社2014年版，第40页。

② 《释比戏将首度亮相蒲溪古羌"夬儒节"》，http://www.ablixian.gov.cn/jinryw/zhengwdt/201303/t20130307_893792.html，发布时间：2013-03-07，来源：理县新闻中心。

# 三

由羌区老释比指导的羌戏《刮浦日》出现在蒲溪沟中并非偶然（图3），叶星光告诉我，收入《羌族释比经典》的神话剧《木姐珠剪纸救百兽》就是他当年在此地村寨发现的。这次《刮浦日》演出的参与者，主要是来自蒲溪乡蒲溪村的羌民，年龄最大的1943年出生，年龄最小的1976年出生，大多数人是在50—60岁之间。剧中，10多个角色的扮演者均为男性，分别为杨树林（扮演"讨口子"）、韩建军（扮演"掉鼻子"）、余树英（扮演"尖勾子"，即"尖屁股"）、韩富宝（扮演"长虱子的人"）、韩水云（扮演"聋子"）、王相全（扮演"秃子"）、王保成（扮演"瘸子"）、杨九宝（扮演"瞎子"）、王树云（扮演"小偷"）、饶富民（扮演"会首"）、韩冬清（扮演"哑巴"）、王友顺（扮演"驼背"）、韩树兵（扮演"抓小偷的人"）。参与者的热情很高，态度认真，表演起来也很投入。作为跟释比学艺的传承人，饶富民、韩水云又是该戏的整理

图3　羌戏演出中砍杀象征邪恶的茅人

者。演出结束后，是吃午饭的时间了，走在返回寨子的山道上，我问起剧中"会首"等，王明军告诉我，会首在每年"央儒节"上由寨子里的人家轮流担任，并非固定身份，其职责就是负责当年与祭神还愿相关的种种事务，他也不是主持仪式的释比[1]。一路上，明军还向我提及当地民间其他祭祀、演戏的情况。

----

[1] 关于祭山还愿及会首、释比的职能，《理县志》载："祭山还愿（也称天愿），是羌族长期以来保持的一种祭仪，各地时间不一，但大都在上半年正二三月，以祈求丰收；下半年庄稼收割后（十、冬、腊月），还愿酬神。由群众出钱，首事筹办，巫师（端公）主持。"（四川民族出版社1997年版，第764页）地处汉、藏之间的羌人有自己的语言，但汉语在川西北羌区亦通行。"端公"是来自汉语的他称，此处指释比。

对艺术的人类学研究提醒我们,《刮浦日》演出并非寻常行为,归根结底,它是在特定时间和特定场所出现的集体性仪式戏剧,其以戏为仪,也以仪为戏,戏在仪中,仪也在戏中,是仪式和戏剧的双体合一。也就是说,"在具体的民俗场景中,戏剧即是仪式,也就是直接对应着民众祈神还愿、驱祟逐邪心理的仪式化生活本身"①。人类学家关于仪式和戏剧多有论述,如称:"仪式可以被看作表演,它包括观众和演员两方面。"仪式在某种意义上可谓是一种表演或戏剧,仪式和戏剧之间的边界不是固定和静止的。"一个表演究竟是归属于仪式,还是归属于戏剧,有赖于(按照谢克纳的说法)它的背景和功能。在一个连续体的两端,一端是'功效'(能够产生转变的效果),另一端是'娱乐'。假如一个表演的目的在于功效,那么它就是仪式。假如它的目的在于娱乐,那么它就是戏剧……"②这番话有助于我们把握《刮浦日》这类民间仪式戏剧,有助于我们理解蕴含其中的并非单一的意义。由于沐浴着神灵的光辉,与其说该剧是逗人开心的笑闹式喜剧,不如说它是引人向善的神圣性正剧。按照当地表述,"千百年来,万物有灵的信仰主宰着羌人的意识形态,投射在这一群体的社会文化中,便形成了各式各样的祭祀与庆典,在羌人的传统社会中,许多不成文的'乡规民约'皆是从传统习俗与禁忌里抽象而出的观念,由于没有文字的记载与传承,这些'乡规民约'便在祭祀与庆典活动中,以'口传身授'的说唱及综合性表演的方式传承了下来,至今已上百年"③。在村寨或群体祭神还愿的隆重仪式场景中,羌戏《刮浦日》采用戏剧化方式宣讲惩恶扬善的乡规民约,有说有唱,语言诙谐,表演夸张,形式质朴。村民们口吐羌语演出的全剧,包括羊皮鼓队祭祀、独白与对白式交叉表演、集体砍杀象征

---

① 李祥林:《戏剧研究中的人类学视角》,《戏剧》2011年第1期。

② [英]菲奥纳·鲍伊:《宗教人类学导论》,金泽等译,中国人民大学出版社2004年版,第182—183页。

③ 非物质文化遗产项目申报书《羌族"释比戏"》,蒲溪文化中心服务站制作,2013年1月。

邪恶的"茅人"（草偶、草把人）[①]、释比以"打油火"等法术驱邪祟等环节，人物角色有"会首""秃子""尖勾子""讨口子"等10多个，整个过程通俗易懂，寓教于乐。按照当地人的表述，其功能旨在教化乡民社会，让人们在传统祭祀活动中耳濡目染地接受和遵从"神灵"所引导的伦理规范，从而扬善弃恶，整饬风俗。从人类学的"圣"（scared）、"俗"（profane）理论看，出现在神山神树前的羌戏《刮浦日》，是世俗的、娱乐的，也是神圣的、非凡的，归根结底，其通过世俗化表演向人们提供的神圣性体验不可忽视，它带来的不仅仅是笑声。

研究羌族民间习惯法可知，在祭天、祭山活动中借助至高无上的神灵威力订立人间行为规约，这正是羌区乡民社会的古老习俗。"崇拜神灵是产生禁忌习惯和习惯法的重要途径，换言之，崇拜神灵所采用的仪式既是向神表情达意的过程，又是制定习惯法规范的程序。"[②]尔玛人大多居住在高山区域，被称为"云朵上的民族"，对于供给他们生存所需的大山，他们心怀敬仰，顶礼膜拜。走访岷江上游羌区可知，祭山是羌族生活中极重要的仪式活动，在这类具有神圣性的场域中制定乡规民约，"在天神、山神面前发誓"，唾骂、诅咒邪恶，提倡、张扬正义，此乃尔玛村寨自治所沿袭的民俗传统。在此，道德是"神圣意志"的体现，"社会成员要尽其可能地仿效神的善，并在生活中奉行善良生活的神圣规定"[③]。祭祀场上，村民们面对神灵起誓立下群体规约，其

---

① 释比驱邪唱经中有《送草把人》《唱草把》等，称"事情不顺送草人""扎个草人送邪气"。据从事本民族文化研究的羌族友人介绍，"'茅人替代'是释比驱邪祛病时所采用的重要方法之一。过去羌人得病或家有不顺，就请释比到家中做法事。释比根据情况，用麦草、树枝或树藤扎一茅人，唱诵经文后，拿到某处用箭射，或用刀砍，用枪打，用火烧，表示茅人已代替病人接受了相应的法事，病灾就会被祛除。"（陈兴龙：《羌族释比文化研究》，四川民族出版社2007年版，第25页）家庭如此，村寨亦然。

② 龙大轩：《乡土秩序与民间法律——羌族习惯法探析》，中国政法大学出版社2010年版，第148—149页。

③ ［美］F·J·斯特伦：《人与神——宗教生活的理解》，金泽等译，上海人民出版社1991年版，第191页。

对个体的制约力是内化的，绝不可小视。人类学关于社会文化结构有"大传统"和"小传统"之分，认为后者作为社会的基础具有不可低估的力量。[1]就习惯而言，在"小传统"制约下的羌地乡民社会结构中，谁要是敢违背共同制定的集体规约，马上就会遭到神灵惩罚、村民鄙弃，压根儿就没法在寨子里待下去。在《羌锋祭山会》中，一位当代羌族作家写道：祭山会上，宰羊跳鼓祭神，头戴猴皮帽的释比主持祭祀仪式之后，"最神圣的应算是制定村规民约。村里的干部、老人们都聚集在一块，他们总结今年的村规民约中不完善的地方。对财产的保护、安全的防范、村寨的团结、人与人的友情、出门人回家的规矩等都做了严格的规定……成为村里最具权威的'法律'"。此时此刻，订立规约有着非同寻常的约束力，正如村民所言，"这是法定的日子，其他时日定下的效力不大，这一天定的，无一例外地都得照此执行，否则村人会瞧不起，视为仇敌"[2]。瞧瞧，"视为仇敌"，也就是被你生于其中也生活在其中的村寨全体民众视为"公敌"，这可不是闹着玩的。在低头不见抬头见的乡民共居空间里，有谁敢来撞此枪口，有谁敢来冒此天下之大不韪呢？！表面上，《刮浦日》是节日中为人们带来欢乐的民间小戏；深层里，它更是祭山会上用来规范乡民群体及个体的神圣仪式，发挥着不可忽视的社会效力。

纵观羌戏《刮浦日》的整个角色化表演，诙谐、风趣、朴实，在蕴含神圣性的同时又洋溢着浓郁的生活气息，让观看演出的村民们笑声不断。剧中起串联作用的尖勾子尤其是个插科打诨的角色，表演者从年龄上讲虽属"70后"，却很入戏，上蹿下跳，满场造势，让人忍俊不禁。《刮蒲日》全剧不分场次，半个多小时演出，有开场有结尾，有铺叙有高潮，叙事部分以会首出场向村民宣讲开始，以抓住惯偷交给会首处理结束，仪式部分以释比请神跳皮鼓开场，

---

① 关于乡民社会中"小传统"的作用，我在《不可忽视的"小传统"——从灾后羌民迁居问题说开去》(《民间文化论坛》2009年第3期) 中有所论述，可供读者参考。

② 谷运龙：《谷运龙散文选》，四川民族出版社2004年版，第28—30页。

以"打油火"等驱逐邪祟收场,前后照应,结构完整。跳进跳出的表演方式也颇为灵活,如剧中人物对话,一方常常从戏剧情境中跳出来,转头面向观众席大声问"他说得对不对",随剧情展开而情绪渐高的观众便大声回应"说得对"。如此手法的使用,丝毫没有生硬之嫌,具有意想不到的现场效果。此时此刻,不难看到剧内剧外不分、场上场下相通、观众演员混融的民间演剧特征。整个《刮浦日》演出,用剧中人物的话来说,就是循守着"古老而原始的方式",其中有"代言体"的角色装扮,有独白有对白有唱曲,有表演夸张的肢体动作,伴奏的乐器有鼓、锣、镲,使用的道具为玉米秆扎制的草人、木头拐杖、砍柴刀、镰刀、斧子、弓箭以及释比驱邪使用的神棍、铁链、铧头等,既有生活用具也有仪式法器。剧中,屡见象征手法运用。从现场表演看,《刮浦日》中有多位人物角色的面部用烟墨涂抹过,简单的"勾脸"式化妆中体现出某种原始气息。至于场上释比"打油火"[①]等,可以说既是驱邪的法事又是表演的特技,其增强了这出娱神娱人的仪式戏剧的神奇性与可看性。当然,从文化人类学的"深描"(thick description)理论看,羌戏《刮浦日》表演背后还不可避免地牵连着个体表现、风俗传说、家族意念、乡民组织、族群关系等更深层次的问题,有兴趣者可继续探析。

对于城市观众来说,较之今天进入剧场而日趋雅化的舞台戏剧,纯粹存活在村寨民间的羌戏《刮浦日》似乎有差距,谈不上什么"高大上"。然而,若是转换文化视角从民俗演艺看,出现在大山里羌寨中的该戏却有着不容忽视的特点和价值。2014年10月中旬,我观看了来成都进行文化交流的韩国假面剧(图4),当时坐在剧场里,眼前的表演使我联想到蒲溪村寨演出的羌戏。假面剧演出在韩国民间具有深厚的基础和悠久的历史,流传下来的有"松坡山台

---

① "打油火"是释比的驱邪法术之一,释比唱经《打油火》云:"水和油火要上来,专门上来打神邪,人邪山邪要驱除","驱除神宫的邪气,驱除人们的邪气,驱除山川的邪气"。此法术包含着奇特的技艺,其在释比戏《送鬼》中亦见运用,是川西北羌区民众所熟悉的。关于民间仪式场景中羌族戏剧的表演技艺等问题,我另有专文论述,此处不赘。

戏""凤山假面舞""统营五广大""河回假面剧""东莱野游"等13种，如今皆被视为"国宝"级文化遗产。与羌戏《刮浦日》相似，韩国"假面剧的题材来自现实生活的祭祀活动和琐碎的日常事件"①，也是生活片段的搬演。这次来蓉交流的有"河回假面剧"。河回乃村名，

图4　来四川交流的韩国假面剧

该村位于韩国安东市以西数十公里处，洛东江上游，"船游绳火游戏"与"别神巫俗假面剧"是该村传统的表演性民艺。相传有800年传承的假面剧又称假面舞，由村民表演，跟祭神有关，"每隔五年或十年为了消除村子灾殃定期举行。村民认为保护村子的神经过一定的时间如果不显灵，那么村子会遭到各种灾殃，庄稼不但没有丰收而且常发生传染病。为了使神息怒，村民们举行特别的祭神仪式，这就是'别神祭'"。河回假面剧的人物角色有"两班"（贵族）、"书生"、"草郎"（下人）、"僧人"、"妓女"、"老媪"、"夷眛"（仆人）、"白丁"（屠夫）等10多个，场次结构包括《降神》《舞童》《阻击》《白丁》《老媪》《破戒僧》《两班·书生》《堂祭》等。人物除了戴面具也是着生活装，每个角色出场便表演一段故事，跟上述羌戏颇有相近之处。同样，该假面剧亦把祭神仪式与民间演剧糅合一体，动作夸张，言语诙谐，以鼓伴奏，表演质朴，世俗化演剧既有对上层贵族、士人以及破戒僧侣的嘲笑和批判，也表现了下层平民的哀苦生活，抒发了他们心中的不平之气。借助特定日子的祭神场面，上述羌戏演出旨在整饬村寨秩序和维护社会风尚，河回假面剧演出对村寨来说，为的是"平民通过假面游戏宣泄自身的不满，贵族通过平民的批判和讽刺了解

---

① 韩英姬：《韩国假面剧的形态特征》，《作家》2010年第8期。

他们的生活和不满，减少相互之间冲突，寻求生活真谛"①。这种立足村寨生活自身需求的功能，这种意在协调村寨内部关系的宗旨，是河回假面剧与羌戏《刮浦日》作为古老的民间戏剧所共有的。

　　长期以来，由于种种缘故，外界对于以释比戏为主的羌族戏剧通常看法有二：要么认为羌戏不存在，要么认为羌戏已绝迹。然而，证诸我在川西北羌区的田野考察，岷江上游尔玛人村寨中羌戏活态存在的事实告诉我们，这两种说法都是片面的，对之务必纠正。中国是多民族国家，在多民族中国大家庭里，挖掘、抢救和保护各民族的戏剧文化遗产，我们不可不关注人口已有30多万的羌族。总而言之，对于作为文化遗产和民俗艺术的"羌戏"，我们唯有强化研究的职责而没有弱化关注的理由。

---

　　① 《河回别神巫俗假面舞》，河回别神巫俗假面舞游戏保存会编印。韩国友人这次带来交流的该资料有文有图，但是未署印制时间。

# 梅山傩文化的自然人文印记

## ——新化的山水田园与傩戏

中国艺术研究院　　何玉人

因处在梅山文化圈的核心区，所以新化傩戏也称为"梅山傩戏"。"梅山傩戏主要流传于古梅山地区，以新化县为核心向周边辐射，由本土土著巫傩师以家传和师传两系传承，是民间举行祈福、驱邪等傩事活动时的民间戏剧形式。"①新化傩戏是梅山文化典型的、具有代表性的文化现象。对新化傩戏的研究，从一定意义上讲就是对梅山文化中具有代表性文化现象的研究。一般来讲，傩祭是一种古老的原始祭祀文化，在宗教没有形成之前人类就有了祭祀活动，所以，祭祀仪式不仅历史久远，还可以被看作是早期宗教的雏形。后来，在长期的发展演变过程中，宗教从祭祀仪式中分离出来，逐渐形成了独立完整的宗教文化；而祭祀仪式中的舞、歌、吟、礼器、仪礼、面具、傩坛、表演以及有关的内容被保存下来逐渐成为傩戏。傩戏是从祭祀活动中蜕变或者说脱胎而来的，这使得傩戏具备了宗教文化与戏剧文化相结合的特征，在一定程度上保持有原始宗教的色彩，"带有一定的巫术性和原始性，大都结合某种节庆或

---

① 黄斯达：《梅山傩戏——刀尖上的舞蹈》，《长沙晚报》2015年11月20日第B03版。

仪式举行，带有娱神乐人的目的"①，有浓郁的宗教文化与民间艺术的韵致。傩戏是我国特有的文化现象，分布的地域十分广泛，在沿黄河流域的中部，如陕西、山西、河北等地，沿长江的南部地区，如湖南、湖北、四川、江苏、安徽等地，沿珠江的云南、贵州、广西、广东等地，都有傩戏存在。虽然各地的傩戏表现样式各不相同，但它们有着共同的文化印记，即它们都是本地区自然现象、民间文化、民族风俗滋养和孕育的产物，有着强烈的地域文化特点，梅山傩戏的产生当然也不例外。因为梅山文化圈区域内的许多区、县、乡都有傩戏，本文仅对新化的傩戏做研究探讨，以飨读者。

## 一 新化傩戏产生的自然印记

新化傩戏的形成，离不开新化所处梅山文化圈形成的自然生态环境。梅山文化是地处长江中游地区并保存至今的古老文化，是长江文明发生发展的历史见证。梅山文化圈包括以安化、新化、隆回、怀化为中心，东到醴陵，南至绥宁，西达辰溪，北抵桃江，以及长沙东部、湘潭等为辐射的边缘地区。这块地域地形地理十分复杂，其中包括丘陵、河流、高山、森林，所以，梅山文化是农耕文化、山地文化和渔猎文化等多元呈现的自然和文化现象。②

梅山地区最具有人文意义的，是被誉为中国蚩尤故里、梅山文化艺术之乡。古梅山峒区域是上古蚩尤部族世居地之一，境内大熊山便是蚩尤部落发祥地，北宋开梅山的梅山苗族、瑶族居民属上古蚩尤部族嫡裔。此地留存着蚩尤部族及其嫡裔苗、瑶族众多珍贵遗迹和传说。据历史传说和有关考证，大熊山至今还留有蚩尤屋场、蚩尤谷和春姬峡（春姬系蚩尤妻）遗址。大熊山发现有民国时期的石碑"蚩尤屋场"。两百年前，定居在此地的陈氏、李氏族谱中，

---

① 庹修明：《中国傩文化述论》，《民族艺术》1997年第1期。

② 按照以往学界对梅山文化的定义，认为："梅山文化是至今保存于湖南中部、西南部古老的原始渔猎文化。"文中的观点是作者在考察研究过程中得出的结论。

也有"蚩尤屋场"地名的记载。据《史记》"黄帝登湘熊"记载，说明黄帝曾临幸于此。清代，乾隆皇帝也曾到此，并留有"十里屏开独标清胜，熊峰鼎峙半吐精华"的诗联，由此可见此地文化传承的悠久历史和独特人文景观。

梅山文化具有古老、动态流变、开放兼容和区域广大的鲜明特点。作为梅山文化的核心区域，古老的新化傩戏在历史更迭、社会变化中得以延续与传承，并且呈现出傩坛众多、剧目丰富、演出形式多样、积淀深厚和保存体系完整的面貌，是一笔难得的文化遗产。新化傩戏的独特性源自新化的地域、地理风貌为其傩戏的生成流传提供了得天独厚的自然条件。新化的西部、北部是雪峰山，其主脉磅礴、逶迤；东部是低山或丘陵，地势起伏连绵；南部为天龙山、桐凤山环绕；中部为资水及其支流河谷，还有江河平原、溪谷平原、溶蚀平原，三个平原均系河流冲积而成的冲积平原。

近年来，在梅山文化研究探讨中，有专家认为："梅山文化是至今保存于湖南中部、西南部古老的原始渔猎文化。"这个定义被梅山文化圈广泛认同，有一定的合理性，别的不说，仅就"渔猎文化"字面而言，渔要有水，猎要有林，水和林是构成渔猎文化的自然条件。从新化的水域来考察，资江当然应该是首先关注的对象。

资江，是长江中游的一条支流，又称资水，其源头起于湖南省西南部的城步苗族自治县北青山的赧水，是资江的左源（也称西源）；起于广西壮族自治区北部资源县越城岭的夫夷水是资水的右源（也称东源）。赧水与夫夷水在湖南邵阳县双江口汇合后即称为资江。资江水穿过邵阳后进入新化，然后从新化一路直奔湖南安化、桃江、益阳等地，在益阳市甘溪港汇入洞庭湖，全长653公里。新化在资江的中游，境内资江干流长达92公里，大小支流90余条，自古人们就在资江及其水系上打鱼撒网，摄取生活来源，资江在养育了两岸先民的同时，也是新化对外交流的主要通道，因此，新化人称资江为"母亲河"。古时候，在资江的两岸有许多码头，在以自然经济为主的生活状态下，人们以打鱼、伐木、狩猎为生，为了进行货物交换，码头为人们提供了便利交通的同时，也为人们提供了交易的场所。因此，沿江两岸的贸易不断活跃，码头的经济走向繁荣，两岸人口增多，居住方式逐步稳定。这些自然带来新化文化的繁荣和民俗的兴起，其中傩戏文化的兴盛就与码头周边村落的形成、生活的稳定（从漂泊到稳定）以及与此关联的文化相联系。作为"古老的原始渔猎文化"，资水上的老码头得以按其功能划分为石码头、粮食码头、菜蔬码头等，还有专门的"渔码头"。可见打鱼是新化地区古老的生活方式之一。

新化地区与资江同样重要的自然条件还有位于该县北端的大熊山。大熊山有险峰、流水、古木和多种野兽，鸟语花香，因其中很多不被人们所理解的自然现象和原始森林，被当地人誉为"神山"。司马迁的《史记》有黄帝"南至于江，登熊湘"的记载。宋祝穆编、祝洙补订的《宋本方舆胜览》卷二十六《宝庆府》"邵阳、新化"条中写道："山川：熊山，昔黄帝登熊山，意其此也。"①近年来还在熊山的古寺遗址中发现有"轩辕黄帝游此山"的碑记。此足可见大熊山除了自然风光之外，还蕴藏着深厚的文化信息。大熊山拥有湖湘面积最大的原始森林，山上林海茫茫，资源丰富，各种灌木、竹木丰富多样，山中多种野兽栖息生养、花鸟飞虫数不胜数，自古就是新化人得以施展伐木和狩猎本领的地方。大熊山距离新化县城50多公里，总面积73平方公里，山高、路远、野旷，加上常年浓雾阴雨，人烟稀少，在这种特有的自然环境中产生的"茶亭"是大熊山独有的自然人文景观。

新化茶亭有几千年的历史，清同治《新化县志·卷六》记载：仅清道光间新化县境内就有茶亭488座。所建茶亭有以地域为名的，如：分水界、黄茅界、山溪界；也有以远近命名的，如：五里亭、十里亭、半山亭等；还有为继承先辈遗志的，如：继志亭、先志亭、绳武亭等；此外还有以纪念老人寿辰、传说故事、前人功绩命名的。茶亭多建在人烟稀少、杀人越货、事故多发、野兽出没伤人的偏僻地方，如山坳必经的交通要道、岔路口和分界地等，如古老的牛牯山茶亭。牛牯山茶亭设在距雪峰山中部的紫鹊界主峰两公里的地方，坐

---

① （宋）祝穆编，（宋）祝洙补订：《宋本方舆胜览》，上海古籍出版社1991年版，第260页。

落在水车镇与文田镇的交界之处，就连雪峰山海拔最高的风车巷绝顶也建有茶亭。因为新化也有丘陵地带，所以地势平缓的地方或者平原地带也有茶亭。如新化县城从庆丰门到西门岭，出了城门就有一亭叫西门亭。从薰和门往南走至黄泥坳正好五里，叫五里亭。出城西南约二里路的跑马岭有一亭，叫跑马坳茶亭。故有"有坳必有亭、有界必有亭"的说法。茶亭的距离不等，或三里、五里，或七里、八里。茶亭的作用相当于驿站。大熊山产茶的历史非常悠久，生产上好的茶，当地人有喝茶的嗜好，所以将茶与亭结合起来，成为茶亭。茶亭，不仅是一道自然风景，还是人们歇脚、交友、相聚议事的重要场所，有着深厚的文化内涵，有重要的社会学、行为学、民俗学价值，在古代新化历史上发挥着重要的社会公益作用。由此，因资水、码头、熊山、茶亭而构成了当地得天独厚的自然人文生态。悠悠的资江水，鱼翔浅底，行船摇曳；茫茫的大熊山，遮天蔽日，伐木狩猎。生活在这里，远离喧嚣，远离浮华，山高水远，新化傩戏就是在这样的自然环境中得以生存与延续的。因此也印证了专家们"梅山文化是至今保存于湖南中部、西南部古老的原始渔猎文化"的论断。

资江与大熊山使梅山文化成为"古老的原始渔猎文化"，这个定义是有事实根据的，但是，它并不能完全概括新化傩戏产生的自然人文背景，这个定义并不完整。应该说梅山文化还与农耕文化有重要的关联。农耕文化是以土地为生产对象的生产方式，以及在此基础上产生的民俗、风尚、道德规范和意识形态为一体的内容和特征的文化，其中戏剧和祭祀是最为广泛和有群众基础的文化类型。傩戏作为民间祭祀的重要表现形式，脱离不了农耕文化所提供的自然和社会背景，因此，新化傩戏本身具有浓厚的农耕文化的地域印记。新化农耕文化最显著的特征就是它是稻作文化和山地渔猎文化融合的历史存在，是新化傩戏得以生存、演进的突出的标志性自然现象。

位于新化县西部山区的紫鹊界梯田，就是农耕与渔猎结合的自然典型，是新化祖民得以骄傲的历史遗产。紫鹊界梯田的历史非常古老，它起源于先秦，盛于宋明，已有2000多年的历史，是中国苗、瑶、侗、汉等民族历代先民们共同缔造的智慧结晶。紫鹊界梯田的面积大约有8万多亩，全部梯田没有一口水塘，更没有一座水库。山有多高，田有多高，田有多高，水就有多高，天然自流灌溉系统令人叹服，"被誉为世界水利灌溉工程之奇迹"。自古就生活在这里的人们，勤劳朴实，民风敦厚，在创造了自然奇迹的同时，也造就了这里的民歌、武术和原始神秘的傩戏、傩舞。

总之，资水流域、雪峰山脉北段中山地貌区的大熊山和紫鹊界梯田，共同构成了新化地区独特的自然风光，从而奠定了其人文情境产生的生态背景。

## 二　新化的历史与傩戏

自然风光是人类生存的先决条件，一定的文化必然带有地域的自然印记。新化既然属于梅山文化的核心地带，它就有梅山文化鲜明的特点和风情。新化一带的人类活动史可以上溯到新石器时代晚期，根据1978年在槎溪雷公凼、洋溪河谷腹地，发现第四纪东方剑齿象牙化石；1980年在圳上甘家村、圳上河谷第二阶地，发现磨制石斧、豆类、碗等器物，以及在此两地发现的陶片包括泥质灰陶和泥质黑陶，充分说明这里的历史积淀非常深厚，文化源远流长。新化的自然地理条件产生了独特的文化，这就是世代劳作在这里的先民对大自然的崇敬，他们的生活习俗、劳动生活、思想情感的表达方式或称文化载体——傩戏，就是他们宗教仪式和民情风俗的存在与体现。

关于傩的起源时间以及发源地点，多年来学界有多种不同的说法，但是可以确切地说，傩起源于远古，历史非常久远。傩是远古的先民们驱鬼逐疫祈求风调雨顺、五谷丰收等所举行的一种祭祀活动。傩祭祀是远古先民们情感交流和集体意识的体现，它的作用是可以用来与上天交流对话，通过巫师将上天的旨意传达给下民，把下民的企望和诉求传达给上天，从而获得心灵上的慰藉和满足。傩祭有一个重要的特征就是它的全民性和集体参与性，居住在资江边、大熊山下、紫鹊界的新化先民们所举行的傩祭仪式也不例外。新化傩戏至今已有六七千年的历史，它具有远古原始神秘性、平民化和生活化特征，被誉为"真正古老的民间傩戏"。傩祭在发展的过程中从最初单纯的巫傩祭祀，逐渐向审美的方向发展，出现了歌、舞表演，给祭祀仪式增加了新的内容和灵动的形式，从而成为祭神娱人的独有形式。傩戏和傩祭是两个概念，但是，这两个概念是不可分割的，是你中有我、我中有你的融合。后世将傩祭的仪式与傩戏的演出结合起来进行，前半场是祭祀仪式，后半场是演出，或两者穿插进行（一般为小型歌、舞、曲的表演），从而成为我们今天所关注和研究的对象，即傩戏。新化县天门乡是傩戏保存较完整的地区，通过天门乡傩戏我们来探寻古新化傩戏的神秘魅力。

天门乡地处雪峰山深处，位于新化县西北边陲的崇山峻岭地带，"境内山高林密、溪瀑成群，海拔从600到1400多米不等。在由峡谷、梯田、瀑布、茶园、清泉、古树群等组成的原生态环境中，散落着数十个'不与外人通'的古村落，村民纯朴热情，生活简单，敬畏天道，尊重自然，俨然一片世外桃源"①。原生态自然环境优美，崇山峻岭，峡谷幽深，溪河广布，还有令人叹为观止的古建筑群，有着深厚的文化底蕴。多年来，由于地处森林覆盖的大山深处，人们的生活仍处于原生态自然环境之中，此地是一个不与或很少与外界相通的世外桃源。从当今社会发展的角度来看，这个地方经济发展十分缓慢，大部分民众仍过着"伐薪烧炭换米盐，养鸡养鸭换零钱，养猪喂羊为过年"的低水平生活，很多地方还缺水、缺电、道路不通、信息闭塞。正因为有这样的自然和人文环境，天门乡的傩戏才保存得相对完好。

天门乡有着原生与神秘的自然环境，傩戏所在的金马村更是深藏于深山密林之处，山间云雾缭绕是常有的事。金马村周围的住户并不多，大约只有零散的几十户人家。从外部形态看，天门乡金马村的傩戏具有极其浓厚的楚巫特征，与其他傩戏相仿的地方在于，它也有代表各种不同人物身份的傩面具，如"开山""土地"等。面具是新化傩戏最迷人的一部分，金马村的傩面具造型很夸张，也很古朴，经过岁月的积淀，显示出深邃的沧桑感和青铜般的狞厉，老的面具件件都是艺术品，并具有很高的收藏价值。除面具之外，表演者也手持各种物件（权且叫

---

① 《天门乡成功入选"湖南乡村十大好去处"》，新化县人民政府门户网，2015年1月5日。

作道具），如刀、棍棒、如意、木鱼等。身着具有象征神佛大师的百衲衣或百衲帽，也有穿黑衣戴黑帽或不同于日常生活的服装，戏剧演出时穿戏装；为扮演巫师或鬼怪或各色人等的需要，有时面部也会化妆。天门乡金马村的傩戏演出时间较长，有时一天，有时两天，也有三天或更长时间，其表演中的"迎神还愿""驱鬼去邪"等内容具有浓厚的宗教色彩。表演者多为巫师，巫师是先民们的精神领袖，是神与人兼具的偶像，祭祀时他能够与天地沟通，能将人们的诉求上达上天，能将上天的意旨下传给百姓。天门傩戏的开场是从"喜乐"开始，表演者先要扮起来，身穿表演服装（或叫戏装），戴上木制的面具（表示已经不是凡人了），手拿铁质镰刀与石块（作法用的道具），然后表演开始。扮演者用手中的石块敲击镰刀，石块与镰刀相互撞击后迸发出点点星火，这种古人取火的方法是老百姓常用的，当地的很多老人至今还在采用这种方法取火，既原始古朴又有实用价值。当火点着时，傩戏祭祀活动正式开始。祭祀活动是整个傩戏演出的重头戏，仪式性很强。敬天、敬地、敬人神、敬万物、敬百兽。祭祀仪式中有唱，有吟诵，有手舞足蹈，有时还会杀生用以祭祀。在用于祭祀的食物中，以肉食为最优。在原始的渔猎时代，肉食是人们拼着性命打捞、狩猎而来的，十分宝贵，为了表示祭祀者的虔诚，把最好的食物用来祭祀，表示其衷心。后世祭祀仪式中所杀多为猪、羊、鸡、牛等。还有一种祭品就是血，血是人和动物的精元，是用以维持生命的本源，所以，古人认为血是有灵性的，是神圣的，所以，血被古人作为最尊贵的祭品。作为祭品的血祭，有人血，也有畜生之血。这种古老的祭祀方法在一些民族的习俗和祭祀仪式中，至今仍旧保留着。

祭祀仪式的时间很长，是其主要内容之一。在全部祭祀仪式结束后，真正的傩戏演出才刚刚开始。新化傩戏还有一项重要的内容，这就是"上刀山"。

"上刀山"是新化傩戏引人入胜的惊险部分。刀山的爬梯大约有二三十米高，爬梯用粗壮的竹子搭建，爬梯一边是刀梯，另一边是竹梯，从刀梯上去，从竹梯下来，有时也会从竹梯上去，从刀梯下来。刀梯的支架是竹子的，将刀插进竹竿固定，为便于攀爬，刀梯分别插入竹竿两侧，以便双脚替换向上。上刀山的"勇士"一般都是光脚，脚踩在锋利的刀刃上，一级一级往上攀，直到梯顶，无比惊险刺激，因此称作"上刀山"。这样的绝活不是轻易就能掌握的，必须经过长期的磨炼，有人甚至要练几年或十几年。天门乡"上刀山"的师傅刘铁军及徒弟的表演可谓精彩绝伦，他们对自己"上刀山"的功夫十分自豪，说是自己十多年练就的功夫，"现在在刀刃上行走，和在平地上走没什么区别"。

刘铁军和他的徒弟们完全掌握了"上刀山"的高难度动作，在表演的时候，脚踩在刀刃上，行走自如，神情淡定。"上刀山"最精彩的莫过于爬梯者背着人爬刀梯，虽然被背者多为小孩，但赤脚踩着刀刃拾级而上，直至梯顶，也是十分不易的。在梯顶，爬梯者还要将一系列高难度的动作展示给观者，如：凤凰展翅、双展、单展等惊险的动作。这项原始古朴甚至技艺性非常强的功夫，是经过千百年一代一代传承保留下来的民俗表演，这也正是新化人坚毅的性格、执着的求索精神和不畏艰险英雄气概的集中体现，同时也是新化傩戏最震慑人心的技巧和引人入胜的精华所在。

在新化的傩戏表演中，"有时还穿插巫术表演，如'捞油锅''上刀山''踩火犁''吞火吐火'等，还有诡秘的'罡步''手诀'，以及师刀、师棒的运用，使傩戏笼上一层神秘的色彩"[1]。

新化县的另一个傩戏保护、传承比较有名的是田坪镇。田坪镇地处雪峰山脉东北部地区的大梅山腹地，与涟源市和安化县毗邻，属于"一脚踏三县"的偏远乡镇。田坪镇与天门乡，一个在新化的西北，一个在新化的东北，同为湘中的偏僻乡镇。田坪镇属于丘陵地带，虽然域内水资源也很丰富，大小溪流纵横交错，素有"溪横玉带"之称，但这些河流处在两岸悬崖陡峭的大山中，雄伟壮观的油溪河大峡谷就在境内。它仍以耕地与林地为主要劳作对象，产水稻、薯类、花生、烟草等作物，属于农耕文化。田坪镇也是千年古镇，这里有香烟袅袅的天台寺古庙，有曲径通幽的美女洞，有官帽山、雷打石、石寄娘、万龙山等名山大川，有清代咸丰年间留下的龙潭风雨桥，自然景色多姿多彩。

---

① 《湖南新化：以旅游文化为媒　跻身旅游"新贵"》，人民网，2013年5月24日。

田坪镇的烟竹村，长期以来与外界联系较少，信息闭塞，受各种外来经济文化风潮影响较小。人们祖祖辈辈居住在这里，人和人之间依附性很大，民风淳朴，民俗文化历史悠久，加上独特的地理位置，造就了这里神秘的傩文化。新化县文化旅游资源挖掘整理办公室工作人员经过在全县半年多的走访挖掘，认为"田坪镇的宗教文化相对保存完整，底蕴深厚，很有挖掘研究价值"。

田坪镇的宗教（傩戏）坛主阳全保和谢向平等人从业多年，他们均为家传，祖辈在信众中有很大影响。田坪镇的傩面具与天门乡有所不同，其中有人面、兽面、鬼怪和神佛面。面具为木质，涂有黑色、红色、灰色、彩色等色彩，面具虽很夸张，但做工较为精细。表演者所穿服装有毛蓝色、红色、黑色等（为棉质）和彩装（为绸缎）等，或将毛蓝色服装作为内穿，彩装作为外穿。头戴代表蚩尤的饕餮纹头饰，称之为"头扎"。演唱用本地方言，有锣鼓伴奏。作为历史、民俗、民间宗教和原始戏剧的综合体，蕴藏着丰富的文化基因，其主要内容分为："祈神祷雨""驱邪治病""催生保产""凝幡结彩""转关度桥""冲傩作福"等类型，曾在田坪镇各乡村广为流传。这种作为民间举行祈福、求子、驱邪等傩事活动时搬演的娱神和自娱戏剧，在该地区也已流传数千年，主要由本土土著巫傩师以家传和师传两系传承至今。[①]

傩戏《萧师公》是田坪镇坛主阳全保、谢向平等人的拿手好戏，讲述的是明朝宗教人士肖八郎的故事。剧中肖八郎是一位法力无边的神人，经人举荐，与唐家六儿子一起携带法器到麻水塘（今天的田平镇一带）雇主家替人还愿，通过"做申化""进兵""和神""送神""起马""打对同"等步骤完成法事。此后，麻水塘一带万民安康，百业兴隆，风调雨顺，从此肖八郎名声大震，被百姓称为"萧师公"。法事成功后，肖八郎感到自己在此发迹，于是在麻水塘一带收了很多徒弟，为他们传授技艺，以此兴邦安民。演出时，演员戴面具，表演夸张、生动，语言用田坪镇当地方言，对话幽默、诙谐，唱词风趣。演出

---

① 《田坪镇傩戏再展非遗风采》，《中国乡村发现》，中国乡村发现研究院，2014年8月20日。

图1　头戴饕餮纹的家先
（桑梓镇侯家坛）

图2　从左到右：土地公（左一）、挖路郎君（左二上）、
土地婆（左二下）、架桥郎君（正中）、笑和尚（右二上）、
开山小鬼（右二下）、大法师公（右一）

者嗓音嘹亮，表演技巧性较强，故事具有神秘的宗教色彩。

　　《萧师公》的"装坛"如此精致，表演如此滑稽，显示了田坪镇傩戏鲜明的民俗风尚，强烈的民间愿望达到了很高的艺术境界。此外，荣华乡的宗教人士在烟竹村借"神坛"表演傩戏《大法师公》《卖车线》等剧目也很精彩。与《萧师公》相类似的傩戏剧目还有荣华乡傩坛的《大法师公》、水车镇傩坛的《邓师公》等。这类剧目都有一定的宗教色彩和积极的主题意蕴，将自身的修为与为民造福结合起来，阐明"机会垂青有准备人"的哲理。剧中的情节有趣，语言幽默滑稽，观众参与性很高，是最受欢迎的剧目类型，也是新化傩戏重要的保留剧目。但是，这些剧目一定程度上带有宿命与因果报应的倾向，这既是原始古朴的先民意识，也是傩戏在当今所呈现出的局限。

　　新化傩事活动最具典型性的代表还有水车镇的傩头狮子舞。"从现在可以看到的，这个傩舞现存16段36合，表演情节简单，主旨为祛邪求子祈福，以哑剧舞蹈形式表演，风格古朴原始，其中保留了大量的傩母崇拜、生殖崇拜等原生态信息。傩狮头造型十分独特，像狮子并非狮子，实则为红面鼓眼阔口獠牙的饕餮纹'吞口'，是以'南蛮'始祖蚩尤为原型的傩面具。"[①]

新化傩戏的大小剧目非常之多，2014年3月1日至5日，新化县政府举办全县傩戏调演，经推荐和筛选，共有《搬开山》《搬土地》《搬郎中》《搬砍路》《搬扫路娘子》《接六娘》《踩仙娘》《蒋田郎

图3　田坪镇阳家坛傩戏《萧师公》：萧师公在路途中教导帮手唐六

中》《大法师公》等80多个傩戏曲目，300多名傩戏演员参加演出。演出曲目之多，演出阵容之大，演出形式争妍斗奇，观看人数之众多，是多年来少有的。[②]在组织调演之前，有关部门对全县17个乡镇做了调研，[③]估计目前有62个傩坛、200余位专职傩艺师。参加这次"全县傩戏调演"活动的剧目是来自13个乡镇的19个傩坛，演出有傩戏、傩仪和傩技。目前傩戏曲目主要是保存在大型傩事仪式中，如："唱太公"（祭祀男系祖先的）、"大宫和会"（祭祀女系祖先的）和"抛牌过度"（为巫傩学徒举行的出师大典）等。这些原生态的、古朴的傩事仪式，是一种重要的文化资源，承载着梅山文化圈历史、文化、艺术、宗教演化的过程，具有很高的文化价值，是新化乃至民族民间宝贵的非物质文化遗产。

新化傩戏除以上剧目外，还有孟公镇陈家坛傩戏《簪子猖》，西河镇夏家坛傩戏《南盘猖》《引路》，田坪镇谢家坛傩戏《开硐》，游家镇杨家坛傩戏《开山》，石冲口镇刘家坛傩戏《上五台山》，琅塘镇洪家坛傩戏《修路》，石冲口镇潘家坛傩戏《扎六娘》、曾家坛傩戏《耕田种地》、傩坛"唱太公"

---

①　《新化文化旅游资源简介》，新化县人民政府网站，2014年8月27日。
②　《新化举办首届傩戏调演》，《中国文化报》2014年3月12日第10版。
③　湖南省民协梅山文化研究委员会和新化县产业办民间传统文化资源挖掘小组于2014年对全县17个乡镇的傩戏进行了调查。

中的傩仪《踩九州》，琅塘镇洪家坛傩戏《卖货郎》，维山乡曾家坛傩戏《架桥郎君》《和尚大将》《莳田郎君》，洋溪镇广阐宫坛傩戏《天光土地》，桑梓镇谢家坛傩戏《土地》，洋溪镇广阐宫坛"还都猖愿"中的傩仪《穿五岳大坛》，荣华乡张家坛傩仪《和梅山》，曹家镇李家坛傩仪《和梅坛》，以及《起猖》《报信》《挖路》《扫路》《伐木架桥》《和尚》《大法师公》《邓师公》《判官》《养育》《应兆郎君》《搬锯匠》《搬架桥》《和梅山》《卖车线》《开洞郎君》等。

正像梅山文化研究会李新吾、田彦、谢伦芳等在研究梅山傩戏时谈到的：以新化为代表的梅山傩"是古老的中国傩文化体系中一朵丰标独树的奇葩"，它不同于其他地区傩戏的特点在于，"她的原生形态，仅存于唐宋时期'不与中国通'的古梅山峒地域，也即当代以新化大熊山'蚩尤屋场'为人文地理中心的湖南雪峰山区域"①。它的生存环境相对封闭，使这片区域形成了它特有的形态特征。新化傩戏不仅是一个概念、一个名称、一种古老的活态文化，它还有一个固定的、人格化的傩神，这就是"上古九黎部族的首领、梅山蛮族的先祖蚩尤。而且，蚩尤以下还有一个由各氏族历代父系祖先（俗称'家先'）形成的男性傩神系统与一个由母系氏族首领集团（俗称'娘娘姊妹'）演变而来的女性傩神系统"。同时，李新吾等人的研究还认为：

　　梅山傩的秉性为巫傩，傩事核心是讲述（表演或再现）祖先的故事，享祭对象即列祖列宗，功能主要是祭祖缩亲、驱邪祈福；内容是演绎祖先劳动生产、生活和繁衍后代的经历和场景，其形式则是巫傩师自编自演，并且就是演自己，剧中人和表演者的区分界线仅有一个自制的傩面具。由于巫傩师本身就是普通的梅山山民，生存的物质基础和形态，就

---

　　① 2016年7月11日，中国湖南新化傩文化国际学术研讨会上对梅山傩戏的介绍，《梅山傩戏是一种面具艺术》。

图4 头扎：两旁为分成半边的饕餮纹，合起来就是代表蚩尤的图形（采集于琅塘镇阳家坛）

图5 傩母（左）、韩王（中）、傩公（右）

是山民世代传承的渔猎稻作、男耕女织，他们编排的傩事剧目，从演员、角色、故事情节、歌舞唱腔到场景装置、服饰道具，都是就地取材；与山外各地以历史人物、英雄故事为主要内容的傩事剧目相比，其亲和性是不可同日而语的。

在这里，梅山文化研究会对新化傩祭的内容、祭祀的对象、祭祀的目的，傩戏演出的内容、形式，以及其他傩戏的故事题材等做了深入的研究和充分的论述，对我们全面了解新化傩戏及其整个傩戏的起源和形态提供了一把很好的钥匙。所以说新化傩戏是记录千百年来湘中历史、文化、艺术、宗教演化过程的活性载体，是民族学、社会学、民俗学、戏剧发生学、戏剧形态学和湖湘文化研究等诸多学科宝贵的信息源。

总之，对梅山傩戏进行研究，不仅是总结和回望历史文化，同时对当代文化有着十分重要的意义，对全面、深入地认识中国传统文化、地域文化和民间文化具有积极的价值。

# 咒鸟、咒偶与㑇舞

## ——四川九寨英格村白马藏人傩戏小议

四川大学　丁淑梅　黄仲敏

㑇，读音zhòu，意为吉祥面具舞，俗称"十二相舞"。它源于白马人"万物有灵"的观念，是氐羌文化与藏文化的融合体。㑇舞一般由七、九、十一人表演。㑇舞历史悠久，流行于四川省九寨沟县白马人各村寨和附近的文县、平武各村寨，在文县、平武等地称"池歌昼""麻昼""甘昼"或"鬼面子"。㑇舞作为非物质文化遗产的传承和发展，亟待得到更多关注和扶持。㑇之源、㑇之义以及㑇舞表演的田野考察，可以帮助我们进一步理解四川九寨英格村白马藏人傩戏的动物崇拜与文化价值。

## 一　"㑇"之源与"㑇"之义

关于白马藏人的传说，以白马神庇佑白马部落化作山神"叶西那蒙"以及勇士戴面具反抗吐司压迫而形成了戴猛兽面具、跳"咒鸟"、朝拜山神的祭祀活动。"咒鸟"表演姿态粗犷、节奏缓重，人们头戴兽面、围圈挽手，边唱边跳，随后还有"黑熊神"装扮者，挥舞牦牛尾，挨家挨户驱魔赶鬼、祈福平安，具有祭祀性质和傩戏特征。①

从伫舞最突出的特征——戴狮、龙、熊、虎、豹、牛、麒麟等立体兽面以及凤凰、春鸟、周鸟等禽鸟面具舞蹈看，具有"百兽率舞"、拟兽表演的文化遗存和方相魌头的记号遗形。而他们所戴的面具中，有突纵三目面具，这种凸目形象，或与刑天雕题有关，或与仇池山、洛峪镇、奇股国等帝与刑天争神地的神话背景有关。三目神面具保留氏族神的特征，具有透视天地之神力的原型思维象征，也有认为是受到佛教天眼与寺院面具舞——羌姆——影响的变体。而他们祭祀的神灵中，有作为狩猎神的杨戬，白马人自称"贝马（bey ma）"，据说"贝"是"藏"的意思，"马"是"兵"，即藏兵的后代，可见模仿狩猎、战争，预演庆典的傩戏与藏羌文化、中原文化的关系。

从伫之源来看，十二面相舞与汉末以来加入傩仪中的十二兽吃鬼歌有着奇异的相仿之处。上古傩简单粗犷，秦和西汉的傩礼逐渐增加一些新的内容和程式。如在方相氏和百隶基础上加进童男童女，东汉前期又改童男童女为童男任"侲子"，汉末又增添"十二兽吃鬼歌"及表演过程。"十二兽吃鬼歌"的内容为：甲作、胇胃、雄伯、腾简、揽诸、伯奇、强梁、祖明、委随、错断、穷奇、腾根十二位神兽，分别吃鬼虎、疫、魅、不祥、咎、梦、磔死、寄生、观、巨、蛊等十一种鬼疫；最后还要劝鬼疫赶快逃跑，否则就会被十二兽掏心挖肺、抽筋扒皮，以致被十二兽吃掉。《左传·文公十八年》有"少昊氏有不才子，毁信废忠，崇饰恶言，靖谮庸回，服谗搜慝，以诬盛德，天下之民谓之穷奇"的说法。雄伯是传说中能吃"魅"的神。伯奇即伯劳鸟，因其父轻信后母谗言杀之，冤变伯奇，叫声不祥，能知噩梦、吃噩梦。强梁即疆良，虎首人身，四蹄长肘，能御蛇，与祖明共吃磔死、寄生两鬼疫。穷奇如牛似虎，有刺

---

① 庹修明《中国西南傩戏述论》（《贵州民族学院学报（哲学社会科学版）》2001年第4期），以四川白马藏人"跳曹盖"为"发展期的傩戏"，有了"戏"质的变化，形成了傩戏（准傩戏），但还保留着原始巫傩向傩戏过渡的本来面目。

猬毛，爪如钩锯，其声如狗，与腾根共吃流传最广的鬼疫蛊。晋司马彪《续汉书·礼仪志》载十二兽（又称"十二兽神"或"十二神"）多数出典无从查考，被十二兽"吃"的十一疫大多也找不到来源。不仅文献典出少，"十二兽吃鬼歌"入傩的表演活动也历时极短，逢乱失传，我们已经无从知晓其更多细节了。任半塘《唐戏弄》说："汉制大傩，以方相斗十二兽，以斗始，而以舞终。"斗，是镇服十二兽的过程，令其改恶从善。这种傩仪的整体结构，是"先倡→后舞→再驱疫"，念诵"十二兽吃鬼歌"，接"方相与十二兽舞"，单人旁的舞，已有强调其表演成分，整个仪式中，明显可以看到所具备的傩戏雏形中"驱兽"带来的重要表演性因素。而"俉舞"所佩戴的兽头面具，有十一头之说：生欧—狮头，珠欧—龙头，逗欧—熊头，达欧—虎头，意欧—豹头，日欧—蛇头，朗欧—牛头，秋欧—凤凰头，出舍欧—麒麟头，竹竿欧—春鸟头，些那欧—周鸟头，都为猛兽和祥鸟的造型。其立体造型特意夸张凸目、三眼、长鼻、尖嘴等五官特征，其作为狩猎文化的动物崇拜色彩浓厚。

从俉之义来看，俉舞，又译作咒乌、咒偶，也称"跳曹盖""朝格"，俗称"十二相"。俉即指吉祥面具舞，也指面具舞的带头人，同时具有凶狠狞厉、乖巧伶俐的双面意涵，通过假面扮神，击鼓跳舞，驱鬼逐疫，祛灾祈祥的原生态俉舞表演，每年农历正月初二到初五、正月初六至十六，在晒坝上跳俉舞。场中立一旗子，旗为天蓝色或红色，有的绣有虎头，以鼓钹和铜号为主要伴奏乐器。在浑厚有力的鼓号声中，头戴各种禽兽面具的表演者，身着绣有龙和海水的彩衣彩裙，由"狮子"或"凤凰"领头，以踏步沿逆时针方向转圈而舞。俉舞的面具大多凶猛狰狞，大鬼小鬼面涂黑、红眼圈，熊头用真熊头中空挖成，各种猛兽猛禽头彩绘红、黄、绿、蓝、黑各色，五官立体变形、夸张较大。领头人双手各握木镖一把，镖把上雕刻有神像。舞者时而停立，时而走圈，忽而聚拢，忽而散开，提脚踮转，转中开胯，张胸扬臂。舞者手脚灵活麻利，姿态模拟各种动物追打扑食、栖息藏匿、惊惶奔逃、鹰隼展翅、猛虎跳火的动作，强劲古朴。从白马藏人的动物崇拜观念看，狮子是兽中之王，威武不败。龙有帝王之尊，居十二属相之首，是人们崇拜的神性动物。虎是山中之王，吼声摇山动地，威严难犯，白马人崇虎，有虎星、虎神等传说。牛是坐山王，是为人类施福的牛菩萨，十二属相和二十八星宿都有它的位置。熊是勇敢顽强的力士；雕为飞禽之大力士，嘴眼凶猛威悍，灭虫祛毒；凤凰俊秀灵巧，羽衣斑斓似锦，在白马人眼里是鸟中之王，吉祥美丽的神鸟、仙鸟；曹盖，据传是白马藏人总神，长得魁梧凶恶，傩舞中以他开路先锋、导引仪程、镇邪驱鬼；酬孟，则是传说中的曹盖夫人，相貌丑陋。曹盖夫妻与"十二相"以傩舞驱邪逐鬼，借祖宗威力祈求佑护。白马藏人所崇拜的这些动物和禽鸟，虽然大部分都是曾经威胁人类生存的野兽和猛禽，却可以通过群组动物神，祷祝镇服转而护佑人类，有些后来被人类驯服，成为人类的朋友。《左传·文公十八年》载："舜臣尧，宾于四门，流四凶族：浑敦、穷奇、梼杌、饕餮，投诸四裔，以御魑魅。"四凶原本各有其族，被舜驱赶到四裔去"御魅"。四凶则被宾于国之四门，砍下头颅接受"息怒"礼，而灵魂转"宾"成为舜及其部落臣民的守护神、朋友或恩人。由此来看，白马藏人的傩舞，佩戴以猛兽、猛禽、祥鸟成组的兽面序列，象征人与动物内在关系的一种转换，亦可见出以我摄宾、息怒去凶、驱邪纳祥、化仇为恩的意味。

## 二 九寨英格村傩舞表演的现状与问题

在对九寨英格村白马藏人傩舞的田野考察中，伴随着走访、观看，班文玉老师的口述"傩舞史"引发了我们对非物质文化遗产传承的一些思考。

班老师朴实的口述，让我们了解到白马藏人傩舞的真实面相。白马藏人是一个不相信宗教而信万物有灵的民族，他们信仰的是自然神明。据四川九寨英格村白马藏人"傩舞"的国家非遗传承人班文玉老师口述，傩舞表演是由15人组成，包括两个大鬼（穿羊皮的曹盖，羊为氐羌图腾）、两个小鬼（妻，曹孟）和11个动物面具，还有号4人、锣4人、鼓4人、执红旗2人。傩舞的面具有11个，分别是生欧（狮子头）、珠欧（龙头）、达欧（虎头）、郎欧（牛头）、逗欧（熊头）、秋欧（凤凰头）、色拉（雕头）、酬盖（大鬼）、酬孟（女鬼）、阿里芳（小鬼）一对。面具的刻画是由祖先观察生活中的动物模拟而来的（自然神）。面具取材一般是椴木或马柳木，质好经晒，本寨取用方便，面具保存有讲究，要更换就需要一起更换、一起开光。动物面具只单不双，是由于古时有人算出十二双数不吉利，所以现在是十一面相。其中狮子头是百兽之王，为九寨沟县白马藏族县城以上的领头人、历代领舞者身份象征，凤凰头则是县城以下的领头人、其他白马藏族的领舞者身份象征，然后是鸡头、牛头、狗头、虎头、龙头、蛇头、熊头、雕头、猪头。由带头人领舞，每种动物的姿势都跳一遍，共跳12转。本村有30多户，分户表演、一家家表演不同面相。"跃伥"是路上跳的舞，喜迎宾客，边走边跳；"甘伥"是场坝跳的舞，要驱邪保平安，往上送神、往下送鬼；"措伥"是两个舞队相互比赛，按照规定的动作跳，看哪个队跳得更好。平常就是11个人、两个大鬼、两个小鬼，15人跳。跳的时候，领舞的人很关键，大家都跟着他跳，要模仿不同的动物，因为他们都是我们白马藏人的神，我们要祭拜他们，包括到山下祭拜山神、树神等。

伥舞除了以上谈到的文化远因，其实还有很多近缘故事和传说。比如白羽毛的故事，山上部落打仗，敌军埋伏潜入，白色公鸡鸣叫了，提醒白马张兵来了，为了纪念这只公鸡，为了纪念这次关键战役的胜利，于是，公鸡白羽尾作为纪念打仗时白鸡给的警号，成为民族的印记。除此之外，还有三位神灵：青严爷、老虎将军和青松神马树。青严爷是本村最大的神，每逢正月初二，伥舞请神请的便是青严爷，杀鸡宰羊，烧纸烧香，用白马藏语请神明保佑；过年也要拜青严爷，每家每户都挂大鬼辟邪、少数村民挂上古老的藏文藏语向祖先祈福。老虎庙是纪念老虎将军的。传说老虎将军收复了吃人的老虎当坐骑，他带领人们打仗、造福百姓。老虎庙是神在的地方，牛羊牲口不能进。青松神马树，是青严爷奔驰的骏马化生的，是村子中的神树，其树冠形状为盛世奔腾的样子，已有2000年了。这些文化的附着物，为伥舞打上了文化传递、族裔融合的印记。

只是这种基于族裔融合的文化传递，如何维持下去呢？除了旅客的到来，每逢正月初二（初二到山上上三炷香）到初四是请神，正月十四到十六是送神，摆放祭祀品来保佑平安，祈求新一年里的新气象，傩舞仪式前先拜祭山神。傩就是跳的意思，傩舞是学习动物跳舞而来的娱乐、拜年、祭祀，祈求农活顺利、一年风调雨顺。傩舞原有70多种跳法，但部分已经没有记录了，只在师傅心里存着。部分傩舞跳法也教不完了，吹号和跳傩舞都需要体力，现在也没有专门学吹号的年轻人，而且一个面具价值1000元，要雕3个月，需要花费很多心力。现在因为旅游业的带动，推广地方文化，师傅也应邀外出表演，甚至去过北京，平常也为游客跳，时间不再局限于正月。

班文玉是傩舞第四代传承人。傩舞是只有白马藏族人跳的舞蹈。他遗憾地表示，要教出来一个傩舞的领头人十分不容易，一个好的领头人不仅仅要精通傩舞表演的70多种跳法，还需要肩负着将这一文化传承下去的重大责任，不仅仅需要天赋和后天的努力，还需要领头人的人格魅力和领导力。这使得家族式的传承方法不再适宜于白马藏族傩舞文化的现状，所以，班文玉坦言现在的傩舞只要村子里的男丁（傩舞是只有男的才能跳）愿意学他就愿意教，这就是文化的传承。班老师提起以前傩舞的文化更加丰富，舞蹈的节目也更加多彩，但在人们的思想改变之前，每一代的傩舞传承都存在傩舞文化的流失，有些舞蹈节目随着父辈的离世也一并蒙上了尘土，但个人的信仰不会因此改变，他相信神和人是互相照看的，神会跟着人走，人好神也好。所以他说他不想这一文化随着他一起入土，他会尽他所能去做好传承的事情。他还在发动亲朋好友募资建文化大院，并尝试将传习所改址到传承人住的英各村。从班文玉老师的口述中，我们了解到，作为旅游表演项目的"跳曹盖"，时间和地点都与原生态的、作为年节习俗的傩舞表演不同了，白马乡过年过节也不再跳曹盖了。

一方面，"傩舞"与氐、羌、藏、汉文化都有着复杂的因缘，另一方面，我们对"傩舞"秘境还知之甚少。一方面，"傩舞"已被定名国家级非物质文化遗产，得到政府机构的支持和文化政策的保护；另一方面，传承技艺、传承人、传承活动也在流失。一方面是代表性传承人肩负使命、得到一定的传承保障；另一方面却是傩舞表演的成员缺失，后继乏人，整体上的团队传承面临困境。一方面，九寨景区为附近的傩舞表演带来了开放性的社会空间，依托外来涌入的旅游人群，傩舞为世人所知；另一方面，旅游演出也让傩舞变成了"资源"，改变了它本来的面貌和意义。不能在封闭与隔绝中被遗忘，那么，"傩舞"在面对新的开放的社会空间时，又该如何保护和传承？

班文玉老师认为有一个路向是回归，即回到原生态的傩舞表演中，让傩舞表演回归本族人的日常生活，让白马藏人在傩舞中体验族群认同[1]、寻找祖先记忆，培植乡土归属感。这一点是难能可贵的。但傩舞的保护与传承，在原生态与衍生态之间，依然有很多裂隙和问题存在。除了还原傩舞表演的形式和内容，还应该以非遗整体保护的理念，关注参与其间的族群及其以族群、活动时间与地点构成的原生社会空间及其文化依存。如何让身处傩舞文化圈的不同族群缔结精神联系而成为社会共同体？除了回归的路向，还应该注意到在地化实践的问题。怎样通过傩舞表演让外来者融入当地的生活，如何将傩舞所具有的神圣性与现代人期望超越世俗羁绊获得精神沐浴与灵魂超越的念想达成深度的共鸣？或许，在地化实践的探索，可以帮助我们思考"傩舞"在新的开放的社会空间里存在的意义。

---

① 王越平《敬神与狂欢——白马藏族三个村落"跳曹盖"仪式的比较研究》（《中南民族大学学报（人文社会科学版）》2008年2期）比较分析了文县麦贡山、平武厄里寨和木座寨三个村落"跳曹盖"仪式结构。

# 傩戏人生 [①]

## ——德江傩戏传承人张月福口述史

三峡大学　刘冰清

三峡大学硕士研究生　夏雪　赵颖


　　德江县位于贵州省东北部，东接印江，南连思南，西南与凤冈交界，北插沿河、务川之间。德江古为蛮夷之地，商周时为鬼方，春秋战国时为巴国南境，汉属巴郡，隋属黔州，唐属费州，明万历年间改置安化县，属思南府。德江历为少数民族聚居之地，各族文化在此交融，其中傩文化至今仍影响着人们的思维、意识和生活方式。2006年，德江傩堂戏入选国家级非物质文化遗产名录。

　　张月福，男，土家族，1951年生，贵州省德江县稳坪镇铁坑村人。14岁时学傩，先后拜张羽鹏、赵开阳、陈子荣、刘文清、张玉智、张月号、张世豪等13人为师，1982年"请职"。1988年，张月福参与纪录片《中国戏剧发展史》傩戏部分的拍摄，并担任重要角色。从艺50余年，他不仅多次受邀参与德江、铜仁、深圳等地的傩戏展演活动，还走出国门代表中国到访日本、法国等国

　　① 基金项目：国家社会科学基金艺术学项目"武陵地区傩戏文献文物搜集整理与研究"（项目编号：13BB020）。

家，向世界展示中国傩文化的魅力。2008年，因其较高的傩戏表演水平和对傩戏传承所做出的贡献，张月福被评为国家级非物质文化遗产传承人。目前，他仍活跃在傩坛，为当地百姓"还愿冲傩"，参与各级政府部门组织的傩戏展演活动。

2017年8月19日，我们在德江县、思南县土家族学会吴昌辉和田永红两位先生的陪同下，前往德江县稳坪镇铁坑村寻访土老师张月福。本文就是我们以对张月福师傅的实地访谈录音为蓝本，后又两次与张师傅电话沟通加以补充完成的。仅将会话形式改为自述形式，其内容均为张月福口述的如实记录。

## 一 学傩经历

我没读过很多书，那个年代都不怎么重视读书。我在稳坪小学上到四年级就辍学了，辍学之后我就到一个中药房里帮忙。我是家里的老幺，我们家有五个兄弟，上面还有个姐姐。我们家祖辈都是做这一行的，法师也做，阴阳先生也做。我的爷爷张金高、外公杨发清、父亲张玉仁都会做，到我这里是第四代了。我大哥、二哥都是当过兵的，他们不爱搞这些，就我从小喜爱这些东西，先开始是看，后来长大些了就跟着学。我又没读过什么书嘛，我的师父就让我抄科书，抄完了我也认识了不少字。

我14岁才正式开始学傩，那时候是张羽鹏师父看中了我。记得那时候跳神是跳不得的，我先是跟着他唱灯会，他就看中我嗓门洪亮、咬字清晰，说我可以学着跳一下，就把科书给了我几本，让我先看一下。我拿了书也不敢当着家里人的面看，就等他们都睡了，点起煤油灯偷偷地看。就是这样，我学了好几年，家里人都还不知道我在偷偷学哩！那时候我每天都在心里想着这些事，一有空就琢磨手诀啦、符咒啦这些东西。

说起学傩，我主要是跟着赵开阳和张羽鹏两位师父学的。后来慢慢让做了，他们出去做事我就跟着，又认识了其他一起做事的师傅，他们也乐意教我。我的师父教给我上刀梯的本领，他对我很是放心，他相信我能做得好。我那时胆子很大，在那么多老师傅的面前，第一次就上去了，老师傅们都说我动作很利索，有人竟然讲我"像是天生的杠神先生"。

记得20多岁跟着师父去做事的时候，我们都要翻山越岭走小路，交通也不方便，不像现在可以坐车去，有时要走好几天才能走到主人家里。走得远还不是最累的，师父在做法事的时候，我就要帮着杀猪宰羊，做完了事情主人家会分给我们一些东西，我还要背着二十多斤猪肉、四五斤羊肉和一只鸡。我家到师父家还有40多里，到家之后我还要背着这些东西送到师父家里去。虽然辛苦，但是在路上师父也能教我不少东西，去的时候就跟我说要做什么，有哪几场法事，哪些要交给我来做，回来的时候我有不懂的就会请教他，师父也会很耐心地跟我讲。我回去之后就赶紧拿本子记下来，怕忘了，自己再反复看反复记，所以现在那些科书，我都能倒背如流，说老实话，不下苦功夫肯定是学不好的。我印象最深刻的就是那时师父教我怎么打卦，有时候怎么也打不到想要的卦象，这时候就要念一句咒，再打就能打出来了。我师父耐心教我，我当然也要恭恭敬敬地对待他，师父家里有什么需要帮忙的，我都不会推辞，我师娘都说我"简直比自己的亲儿都要好"。

我学了18年傩艺，到32岁才"请职"。请职之前要做一系列的准备工作，先要"抛水牌"，就是要先做好牌带，上面的"柳旗"有24到36根不等，我的牌带上面有33根，这个数量都不定，有时候去帮人打关，打过了主人家就会把自己家的布条缝上去讨个吉利，这样就会多几根。要在同村品行良好的人的家中，抓一把谷子或干玉米粒，放在祖师坛前供奉，这是请职的时候要用的。然后要给师父和师娘做一身新衣裳，这表示请职后也不会忘记师恩。还要准备好三牲（猪、羊、鸡），这是请职时祭祖师用的，先要师父看好时辰，吉时一到就要杀三牲上供。最后就是要请师父看日子了，我们请职一般选在正月十五、七月十五和十月十五，这三个日子就是我们常说的上元、中元和下元。这里头也是有说法的，传说上元法祖、中元法祖和下元法祖要在这三个日子分别开门传法，所以在这三个日子请职是最好的。不过现在也少单独做"请职"了，遇上别人还愿或者给法师“开天门”[①]就一起做了。

请职的时候，要请人分别做坐桥师、接法师、引进师、誊录师、保举师，这五个人都要选已经请职的法师，并且都要品行端正，是受到大家认可的。我请职的时候，请了赵开阳师父做我的坐桥师，周碧曹是我的接法师，张法兴是我的引进师，赵法群是我的誊录师，[②]还有刘文清、刘文泰、张世豪、陈子荣、张玉海这几位师傅帮我做证明和保举。因为我是和做阴阳先生一起请职的，就还有张云净、张玉智、张月豪这几位师傅给我过阴阳先生的职。

请职最少要做五天才能做完，有时候和还愿、打关或者开天门一起做，就要更长的时间了。我请职的时候就做了七天，那时村里有一位“杠神先生”过世，赵开阳师父就说跟我的请职一起做了。一般做五天的话，第一天是扎坛，请到的这五位法师一早就要赶到要请职的徒弟家中，布置傩堂，准备好第二天要用的道具；第二天才算是正式开始，要做完开坛、发文、请水、敬灶、造船、清家宅这些法事；第三天要做和桥、立楼、造席、传花红、和会、交标；第四天就是要唱傩戏了，唱傩戏前要开洞，然后才是出戏，这后面一直要唱到晚上九点，请一位品德良好的未婚姑娘将准备好的牌带封好，然后才是请职最重要的“踩茅山法”。这要等到半夜三点以后，他要告诉徒弟，请职之后有的事情一辈子都不能做一次，有的事情一辈子只能做三次，不过最好是不做，遇到万不得已的情况才能做，有的事做太多了就会对自己的后代有影响，也不能乱发五猖，否则会害人。引进师带着徒弟上山，坐桥师问徒弟，徒弟要认真回答。坐桥师是教自己手艺的师父，他会问徒弟：“如果以后不认我这个师父该怎么办？”徒弟就要回答：“我忘了天不下雨、地不生草，忘了父母遭雷打，忘了我的法术就不再灵验了。”听到这样的话，师父才能放心地把徒弟领到茅坡隐蔽的位置，将法术都传给他，这就叫“茅山法”。传完了之后还要回到徒弟

① 法师去世时需要“开天门”，象征着过世的法师能上天了。

② 张法兴和赵法群均为这两位师傅的法名，他们的俗名张月福已记不清了。

家中，坐桥师先挽诀法给接法师，接法师再转传给土地。还要将法印、咒、符一一传给徒弟，徒弟要跪在地上拿长衣来"接法"。一直到传完七十二道正法，传法才算结束。最后，师父要打出阴卦、阳卦、顺卦这三卦，这就表示传法请职以后徒弟在外行傩能一切顺利了。

## 二　从傩技艺

我们德江的傩戏分为两个教派，一个叫"茅山教"，一个叫"师娘教"，我是属于"茅山教"的。我们德江绝大部分都是"茅山教"，只有极少数属于"师娘教"。这两个教派在表演时都大同小异，它们的不同之处在于各自的来历和传授方式。"茅山教"在扎坛的时候要在坛中间挂上写有"太上证乙骑虎上坛，南教天子，北教大王，傩公大法老师"的纸，而"师娘教"挂的是写有"玄皇会上，赵候圣主，傩公大法老师"的纸。开坛的时候，"茅山教"的法师要边唱边穿法衣，站在大门的门槛上敲锣，还要吹三声牛角；"师娘教"穿的是围裙，在傩公傩母前敲锣开坛。"茅山教"用手挽诀的时候要在身后挽，"师娘教"手挽诀的时候要先拍一下手再挽诀。为什么要先拍一下手呢？传说是"师娘教"的师父临死前徒弟没及时赶到，传法时就由师父的女儿传授给徒弟。徒弟到了之后问师父的女儿要怎么做，师父的女儿当时正在揉面，她就拍干净手向徒弟比画了一下，说："我父亲叫你像这样做就是了。"所以直到现在，"师娘教"挽诀的时候还会先拍一下手。

我们现在主要做的就是"冲傩"和"还愿"两种法事。"冲傩"有"急救傩"和"太平傩"两种，"急救傩"是家里有人患上疑难杂症的时候做的，"太平傩"是家里遇到了灾祸的时候做的。"冲傩"时间都比较短，一般请三四个法师在家做一天一夜或者两天一夜就可以了。"还愿"就比较复杂了，少的要做三五天，多的要做十天半个月，不过现在一般就做三五天，做时间长了主人家也承担不起。还愿有还"阳寿愿"的，那是祈求家中的老人健康长寿；有还"阴寿愿"的，那是给去世的老人还愿；有还"童子愿"的，那是求子的。求财、求平安都可以许愿了来还愿。

还七天愿是比较热闹的。第一天是扎坛，请到的这五位法师一早就要赶到要请职的徒弟家中，布置傩堂，准备好第二天要用的道具。扎坛也有很多讲究，很多第一次看到我们唱傩堂戏的，从扎起傩坛开始都觉得很新奇啦，要会写、会画、会剪纸才能把傩坛扎得漂亮。布置傩堂的时候，先要把两张大方桌拼起来，再在桌上用纸扎成傩坛，要扎得像古代的宫殿，中间有三间正房，两侧还各有一个厢房，就叫作"三宫八卦场"。"正房"分为"正殿""三清殿""玉皇殿""华山殿"，"厢房"分"东宫"和"西宫"。每一道门的两边都要写上对联，都是一些吉利的话，这些字都是前面的祖师们造出来的，一般人不大能看懂。用到的纸扎也都是有讲究的，高要有六尺六寸，加上桌子本身的高度就是九尺九寸，宽要有七尺七寸，这就叫"三宝坛龛"。在"三宝坛龛"的里面，傩公傩母的像要摆在两边，大方桌下面要放上"小山"牌位。"三宝坛龛"的外面要在中间摆上证盟的牌位。除了这两个牌位还要供上"九天东厨司命灶五府君位""四元尊官之神位""某氏门中众位家仙位""南效天子北效大王神位""法玄门下诸大百神圣位"这几个牌位，每个牌位高一尺宽八寸，这个都是固定的。另外还要在方桌上摆一个装满米的木升木斗，里面插上宝剑和令旗，前面摆好香烛、香炉、酒杯、肉和豆腐。这些都是在做法事的时候要用到的道具和供品。除了"三宫八卦场"，还要扎起师坛和主副二将坛，大门外还要放一个小方桌置功曹坛。傩堂上还要挂五排"吊子"和一排"函子"，"吊子"和"函子"就要考验掌坛师剪纸的功夫了。要用红色、黄色和绿色的纸裁成宽一尺、长三尺的长条，再叠起来剪成对称的图案。吊子上还要写上些吉利的话，比如说"五福临门""诚心上达"，还有"保平安""保团圆"之类的话。函子是用黄色的纸糊成的，一共要做六个，串成一排，上面分别写着"冥府通明宫""五岳华山宫""三元法主宫""三元盘古宫""中天紫微宫""三桥王母宫"。这里面的讲究太多啦，要说上好几天才能说得完！

到了第二天，还愿才算是正式开始，下午开始做开坛、发文、请水、敬灶这些法事。第三天一早就开始搭桥、判牲、传花红、立楼、造席、安营扎寨、放兵、开洞，开洞之后才能唱起傩堂戏，要用尖角将军请出唐氏太婆，唐氏太婆管着钥匙，只有她才能用钥匙打开桃源三洞，再请出二十四戏神。这后面就是出开路、引兵土地、仙师和开山猛将，这要做上一整天才能做得完。第四天唱些插戏，比如说《安安送米》《郭老幺借妻回门》《麦娘封官》《张四姐选亲》，这也是平时我们经常唱的剧目。第五天继续唱《王二娘补缸》《柳毅传书》，再出武先锋。第六天就是出秦童、上熟、勾愿了，这个时候法师要表演开红山、上刀梯、下油锅、走平刀这些绝技来镇邪驱魔，象征着主人家不好的东西都出去了，并且不会再进来。勾愿的时候要先锋打头，判官在簿上勾愿，才算是还愿了。最后一天还要请判官坐堂，判官拿着簿子勾过，最后再做安神、安香火，还愿才算是结束了。

以前只要哪家还愿，村里的人都会来看，大家尤其喜欢看我们演傩戏，傩戏有"正戏"和"插戏"的区别。"正戏"在还愿中一般都是要演完的，一共有24场，每一场都有一个戏神做主角，所以又叫"出二十四戏神"。这24场又分上半堂和下半堂，上半堂包括桃源三洞、唐氏太婆、押兵仙师、开山莽将、开路将军、引兵土地、关公斩蔡阳、勾愿先锋、柳三杨泗、九州和尚、十洲道人、勾簿判官，下半堂包括甘生赶考、秦童挑担、梁山土地、李龙神王、城隍菩萨、文王卦仙师、灵官菩萨、蔡阳大将、杨泗将军、歪嘴秦童、秦童娘子、先锋小姐。"插戏"还有几十个剧目，还愿的时候根据主人家的意愿演几出，有的主人家愿意时间长些我们就多唱几出，要短些我们就只唱一两出短的。这里面唱得最多的有《安安送米》《五大娘补缸》《陈老幺娶妻》等剧目。

"正戏"才用得上脸壳子，"插戏"打扮一下就好了。全堂傩戏要有24个人物，半堂就只有12个人物。这里面土地有9个兄弟，先锋有红脸的先锋和白脸的先锋，她们两个互为真假，红脸的管勾愿，白脸的只在《大王抢先锋》这出戏里扮一个女武将，唱起来都还是很热闹的。我作为一个掌坛师，什么都要会唱，开路将军、开山莽将、关公、秦童、判官都是我经常扮的角色。

我跟着学唱傩堂戏的时候，就常常听师父讲傩堂戏里人物的故事，什么判官啦、土地啦、开路将军啦、开山莽将啦，师父爱讲，我也爱听，现在我也把这些故事讲给我的徒弟们听。就说土地吧，相传土地有一共九个兄弟，他们都出生在南阳十字县岳阳桥下的一个富贵人家，他们的父亲叫肖百万。肖百万娶了三个妻子，每个人各生了三个儿子，这就是土地九兄弟。大哥是天门土地神，说他之前是雷公神，脾气非常暴躁，一生气就到人间作乱，玉皇大帝就抓了他去看天门。二哥是封林土地神，专门管那些不保护环境、乱砍滥伐的人。三哥是南丫土地神，说以前南丫路口人来人往，这里有一个喜欢吹起狂风的狂风神，三哥就被派去专门管这个狂风神。四哥是专门看管庄稼的青苗土地神。五哥是专管寺庙的山门土地神。六哥是守护村寨的当方土地神。七哥是专管桥梁的桥梁土地神。八哥守护着家家户户的安全，就是长身土地神。九弟的威力最大，传说旧时人间鬼怪很多，玉皇大帝就派兵去抓他们，但是鬼怪东躲西藏，总是抓不住他们，玉皇大帝就派引兵土地在人间专抓鬼怪，保证人间的安宁。

我还听师父说，传说那些手诀是李老君秘密传授的，一双手十根手指千变万化，在法事里起到了很重要的作用。手诀有"三十六诀"的说法，每一种诀法都有特定的含义，主要是为了镇邪驱魔、退病解煞，如果诀都做不好，那么连一碗法水都是造不了的，所以这是法师最基本的本事。三十六诀是：绕边拨路诀、同等高上诀、五雷匣山诀、绞路缠边诀、惩妖魔邪鬼诀、恶虎勾栏诀、压掌五雷铜墙铁壁诀、乱云恋辣诀、喝邪吃鬼诀、拖山压邪精诀、五脉蛮夷手中印诀、大都官诀、小都官诀、统兵诀、勾兵诀、高来长生诀、五朵莲花诀、蟠桃养老诀、黄斑饿虎诀、铁牛诀、阴差诀、阳差诀、天车诀、地车诀、穿山透顶诀、捆鬼诀、杀凶恶鬼神断肠精诀、三元将军诀、四元枷拷诀、金猫捕鼠诀、铜板诀、铁板诀、盖瓦诀、长鞭诀、金光银光万里放豪光诀、铜锤铁锤诀。说是"三十六诀"，但实际使用的时候一般只用到12种，只有在给自己师父开天门的时候才会用到这三十六诀。

跟着师父学习傩艺的时候，师父就跟我说，我们做老师的都很敬重祖师，做法事的时候不仅要请到神灵，还要扎祖师坛，请祖师前来帮忙，歇坛之前还要谢师，这样做起事来才有底气。所以在诀法里不仅有"祖师诀"，还有"观师咒"：

　　弟子亮眼观青天，观见度师在眼前。吾把神灵放转去，重新服侍诸位神。敬请师父显灵位，为徒永不忘师恩。虔诚奉请，急急如律令。

　　观师咒念起，师父的音容笑貌在徒弟眼前浮现，徒弟虔诚地请师父来到傩堂，帮助徒弟来做法事。咒语也是做法事时必不可少的，手诀要与咒语配合才能有效果。我们经常用的咒除了观师咒以外，还有观音咒、藏身咒、收邪咒、解移咒、安神咒、灵官咒、雪山咒、黑煞咒、开关咒等。比如说观音咒，一般是在冲急救傩的时候用的。主人家里遭到了灾祸，老师要请南海观音前来消灾，这时就要念观音咒：

　　出门精，出门精，出门提到观世音，八大金刚前引路，四大菩萨后头跟。口念观世音，救苦救难你为尊。头戴毗卢帽，手执杨柳枝，端碗清凉水，救苦又救难，封为千手和千眼，专除世间妖和精。谨请南斗六星北斗七星，急急如律令。

　　再比如雪山咒，也是驱魔斩妖的时候用的，念起这个咒就能下起大霜大雪，把妖魔鬼怪都冻成石头。

　　仰请雪山童子双，雷公雷母下凡来。一更之时下大雪，二更之时下大霜，三更金鸡来报晓，四更雪上又加霜。凝人人不动，凝鬼当死亡，凝住邪魔当石柱，冻住妖怪当石桩。龙来龙退位，虎来虎脱皮，山中雀鸟蜕毛衣，此时不退等何时。吾奉太上老君命，急急如律令。

　　还有收邪用的"收邪咒"，这个咒能把邪精都封到八卦里面，让他们的身体化为烟尘，也就不能再出来害人了。

　　一收天上降白风，二收地下降白雨，三收红衣端公，四收黑衣道士，五收怀胎妇人，六收过路邪师，七收秃头和尚，八收艺匠师人，九收用邪用法，十收男女孤魂。前收五十里，后收五十程。但凡一切妖魔鬼怪害人精，一概收在八卦中。祈祖师本师，祖本二师传封号，封邪封妖，封鬼封怪，统封坛内，毛骨肉身化为尘飞。急急如律令。

　　这些咒呀、符呀，我都只知道怎么做、有什么用，要我讲起为什么有这些作用，我也讲不好，我只知道师父原来怎么教的我现在就怎么做。但要说起来又很神奇，比如有时候有人不小心被鱼刺卡住了，吞也吞不下去，又没办法吐出来，用师父教我的法子化一碗"吞卡子水"给他喝下，不一会儿就好了。我们有时候表演吞筷子也用这碗"吞卡子水"，竹筷一节一节地吃下去，既不卡喉咙，肠胃也能消化。你们说奇不奇？但要问起我为什么这么神奇，我只知道我这几十年都是照着师父说的做的，让我不喝这碗水吞筷子，我也不敢去做呀。

　　除了吞卡子水、上刀梯，有时候还会做刹红铧、下油锅、口含红铁、悬心吊斗、开红山这些绝技。刹红铧、下油锅都是为了把主人家的邪魔鬼怪杀掉，不再来侵害主人家；小鬼作怪的时候就要用口含红铁的方法把小鬼赶出门去；悬心吊斗是要把鬼怪收到罐子里，让他们不再出来作怪的绝技。开红山的时候要扎个茅人来替主人家受凶，还要从血滴下来的情况判断病人的病因。要说起来这"开红山"也是有些来头的。传说宋仁宗登基的时候许了一个愿，说要是天下太平、风调雨顺，就取二十四个不忠不孝、吃喝嫖赌样样全的人来祭天神，这就是我们说的许了"人头愿"。这中间错抓了一个叫张孝的人，他是有名的"割肉救母"的大孝子，结果被人陷害。就要行刑时，包公的魂魄向玉皇大帝禀报了这件事，玉皇大帝就让包公叫衙门扎个茅草人替他，但是一定要有人血沾在上面才能在地府做他的替身。于是就找来了一个法术高强的杠神先生用小尖刀在自己头顶取了一点血沾在茅草人上面，这个杠神先生却毫发无损。现在冲寿傩、太平傩或者给小孩还"过关愿"都是只扎茅人而不开红山的，只有冲急救傩的时候才会开红山。比如说有人不明原因地生了重病，就要开红山来看他的魂魄究竟是被什么妖魔鬼怪扣押，这样才能把他的魂魄要回来。

傩堂戏不仅要会做法事，还要会唱、会跳。我们"茅山教"傩舞最大的特点就是看起来阳刚有力，常用的步子有十几种，比如说四方步呀、推磨步呀、矮子步呀、丁字步呀都是经常用的，傩舞也有十几种，立楼的时候要跳立楼舞，交标的时候要跳交标舞，领牲的时候还有领牲舞，比较有意思的是"报虎舞"，报虎是一个神的名字，主要负责传递信息、清洁卫生和迎接宾客，所以也叫他"扫地童子"。在表演的时候要表现出他扛着扫帚扭腰、踢腿的样子，动作要轻巧活泼，大家看了都哈哈大笑。

## 三　傩艺传承

我前后收了23个徒弟，他们文化程度都不高，一般都是小学毕业，这里面年纪最大的52岁，最小的就是我的孙子，只有17岁，他刚开始跟我学，如今也会帮我做一些简单的事情了。这其中请职的也不少，比如说我的大儿子张春江今年41岁，侄子张灵刚今年38岁，从小他们就爱跟着我出去做事，还没上学的时候就在傩堂上转来转去，他们都跟我学了十几年的时间，这两年也都陆续请职了。我放心让他们去做，都是我手把手教出来的，他们也都学得认真。

不过外面的诱惑太多了，能沉下心来学傩的人也大不如从前。现在时代变了，很多人的想法和我们原来也不大一样了。我们学艺的时候想的都是如何对师父尽心尽力，要是师父在心里不认可这个人，是怎么都不会把秘诀告诉他的，毕竟做法事还是要品德好的人，拿这些本事来害人那是万万不可的。有些徒弟十几岁就开始跟我学，开始是觉得好玩，跟着师父做还能赚一点猪呀、鸡呀，还能拿200元钱。现在是反过来啦，有的时候徒弟跟着师父去做法事，钱分不均还会跟师父说气话，和师父赌气闹着说不学了，最后师父还要哄着徒弟。我的徒弟里有17个都在外面打工，有的还做了老板开了自己的厂子，赚了大钱就更不愿意来做这个了，又不好学又很辛苦，谁还愿意嘛。但是我对徒弟的要求一直都还是严格的，要学艺先要会做人，要做一个堂堂正正的人，要是真心实意地想学，我才会把我知道的本事都教给他们，这样我自己也问心无愧。

这三十年来，德江的傩戏越来越受到重视，国家对我们的扶持力度也很大。这些年中央电视台、贵州电视台、新疆电视台、浙江电视台都跑到德江来采访我，我也经常参加傩戏展演的活动，还去过日本、法国表演，这是我一个土生土长的农民想都不敢想的呀！2007年，县里还办了"傩堂戏培训班"，我还走上讲台给大家讲怎么唱傩堂戏。说出来不怕你们笑话，我只读了四年书，还能走上讲台，这真是因为政府对我们很重视啊！2008年，我被评为国家级非物质文化遗产传承人，这是我的光荣，我也感受到自己有责任把"傩堂戏"传承下去。现在都说要弘扬我们的优秀传统文化，傩堂戏里有很多东西值得现代人来学习，比如说要孝敬父母，要尊敬师长，做人要有良心，不要太贪财，这都是很有价值的东西。传统文化是我们的"根"，不管经济再怎么发展，老百姓的生活也离不开这样的"根"，我们也不能忘掉我们自己的"根"。只有根扎实了，才能长出枝干和绿叶，才能开出花、结成果，才能让整个中华民族都向前发展。

# "乡人傩"在山东地方戏中的遗存两例

曲阜师范大学文学院　　徐雪辉

　　20世纪80年代以来，傩及傩文化受到广泛关注，学术领域傩文化的研究逐渐成为显学。傩产生在人类幼年时代，那时候生产力低下，人们的思维简单，对身边发生的事情不能给出科学的解释，因而对自然万物产生依赖感、恐惧感、神秘感，与之相适应，也就有了对天地日月及各种动植物的图腾崇拜和迷信禁忌。面对天灾人祸，先民们发明了"傩"。驱傩活动带有强烈的仪式感，即"傩仪"。

　　"傩"按照主傩对象来划分，有宫廷主办的"国傩（大傩）"，有民间自发的"乡人傩"。在古代文献中，不乏对宫廷大傩的记载，《礼记·月令》载春、秋、冬三季行傩，《周礼·夏官》与《后汉书·礼仪志》均有方相氏驱傩的记载，甚至在笔记中（如《东京梦华录》）也记载"禁中呈大傩仪"。而对于所谓的"乡人傩"记载较少，《论语·乡党》有："乡人傩，朝服而立阼阶。"据此可以知道至少在周朝时，"乡人傩"就是重要的民间民俗活动，以至于不语"怪力乱神"的孔子也恭敬以待。那么，"乡人傩"的面目究竟如何呢？《南史·曹景宗传》载："使人作邪呼逐除，遍往人家乞酒食。""邪呼""逐除""遍往人家""乞酒食"，是逐疫活动的关键元素，即大声喊叫、驱傩、沿门乞要。"乡人傩"的本来面目就是：沿门逐疫，用声音为人驱鬼逐疫，得到犒赏。民间的东西最为丰富多彩且富有变化，随着时代的迁移，"乡人傩"的面貌也不断发生改变。

大约至宋前后，"乡人傩"的娱乐成分不断增加，驱傩氛围从最初的神秘、庄严、凝重转为轻松、活泼、热闹，其形式也由单纯的宗教性质的活动变为娱人之"戏"。

目前，在山东地方戏中，还有不少"乡人傩"之遗存。根据笔者及研究团队近几年的调查，在此举两种小戏，以为观察。

## 一 济阳仁风鼓子秧歌

山东济阳仁风镇的鼓子秧歌可以看作"傩戏"，或者至少是"傩"的遗存形式。

旧时，鼓子秧歌在元宵节、清明节、中秋节都有演出活动，元宵节规模最大。《济阳县志》记载："元宵，亦曰上元节，张灯为乐，放花炮，饮宴达夜。妇女或有请紫姑以卜为戏者，各种灯彩、杂耍、谬鼓喧阗，游行街市。自十四日起，至十六日止。农民以此三日有风无风，占丰歉。""元宵张灯火、放花炮、多人围聚、持花灯为秧歌之戏，即古傩遗也。"①这两段话既道出了鼓子秧歌的表演形式，也指出它与"古傩"的渊源关系。

"鼓子秧歌"与"古傩"之间的渊源演变情况究竟如何？我们先来认识一下仁风鼓子秧歌。

鼓子秧歌是非常古老的汉族民间舞蹈，山东济阳仁风镇鼓子秧歌据说是从商河传入，深受当地老百姓喜爱，表演一直没有间断。2006年，它被列入山东省首批非物质文化遗产保护名录，2008年列入国家非物质文化遗产保护名录。

仁风鼓子秧歌的表演程式一般分为探场子、进村表演、街筒子、跑场子、收队、领赏六个部分。

---

① 济阳县志编纂委员会编：《济阳县志》，济南出版社1994年版，第30页。

"探场子"即寻找场地，负责探场子的人称"探马"，负责骑马出去联系表演场所。"街筒子"即秧歌队走街串乡，在行进过程中进行的表演。"跑场子"是秧歌队在开阔场地上按场图进行舞蹈表演。"收队"即表演结束，秧歌头指挥队伍集中到一起，全体鞠躬以表示谢意。"领赏"即表演即将结束时，领取酬谢。

其表演的核心内容在"跑场子"，跑场子以场图作为主要表演依据，所有的舞蹈动作都根据场图呈现。

## 1. 场图

场图的种类繁多，民间有"梁山泊一百单八将，鼓子秧歌有一百零八个场图"之说，现存知名场图108种，分类说明如下：

动植物形象：单劈葫芦、双劈葫芦、三劈葫芦、四劈葫芦、药葫芦、月葫芦、摇葫芦、双葫芦、美人蕉、石榴花、单蝴蝶、双蝴蝶、蝴蝶金钱、箔花、银顶冠、狗心美。

社会生活及劳动工具：漩海眼、大八叉、大乱场、龙卷风、扁担勾、线框子、车撑子、单牛鼻钳、双牛鼻钳、鱼篓子、花篮、黄瓜架、相公帽、剪子股、蒜辫子、香炉、眼丁杠、单灯挂、双灯挂、三灯挂、四灯挂、灯笼挂、灯笼挂两条街、灯笼皮。

建筑土木场图：瓦门楼、牌坊架、双碑座、正碑座、月眼桥、虎地门、文昌阁、赵州桥、岳阳桥、德胜门、倒提门。

军事战争及典故：长蛇阵、护手双钩、二虎擒羊、四门斗、嘶马蜷蹄、四马投唐、力杀四门、五虎阵、六出祁山、八门金锁、八卦连环、十二连城、火连炮、炮打临清、闯王进京、列国图、迷魂阵、龙门阵、走麦城、西瓜炮、火烧连营、云龙阵、紧闭四门、乌龙搅尾、十面埋伏、城外城、雄狮把关、老虎斗牛、五行八门、大八叉、洞宾戏牡丹、二郎担山、连山阵。

古仪仗队：街筒子、两趟街、四趟街、八趟街、两扇门、上下天梯。

吉神图案：狮子滚绣球、鲤鱼跃龙门、四龙戏珠、双凤戏牡丹、三鱼争头、上天梯、老子一气化三清、对八仙、七月七、鸳鸯图、十二云牌、蝴蝶金钱、八瓣牡丹、金龙盘玉柱、八方庆贺。

以上是按照名称取象的场图大致分类，仅从名称上看，既有浓郁的乡土气息，又有神秘而强烈的仪式性。有些战阵及吉神场图（如"长蛇阵"）直接源于傩中的舞步。

### 2．角色

传统的鼓子秧歌有"伞""鼓""棒""花""丑"五种角色。

"伞"是鼓子秧歌队的总指挥与引领者，一般由中老年男性扮演。头戴黑色发网，勒缀黄色头带，挂白满，身穿长衫红裤，腰系红丝带，左手举伞，右手持牛肩骨状手板。

"鼓"是队伍中最有力量的角色，由男性青壮年扮演，人数最多，通常有24人、32人、48人配置。演员头戴红帽，身穿蓝色对襟长褂，腰系黑腰带，脚穿白球鞋，手戴护腕，和古代武士的打扮相似。

"棒"是队伍中最年轻的角色，由青少年扮演。演员的服饰颜色以黄、红色调为主，头扎黄色头巾，身穿黄色对襟长褂，腰系大红色腰带，颜色和扎头巾的发带一致，脚穿白球鞋，和古代勇士的打扮相似。棒，亦称棒槌。棒长50厘米，棒的顶端缀一条彩色的缨带，人数少于"鼓"和"伞"，多为4人或8人配置。

"花"传统由男性扮演少女。用红绸子扎起大辫子，头戴大红花，右手拿着红绸子，左手拿着红色扇子。绿色大襟褂配直筒裤，脚穿舞蹈鞋，活泼俏丽，扭起来与"伞""鼓""棒"浑然一体。

"丑"通常是由两位老年男性扮演，多扮演成"傻老婆""二癫子"等。头戴方巾，有的还戴上两朵大红花，左手斜挎竹篮子，右肩搭着小包袱，服装是把带有"乡土味的时髦"发挥到滑稽怪异的程度。表演则"以丑为美"，以滑稽可笑为能，他们通过挑逗性的微妙眼神并模仿男女亲密性的动作，再加上夸张的即兴发挥，不断制造出笑料，把现场气氛推向高潮。"丑"不参与跑场，也没有固定表演的位置，只负责外围插科打诨。

角色中，"伞"起引领指挥作用，其装扮特点与"玄衣朱裳，执戈扬盾"的方相氏或民间之钟馗等驱鬼主角的特点有关。"鼓"与"棒"的功能与规制，与黄门倡、伥子类似。他们手中的伞、棒等道具，应该是"执戈扬盾""金枪龙旗"等的演化。"花"与"丑"则是娱乐化后为增强观赏性和娱乐性而增加的角色。

**3. 舞步**

托鼓扒地步：左手托鼓，右手握槌，步伐轻盈，抬头挺胸"扒地步"前行。

踩步劈鼓：大八字位跨鼓站立，双手向下于腹前击鼓。做踩步劈鼓时，双手合击要有力，即腹前击鼓的一瞬间，有一个发力，形成一个内聚力在瞬间爆发。

跃击转身：以腰左后为主动力，带动身体向下晃拧，向左上方牵拉而形成的一个舞姿来强调力的对抗感。

飞鼓子：双手在头顶击掌，左脚稍微向前，右腿贴左脚。

舞队的主要伴奏乐器有大鼓、大锣、大钹、小钹、大镲等打击乐器，节奏感强，舞队随着音乐变化迅速调整队形，分合有序，整齐划一。各舞步仪式性较强。

刘祯老师认为：广义的傩戏包含与傩有关的仪式戏剧。[①]据此，这种有"古傩遗"的鼓子秧歌，就可以被视为一种"傩戏"。

考察秧歌的来源与演化过程，大约经历了"乡人傩"—"打野胡"—"秧歌"。

康保成先生认为：傩"在漫长的岁月中，经过与佛教、道教的交流，与迎神赛会、岁时节令的融合，与乞丐、戏剧家的结合，缓慢地由民间宗教仪式衍变为戏剧形式。"[②]"乡人傩"在唐代称"进夜胡"，称驱傩者为"夜胡儿"（敦煌写卷《进夜胡词》），这里的"夜胡"即南史中曹景宗所说的"邪呼"。至宋

---

① 刘祯：《傩戏的艺术形态与形成新探》，《中国政法大学学报》2010年第3期。
② 康保成：《傩戏艺术源流》，广东高等教育出版社1999年版，第12页。

代,"乡人傩"演变成了"打野胡"或称"打夜呵"①。《东京梦华录》卷十:
岁末腊月,"即有贫者三教人,为一火,装妇人神鬼,敲锣击鼓,巡门乞钱,
俗呼为'打夜胡'。"保留了"驱祟""沿门乞钱"的傩仪驱祟成分,增加了
"化装""敲锣击鼓"等娱乐表演成分。南宋吴自牧《梦粱录》卷六:十二月
"自入此月,街市有贫丐者三五人为一队,装神鬼、判官、钟馗、小妹等形,
敲锣击鼓,沿门乞钱,俗呼为打野胡,亦驱傩之意也"。

至明清,"乡人傩"仍以"打野胡"的形式遗存,明孝宗时的《八镨通
志》:"除夜逐疫,郡人谓之打野狐,即古者乡人傩之意也。"清代方以智《通
雅·谚源》:"今民称跳鬼为打夜胡,讹为野胡。"地方志中零星地记载:"丐
头戴钟馗帽,红须持剑,至街上驱鬼逐疫,向各铺敛钱,俗谓跳灶王,即古傩
礼,又曰'打野狐'。""丐者扮钟馗,手执木剑,鸣锣跳舞,沿门乞钱,谓之
打野狐。"②"岁除,丐者作钟馗状,沿门乞米为戏,有驱除残年耗鬼之说,
名曰'打夜狐'"③

清同治《长阳县志·地理志》载:上元节,城内四街、城外四乡悬灯,或
扮演灯、狮子、竹马及杂剧故事。先于各庙朝献,谓之"出马",然后逐户盘
旋,击大钲鼓,主人亦肃衣冠拜神,盖犹索室逐疫,朝服祚阶之意。有牌灯一
对,上书吉庆语,龙狮舞罢,扮杂剧,丝管吹弹,花灯成队,唱"荷花""采
茶"等曲,谓之"唱秧歌"。或饰男女为生旦、扮小丑,谓之"跳秧歌"。听
者,谓之"听秧歌"。十二、十三为"正灯",十五、十六为"罢灯",喧阗彻
夜,曰闹元宵。④"主人亦肃衣冠拜神",完全是"朝服祚阶"的样子。"逐
户盘旋""索室逐疫"明显为古之"驱傩"或"打野胡",而"龙狮舞""扮杂
剧""吹弹丝管""花灯成队""唱曲""饰男女为生旦、扮小丑"等的参与,谓

---

① 南宋赵彦卫《云麓漫钞》卷九:"岁将除,乡人相率为傩,俚语谓之'打野狐'。"
② 《中国地方志民俗数据汇编》(华东卷中),书目文献出版社1995年版,第779页、887页。
③ 《中国地方志民俗数据汇编》(华东卷下),书目文献出版社1995年版,第1205页。
④ 《中国地方志民俗数据汇编》(中南卷上),书目文献出版社1995年版。

之"跳秧歌"，已初具戏曲的特点。

仁风鼓子有秧歌的特征：化妆舞队，载歌载舞，间有插科打诨；元宵节期间在农村公演；走街串巷，流动歌舞；有角色登场表演。其形式、氛围、程序与傩关系密切，既有"乡人傩""打野胡"的遗存，也有角色扮演戏曲的特征，宽泛地将其视为"傩戏"，不为过也。

## 二 微山湖端供戏

"端供戏"又称"端公戏"[①]"端鼓戏"[②]"端供腔"，流行于微山湖、东平湖一带，是一种独特的水乡渔家演唱艺术。

端供戏的起源传说有三，都与许愿、还愿、祭祀密切相关。据省级传承人杨成兴口述：一说李世民为了打败辽国，曾许下三愿：唐僧取经，刘全进瓜，敬天神、地神。取得胜利后却没有还愿，西宫李娘娘受到报应而染病，李世民再次祈祷许愿，李娘娘痊愈。李世民在金銮宝殿搭棚还愿，并张灯结彩，杀猪宰羊请"神人"唱戏四天四夜。这些"神人"来自微山湖一带，所唱腔调经过演变逐渐形成了现在的"端鼓腔"。二说沙土国大旱三年，玉帝派东海小白龙降雨，小白龙多降了一小时雨，造成水灾，玉帝欲斩小白龙。小白龙听说魏征监斩，就贿赂唐王（玉棋、珠宝）求救，唐王收下贿赂并答应相救。结果魏征在梦中斩了小白龙。小白龙到神銮殿告状，阎王捉拿李世民、魏征，李世民派魏征找判官借来十库金、十库银贿赂阎王，阎王释放李世民回阳世。还阳后李世民决定搭棚唱戏还愿祭奠神灵，并把自己的故事编入唱词。唐代民间艺人杨龙整理，为端供戏的雏形。后经宋、元、明、清流传至今，而其讲唱内容不断丰富，至今有300多个曲目，多以劝人向善为主

---

① 一般民众称呼专司巫傩祭仪的神职人员为"端公"或"法师"。
② 端鼓，端公腔主要伴奏乐器。

题。三说李世民死后，其子孙为超度亡灵，便搭高棚、设香案、摆大供、祭坛，唱"端鼓腔"，当时的演唱者就是微山湖第一代端公戏祖师杨龙、化凤、沈四海、胡斌、胡兰。

与山民敬山王一样，生活在水上的渔民敬水王。微山湖渔民在出船前要请"大王（蛇神）"①，仪式感很强。随着社会的发展，渔民结束了以水上为家的漂泊生活，"端公腔"的演出地点、演出目的发生了变化，其祭祀、祈愿功能减弱，娱乐性增强，现在当地居民在庆祝丰收、婚丧嫁娶、续家谱等各种民俗仪式上，还有演出。现简介如下：

**1. 伴奏乐器**

主要伴奏乐器为端鼓，鼓状如团扇，鼓面精选羊皮加工而成，鼓柄长约10厘米，末端缀以七八厘米的大铁圈，圈下连着3个直径3厘米的中铁圈，每个圈又套3个小铁圈，伴奏时一面用竹篾敲击鼓面，一面晃动鼓柄的铁圈，3个中铁圈象征"天地人"合一，万物和谐；9个小铁圈寓意"人无完人、物无完物"，为人处事能有"九成"就算"成"。其他有扬琴、笙、二胡、笛子、琵琶、三弦、中阮、高胡等。

**2. 音乐唱腔**

"端鼓腔"的唱腔音乐结构既有具备板腔体特征的【七字韵】【十字韵】，也有曲牌连缀的形式体，牌子曲既有【上河调】【下河调】【凤阳歌】【叹宫调】【摇五更】【剪靛花】【叠断桥】等，也有以民歌小调反复演唱一个独立故事的单曲体，常用民歌小调有【相思五更调】【王大娘锅缸调】【送郎调】【等郎调】【顺兴调】等。词格多是十言或七言的诗赞体。

**3. 角色**

端公戏演出包含了民间音乐、民间舞蹈、剪纸、绘画等艺术形式，是一种独特的综合性艺术。演出故事根据戏里不同人物的特点分为生、旦、净、丑

---

① 渔民把一种黄绿色小蛇敬奉为金龙大王，可保佑渔船消除灾难。

等不同角色。其演出古朴自然，地域色彩浓郁，舞步轻盈别致、步伐奇异，有"二龙出水""穿花""圆场""走灯""走八字"等。

**4．演出程式**

仪式性表演一般为四节，每节又有不同的表现形态。其程序是开坛、展鼓、拜坛、请神。"开坛"时坛头手晃"督标"（响铃）站立船头宣布开坛，放鞭炮。"展鼓"时，鼓队分列坛篷两侧，一齐敲击羊皮鼓，常用鼓谱有【凤凰展翅】【鲤鱼窜滩】【老鼠磕牙】【黑驴炝蹄】【和尚撞钟】【魁星点元】【货郎进庄】【六鸭抢食】【老鸹登枝】等十八套。展鼓中坛头高喊"拜坛"，参与者依次至神坛前焚香叩拜。然后诸神到位，艺人开始演唱，演唱的内容要根据设坛的目的而定。演唱形式一般是一唱众合、一人说众人唱，端坐不动，气氛庄严肃穆，所唱曲调为【七字韵】【十字韵】【请神调】【送神调】【念佛调】【百神赴号】等，这些来自"香火调"的音乐唱腔，还存在一些烧香、还愿、诵经、祭奠之类的佛号音乐，而此起彼伏的帮唱形式，更富有庙堂音乐色彩。坛头跪拜禀明设坛事由、谢神，再次展鼓，众人跪拜。最后"与神同乐"开始娱乐性演出。

"端公腔"演出形式灵活多样，既可以击鼓徒歌说唱，也可以搭台装扮演戏，带有宋元早期说话、诸宫调、戏剧混一的特点。演员充足时可以粉墨装扮，演员人少时则用说的形式，擅歌的就用唱的形式表演，演出形式古朴粗陋。故事扮演时有生、旦、净、丑角色之分，又可以"一人多角"；说白相间，有些唱词中还留有第三者叙述的口吻，人物跳进跳出，带有说书曲艺特点。所以端公戏严格意义上说还不是成熟的戏，而是一种集说书、曲艺、化妆表演、民间艺术、舞蹈、音乐等为一体的独具湖上特色的民间类戏曲。

端公戏早期主要是在渔民设坛祭神时演唱，每年春讯到来，渔民准备捕鱼作业时要设坛祭神，续家谱要设坛，请大王要设坛。演出时神幡高挂，内悬各种神像及神仙斩妖图，带有明显的祭祀特点。传统演出仪式性较强，其演唱是一种庄严肃穆、虔诚祈祷式的，表演时有说有唱、有坐有舞。

"端供戏"在清道光、咸丰年间已在微山湖乃至南四湖（微山湖、昭阳湖、独山湖、南阳湖）中广为流传。民国时期唱端公戏的有王学汉、王学万、王学起、杨凤起、王学连、杨广德、胡宪运、丁兴钱、倪有才、沈家福、林兆祥、胡炳钱等。倪有才是微山县新建村渔民，他家先祖倪康朝在嘉庆道光年间从扬州兴化迁来，与倪姓同时迁来的还有胡玉峰、王玉厚、沈从山、阎兴操等，他们带来当地的香火戏，吸收微山方言、运河号子、民间俗曲小唱，糅合成新唱腔，形成微山湖上独具特色的"端供腔"，并代代相传至今。

端供戏说唱剧目很多，渊源甚早，《中国戏曲志·山东卷》举目有：《刘文龙赶考》《张相打嫁妆》《张郎休丁香》《魏征斩小白龙》《秃尾巴老李治水》《双秃闹房》《会情郎》等，在同书所收山东地方戏剧目中不见收录。其他渠道搜罗到的剧目有《罗成算卦》《韩湘出家》《刘全进瓜》《恶鬼昼夜闹皇宫》《唐王许愿》《袁天罡长安卖卦》《老魏征拒诏入监》《小白龙错行雨》《唐王曹州请魏征》《魏九红辞学寻父》《魏九红紫竹林借鞭》《魏九红登天请神》《魏九官九岁见唐王》《替父职九郎请神》《闯龙宫借马得鞍》《魏九官巧得神鞭》《唐玄奘西天取经》。另外也有民间特别喜欢的续书演绎作品，如《袁天罡出世》《袁天罡学艺》《袁樵摆渡》《陈江流出世》《陈江流认母》《僧道长安斗法》等，但大多也都有目无辞。

这些剧目与端公腔的起源故事有关，相当古老，传演历史久远。破除迷信后，没能很好地传承，目前常演的只能是一些剧目片段，但已弥足珍贵。如刘文龙赴考片段《刘文龙娶亲》《刘文龙赶考》《母女说话》等非常罕见，其中保存了古代嫁娶婚礼、士子赶考、姑娘出嫁前母女离别等古老风俗。梁祝故事《对花扇》演绎微山马坡流行的梁祝故事十八相送片段。张万仓休妻片段《丁香观花》，观赏百样花名，有古代斗百草习俗。赞美英雄的《摇五更》，曲调产生于明代，是当地的乡曲小调，每唱一更把古代好汉、大将的故事编为唱词。唐王游阴片段《阎王爷受贿》，唐王收小白龙的贿赂，被告到阴间，阎王捉拿唐王和魏征，唐王命魏征借来十库金十库银贿赂阎王，阎王受贿，把二人放还阳世。《小白龙行雨》《小白龙驾云》《张秀荣配嫁妆》《走灯》等，还可以见到很强的仪式性表演。

端供戏有独特的音乐曲牌调式、唱腔风格、舞蹈，以及乐器、服装道具、演出程式、演出剧目，带有浓重的祈神、娱神的宗教性仪式风格，神秘而庄严，这是"乡人傩"的核心风格。宗教仪式向世俗化表演靠拢，又形成其带有浓厚的地域文化特色的一项民俗活动，与湖区渔民的生产、生活，乃至道德伦理、自我娱乐等紧密相连。剧目内容上也极力歌颂真、善、美，鞭挞假、恶、丑，具有积极的劝世意义。从剧目上看，傩戏内容多与宗教鬼神有关，表演者按角色装扮，代表剧目多有魏征斩龙、刘文龙赶考、目连等故事，宣扬佛教的因果报应、轮回转世，道教的神仙方术，以及儒家的忠孝节义。据此，笔者认为端供戏渊源自古老的"乡人傩"。

　　"傩"是从远古时期传承下来的驱除疫鬼、酬神祈愿的一种活动，在古代社会，官方有"大傩"，民间有"乡人傩"，活动频繁，普及性广。随着社会的发展，尤其是民间"乡人傩"在庄严、阴森恐怖的傩仪中加进一些娱人的成分，与民俗生活关系更加贴近，使其在失去了"信鬼而好祠"的环境之后，仍能继续流传，保持了旺盛的生命力。20世纪50年代在破除迷信运动中，傩等带有迷信色彩的活动遭到禁绝，傩事活动逐渐淡出现代人的生活。现在，一提到傩，我们的印象就是贵州、云南、巴蜀、湘西，或者个别远离城市的山区和乡村，认为广大的中原地区几近消亡。

　　然而，从"仁风鼓子秧歌"与"微山端供戏"两例，我们依然能够寻出一些踪迹。这说明傩的民俗价值、文化价值不可磨灭，不能简单地以迷信看待。首先，傩的发生源于原始禁忌，而原始禁忌是最早的社会规范形态，苏联学者雅维茨提出："在遥远的过去，单纯依靠禁忌调整人们的相互关系，是规范人们行为的最初和最低级的形式。在当时，禁忌的作用和效力是由恐惧和习惯保障的，它被看成是统治整个共同体的自然的、基本的力量。"[①]史学家谢苗诺

---

① ［苏］雅维茨：《法的一般理论——哲学和社会问题》，朱景文译，辽宁人民出版社1986年版，第101页。

夫更用大量的史料证明了"禁忌是比一般原始社会的禁规更为古老的社会规范的变种，是最古老的社会规范"[①]。不去违背禁忌，人会自觉产生一种自我约束，先民以此调整人与人、人自然、人与社会的关系。其实这个东西依然存在于当代人的潜意识里，依然在当今社会起作用。其次，傩早已融入民俗中，影响着我们生活的点点滴滴，举凡生产、生活，包括农业、渔业、捕猎、婚俗、节俗等都蕴含有丰富的原始禁忌风俗，以至于形成后世高度民俗化的"乡人傩"或"傩戏"。再次，傩所笼罩的神秘色彩，是人们认为它迷信的原因。原始人面临危险的时候，他们相信有一种神秘的力量可以化解或拯救他们，于是就通过巫师、酋长、国王等具有神力的人，驱赶威胁，稳定人的意志，获得挑战灾难的勇气，征服自然或寻求与自然的平衡、和谐，难怪不语"怪力乱神"的孔夫子"朝服而立于阼阶"，恭敬以待。这是"天"与"人"合一的力量，即使科技高度发达的今天，人还是会有束手无策、听天由命的悲哀，这个时候多数选择宁信其有，以祈求一线希望，获得鼓励、信心与力量。

---

① ［苏］谢苗诺夫：《婚姻和家庭的起源》，蔡俊生译，中国社会科学出版社1983年版，第71页。

# 江西婺源傩文化保护路径研究

华东师范大学社会发展学院民俗学研究所　方云

中国拥有丰厚的傩文化资源，经千年的传承发展，已然形成一个庞大的丛系，包括傩舞、傩仪、傩戏、傩神、傩面、傩器、傩画等形式，其驱鬼、祭祀、酬神、求子、度关、医疗、娱乐等诸多功能，涉及人类学、民族学、民俗学、宗教学、戏剧学等多学科领域，内容丰富，体系庞大。傩文化区的其他文化艺术形式，如口头文学、神话、歌谣、传说、语言文字、绘画、雕刻、音乐以及衣食住行，亦受其不同程度的影响与制约，显现出异彩纷呈的局面。

随着时代发展和社会语境变迁，地方"文化记忆"中断出现的概率大为增加，民众文化需求呈现多元化趋势，大大挤压了傩文化生存发展的空间。随着传承艺人的日益减少，整个傩文化群落大幅度缩减，古老神秘的傩文化面临着被遗忘、破坏甚至逐渐消失的严重威胁。20世纪90年代以来，随着国际社会对人类文化多样性的保护，加之学术界呼吁重新认识傩戏的文化价值，在非物质文化遗产保护以及学术研究的双重推动下，被列入国家、省、市非物质文化遗产名录的傩戏和傩舞达60余种，跨学科多重视角研究，以及政府、社会、社区、企业各方的助力，一种多元的保护路径正在被探索。

## 一　江西婺源傩舞历史溯源

傩，又称跳傩、傩舞、傩戏，源于神秘而古老的原始祭礼。傩舞是祭祀活动傩仪中的舞蹈部分，成型于周代宫廷大傩之礼，在《周礼》中已有明确文字记载。在原始傩舞中，舞者佩戴面具，一手持戈，一手持盾，奔向各个角落，搜寻不祥之物，边舞蹈边发出"傩、傩、傩"的呼喊，以驱除疫鬼，祈求平安。之后傩舞逐渐发展成为兼具祭祀与娱乐的风俗活动，一般于腊月表演，也在民众生活重要仪轨（如开工、迁居、婚寿和祈福仪式等）中表演。傩舞的思想核心和积极意义在于人类对于自身勇气、创造与能力的肯定，能够战胜鬼邪，保护生存环境。

江西省上饶市婺源县地处皖、赣、浙三省交界，曾为古徽州文化发祥地。婺源傩舞，俗称"鬼舞"或"舞鬼"，是婺源民间祭祀活动中具有仪式性的舞蹈。最初每逢打樵、春节均要起傩，为民众驱鬼逐疫、祈福避灾。后经民间艺人的不断加工、整理、提炼，并吸收其他表演艺术精华，逐步形成独具地方特色的民间舞蹈形式。因婺源地处"山阻而弗车，水激而弗舟"的闭塞山区，受外界影响相对较少，其表演与艺术特性仍保留了原有的古朴、粗犷、简练、夸张、传神的独特风格，因而显得弥足珍贵，被学界称为"活着的化石"。婺源傩舞曾被选编入《中国民族民间舞蹈集成·江西卷》《中华舞蹈志·江西卷》等多种重要文献资料，2006年被列为国家第一批非物质文化遗产代表名录。

婺源地域，春秋时是吴、楚交界之地，有境北浙岭耸立之"吴楚分源"古碑可为证，由此可想象"楚人信鬼神，重淫祀"的巫傩之盛。当地方志、宗族家谱以及古籍文献中能找寻到婺傩记录，如明代徽州休宁县茗洲村《吴氏宗谱》"茗洲吴氏家记"中记"正统十四年，社中议，首春行傩人。婺源州香头角抵之戏，皆春秋社首酸米物，酬与诸行傩者，遂为例"；《婺源县志》有"会社之日，击鼓迎神，伴以舞乐"的记载；清代本邑庆源村詹元相《畏斋日记》中亦有"康熙四十五年正月初二，阴。接狮傩会神。支银五分赏傩人"[1]的记载。据专家考证，婺源傩舞的《元帅操兵》《后羿射日》《孟姜女送寒衣》《开

---

[1] 王振忠主编：《活着的记忆——婺源非物质文化遗产录1》，江西人民出版社2013年版，第93页。

天辟地》等剧中，诸侯、后羿、盘古等显武示威的面具角色，即属明代茗洲村"香头角抵之戏"，由此可见婺傩历史之悠久。

图1　古老的婺源傩舞

婺源傩舞流传甚广，历史上曾有"三十六傩班，七十二狮班"之说，至今活跃分布于婺源县的中云镇、镇头镇、许村镇、秋口镇、沱川乡、段莘乡等地，其中秋口镇的长径村和段莘乡的庆源村两处，傩舞剧目最为丰富、完整与精彩，保存状况良好。婺傩表演形式有独舞、双人舞、三人舞和群舞等，舞蹈动作十分丰富，如《丞相操兵》中的上十字架、中十字架、下十字架、操兵步、拍手亮相、拍腿过河等；《太阳射月》中的摸胡点、单摸胡、双摸胡，还有模拟女性舞步的妮行步等，颇具特点，保留着粗犷夸张的原始风貌。婺傩乐曲遵循舞止曲终的原则，其音乐伴奏由打击乐、曲牌和唱腔三个部分组成，有专用的锣鼓谱和曲牌，是研究中国舞蹈艺术难得的活资料。[①]

随着城镇化带来生活方式的急剧变化，电视、网络和流行文化的冲击，婺傩如同其他传统民间艺术一样，也遭遇了冷遇与没落。世代居住在农村的农民离开土地，大规模地向城市迁移，傩舞赖以生存的农耕土壤和精神植被日益退化。诸如随着老一辈身怀绝技、主持全套仪式、熟识唱诗咒语的老艺人谢世，年轻人对傩的关注缺乏，传承后继无人，形成断层，这些均是傩文化生存延续的消极因素。文化遗产的价值表现为不可替代性与不可再生性，一旦消失，便有不可复活的遗憾。抢救与保护，已然是摆在我们面前刻不容缓的任务。

"非物质文化遗产"是一个国家与民族特有的文化基因，承载着国家与民

---

① 冯骥才总主编：《中国非物质文化遗产百科全书　代表性项目卷》（上卷），中国文联出版社2015年版，第258页。

族的精神文化内涵。全球化趋势日益扩张、经济发展加速和城镇化快速推进，是非物质文化遗产的文化生态环境受到冲击甚至破坏的重要原因。为了更好地保护与传承，让非物质文化遗产走上可持续发展的道路，应将"保护为主，抢救第一，合理利用，传承发展"的宗旨贯穿傩文化非遗保护工作的始终。

本文试以国家级非物质文化遗产江西婺源傩舞的保护研究为例，试从整体性保护、生产性保护、传播与传承机制等方面分析婺源傩舞的保护路径，为傩文化的共同推进提供参考与建议。

## 二 婺源傩舞的整体性保护机制

### （一）傩文化生态保护区的建立

江西省婺源县东、西分别与国家历史文化名城衢州、景德镇毗邻，南隔铜都德兴市与世界自然遗产"江南第一仙山"三清山相望，北枕国家级旅游胜地黄山和国家历史名城古徽州首府歙县，不仅拥有丰富的旅游资源，如今更享有便捷的交通。婺源素有"书乡""茶乡"之称，是全国著名的文化与生态旅游县，被誉为"中国最美乡村""一颗镶嵌在赣、浙、皖三省交界处的绿色明珠"。虽然婺源县只有面积2947平方公里，36万人口，却拥有徽剧、傩舞、三雕（木、石、砖）、歙砚制作技艺四项国家级非物质文化遗产，11项省级非物质文化遗产，全国重点文物保护单位3处13项，中国历史文化名村4个，省级历史文化名村11个，是继闽南之后文化部设立的第二个国家级文化生态保护实验区。

在非物质文化遗产项目处建立原生态保护区，是国际学术界比较认同的有效方法。把非物质文化遗产原状、动态地保护和保存在其所属的社区环境中，使人、物和环境处于固有的整体生态和文化空间中，完整地保留其自然风貌、风俗习惯和生产生活关系，是一种新的文化保护理念，称之为"动态保护"。其概念中的关键词是联合国教科文组织定义中的"文化社区"和"文化空间"。非物质文化遗产是在社区居民日常生活文化的土壤与温床上生长的，它是社区居民生活的重要组成部分。以社区文化生态和社区人文背景为支撑，使原来被保护的"对象"自觉地转变为实施保护的"主角"，为文化遗产持久地"活下去""活起来"提供了前提与可能。社区居民的保护态度与参与度，从根本上决定着非物质文化遗产或被传承或被废弃的命运。

幸运的是，婆傩之所以拥有良好的"生命基因"，有赖于传统节俗文化、民间信仰、传统村落文化空间整体生态环境的保护，其傩仪、傩舞至今仍在民众诸多节俗活动中发挥着禳灾祛祸、庇护祈福的作用。如长径村的"驱傩神班"，每年十二月二十四日举行"祛邪逐疫"仪式，"搭架""追王"是其中最为热闹的两种内外相结合、民众共同参与的展演。"追王"由两位村民各扮演八十大王和小鬼，再由另一位熟悉全村路况的人手提药炉于前方引路，一路锣鼓相伴，挨家挨户进入堂前、房间、灶屋、猪栏、鸡圈等处，用八十大王的"开山斧"（系樟木雕刻而成，斧上有龙凤图案，斧刃处用铜皮镶边）"别"（方言，刮、擦之意）几下或轻轻剁几下，再在户主家人头上"别"一下，寓意祛疫灭灾，保人畜兴旺、四季平安。每一户都会在堂屋桌上摆上芝麻、大米、茶叶、黄豆各一碟，等"别"完头后，表演者就取走碟中之物。这时，各家还会特地准备一个红包献给八十大王，感谢他保佑人畜平安，万事顺遂。最后，八十大王把小鬼引到村口，用开山斧"劈"死小鬼，再敲锣打鼓，焚香烧纸，把小鬼送至天界，一时人神共娱，热闹非凡。这种活动很受乡亲们推崇，每年春节前后在外拼搏的人回来，一是为了和家人团聚，另一个重要的原因便是求八十大王在其头上"别"去晦气，"别"去灾难，迎来新气象。

平日，中青年村民大多外出务工，到了年节定要返乡，积极参与组织筹备工作。傩仪进行时，他们又是主要的表演者、推进者。"追王"时，村落的桥梁、祠堂、巷道均挤站着远近村落围观的民众，傩队伍在鞭炮轰鸣中或行进，或奔跑，全村老少在敬畏中与傩神亲近、嬉戏，家家户户均参与其中，气氛庄严、热烈、喜庆，称得上一场民间的狂欢。"禳灾祈福""向美向善"的民众心理是所有傩活动得以展开、进行，直至延续的基础。

对于婆傩几个主要活跃村庄整体性文化生态的保护，正是保护了婆傩所具有的节日联动性功能，于春节这一特殊的时间节点，参与到民众禳灾祈福的传统庆贺活动仪式中，并使之能重新广泛进入人们的生活领域。长径傩舞与傩仪，凝聚了傩文化所体现的宗教意识、民俗意识和审美意识，让婺傩以整个生活着的村庄为舞台，与百姓日常生活仪轨紧密相连，才使婺傩至今仍有鲜活的生命力并得以延续。

**（二）傩文化景观的打造**

在建设傩文化生态保护区的基础上，婺源县在条件较好的地方（如婺源的段莘乡庆源村，秋口镇长径村、江湾、李坑等），傩文化资源丰富，傩舞、傩戏保存较好的地域，重点打造了一批傩文化民俗村镇。这些以傩文化为特色的民俗村镇，既有良好的生态自然景观，又以傩文化主题打造了一些与整体人文环境相协调的民俗景观，形成特色文化产业，不仅有效地促进了婺傩保护，也解决了当地农民的就业，促进了经济发展。

除建立文化生态保护区，在婺源热门景点打造傩文化景观也是促进婺傩传播的有效方式。借助开发相对成熟的旅游景点，凭借良好的旅游客源，将婺源傩舞相关的文本、图像、影像以及表演嵌入旅游项目，传播成效显著。如婺源民俗风情街塑造了一座高3米、宽2.4米、重达500公斤的巨型傩面具雕塑，面具雕塑由平安神八十大王、才神魁星和财神金蟾三个面具组成，这是目前中国最大的傩面具雕塑，寄寓了婺源人的理想与希望，展现了婺源傩文化的艺术魅力。这种傩文化景观融知识性、趣味性、参与性为一体，不仅宣传了傩文化，提高了文化旅游产业的影响力，更为国际国内傩文化的沟通搭建了平台。

此外，婺源还将傩文化引进民俗博物馆，充分利用博物馆保存、收藏、研究、教育与旅游的文化空间，进行婺傩文化相关挖掘、收集、整理、研究工作，更好地保护傩文化资源，与此同时，也促进与婺源县的大旅游格局相协调发展。如长径村建立的"长径傩舞陈列馆"，博物馆引进高科技，利用数字化技术，以数字化、影像化和实物展览等多种方式来展示傩文化资源，融知识性、趣味性、参与性于一体。

## 三　婺源傩舞的生产性保护机制

### （一）婺傩旅游品牌的塑造

婺源是中国旅游强县、国家乡村旅游度假实验区、国家级文化与生态旅游强县、中国旅游标准示范县、全国休闲农业与乡村旅游示范县、国家可持续发展实验区、2010中国年度品牌。2013年，随着江湾景区被国家旅游局评为国家5A级旅游景区，婺源全县拥有5A级旅游景区1家、4A级旅游景区11家，是全国4A级旅游景区最多的县份，也是全国唯一一个以整个县命名的国家3A级旅游景区。随着体验经济时代的到来以及居民收入的提高，促使旅游消费个性化需求的上升，旅游消费者主动参与观念增强。面对旅游者消费需求多样化，旅游产品开发要满足旅游者由"观光旅游"到"体验旅游"的旅游方式转变，关注游客的体验心理需求变得至关重要。作为拥有丰富旅游资源的"中国最美丽的农村"，具有地方特色的婺源傩文化资源，是该县旅游设计与开发的重要文化元素。如婺源著名旅游品牌"篁岭晒秋"，就引进了传统的婺源傩舞，在节日活动中表演，与游客形成良好的互动。

傩舞新剧目的再创与表演，成为婺源旅游景点的重要文化消费项目。特别是随着越来越多旅游节、文化节、艺术周的打造，傩舞成为传播傩文化、发展傩文化旅游的重要方式。傩舞既有原始表现迎神驱鬼的，又有反映神话故事及民间传说的，还有历史故事及表现嬉戏玩耍的，表演形式虽朴拙，但文化内涵深远，富有寓意，不仅具备娱神的功能，更具有娱民、劝世、说教的现实意义。在保存傩舞、傩戏优良基因与核心元素的基础上，将中华优秀传统因子继续传递，在尊重传统的基础上加以利用，有所创新，以更适合时代精神的方式，呈现更多人民群众喜闻乐见的节目是切实可行的。傩舞中表达人们趋吉避祸、追求美好事物生活的主题可以保留发展，具体的表演形式可以进行一些改良。对传统艺术的继承发扬，应由当地非物质文化遗产传承人、相关专家学者（如音乐、舞蹈、表演艺术家等）共同进行研究攻关。在舞蹈形式上，婺傩《开天辟地》由独舞改编为群舞，以表达广大劳动人民创造世界的伟大精神；

在伴奏音乐上,《刘海戏金蟾》由单纯的打击乐伴奏改为民乐队伴奏,并增加欢乐逗趣的气氛;在舞美环境上,面具、道具、背景的制作更为精良、生动;在灯光设计上,更为现代时尚;等等。当然,这些艺术形式上的改进,并不是脱离原有文本与语境的胡乱改造,而是在保证婺傩原真性基础上的再创作。

另一方面,鼓励民间私营团体参与民间艺术文化的传播,也是婺傩生产性保护的有效举措。如婺源"鼓吹堂"将婺源本地民间艺术形式如"徽剧""茶道""灯彩""傩舞"等融为一体,在婺源各旅游景点的公共文化空间演出节目,为海内外各地游客传播优秀的民间艺术与文化,已形成良好的运营模式与较好的经济收益,获得多方好评。类似这样的演艺实体具有自主性、灵活性,既为傩舞的推广传播出力,也为当地创造了一定的就业机会。

**(二)婺傩文化衍生品开发**

婺傩文化衍生品的开发与设计,不仅丰富了当地的旅游资源与内容,更有效地促进了婺源当地传统手工艺的复兴。傩文化作为一种旅游资源,能有效地带动外地游客对傩手工艺品的购买欲望,同时也带动了傩文化传统手工艺的再生。手工艺人通过制作传统傩面具、傩用品等工艺品进而推陈出新,提出新理念,研究开发出一批具有地方特色和文化内涵的旅游纪念品,以增强旅游市场竞争实力,这是对傩文化传承、对文化内涵创新的有效方式。作为旅游纪念品,傩文创品具有对外界宣传傩文化的作用。婺傩文创品并不能只视其为简单的商品,而是具有鲜明地域文化特征、承载着婺傩文化特质的,是一种与本土文化高度融合的文化产品。对于傩文创品的设计与开发,不仅能够提高旅游景点、纪念品在市场竞争中的形象与地位,还能增加旅游纪念品设计的人文价值。旅游者通过婺傩文创品,实现其对旅游过程的再次体验以及感悟,以期达到对傩文化内涵一定的认知与认同,使得傩文化能够被更多的人熟知,而更加关注这一宝贵的文化遗产。

以婺傩面具的文化衍生品设计开发为例。傩面属于雕刻艺术、造型艺术,是传统艺术的瑰宝。傩面外形大多有一种"狞厉的美",与中国夏商周三代青铜器造型纹饰有共同的审美特征。傩面不仅是禳灾祈福、辟邪逐秽的道具,更是先民对未知力量敬畏的表达。婺傩的造型和雕刻艺术堪称一绝,角色众多,造型各异,注重人物性格的深层刻画。婺源现存的古傩面具,有盘古氏、魁星、太阳、月亮、太白金星、观世音、八仙、扶苏太子、蒙恬、李斯、夜叉等60多个。面具采用浅浮雕与镂刻相结合,刀法细腻、繁缛精巧的鳞状刀路,造成一种独特的变形效果,其造像的变形绝不囿于一般雕塑原理,完全取决于民间艺人的经验感受和文化心态。婺傩面具造型古朴夸张,形象灵动,或凶神恶煞而震人心魄,或善良憨厚而如闻其声,或笨拙怪诞而诙谐可亲。面具漆色以红、黄、蓝、白、黑五色为主,色彩强烈跳跃,形象鲜明突出。长径村保存下来的"八十大王"面具(图2),造型古朴,两眼突出,口型夸张,额头、脸上饰有太阳纹,与先民崇拜的太阳神相似,反映出人们驱鬼辟邪、繁衍后代的愿望。"李斯丞相"面具(图3),头戴相盔,耳朵上的三团火焰会随舞蹈抖动,更奇特的是眼珠也会随下巴一张一合上下翻滚,制作技艺令人惊叹。

傩面的历史文化蕴涵丰富,外形独特,富有个性,具有神秘的美感,且每个面具都有历史渊源。傩面文创设计师、工艺美术师正是利用了这一特点和优势,设计出传统民间工艺和时代气息相结合的新颖产品。当地诸多的木雕工厂开展了面具修复、整理与加工生产的业务,如华龙木雕厂、天翔木雕工艺有限公司致力于婺源传统傩面具的制作,根据传承人口述,不断还原传统面具形

图2 "八十大王"面具

图3 "李斯丞相"面具

象，加以艺术创造，制作出了许多符合现代人审美情趣的傩面具，受到海外特别是东南亚国家和地区人们的青睐。

此外，一些工艺美术设计公司大力推进以傩面具为设计元素的旅游纪念品的开发，在材料上，不仅用传统木料樟木，连陶瓷、金属、玻璃及石材也都成了体现面具之美的媒介，不同的物质媒介增强了面具的艺术表现力。在品种上，创造出既有使用价值又有纪念意义的工艺品，如书签、耳环、戒指、吊饰、壁挂和砚

图4　傩面挂画

台造型等。傩面人物或被制成小持件，可悬挂在胸前辟邪，或被制成挂画（图4），可用来装饰居室，一直是旅游纪念品中的热销产品。

此外还有通过傩舞、傩戏服装样式及配色等元素的提取设计制作的旅游纪念品，如在不同面料上展现的优美傩形象，或者带有吉祥寓意的纹样与图案，将之运用于系列女式手提袋、箱包、靠垫、抱枕、T恤服装等。当地"傩缘酒"的开发，在酒瓶包装上雕刻傩人物图像，如萧氏夫人、八十大王等，对婺源傩的图腾信仰、舞蹈配以文字介绍，对傩文化特质进行创新性设计与开发，使消费者更加直观深入地了解傩文化。此外，"傩缘酒"酒瓶（图5）采用具有江西特色的陶瓷工艺制成，除傩文化特色图案外，精美的陶瓷也极具观赏收藏价值。这类文化衍生品的消费，符合人们的审美，既是人们的信仰需求与心理愿望的艺术表现，更是被庇护的民俗心理的满足，这类既好看又实用的工艺品无疑会受到旅游者的普遍喜爱与欢迎。傩这种古朴、神秘的文化元素于当代语境的再运用，不仅可激发民众对民族传统文化艺术的热爱，更彰显了民众

图5　"傩缘酒"酒瓶

对中华传统文化与审美的认同。

傩文化是一座巨大的资源宝库，除工艺品设计之外，平面设计、工业设计以及影视动画设计均能加以运用，傩面艺术产业化的前景非常广阔。将傩文化衍生品镶嵌于旅游活动中推广，形成表演、观赏、消费、体验的良性互动，不仅让观光者对婺源傩文化有了深入的了解与解读，进而也引发了其对傩文化衍生品的购买动机并达到传播的目的，从而推动婺源傩文化艺术及旅游经济的共同发展。傩文化产业化市场一旦形成，可推动产业升级，建立起文化产业的现代企业，推出成熟的富有创意和竞争力的优秀产品，拓展市场，形成品牌。品牌效益一旦形成，必然会促使市场进一步扩大和成熟，现代企业也会相应地得到更好发展，从而形成"市场""企业""品牌"三者的良性循环。

## 四　婺傩的传播与传承机制

### （一）婺傩的学术研究与校园传承

高校的良好学术氛围，是婺傩传承的理想基地。将婺傩艺术引进高校的课程当中，以课程为载体的创新教学内容，让莘莘学子系统地学习传统傩文化，掌握其艺术表演、音乐舞蹈、面具图形、造型纹饰等专业知识，为培养合格的传承人打好基础。江西的一些大专院校，除了设置在校课程学习以外，还在婺傩保护区域建立了文化研究工作室与工作站，为教师和学生定期考察提供实践和学习的场所。师生深入乡村收集田野资料，对傩面、傩仪、傩庙等进行实地考察，对老一代傩艺人进行口述采访，通过收集第一手资料，积极参与到傩文化的抢救性保护工作中去。这些实质性的科研工作，不仅让年轻一代深入了解了婺傩产生的文化渊源、历史传说，更真实地体察了生活中延续的傩文化所起的社会功效，引发更多如何保护珍贵遗产的思考。

同时，高校还邀请民间傩舞艺人以及傩面具艺人走进大学，在课堂上为同学们进行现场教学，新鲜的民间艺术成为课本之外生动有趣的知识，既丰富了固有的教学内容，又活跃了学习方式。学生们能面对面地与传承人交流，老艺人手把手地传授傩艺舞蹈与技巧、讲述傩戏神话传说故事、动手绘制面具等，无形之中培养了兴趣、集聚了人气，为培养年轻的传承人打下初步基础，使得傩文化在高校教学模式中传承得以实现。此外，一些高校的设计类专业，每年还举行傩文化相关主题的设计比赛，吸引社会各界设计人才参与其中，将面具艺术语言应用到实际设计比赛中，打造全新的视觉体验，让更多人去认识傩文化艺术的魅力。在此过程中，还有学校与相关研究机构共同为傩文化编制的书籍、光盘、影像、纪录片、手册和宣传册等适宜的教学和培训材料，也发挥了巨大的作用。

在当今现实社会环境下，傩艺的经济效用实现较低，年轻人不关心、不了解、不感兴趣，老一辈傩艺人觅徒困难，传统作坊式师徒传承方式虽然存在，但已因上述原因显得较难维系，而高校的普及型课程，在学分学制的设定形式下，傩文化普及较快，培养面也较广，在某种程度上可以说是弥补了传统师徒制的不足，以更为灵活更为快捷的方式做了大量基础的培养工作，为之后更多傩文化专业的研究者以及从业人员提供了良好的孵化空间，比如傩文学、傩音乐、舞蹈、傩艺术设计者等，在大学校园里为民间艺术培养更多具有设计能力和创新能力的新型接班人。建立再多的民间艺术保护协会，也需要真正热爱和懂艺术的专业人才去经营和发展，才能将传统艺术发扬光大。高校可以说是教学研究机构与民间传承基地的理想之所，不仅能为优秀传统文化提供有利的学术环境，更能为民间文化的有效传承做些实际工作。

同时婺源也主动积极与全国其他地区的傩文化研究机构、博物馆以及地方文化局协同合作，为学术研究与考察提供条件，让师生、研究者多角度去探寻赣傩文化底蕴，寻找同与异，以利于建立赣傩文化体系的比较研究。正是通过这种教与学、帮与带形式来潜移默化地进行婺傩文化的延续和传播，逐渐提高大众对传统傩文化的认知度，从而进一步宣传和弘扬整个中国的傩文化艺术的魅力。

**（二）婺傩的数字化与媒体传播**

联合国教科文《保护非物质文化遗产公约》的业务指南中曾明确指出："媒体可以有效提高人们对非物质文化遗产重要性的认识"，鼓励"缔约国支持媒体推广活动，并运用各种传媒形式传播非物质文化遗产"，如"音像媒体制作优质广播电视节目和纪录片"，"地方广播、电视、网络和社区在弘扬地方文化应发挥出重要作用"等[①]。

婺傩是一种口头文学与音乐、舞蹈结合的表演形式，有大量的动态信息，仅凭文字介绍是不足以传达与表述的。在人们不能实地观看演出的情况下，影像与网络的传播手段是较为理想的。在多媒体环境下，综合利用多种内容表现形式，让受众在虚拟时空网络上也能感受到真正的婺傩文化。曾有文章对婺傩的网络传播做过分析，有关婺源傩舞的文本在旅游网站中分布最多（41.76%），其次是门户网站（20.88%），接下来是新闻媒体网站（14.84%）和博客网站（11.54%），这主要是游客通过在婺源旅游或是其他途径了解婺源傩舞，在博客或个人网站中留下的见闻与感想。而婺源傩舞悠久的历史与更深层的文化内涵发掘，却很少有在专业的文化网站中展现（仅占2.19%）[②]。婺源傩舞在网络传播中的文本类型单一，其文本内容的语境主要是赞扬式宣传与客观介绍，文化内涵探究与思辨性文化评论较少，可见婺源傩舞在网络传播中仅仅停留在表面上的宣传与介绍，而没有深挖其深刻的文化内涵，这说明，婺傩专业的媒体传播，无论是从内容、形式还是手段上，都离《公约》所要求多途径、多样式、多角度的宣传相去甚远。

最近几年，随着婺源整体旅游格局的提升、网络技术的升级换代以及自媒体的飞速发展，婺傩的传播有了多种渠道与形态。婺源的地方门户网站、非遗保护网站、公众号、订阅号等多种媒体频频推出婺傩的相关宣传与报道。傩文化资源数据库的建设更加意义非凡，数据库构成模块主要包括：信息采集模块、数字资源加工模块、管理模块、内容发布模块、服务模块、资源分类模块等，涵盖了傩文本资料、软件资料、图片资料、视频资料、声音资料、研究机

---

① 联合国教科文《保护非物质文化遗产公约》业务指南第110—113条，2017年版，第58页。

② 胡喜英：《网络中婺源傩舞传播的内容分析》，《商业文化（学术版）》2007年第4期。

构、大学学术等。

在对婺源傩舞抢救性影像记录的基础上，婺源政府还有与动漫、影视产业合作的意向。如在动漫中采用先进的三维动态技术，该技术由动作数据库、动作编成器、动作发生器组成。在人体的15个关节部位装上无线磁场计测感应器，以每秒30个画面的速度将三维动作输入计算机。它不仅可以精确地将舞蹈最细腻的风格韵味原汁原味地"克隆"成图像永久保存，还可以将动作分解成教学片，广泛运用于幼儿园、中小学进行普及传承。除了对婺傩传统节目的真实记录，保护单位也积极寻求开发傩戏与影视相结合的产业模式，如相关题材的电影、电视剧的拍摄等，这对抢救和保护濒危的非物质文化遗产均有十分重要的促进作用。

### （三）婺源傩舞的国际交流

傩文化的国际交流，是打开中国古老傩文化世界之窗的有效途径。例如，与傩面紧密相关的世界面具文化，即是一种全球视野下的文化谱系观。世界上绝大多数国家均有自己独特的面具文化，在宗教仪式、成人仪式、节日庆典、文化生活中不可或缺。在联合国世界非物质文化遗产保护名录上，与面具相关的节日庆典或宗教仪式多达十几项，范围涉及亚、非、拉美各大洲，如赞比亚的迈基石化装舞会（2008）、不丹德拉迈茨的鼓乐面具舞（2008）、日本的能乐（2008）、匈牙利莫哈奇的冬末面具狂欢节（2009）、尼日利亚的伊耶勒面具舞（2009）、韩国的处容舞（2009）、捷克赫林奈科地区村庄的忏悔节假面游行（2010）、奥地利伊姆斯特狂欢节面具游行（2012）、马里马卡拉的面具和木偶（2014）等①。这些项目有的已成为世界闻名的旅游胜景，有的成为绝佳的文化表演事项，均在非遗保护的语境中积极探寻适合的保护与发展路径，这些案例对于中国傩文化的保护开发，具有积极的借鉴意义。

因此，国际视野下的傩文化研究与发展是极为必要的。邀请世界各国的

---

① 联合国教科文《保护非物质文化遗产公约》基本文件附录，2017年版，第102—133页。

专家、学者会聚一堂，共同探讨傩文化的起源与内涵、演变与传承、保护与发展，加强国家与国家之间的交流与合作，既有益于提升中国傩的知晓度，也有益于对于他国经验的学习借鉴。婺源曾多次举办国际学术傩文化研讨会，邀请国际专家学者来国内实地观摩演出，取得了不少宝贵的学术成果，如日本傩文化专家、东京大学教授田仲一成，东洋文化研究所大木康，日本东京国立文化财研究所艺能部演剧研究室研究员高桥美都等专家学者，都曾为长径傩舞写过多篇研究评论文章。引入的同时，还应把中国傩推向国际舞台，将优秀节目送出去。如婺傩独舞《开天辟地》《丞相操兵》《刘海戏金蟾》《舞小鬼》等经典剧目曾多次远赴美、日、韩、德、英、意、新等国家演出，深受外国友人的喜爱与欢迎。对于未来更多国际平台的搭建，也在继续与酝酿之中。

## 五 结语

傩舞自原始社会发展至今，经历千年沧桑，吸收了巫、儒、道、佛教及民间风习，是不同时代、不同层次历史真迹与文化断面的展示，不仅涉及人类学、历史学、民族学、宗教学、神话学、考古学、音乐、戏剧、舞蹈等多门学科，极具学术研究价值，更是一座蕴涵丰富的巨大民俗资源宝库，是仍具有生命活力的富矿区，亟待合理的开发与利用，从而更好地服务于当下社会经济与文化的繁荣和发展。虽然时代的变迁与文化语境的转变造成傩文化的式微与传承的困境，但随着国际社会与国家非物质文化遗产保护的重视与日益加大力度的举措，以及社会多种力量的合力，为傩文化的延续与发展提供了切实的可能与强有力的支撑，婺源傩舞的整体性保护经验，可推及其他非遗项目，为其提供一定的参考与借鉴，以此促进非遗项目在生产、保护、延续和再创造方面发挥重要作用，为丰富人类文化多样性和创造性做出更大的贡献。

# 广元市旺苍端公戏的文化成因与生存现状

## ——以三江镇何家端公戏班为例

四川省川剧院　　曾浩月

四川傩戏剧种甚多，有傩坛戏、师道戏、秧苗戏、端公戏、阳戏、酉阳阳戏等。其中端公戏是一种驱邪祈吉、还愿酬神、超度荐亡的民间傩戏，流行于成都市所辖县区，如泸州市合江县、泸县，绵阳市梓潼县、江油市，南充市南部县、仪陇县，巴中市巴县等地区。

旺苍端公戏，是当地百姓在长时间的生产和发展中发挥自己的智慧创造的一种艺术活动。自2005年开展非物质文化遗产普查以来，这个古老的地方戏曲重新出现在人们的视野中。

## 一　旺苍端公戏的生存环境

### （一）旺苍端公戏的孕育环境

广元市旺苍县地处川北，北靠陕西省南郑、宁强及汉中，南接苍溪、阆中，东邻巴中、南江，西接广元元坝区，山高谷深，地势北高南低，属高寒山区，粮食收成较低。县城旺苍坝及百丈关、冯家坝为历代兵家必争之地，有"川北古战场"之称。深受战乱兵燹的人们生活贫困，文化发展缓慢，再加之自然灾害频繁，民不聊生，崇信神鬼的心理极易产生、繁衍。人们寄托于鬼神，希望它能消灾除难，摆脱生活困境。特殊的地方历史文化为端公戏的产生提供了孕育环境。

此外，旺苍移民的入迁也为端公戏的产生提供了可能。从先秦时期到清代前期，各个朝代都有大量移民入川定居旺苍。据杨荣生先生介绍，旺苍县大规模的移民活动有四次。第一次为蜀汉政权时，李特、李势踞蜀，有群獠十万余，从越南入蜀汉间，散居旺苍境内，与汉人杂居。其獠人为云贵边土著少数民族，亦为苗蛮，善居山谷，穴宿野处，死为石椁，无棺木，现在旺苍县境内獠人石椁墓穴遍布。且獠人信傩，崇信神鬼，祭祀隆重，巫风傩俗随之而来。第二次为南宋端平后，因宋元、宋金战乱频频，旺苍人口大量损失，田园荒芜，时有17年之久，遂由各地尤以湖南两广迁居为主，来旺苍定居，其楚傩文化随入旺苍。第三次为元末时，因旺苍是恶战之地，人口再度失散，田亩荒凉。朱元璋建明后，实行移民政策，又由湖北、湖南、广东、广西大量迁民来川，即"湖广填四川"。今旺苍大姓杨、何、伍、昝、李等诸族之祖均系此次湖广迁蜀之宗族，以湖广麻城市孝感乡为最多。随之楚傩文化进一步进入旺苍。第四次即清顺治十一年（1654），四川利州（今广元）设利州卫，屡历战事，人口凋敝，清政府又遣湖广之民来川，楚傩文化再一次充补旺苍。

移民文化对旺苍文化尤其是民间文化的发展具有重大影响。据《汉书·地理志》记载，由于地理位置、建制沿革、民族习俗的不同，楚人"信巫鬼，重淫祀"，《楚辞·九歌》即有"巫觋作乐"的描述。傩戏由驱鬼逐疫傩舞演变而成，以请神敬祖、驱鬼逐疫为目的，把敬神和娱人相结合。旺苍端公戏既是旺苍民间巫风傩戏的形成，又是旺苍民间信仰习俗的反映，尤其是"湖广填川"后湖广移民信仰中的楚风民俗，为它注入了丰富的内容，使之完善丰厚起来，独成一家。

## （二）旺苍端公戏的现存状况

20世纪60年代，在除"四旧"的大背景下，傩戏表演以及傩祭祀几乎消失。随着科技的进步、经济市场的不断扩大，人们的认识观、世界观、价值观都发生了很大的变化，对傩戏表演中神灵的崇拜和信赖日益淡化。20世纪90年代，随着社会经济的发展，特别是我国市场经济的逐步确立和发展，以及现代传媒和电视业的空前繁荣，民间艺术受到极大冲击，许多民间艺术的生存和发展逐步萎缩，活动日趋减少。21世纪来临之际，民间艺术更是受到强有力的冲击。

随着时间的推移，端公戏表演者逐渐老去，而年轻一辈又因为各种原因没有继承这种古老的民俗活动。久而久之，昔日人们所熟悉的傩戏表演也将因年老表演者的相继去世而逐渐消失。

杨荣华先生在《旺苍傩戏——端公戏》一文中谈及，全县九区三镇四十八个乡（现为二十四乡镇），昔日均有端公戏班坛，以干河乡（现鼓城乡）为例，1949年前就有20多个端公班坛活动，[①]如三江镇的何家班、干河坝的罗家班、白水区麻英乡的白氏班坛、枣林乡的胥公坛、国华区的任公坛、双汇区的杜公班、东凡区苍龙乡的张公班、五权区的李氏班坛等。而笔者于2017年10月31日前往旺苍县实地考察时，通过县文广新局副局长何文远得知，目前旺苍县境内仅有三江镇的何家班还在进行端公戏表演，其余的端公戏班坛都已消失。

## 二  何家班家族传承及构成情况

### （一）何家班家族传承情况

旧时，端公戏何家班在旺苍端公戏表演中影响较大、实力较强、传承年代较为久远。现任班主何元礼为何家班第10代班主，今年70岁。何元礼祖辈在"湖广填四川"时期，从湖北麻城孝感县移民来至广元市旺苍县三江镇红星村，从此代代定居于此。笔者通过走访旺苍县文广新局和何家班现驻地旺苍端公戏传习所，查得族谱等相关材料，对何家班的家族传承情况做了一个简单的归纳，见下表：

---

① 杨荣华：《旺苍傩戏——端公戏》，中国人民政治协商会议四川省旺苍县委员会编：《旺苍文史资料》（第12辑），内部印刊，1994年，第80页。

## 旺苍端公戏何家班传承谱系表

| 传承 | 姓名 | 性别 | 生平 | 职业 |
|------|------|------|------|------|
| 第一代 | 何思显 | 男 | 1642—1691 | 端公 |
| 第二代 | 何茂达 | 男 | 1669—1703 | 端公 |
| 第三代 | 何成忠 | 男 | 1689—1738 | 端公 |
| 第四代 | 何应道 | 男 | 1712—1795 | 端公 |
| 第五代 | 何之经 | 男 | 1756—1817 | 端公 |
| 第六代 | 何清山 | 男 | 1785—1857 | 端公 |
| 第七代 | 何道德 | 男 | 1844—1909 | 端公 |
| 第八代 | 何忠武 | 男 | 1882—1955 | 端公 |
| 第九代 | 何心贤 | 男 | 1913—1975 | 端公 |
| 第十代 | 何元礼 | 男 | 1949— | 端公 |
| 第十一代 | 何美绪 | 男 | 1972— | 端公 |

出生于"何家班"的何元礼,从小对端公戏耳濡目染,能记住大量端公戏剧本。何元礼13岁开始向父亲何心贤学习端公戏技艺,并逐渐掌握端公戏的全套绝活儿,成为"何家班"第十代传人。现在,他正在将端公戏法术技艺传授给二儿子何美绪,以接班传承旺苍端公戏。

需要注意的是,旺苍端公戏的端公传承者都是本家庭成员,即家传,师传极少。即使是家传,一般也要在拜师后才传法。其中端公绝法只传内亲或单传一子,不传外人或一般弟子。据何元礼大儿子何美祥讲述,何家班的端公戏法术亦是传男不传女,传承礼仪非常严格,或口耳相授,或家传师承相结合,对传承人亦有所选择,传承人需要有一定的知识水平,对端公戏法术有较高的悟性。①

### (二)何家班现今的组织结构形式

旺苍端公戏以班坛为演出单位,6—7人即可演出,多则十几人参演,由

---

① 何美祥:旺苍端公戏何家班第十代班主何元礼之大儿子,49岁,煤矿企业家。采访时间:2017年10月31日;采访地点:旺苍端公戏传习所。

端公、演员和乐队组成。何家班现存演出队伍有11人，其中掌坛师2人、演员5人、乐队3人、道具管理1人，能基本完成大戏的演出活动。

### 现今何家班演出队伍情况表

| 姓名 | 年龄 | 性别 | 文化程度 | 职业 | 备注 |
|------|------|------|----------|------|------|
| 何元礼 | 70 | 男 | 小学 | 端公 | 何家班第十代传人 |
| 何美绪 | 47 | 男 | 初中 | 端公 | 何家班第十一代传人 |
| 熊联辉 | 45 | 男 | 初中 | 演员 | |
| 刘兴军 | 46 | 男 | 初中 | 演员 | |
| 王金方 | 56 | 男 | 初中 | 演员 | 中医职业，兼演端公戏 |
| 罗天军 | 48 | 男 | 高中 | 演员 | |
| 刘金连 | 41 | 女 | 初中 | 演员 | 新收徒弟 |
| 张联正 | 51 | 男 | 初中 | 锣鼓队 | |
| 陈辛中 | 62 | 男 | 初中 | 锣鼓队 | |
| 赵绍礼 | 63 | 男 | 初中 | 锣鼓队 | |
| 刘诗香 | 71 | 女 | 文盲 | 道具管理 | 何元礼之妻 |

文化的传承必须靠人的传习得以延续，人是文化传承中至关重要的因素。从何家班的人员构成可以看到现存以下问题：第一，成员年龄偏高，6人皆在50岁以上；第二，何家班成员都在40岁以上，后续传承能力不足。

据何元礼先生讲述，2017年曾公开招徒，摒弃传统的传内不传外和传男不传女的传承要求，接收初中以上文化、有学习兴趣和爱好、有一定的表演天赋的徒弟，以充实何家班和传承旺苍端公戏，但至今无人问津。

### 三 何家班的演出实践

何家班一年外出演出次数多则十几次，少则七八次，与四川省内其他傩戏表演团体相比，演出次数尚属较多。这得力于旺苍县政府对旺苍端公戏的支持。旺苍县政府在文艺展演活动中经常会邀请何家班前来演出，如旺苍县在2017年12月举办的"红军情 老区美"系列文化活动，即包括"旺苍端公戏非遗展演"一类，邀请何家班演出端公戏剧目《造毛船》以及"走刀桥""过火海""下油锅""上刀树"等10余种表现技法，并集中展示何家班祖传的服饰、面具等。这不仅增加了何家班的演出次数、锻炼了演员的表演技艺，也增强了班坛队伍的文化自信。

何元礼也经常关注国内的傩文化展演活动，适时地在全国傩文化展演舞台上展示旺苍端公戏。2007年，何元礼带领何家班参加甘肃永靖全国傩文化艺术展演，不仅获得好评，还获得了甘肃永靖全国傩文化艺术展演纪念奖。

由于笔者仅看到何家班端公戏表演的几个片段，所以无法得知何家班的整体表演能力，在此就考察时看到的端公戏何家班演出进行论述。

### （一）请神仪式

请神是端公的祭祀法事之一。在开坛之始，端公何元礼宣布开坛，引领众演员到演出场所旁边。何元礼吹响号角，口念咒语，带领众演员依次出场，乐队同时奏响鼓乐。围绕演出场所走一圈后，其余演员下场，留何元礼一人进行请神仪式。何元礼口念请神咒语，燃烧纸钱，分别向东南西北中五方参拜，邀请本班坛所信奉的各路神灵。

图1　训鸡仪式

### （二）训鸡仪式

训鸡，即祭鸡，端公将鸡的来历、作用禀告神灵，并通过咒章《黑煞咒》将鸡制服，通过公鸡的血治病除邪。各路神灵邀请到位后，何元礼手持事先准备好的公鸡，在神像面前口念咒语、手舞足蹈，然后将鸡冠咬破，倒提公鸡，将鸡血滴在刀桥上。接着何元礼将公鸡放在神像面前，继续口念咒语。这一程序完毕后，将公鸡放生，其余演员依次上场，绕场一圈后再下场。且看一则何家班训鸡咒语：

金鸡头上血，刺破红如云。

点天天开眼，点地地燃灯。

点人人长寿，点鬼鬼灭魂。

天煞地煞年煞月煞，日煞时煞一切神煞，见血消化。

从这则咒语也可以看出，在旧时社会，端公被认为具有一种可以满足其愿望的神秘力量，他的仪事和咒语能唤起人们所希望的结果，治病祛邪。

**（三）戏剧表演**

戏剧表演即耍坛、唱灯，分正戏和杂戏。正戏多取材于神话传说、历史演义、民间故事和其他戏剧节目；杂戏多为插科打诨，自编有关农业生产、自然气候、本地趣事、风尚礼仪等节目。正戏和杂戏都接近生活，浅显易懂。

戏剧表演所演剧目，各个班坛有所区别，同一戏班根据傩事性质又各有侧重。由于现今旺苍端公戏仅剩何家班一个班坛，笔者无从得知旺苍端公戏曾经演出剧目的整体情况。但从杨荣华先生的《旺苍傩戏——端公戏》一文中，我们可以略知一二："演出戏本有《玉匣记》《日月图》《二郎赶孽龙》《孟姜女哭长城》《白蛇下凡》《四下河南》及神灵本事戏文等"[①]。何家班现在还能演出的剧目有13个，笔者观赏了何家班《耍坛》《赵匡胤算命》两个剧目。

《耍坛》讲述了一对青年男女在庙会上相遇、互相倾慕的故事；《赵匡胤算命》讲述了赵匡胤北上前在卦棚算命，算得自己会当天子的故事。两个剧目内容简单、通俗且富有生活特色，唱词采用四川旺苍土语以口头说唱的形式叙述、展开故事情节。

**（四）特技表演**

旺苍端公戏的特技表演，包括"过刀桥""上刀树""打粉火""抓油

---

① 杨荣华：《旺苍傩戏——端公戏》，中国人民政治协商会议四川省旺苍县委员会编：《旺苍文史资料》(第12辑)，内部印刊，1994年，第85页。

锅""踩火坑"等，体现祈吉祓祟、驱瘟逐魔的神秘性。当日，何家班表演了"过刀桥""踩火坑""抓油锅"三个特技。

### 1.过刀桥

"过刀桥"也叫"过坛"，是端公戏表演特技之一，传说过刀桥可以为人消灾除病。"刀桥"，是把十二把磨得锋利的刀刀口向上，平行固定，搭成"桥"。何元礼口念咒语，用公鸡鸡冠的血滴在刀桥上，表明刀桥受到神灵的保佑。念毕，三位演员依次赤脚从刀刃上来回走一遍，双脚不受损伤。何家班也常把"过刀桥"同请神一起表演。

图2 踩火坑

### 2.踩火坑

表演该节目时，演员或头戴面具，或身穿类似于兽皮的衣服，依次在装满燃烧的柴炭的火坑上赤脚来回走两遍。火坑长约3米，宽约0.5米，用砖头固定。在旧时迷信说法中，此法可以超度死于非命的冤魂。

### 3.抓油锅

何家班事先在院坝搭架一口大铁锅，锅内盛满油，用柴火将油烧至沸腾。待油锅完全沸腾后，何元礼口念咒语，用嘴往锅内喷水，再将鸡蛋扔进油锅内，三位演员依次徒手伸进油锅将鸡蛋捞起。据何元礼介绍，若有患风湿疾病者，端公用锅内的油在病者患处反复搓，可以治愈。

由此可见，巫术特技表演的目的除了展示端公的功夫和娱人外，还有一大目的是为主人还愿、治病消灾，特技表演可为主家还愿或治好一病，表明神灵显圣。随着时代的进步和发展，表演越来越简化和形式化。

## 四 何家班的非遗传承

何美祥自费1700万修建了旺苍端公戏非遗传习所。旺苍端公戏传习所为两层陈列馆，陈列"何家班"祖传的剧本、面具、法器，以及何元礼多年来收藏的面具、法器、乐器、字画等。

**（一）剧本**

端公戏的演出有自身的舞台词汇和演唱内容及剧本。其表演程式分经文和戏本两类。

**1．经文**

经文俗称咒章。端公戏是原始宗教傩戏，祭祀及法事表演是主要部分。在表演时端公要吟诵、领唱有关神灵祭祀内容的经文。这些经文俗成既定，与端公戏班坛的信奉教派神灵有关，每次法事必诵。如庆坛时的请神、送神咒语

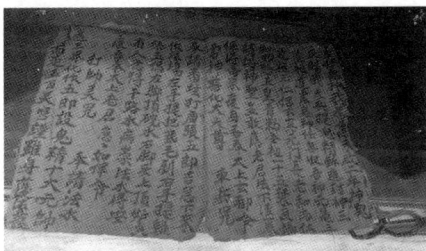

图3　《打符咒》

均固定不变，在表演时吟诵念唱。何元礼存有一些祖传的经文本子，有《打符咒》《三青咒》《打帅灵咒》《太白咒》等。

**2．戏本**

戏本又称戏文，即端公戏中形成了固定文字的戏剧剧本。何元礼整理了13个常演剧目的剧本，有《甲子歌》《捡棉花》《凤凰记》《退病领病》《造桥》《庆坛仪》《劝世人》《抓壮丁》《赵匡胤算命》《孟姜女哭长城》《叩师断刀卦》《二十四孝歌》《造毛船》。

从何家班收藏和整理的剧本可知，旺苍端公戏剧本的内容较为丰富。这些戏文及咒章是如何来的呢？这与端公戏的原始宗教祭祀和民间创作有关。咒章多为传承移植；剧本戏文多取材于历史和民间传说故事，经过改编加工而成。这些戏文或为正坛作法神歌，如《退病领病》《造桥》《庆坛仪》《叩师断刀卦》《造毛船》；或有人物、有情节，如《甲子歌》《捡棉花》《赵匡胤算命》等；或移植、改编自民间故事，如《二十四孝歌》《孟姜女哭长城》等。

**（二）面具**

傩戏的一个重要特征是戴面具跳神、消灾祈福。面具，俗称鬼脸壳子或脸

子。端公戏演员在表演时，根据法事和节目内容及作用的不同，戴上不同的面具。面具种类繁多，造型复杂，艺术感染力极强。一般祭祀鬼神及做法事的面具多为鬼怪神佛和牛头马面诸神灵形象。法事祭祀外的面具依其表演节目角色而设计，如世俗人物、神仙鬼怪等面具。一戴上这些面具，演员就成了剧中人物。所以，一般端公戏班坛除制有鬼神佛牛头马面面具外，还制有几套至十几套戏剧节目面具，以供演出使用。何家班现存12套面具，陈列于传习所内。

此外，传习所内还陈列有何家班演出时所使用的服饰、道具等。服饰共有40余件，其中有10余件为明、清、民国时期的服装；青铜器、司刀、令牌、道铃、端公印等道具有近20种。

## 五　何家班的生存现状

### （一）传承后继无人

社会的不断发展使农村人口的年龄结构发生了变化，年轻人多外出求学或打工，脱离原来的生活环境。傩戏已渐渐从他们的生活中消失，他们没有意识去观看和参与傩戏表演，而现代生活也使他们对傩戏失去了往日的兴趣。现在旺苍端公戏的艺人最低年龄为40岁，且40—50岁间仅有4人，如果后继乏人的情况不能得到有效的解决，一旦这些拥有传统表演技艺的老艺人离世，他们身上所承载的传统文化也即将随之消亡。

### （二）自身技艺的欠缺

旺苍端公戏何家班成员的整体文化程度不高，多为初中文化水平，甚至更低，且多留在农村务农，见识不广。端公戏的唱词传承多为口传心授，有的演员在表演过程中一旦有忘词或记错词的情况，他们只能随机应变对其进行篡改。由于演出次数少，演员舞台经验不足，有的演员甚至不具备随机应变的能力。演员忘词会影响表演质量，无形中降低了旺苍端公戏的艺术价值，进而制约旺苍端公戏的传承与发展。

就笔者看到的何家班表演而言，何家班艺人的表演技艺还不够纯熟，有的演员在表演时甚至忘记自己的台词，需要他人提醒。这也与演出次数太少、演员对剧本不熟悉有很大的关系。另外，何家班表演所穿的服装过于陈旧，有的甚至还破了洞。人物服装造型是观众的第一视觉印象，过于陈旧的服装非常影响观众的视觉效果和观赏兴趣。

### （三）剧本、音乐整理工作亟待加强

何家班留存的剧本由于年代久远，已经非常破旧，急需重新整理成文字。所幸，何元礼先生虽年近古稀，但记忆力非常好，非遗意识也较强。他正在凭记忆誊写老剧本，目前已誊写整理出13个剧本可供日常演出。

此外，何家班现在能演奏【天下朋】【观音扫殿】等100多个传统锣鼓曲牌，但都还未诉诸文字。随着何元礼年龄的增长，锣鼓曲牌亦亟待整理。

### （四）政府扶持力度不够，保护与发展的矛盾尽显

近年来，随着非遗保护的力度加大，政府和社会加大了对何家班的关注力度。在广元市旺苍县政府和市文广新局的努力下，旺苍端公戏于2005年被列入旺苍县非物质文化遗产名录，2006年被列入广元市非物质文化遗产名录，2007年被列入四川省第一批非物质文化遗产名录。这表明旺苍端公戏作为一种传统文化，已不仅仅是乡民自娱自乐的一种民俗活动，而是一种文化财富，逐渐受到政府和社会的关注和保护。

在实际传承过程中，旺苍端公戏却面临着诸多难题。

首先，缺乏资金。旺苍端公戏传习所的修建，旺苍县政府给予了政策优惠，但修建经费皆由何美祥一人承担。何家班参加旺苍红叶节、旺苍县春晚等政府演出时，政府给予每位演员100元的补贴，何元礼自费另补100元给演员。资金的缺乏打消了其他村民学习和参与端公戏表演的积极性。

其次，政府保护和宣传力度不足。尽管旺苍县政府已加大了对旺苍端公戏的保护力度，但总体来说仍然投入不足。旺苍端公戏是以祭祀为核心，包含祭祀、戏剧表演、特技表演等多个文化元素的综合性文化系统，要想促进旺苍端公戏积极健康地传承下去，需要增加演出场次、扩大演出范围和增强宣传力度。

# 满族石氏家族萨满文化现状调查

江西科技师范大学硕士研究生　　刘秋彤

　　萨满文化作为人类最古老的宗教形态，在旧石器时代母系社会晚期的满族文化中产生。萨满文化是满族文化的精髓，满族先民们所信奉的萨满教，是建立在渔猎经济和游牧经济的基础上而形成的，它是北方氏族、部落精神信仰的一种反映和产物。然而，随着时代的发展与进步、宗族的迁徙等多种因素的变化，古老的萨满文化在漫长的历史进程中经历过诞生、创造、发展、兴盛、衰落、遗存、复兴的曲折而漫长之路后，仍然是当今存在于民间的活态文化遗存，记录着人类童年时期对大自然的认知。

## 一　石氏家族简况

　　现居吉林省九台市胡家乡小韩村的满族人家——石氏家族，是明际海西女真扈伦四部之一辉发部部主的一支，本姓"益克得里氏"，后在清代定姓为"锡克特里氏"，属于满洲正黄旗。锡克特里家族从黑龙江南岸八岔、抓吉、招远一带，迁至辉发河畔，辗转于长白山脚下。1670年，辉发部被努尔哈赤收复，锡克特里家族加入了满洲共同体。顺治初年，锡克特里家族奉旨落户于吉林乌拉，成为打牲乌拉总管衙门的打牲丁。[①] 自石氏家族迁徙以来，先后经历了600余年的风霜

---

① 张寒冰主编：《满族石克特里家族萨满文化诠释》，吉林文史出版社2015年版，第2页。

洗礼，在这漫长且艰苦的岁月中，石氏家族的萨满文化并未随着时间的流逝而消失，也没有在"文革"期间被销毁，而是凭着爱护家族的忘我精神，冒着政治危险，悄悄地将家族祭祀的部分物品保留下来。改革开放以后，石氏家族的萨满文化受到了相关科研单位的重视，得以复兴。

2006年被中国民间文艺家协会誉为"萨满文化之乡"的九台地区，一直是满族人世居之地。目前，在九台市较有名头的萨满有石、杨、关、赵这四大家族，其姓氏是按家族萨满祭祀仪式的完整度和规模来进行排序的。石氏家族是典型的满族萨满文化传承世家，传承着一套完整的祭祀仪式、神本、神词、神偶、法器等。因此，在这四大家族中排名第一位。

整个石氏家族有个"宗族理事会"，通过家族族人选举族长，老石家的宗族理事会并没有特定的行规，但有繁杂的家规。行会目前大概有16名成员，职务分有总穆昆达（即家族长）、常务穆昆达、秘书长、分支穆昆达（东哈屯、小韩屯）。穆昆达要有一定的工作能力、组织能力、社会阅历，以及较强的号召力，能够把这些族人组织到一起，具有一定威信的人才能胜任。[①]可见，在石氏家族过去宏大的社会变迁中，在穆昆达这一组织体制的要求下，每个人都有序地做好自己的家族角色，各司其职，承担起自身所应当的责任，族人之间守望相助，共同营造有温度、有向心力的家族氛围。我想，这可能正是石氏家族的萨满文化在历史动荡不安的年代中能够得以保留的重要因素之一吧！

## 二 石氏家族的萨满传承及仪式内容

在石氏家族的萨满祭祀过程中，除萨满之外，还有侍神人"栽力"，即萨满的助手，在整个仪式过程中起着举足轻重的作用，素有"三分叉玛，七分栽

---

① 整理择选于2017年8月8日笔直与石文继先生的访谈录音

力"之说。"栽力"要通晓满语，掌握祭祀程式，确保萨满在祭祀结束时意识的恢复和活动的顺利进行。萨满是整个祭祀仪式中的核心人物，虽然在日常生活中他们只是普通的一员，但在祭祀活动中和当遇到氏族或其他族人有困难时，萨满就变身为可以与神灵沟通的使者，通过人与神之间的情感联络，进行祈福和指引，保佑族人能够更好地生活。石氏家族的"萨满"是通过神抓、族选、许愿这三种方式来产生的。

1. "神抓萨满"是由已故的前代太爷神（老萨满）所择选，并成为其所领的"主神"，其仪式技术和知识由神灵教授，领神后的神抓萨满要通过"炮火池"或者"钻冰眼"的仪式考验，得到族人的认可才能成为"神抓萨满"。在萨满祭祀请神时，"神抓萨满"是坐着请神，而"族选萨满"必须跪着请神，可见，神选定的萨满在祭祀仪式中有着特殊的地位。

2. "族选萨满"也称为接续萨满，萨满的助手"栽力"也是通过"学乌云"的方式培养出来的。在石氏家族萨满传承的历史上，并不是每一代都有神抓萨满。在没有神抓萨满的年代，当现存的大萨满年事已高，身体已不能担负重任时，便会经族人商议，择选出十几岁以上的未婚男子进行"学乌云"，整个学习过程繁杂，学习内容众多，要学习祭祀礼序、规则、禁忌、礼法、注意事项和与萨满在动作、神词等方面的配合。此外，对祭祀用语、器具摆设、场地布置、法器的使用、鼓点节奏、仪表步伐、舞蹈姿态和不同神祇的性格特征、附体后如何侍奉、家族历史、萨满传说、祖训族规等，都要进行学习与了解。由此可见学习内容的繁杂与困难，如果学员没有强大的信念是难以坚持学成的。培训时间以九天为一个周期，青年们需要九九八十一天才能完成大部分的学业。最后，进行"落乌云"的考核，所有学员均须参与，这是对学员的考核检验，也是学员的毕业典礼。

3. "许愿萨满"是族中某人因某病、某灾、某祸而被家族中某位瞒尼神（英雄神）所救后，此人就要许愿灾病过后在神前效力终生，不求回报。这一类萨满必须是由族中的瞒尼神所救。

从古至今，石氏家族的萨满传承已有十一代的世系，分别为头辈太爷：锡克特里·崇吉德，二辈太爷：锡克特里·打卡布，三辈太爷：锡克特里·乌林巴（实则为乌林巴之妻达苏库，石氏家族中唯一的一位女萨满），四辈太爷：锡克特里·东海，五辈太爷：锡克特里·多明阿，六辈太爷：锡克特里·贵海，七代萨满：石殿峰，八代萨满：石清山，九代萨满：石宗轩，十代萨满：石宗祥、石清真，十一代萨满：石宗多、石光华。七代以前的几辈太爷是家族历史中能上"大神案子"的神抓萨满，七代往后，只有石殿峰和石清山是神抓萨满，其余几代均是"族选萨满"。在调查石氏家族的传承历史的过程中，笔者发现无论"神抓"还是"族选"，都有着品行端正、吃苦耐劳和富有强烈的家族意识、家族责任感的共同特征。

满族人的萨满祭祀活动是在某一氏族具有血缘关系的群体中举行的，通过"说、唱、歌、舞、乐"的表演形态，来增进家族的凝聚力。石氏家族的萨满祭祀目前留有家祭和野祭（大神祭）两种，一般仪式流程都是"先跳家神，后放大神"。祭祀时间多数选择在农历的龙、虎、鼠年间的九月或翌年正月、二月，根据规模即具体事件，一般要举行3—5天，最短为1天，最长可达11天。

石氏家族在进行"家祭"时，首先要在南面悬挂"家神案子"（图1），意在祭拜家族的发祥地长白山。在仪式进行的过程中，神职人员需虔诚肃穆，家神祭祀时，不需要降神附体祭祀，俗称"跳白脸"。其主要内容包括祭祖、祭天、换索、背灯祭四个项目：

（1）祭祖：是将平日摆放在西墙祖宗板上的"祖宗匣子"请下来，进行祭拜的活动。

（2）祭天：在庭院中立起由柳木制成的长杆子，下面放好石座，用于支撑杆子，在顶端放置五谷杂粮，供

图1 石氏家族大神案子中的六位太爷

喜鹊、乌鸦等天神食用，以报天恩。

（3）换索：每逢祭祀必须祭拜"佛朵玛玛"（柳枝），换索是给子孙祈福，将悬挂在西墙的"子孙口袋"取下，请出"子孙绳"，对其赞颂祈祷后，将新生的子孙依据性别在子孙绳中分别系上弓箭和布条，最后将其装回口袋之中，送回。

（4）背灯祭：在祭祀的第三天夜里进行，主要祭拜多位星神和黑夜守护神，在祭祀开始前，门窗紧闭，不准有半点声响。深夜之中只能听到萨满的神词祭祷。"野祭"是请各位神祇降临，并附体于萨满身上，在与栽力的对答中表演所请之神的形态以及颂唱神歌。野祭场面宏大且气派，神祇众多，以自然界的神灵和英雄神为主，每一次都要进行请神、附体、表演、对答、送神的仪式步骤。在仪式结束后，家族成员进行聚餐交谈，神职人员对现场进行整理，为来年祭典做好储备工作。

### 三　石氏家族萨满文化发展现状

目前，随着国家对非物质文化遗产保护的重视，以及《保护非物质文化遗产公约》等相关文件的颁布，2006年，拥有丰富满族萨满文化遗存的吉林省九台市被中国民间文艺家协会命名为"萨满文化之乡"。

九台市小韩屯和东哈屯的锡（石）克特里氏作为目前萨满文化遗存较为完整的家族，每年来访调查的专家学者不计其数，石氏家族也因这些贵客的到来获得了家族历史中最富有名誉的阶段。2007年6月，九台市石克特里家族的萨满祭祖习俗被纳入省级非物质文化遗产名录中；2009年12月，被吉林省社会科学院设为"萨满文化研究基地"；2010年11月8日，吉林省文学艺术界联合会、吉林省民间文艺家协会授予九台市锡克特里氏（石姓）家族"民间文化保护传承优秀氏族"；2012年9月，被吉林省博物院设为"萨满文化研究展示基地"；2012年11月，吉林省民族宗教研究中心将其设为"民族文化研究基地"；2014年1月，通化师范学院将其设为"满族民间美术调研基地"。将其设为萨满文化研究基地的还有吉林师范大学、大连民族学院等。

2017年8月，笔者对石氏家族的萨满文化进行了实地调研。据了解，几百年间石氏家族一直进行着对满族民间习俗的活态传承，但是在经济发展现代化的今天，九台市地区的萨满祭祀也发生了结构性的变化，具有原始神秘感的"野祭"在城市化进程的社会发展中逐渐削弱。对"野祭"还留有遗存的石氏家族，在这些专家学者调研期间，石氏家族为其进行多次表演，并积极提供萨满文本和讲解家族历史，为研究学者们提供了大量资料，做出了巨大的贡献。

笔者在今年夏天对石氏家族第十二代萨满文化传承人石光华先生和常务穆昆达石文继先生进行了有关发展现状的访谈。对于萨满文化的发展，石光华先生与石文继前辈认为目前存在以下几类问题：

1. 在媒体宣传上，应该给予一个有效传播和加强宣传的力度。

2. 在传承上，家族的人除了提高自身意识，也应该更多地走艺术道路，有所创新。

3. 在资金上，政府要给予一定的协调，让传承人能够有更多的精力去关注文化的传承与发展。

4. 在表演上，需要艺术类人才对其文化进行创新，创造更多能够普及大众的表演性的舞蹈或者神曲等，让更多的人能接受。

可见，在当今的石氏家族已经出现了一辈与以往不同的新时代的传承者，他们更懂得如何利用信息时代的媒体进行传播，并且能够合理地调节商业性的表演和家族传统祭祀时的规矩。现今，在各部门的支持下，石氏家族的萨满文化也逐渐走向繁荣发展，吉林省政府为保护好本省的非物质文化遗产"九台满族石氏祭祖"的习俗，为石氏家族拨发了系列资金，为其重新筹建祭祀所需的场所——"谱房子"，以便更好地将"满族石氏家族祭祀习俗"进行传承与保护。

# 蚩尤、狂夫与山王

中国传媒大学　周华斌

## 一　西汉海昏侯的玉辟邪

　　2015年，江西南昌发掘了西汉海昏侯的墓葬，被认定是当年全国十大考古成果之一。2016年5月，北京的首都博物馆举办了《五色炫曜——南昌汉代海昏侯国考古成果展》，我作为北京市文史馆馆员参观了这个展览。海昏侯棺椁中有一枚小玉饰，约10厘米大小，其造型为人兽形、熊掌、戴独角面具（图1），应属"狂夫"装扮的"方相氏"。面具不仅独角，眉形也是双角，可以认定它是"魌头"，造型为蚩尤。玉可辟邪，方相氏所扮蚩尤以左掌遮耳，似在聆听角落里窸窸窣窣的鬼声，爪牙锋利，有毛大肚，能抓鬼、食鬼。显然，这个随身入棺的玉饰表现有驱鬼辟邪的"傩"意。

　　《周礼·夏官·方相氏》称："方相氏，狂夫四人"，又载："方相氏，掌蒙熊皮，黄金四目，玄衣朱裳，执戈扬盾，帅百隶而时傩，以索室驱疫"。汉郑玄注："'方相'，犹言'放想'，可畏怖之貌，以惊驱疫之鬼，如今'魌

图1　海昏侯墓葬中的玉辟邪
（西汉　江西南昌）

头’也。"傩祭和傩仪中，以粗犷有力的狂夫装扮方相氏，"冒熊皮"、戴上"可畏怖"的魌头，乃是兽形神灵造型。秦汉时通行的辟邪神兽主要是蚩尤、饕餮，二者互有关联，这一点笔者在《商周古面具和方相氏驱鬼》《古傩文物稽考》《方相·饕餮考》等文中有过考释。①

汉代宫中举行的傩仪称"大傩"，东汉张衡在《东京赋》中有较为详尽的描述：

卒岁大傩，驱除群疠。方相秉钺，巫觋操茢。侲子万童，丹首玄制。桃弧棘矢，所发无桌。飞砾雨散，刚瘅必毙。煌火驰而星流，逐赤疫于四裔。

然后凌天池，绝飞梁；捎魑魅，斫獝狂；斩蜲蛇，脑方良；囚耕父于清泠，溺女魃于神潢；残夔魖与罔像，殪野仲而歼游光。

八灵为之震慑，况魁惑与毕方。度朔作梗，守以郁垒，神荼副焉。对操索苇，目察区陬，司执遗鬼。京室密清，罔有不韪。

于是阴阳交和，庶物时育，卜征考祥，终然允淑。

尽管其中没有提到方相氏的具体扮相，但是据文物可以考定：汉代方相氏或为尖牙利口的虎形，或为尖角利爪的獬豸形，都是凶猛的神兽。

《后汉书·礼仪志》载汉代大傩增添了"有衣、毛角"的十二个方相氏。山东沂南汉墓前室北壁上额的画像石（图2），便是"有衣、毛角"的十二方相氏。被方相氏神兽逐杀鬼魅表现为各种奇形怪状的虫豸和怪鸟。画面通常左青龙、右白虎，含有道家的辟邪和风水意识。

东汉四川沈府君阙上的辟邪兽有角，独角称"辟邪"，双角称"天禄"，（图

---

① 详见《商周古面具和方相氏驱鬼》，《中华戏曲》1988年第六辑；《古傩文物稽考》，《民族艺术》1992年第2期；《方相·饕餮考》，《戏剧文学》1992年第3期。以上三文均载于笔者《中国戏剧史论考》，北京广播学院出版社2003年版。

图2　十二方相氏驱鬼图

（东汉　摹自山东沂南汉墓画像石）

3）其造型是獬豸，类神狮，表现为建筑物上的傩意识，即民俗所称"吞口"。

以上文献和文物均见于公元以后的东汉。江西海昏侯受封于汉高祖，是公元前的西汉，早于东汉200年左右。傩礼发端于西周，发祥于战国时期的东周列国。西汉连接着周秦，历史时间更接近于早期傩。

海昏侯废帝刘贺棺椁中随身入葬的玉辟邪，表现为早期傩文化的蚩尤式方相氏面具，殊为难得。

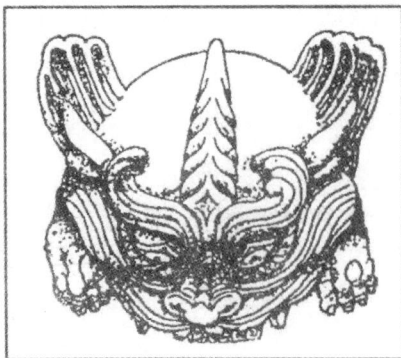

图3　独角的"辟邪"与双角的"天禄"

（东汉　摹自四川渠县沈府君阙）

## 二 蚩尤与驱傩

先秦中华先民往往神鬼不分、善恶不明。蚩尤或为部落首领，或为神话传说；或为战神，或为恶鬼；或为勇士，或为贪暴者。《左传·成公十三年》称："国之大事，在祀与戎。"蚩尤既用于祭祀，又被奉为兵神和战神，是"国中大事"敬奉的对象，并以"蚩尤旗"作为标志。总之，在中华先民的观念中，在蚩尤身上体现着对"神力"的崇拜。

### 1．毒虫与猛兽

东汉许慎《说文解字》称："蚩，虫也。从虫，之声。"在钟鼎文中，"蚩尤"原作"蚩蚘"，是蛇虫象形。商周钟鼎中的"虫"字或作大头蛇象形；战国钟鼎上出现的"蚩"字则为三条蛇追人而令人"止"步的象形。三即多，三条蛇虫，或可理解为蚩尤是部落群体；袭人而令人止步，寓意为它们是戕害人的毒虫。①（图4）

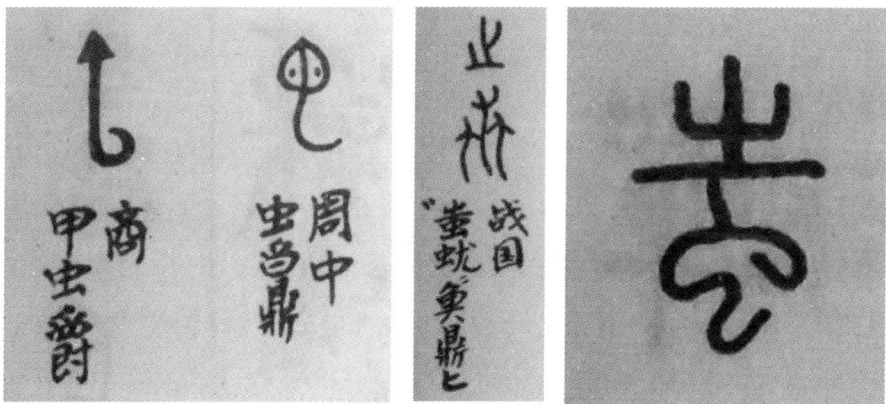

图4 古文字里的"虫"和"蚩"

（左：商周甲骨文、钟鼎文"虫"字；中：钟鼎文"蚩"字；右：秦汉篆文"蚩"字）

---

① 参见高明：《古文字类编》，中华书局1980年版，第210—211页。

图5　云南李家山出土之"牛虎铜案"
（战国　云南省博物馆藏）

蚩尤部落出自南方山野，那里多毒蛇猛兽。至于其造型由蛇虫衍化为巨口、尖角、利牙的牛虎，也可以理解。中原的古代文献多有"黄帝战蚩尤"的传说，"胜者王侯败者贼"，黄帝一统中原后，蚩尤作为被儒家贬为与饕餮相类的"恶"的代表和"贪暴者"典型，相当于鬼。

按秦汉以来文献记载，蚩尤的造型为：

疏首、虎卷。（《归藏·启筮》）

人身、牛蹄、四目、六手、耳鬓似剑戟、头有角。（《述异记》）

兄弟八十一人，并兽身人语，铜头铁额，食沙石子。（《龙鱼河图》）

其状率为兽形，傅以肉翅、状类不常。（《路史·蚩尤传》）

既然蚩尤"状类不常"，那么牛角、尖牙、巨口的造型与西南夷崇拜牛虎的民俗有一致之处。1972年，云南江川县李家山发掘出战国时期的大量牛虎形青铜饰件，其中牛虎相斗的"牛虎铜案"（图5）被奉为国宝。作为"西南夷"的民俗，当地少数民族崇拜牛虎之"力"或许能说明一些问题。

牛角作为的牛虎"神力"的标志，也被商周饕餮纹吸纳。但周秦时期的蚩尤和饕餮被铸在"周鼎"和"三代彝器"上，"为贪暴者戒"，说明中原儒家视之为蛮夷，是反面角色。[①]

**2. 蛮夷"御魑魅"与狂夫驱傩**

《左传·文公十八年》称：

---

① 战国时期《吕氏春秋·先识览》、宋代《路史·蚩尤传》均称："周鼎"和"三代彝器"多铸饕餮与蚩尤之像，"为贪暴者戒"。

　　舜臣尧，宾于四门，流四凶族——浑敦、穷奇、梼杌、饕餮，投诸四裔，以御魑魅。

　　浑敦、穷奇、梼杌、饕餮被称作"四凶族"，与蚩尤相类，均被视为未开化的"蛮夷"。中原的舜和尧业已开化，强调"仁"和"德"，中原城郭的"四门"内外客客气气地接待宾客，"四凶族"的蛮夷则被置于中原周边，衍为"四裔"。并且，以恶制恶，利用其蛮力"御魑魅"，相当于驱傩。

　　周秦傩仪和傩礼以低级的"狂夫"装扮方相氏，属"下士"级别。用有勇有力的"狂夫"来"御魑魅"，也是同样的意思。至于"狂夫"日后衍为"金刚力士""将军""钟馗"，当另作别论。

### 3. 蚩尤戏

　　秦汉时，中原又有"蚩尤戏"，见于南朝任昉《述异记》：

　　蚩尤耳鬓如剑戟，头有角，与轩辕（黄帝）斗，以角抵人，人不能向。
　　今冀州有乐，名曰"蚩尤戏"。其民两两三三，头戴牛角以相抵。汉造角抵戏，盖其遗制也。

　　可见"蚩尤戏"原是古冀州的民俗。古冀州在黄河流域的河南、山陕一带，属于中原。东汉张衡的名作《两京赋》，除了上述描写河南洛阳景物的《东京赋》以外，又有描写陕西长安景物的《西京赋》，也提到蚩尤、驱傩和蚩尤戏。《西京赋》称：

　　蚩尤秉钺，奋鬣被般。禁御不若，以知神奸。魑魅魍魉，莫能逢旃。

　　意思是，蚩尤披着猛兽般的鬣毛，持斧钺驱除鬼魅；魑魅魍魉很怕遇到蚩尤的旌旗，因此宫禁由此明察忠奸、神鬼、敌我。

又称：

> 临迥望之广场，呈角抵之妙戏。

意思是，宫中广场上呈现有精彩的角抵戏（亦即蚩尤戏）。随后《西京赋》描述了一系列具有神话意味的百戏、杂技、魔术，包括戏剧史上的"东海黄公"。

东海黄公的身份是巫者，汉魏时期《西京杂记》提到了东海黄公驱邪斗虎的角色和情节：

> 有东海人黄公，少时为术，能制蛇御虎。佩赤金刀，以绛缯束发，立兴云雾，坐成山河。及衰老，气力羸惫，饮酒过度，不能复行其术。秦末，有白虎见于东海，黄公乃以赤刀往厌之。术既不行，遂为虎所杀。三辅人俗用以为戏，汉帝亦取以为角抵之戏焉。

"三辅"即中原，可知中原"角抵戏"即发生于冀州的"蚩尤戏"，广义上蕴含着驱鬼逐邪的文化内涵。

与蚩尤相关的民俗传说和文物文献并不乏见。蚩尤、狂夫、巫觋、蚩尤戏，涉及中国戏剧史上一个颇为重要的学术问题：中国戏剧的起源是否与"巫"有关？从蚩尤文化看，源远流长的巫傩文化与中国戏剧的发生是有关联的。

### 三　山王与狮子——贵州山野的傩面具

蚩尤文化本是山野文化，可以继续考察蚩尤和贵州尚存的仡佬族原生态傩面具——"山王"。

如上所述，蚩尤本是南方的山野之王。"状类不常"的蚩尤在古代又被称作"三苗""苗民""九黎""东夷""楚蛮""荆蛮"，总之如山野之兽一般凶猛有力。其中，"苗民"和"三苗"的长相与蚩尤相类，《述异记》称："苗民长齿，上下相冒。"也就是长有一对长而尖的獠牙。中华先民又有"凿齿"之民的说法。①蚩尤甚至被附会为炎黄二帝中的炎帝，黄帝主北方，炎帝主南方。

傩的仪礼发端于汉族，由中原发散到四夷，成为全国性的傩俗。农牧社会的傩俗普遍存在驱鬼纳吉心理，而且表现为集体从众意识，在年节之际周而复始。各地区、各民族的傩俗异彩纷呈，发展并不同步。尽管有与时俱进的更新淘汰，却不同程度地积淀有历史文化元素，包括傩面具的神灵造型。

20世纪80年代，我在中国美术馆的贵州傩面具展览上，注意到一种离奇的吊颚动睛面具。近年来在贵州道真自治县和铜仁市"贵州傩文化博物馆"考察，我特别注意到这种称作"山王"的吊颚动睛面具。（图6、7）

图6　吊颚动睛的傩面具——山王
（清代　摹自贵州傩面具展览画册）

图7　贵州道真自治县仡佬族傩面具——山王
（清代　铜仁市贵州傩文化博物馆藏）

贵州多山，连接云贵高原和四川盆地，还与福建、江西武夷山区的梵净山毗连。"山王"面具有数种，铜仁市"贵州傩文化博物馆"搜集了好几种。很难说它们一定出自道真自治县仡佬族，然而说它们发祥于贵州东北部和北部山区的道真、铜仁地区，应该是没什么问题的。

---

①　"凿齿"为古代神话中被妖魔化的南方原始部落，凶悍且持有兵器。尧舜指使羿征伐，被诛杀于畴华之野。见《山海经》《淮南子》。

现存"山王"面具是清代物品,无疑是山野之民的创造。其造型狰狞可怖,铜铃眼,血盆大口,耳边鬓发尖利,如剑戟或双角。这些造型特点与山野猛兽直接关联,可追溯到蚩尤和蚩尤戏。在总体造型一致的前提下,细部纹饰也都与山野生活相关,不排除不同傩班对"山王"面具的各种细节处理。细部纹饰如:

1. 下颚尖而长的獠牙,头顶双角。

2. 头顶束发处理为"三尖"式或苞谷形。

3. 额部添加圆形象征太阳,或变异为第三只"神目"。

4. 双耳添加两个善神面具,或加胡须,故而又被称作"三王"。

整体造型与局部纹饰的变异是民间创作的规律性现象,体现着大同小异的辩证关系。傩面具与戏曲脸谱有相通之处,不妨加以比对。我曾解析过净角项羽的一百种脸谱,其眉、眼、鼻"三块窝"的总体造型表现为悲剧性格,在南北各个剧种的不同剧目中,细部纹饰有所变异。这些变异有诸般因素,包括地域文化的差异,不同剧情中项羽身份、处境的不同,以及不同班社和不同艺人的理解,其间同样体现着整体与局部的艺术辩证关系。①

"山王"狰狞而吊颚动睛的造型,与汉唐百戏中狮虎之类辟邪兽也有联系。秦汉时期,蚩尤神话和以蚩尤为王的观念渐渐失落,汉唐愈来愈关注现实。狮子在汉代从西域引进中国,渐被誉为"百兽之王"。唐代散乐中,就专有"耍狮虎"的百戏节目。②六朝雕塑和唐代耍狮文物中,就可以见到狮子狰狞而吊颚动睛的形态,此处不赘。

在道真仡佬族傩技中,依然通行耍狮,在舞蹈杂技节目中,吊颚动睛的"南狮"更是闻名中外。在铜仁市"贵州傩文化博物馆"中,存有明清时期大

---

① 参见笔者《霸王脸谱研究》,《中华戏曲》1999年第1期。又见于《中国戏剧史论考》,北京广播学院出版社2003年版。

② 参见(唐)崔令钦《教坊记》和(唐)段安节《乐府杂录》。

小不等的诸多狮子吞口和狮子面具。它们以卷毛为造型标志，挂在建筑物上用于辟邪。大型狮子面具则有二人表演的"耍狮"迹象：前面一人举托面具，眼睛和鼻孔留有演员向外窥视的孔隙。除了显著的狮子鼻以外，额头中央往往雕有一个圆形鼓包，上饰醒目的"王"字，意味着它是辟邪瑞兽——"狮子王"。（图8）

图8　狮子吞口与狮子面具

（明清　铜仁市贵州傩文化博物馆藏）

历史上最著名的吊颚动睛面具是唐代"兰陵王"乐舞假面。该面具国内早已失传，唯见于日本舞乐。20世纪40年代，有日本假面专家认为：吊颚动睛面具为日本所创，并引以为荣。傩面具"山王"的出现，引起了我对吊颚动睛面具的莫大兴趣，遂将《兰陵王》面具纳入本文。

我对"兰陵王"面具做过考证，认为这种狰狞的吊颚动睛面具，原型是北齐兰陵王上战场时所戴头盔，即"胄"。战国以来，军中之"胄"往往带有凶猛的瑞兽"饕餮"，即蚩尤。作为战神，其形象被铸在甲胄上，有护身、辟邪、驱敌的多重功能，与"蚩尤旗"有相仿的理念，表现为傩意识。在历史中，北齐兰陵王经历了著名的"邙山大捷"，是他毕生最值得夸耀的战役。在北齐为兰陵王庆功的乐舞中，其神兽头盔（胄）已被衍为假面，随后又从北齐王室延续到唐代的宫廷乐舞，乃至传入日本。（图9）迄今河北兰陵王墓的乡民依然将"兰陵王"面具称作"鬼面"，相当于傩面具。[①]

顺便再提一个迹象：从上述西汉海昏侯玉辟邪，还可以探究"蚩尤带角"的图符信息。在贵州西北部与云南接壤的威宁彝族回族苗族自治县，乌蒙山深

---

① 参见周华斌：《〈兰陵王〉假面考》，《中国戏剧史论考》，北京广播学院出版社2003年版，第7—32页。

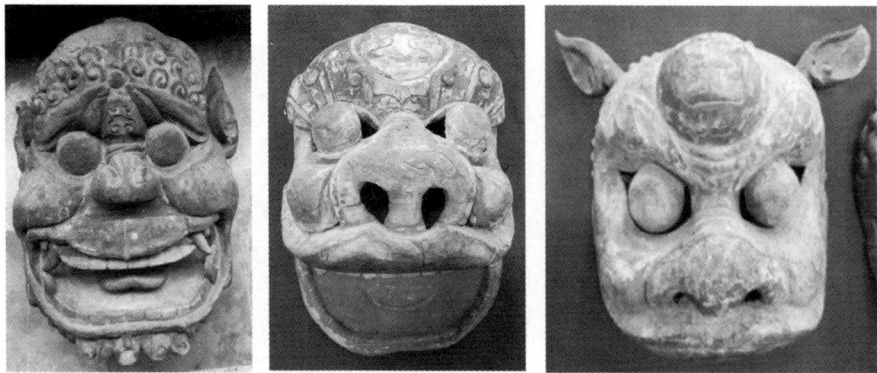

图9　《兰陵王入阵曲》舞乐面具

（唐代　日本藏）

处的彝族正月里有一年一度驱鬼纳吉的傩俗，称"撮泰吉"。"撮泰吉"表演者均在头上裹一个尖角，最老的巫者自述是来自高山深处的彝人，有1800岁以上；最年轻的自述是汉人，有1000岁。彝族"撮泰吉"世代相传于封闭的山区，尽管时间观念并不准确，但是世世代代有笼统的集体性历史记忆。按大的历史范畴，1800年以上相当于秦汉，1000年以上相当于唐宋。在800余年间，彝俗与汉俗颇有变异，不排斥汉人融入"四裔"彝人的因素。"撮泰吉"以居留深山的彝人为视角，认为汉人是1000年前的唐宋时期融入当地的，这里有民族迁移的历史痕迹。当今彝族男子的包头，普遍斜裹一个装饰性的尖角，抑或其中寓有古代蚩尤族带角的原始信息。

　　"山王"面具显然与"撮泰吉"不同。追溯"山王"面具的文化内涵和文化源流，可拓宽对中华戏剧的认识：蚩尤文化——蚩尤戏——"山王"——"兰陵王"——杂技舞蹈中的"耍狮"——以武力、兵器和"功夫"制胜的武戏。因此，"山王"面具可视为戏剧史上的独特文物。

## 四　余话：文化土特产与中国特色

　　礼失而求诸野，"山王"面具只是一个较为典型的例证。近几年，我多次到过贵州铜仁市和道真自治县，除了关注傩面具以外，还观赏过傩戏艺人表演的傩仪、傩功、傩舞、傩戏以及目连戏。考察中，曾随道真自治县冉文玉先生参观了道真自治县傩文化博物馆；到老艺人家里观看了其秘藏的傩面具、法器、体现神灵下凡的"桥画"长卷、打击乐器锣鼓铙钹，以及民间糙印的经版、经文等。尽管如走马观花，却相当于田野作业，于我颇有启迪。

傩文化是汉文化，道真的少数民族傩，业已融入汉傩，比如"山王"面具已被称作"山王天子"。但道真傩文化有少数民族原文化的因素，值得开掘，以便与其他民族地区的傩文化比较研究。道真现存常用的傩面有70余种，包括巫、道、佛、儒文化杂糅的"炳灵侯""二郎菩萨""秦童老倌""汉将军""铁匠婆婆""端枪童子""捉火郎君"等，乃至"孽龙""鞠公""毛包""山羊"等动物型面具。此类傩面的读解可以参照当地民间的善卷、经本、唱本。

在傩戏老艺人家里，我与同行专家翻箱倒柜观看了演傩用的各种器物和经本。尽管破破烂烂，在一般展览会上却很难见到。老艺人说，这些东西是世代祖传的，"文化大革命"破四旧时舍不得烧掉，将它们藏到山洞里封起来才得以保存。这使我联想起清末敦煌王道士封存画卷、经卷、曲子词、俗讲、话本的"藏经洞"，如今简陋的"藏经洞"已是唐宋文化的"藏宝洞"。

一方有一方文化，一方乡土养一方人。除了傩面具以外，道真地区的傩功、傩技更具特色，如"煞铧"、"过刀桥"、"踩火炭"、"捞油锅"、"活鸡吞竹筷"、九层高台上的"猴王舞狮"等。傩功、傩技区别于寻常意义上的音乐、舞蹈、戏剧，按常理往往难以解释。傩的仪礼相对封闭，按傩坛规矩，傩功、傩技由掌坛师秘传，主要面对入坛弟子和信徒。离开了特定的山野和"傩"的时空，傩功、傩技就失去原汁原味。由于傩功、傩技不见于公众舞台，因此同样濒临消失。之所以在民间尚有存留，主要依托傩的仪礼。其实，对于一般受众来说，傩功、傩技具有"奇异""惊奇"的戏剧性效果。

毋庸讳言，民主革命百余年来，傩文化已淡出人们的视野，多留存于偏远地区。但傩功、傩技并无文字和方言障碍，在一定程度上能够超越意识形态，可以面对各地不懂方言的城市乡村，甚至可以面对热衷于中国文化的外国观众。其受众面之宽，可称为当地的"文化土特产"。

近两年，道真自治县政府划拨山野土地，建成了具有相当规模的"中国傩城"。据我所知，"中国傩城"是民办公助的商业性娱乐场所，经营者有"以傩养傩"的经营理念。道真自治县政府则将挖掘整理作为"非物质遗产"的傩文化当作文化事业，有"开发土特产"的理念。在通常意义上，"傩文化"与"现代化"几乎格格不入。在这个问题上，道真自治县政府妥善处理现代化与现代性的关系，颇有见地。在"中国傩城"中，傩文化不再偷偷摸摸地被束之高阁，傩的器物也不再破破烂烂，听其自生自灭。作为"非物质文化遗产"和"文化土特产"，"中国傩城"请欧洲专家堂而皇之地进行了略显豪华的"现代性"包装。其实傩文化在历史上本就具备群众娱乐元素。众所周知，春秋时期孔子见到如同狂欢的群众性乡傩队伍，曾穿着朝服恭立在宗庙台阶上表示尊敬，还由此引发了"文武之道，一张一弛"的治政理念。宋代的傩礼已拓展为民间"社火"，傩舞、傩戏就主要生成于宋代。近年来，几届"民间社火艺术节"也都有各地傩舞、傩戏参与表演。"中国傩城"的建设具有了解贵州民俗乡情的认识意义，其"现代性"展示则表现为"中国特色"，值得赞许。

傩文化是贵州省的特色地域文化，此前，政府在铜仁市已建设有专业性的"贵州傩文化博物馆"，道真县也同样建设了傩文化博物馆。不过，博物馆往往专业性太强，门可罗雀。这种利用傩文化的娱乐元素、民办公助、以傩养傩的做法，在贵州省是开创性的探索，在全国也是第一个。

"中国傩城"的建设宗旨表现为：以傩文化为基本出发点，提供与地域环境相结合的群众性"活舞台"。通过展览与展演，综合性展示傩文化。认识"傩文化"只是个起点，理想的中远期规划则不应限于娱乐层面，而且要拓展到研究领域。在"中国傩城"中不妨建设傩文献和傩文物的图书馆与资料库，既能为读者提供园地，也能为学者田野作业提供方便，由此开发为民办公助的傩文化研究基地。傩文化越来越流失，在"物质与非物质文化"语境下，希望"傩城"能成为傩文化的"藏宝洞"。

# 方相氏的特征及其在中、韩两国的发展面貌

韩国全北大学　郑元祉

## 一　绪论

本文将主要讨论《周礼》"方相氏"这一文化意象的特点，及其在中、韩两国文化系统中的发展情况。首先，我们将以《周礼》卷28和卷31中有关方相氏的描述作为文章的引子和重点，来揭示其真正的面貌。由于它被编入《周礼·夏官》中，所以我们可以比较大胆地推测，它的军事性特征是比较浓的。在此基础之上，我们再将《周礼》中的方相氏与韩国《朝鲜王朝实录》中的方相氏进行比较，由此窥探它们在不同的文化体系中所展现出来的同源异质特征及文化承变问题。根据金荣华（1981）的说法，传承到韩国的方相氏与《周礼》中的方相氏面貌非常相似。二者是否真的相似？在哪些方面以及什么程度上相似？我将在这里进行更深入的讨论。而且，我希望通过这一番讨论，使我们能够知悉在这个问题上文化生产国所生产的文化以什么样的形态或者方式传播到了另外一个国家。

## 二　前人研究

以往对方相氏的研究，大部分是断章取义式的。他们喜欢对一些细节性的

东西做分解性的考察，这种研究当然也很重要，但相较而言，以客观的态度、宏观的视野去发掘方相氏本身整体性的特点，就略显不足。另外，从内容上来看，以往的研究主要涉及"巫—方相氏—钟馗"的演变、方相氏的原型意义、方相氏与大傩、作为开路神君的方相氏、黄金四目、方相氏与假面等问题。我希望在这些领域之外，还有更多的开拓。

## 三 《周礼》中方相氏的人员构成、职能与军事性特征

### 1. 方相氏的人员构成

《周礼·夏官司马第四》中有如下记载：

> 方相氏，狂夫四人。大仆，下大夫二人。小臣，上士四人。祭仆，中士六人。御仆，下士十有二人、府二人、史四人、胥二人、徒二十人。[①]

文献所记，乃是关于方相氏这一职位（职责）所属与人员构成的情况。根据这条材料，我们首先可以了解一点：方相氏这一职位由狂夫四人组成。

郑玄对"方相氏，狂夫四人"做了如下解释：

> 方相，犹言放想，可畏怖之貌。放想，方丈反，本或作。[②]

但是，郑玄并没有提出任何依据来指证方相有恐怖的外貌。唐代贾公彦在《疏》中引述了郑玄的注，并对此进行了详细的解释，如下：

---

① 李学勤主编：《周礼注疏》（下），北京大学出版社1999年版，第750页。
② 同上。

注："方相"至"之貌"。释曰：在此者，按其职云："蒙熊皮，黄金四目，玄衣朱裳，执戈扬盾。"可畏怖，亦是武事，故在此也。郑云"方相犹言放想"者，汉时有此语，是可畏怖之貌，故云方相也。①

上文将方相氏的外貌描写为"蒙熊皮，黄金四目，玄衣朱裳，执戈扬盾"。与郑玄一样，他为方相描绘出一副恐怖的面目，只不过他说得更具体生动，并且宣言说这主要起因于方相氏为武士。

其实，我们从上述所引注和疏中，能得到的关于狂夫四人的信息，只不过是其样子恐怖而已。金荣华（1981）说，郑玄将方相与"放想"联系起来了，但是"放想"与"可畏怖之貌"之间并没有必然的关联。而从韩国昌德宫所收藏的面具来看，方相氏不一定是恐怖的样子，不能据此就武断地认为方相氏因为是赶鬼的，所以一定具有恐怖的形象。②

关于《周礼》卷28中"狂夫四人"这个群体，我们可以参考《春秋左氏传》"闵公二年"条的叙述：

是服也，狂夫阻之。

正义曰：刘玄云：阻，疑，以意训耳。今言犹云阻疑是阻得为疑也。

言虽狂夫犹知于此服有疑也。服虔云：方相之士，蒙玄衣朱裳，主索室中驱疫，号之为狂夫。

韦昭云：狂夫，方相氏之士也。③

---

① 李学勤主编：《周礼注疏》（下），北京大学出版社1999年版，第750页。

② 根据金荣华的研究，韩国朝鲜时期方相氏的面具与其说是恐怖，不如说接近于奇特乃至滑稽。这与中国后世对方相氏的描述不同。另外，有的把"'方相氏，狂夫四人"解释为方相氏一人以及狂夫四人。但方相氏应是职位的名称，狂夫四人为担任该职位的构成人员。关于这一点，请参见章军华《〈周礼〉视阈下"狂夫驱傩"身份认证及傩戏源流新探》（《戏剧艺术》2012年第1期）的论述。

③ 李学勤主编：《春秋左传正义》（上），北京大学出版社1999年版，第316页。

很明显，所谓的"狂夫"就是"方相之士"或者"方相氏之士"。

另外，关于"玄衣朱裳"，《春秋左传注疏》中亦有解释：

> 刘以为方相氏狂夫，所服玄衣朱裳，左右同色，不得为偏衣也，当服此衣，非是意所止也，诅乃服之，文无所出，故杜别为此解。[①]

刘玄指出，方相氏所穿的玄衣朱裳为左右同色，而不是偏衣（杂色衣），并且不是不穿该衣服，而是穿该衣服的意思。

总而言之，古人对方相氏并没有进行全面的论说。因此，我们必须在综合、比对、参照的基础上来推断和揭示方相氏的整体性特点。

### 2. 方相氏的任务内容

《周礼》卷31中，记载了担任方相氏这一职责的狂夫四人的具体任务和需要具备的装束及工具。

> 方相氏，掌蒙熊皮，黄金四目，玄衣朱裳，执戈扬盾，帅百隶而时傩，以索室驱疫。大丧，先柩，及墓，入圹，以戈击四隅，驱方良。[②]

可见，担任方相氏这一职位的人，第一要有特殊装束（掌蒙熊皮，黄金四目，玄衣朱裳）及装备（执戈扬盾），第二要能完成"驱疫"（驱方良）等任务。

根据《周礼》卷28的记载，我们了解了方相氏这一职位的人员构成；通过《周礼》卷31的描述，我们又明白了方相氏所需具备的装束、装备及任务内容。二者合而言之，也就构成了方相氏最原初的内涵和面貌。

---

① 李学勤主编：《春秋左传正义》（上），北京大学出版社1999年版，第316页。
② 李学勤主编：《周礼注疏》（下），北京大学出版社1999年版，第826—827页。

### 3. 方相氏的军事性功能

相传夏官是上古五皇之一的少昊时代的一个官职。到了周代，作为六卿（六官）之一的夏官司马（或大司马），主要掌管军旅之事。

如前文所引《周礼》卷31所载，方相氏的任务大体划分为：（1）"帅百隶而时傩，以索室驱疫"；（2）"大丧，先枢，及墓，入圹，以戈击四隅，驱方良"。

一个非神格的方相氏，装扮成神灵，其职分主要是驱疫、驱方良。驱疫是为了活人，驱方良则是为了死人。我们似乎可以这样认为，方相氏在军队系统的基本任务就是抵御外界对王室的攻击，它驱逐的不是一般的敌人，而是看不见的存在。

在《朝鲜王朝实录》中，我们同样看到了有着强烈军事性特征的方相氏：

前一日，书云观选人年十二以上、十六以下为侲子，四十八人，分为两队，每队二十四人，六人作一行，着假面，赤衣执鞭。工人二十人，着赤巾赤衣；方相氏四人，着假面，黄金四目，蒙熊皮，玄衣朱裳，右执戈，左执盾；唱帅四人，执棒，着假面，赤衣；执鼓四人，执铮四人，吹笛四人，俱着赤巾赤衣。书云观官四人，着公服，各监所部。奉常寺先备雄鸡与酒，光化门及城四门为瘗坎，各于其门之右方，深取足容物。前一日之夕，傩者各具器服，赴集光化门内，依次陈布以俟。

其日晓头，书云观官帅傩者进，立于勤政门外。承旨启请逐疫，命书云观官引傩者鼓噪进入内庭。方相氏执戈扬盾唱之，侲子皆和，其辞曰："甲作食歹卩，胇胃食疫，雄伯食魅，腾简食不祥，揽诸食咎，伯奇食梦，强梁、祖明共食磔死、寄生，委随食观，错断食巨，穷奇、腾根共食蛊。凡使十二神追恶鬼凶，赫汝躯，拉汝肝，节解汝肌肉，抽汝肝肠。汝不急去，后者为粮。"周呼讫，诸队鼓噪，各趣光化门以出，分为四队，每队持炬，十人前行，书云观官各一人领之，逐至四门郭外而止。傩者将出，祝史当门中，布神席，南向。斋郎韊（拍逼切，析也）牲胸磔（陟格切，剔也，披磔其牲）之。神席之西，藉以席北首，祭官以下，（每门祭官祝史斋郎各一人，皆书云观官）北向西上再拜。斋郎酌酒，祭官跪受而奠之，祝史东向跪读祝文讫，祭官以下，又再拜。祝史取祝（文）及鸡瘗于坎，乃退。[①]

《朝鲜王朝实录》明确地指出，冬季举行的大傩戏具有军事性特征，也就是说，大傩戏是一种军礼仪式。

## 四　人间官职与神祇品格——方相氏在中、韩两国的发展面貌

我们在上文已指出，《周礼》中方相氏的一个职责在于"驱方良"，目的是为了保护死人；另一个职责则是驱疫，目的是为了保护活人。现在我们来看，方相氏的这两种职责在中、韩两国的文化系统中是怎么体现和发展的。

### 1. 葬仪

在中国，从汉代到宋代，一直存在着方相氏护丧的情况。比如《后汉书·礼仪志下》"大丧"条中记载的天子之丧：

> 大驾，大仆御。方相氏黄金四目，蒙熊皮，玄衣朱裳，执戈扬盾，立乘四马先驱。[②]

而根据《朝鲜王朝实录》等文献，韩国的方相氏或者方相车，主要出现在宫廷所行的发靷仪式上，如：

> 前一日，忠扈卫设吉帷宫于灵帐殿之西，南向；……内侍传捧，入设

---

① 《世宗实录》卷133《五礼·军礼仪式·季冬大傩仪》。我们之所以在此介绍《朝鲜王朝实录》中有关方相氏的例子，这是因为朝鲜王朝较多也较严格地将《周礼》运用到了朝鲜的礼制制度中。

② （南朝宋）范晔：《后汉书·志六·礼仪下》，中华书局2005年版，第789页。

于灵座前，设香炉香合并烛于其前，奠祝文于灵座之左，设尊于灵帐殿东南北向，置盏三于尊所。方相氏先至，入玄宫，以戈击四隅。[①]

让方相氏负责掌管丧礼的习俗，我们在《世宗实录》卷135《凶礼仪式》"迁尊仪"条中也能看到。此中记载道"忠扈卫设安梓宫幄于玄宫门外，南向"。"玄宫"就是墓室，其中所行之事就相当于《周礼》所说的"及墓，入圹，以戈击四隅"。

另外，在《世宗实录》卷135中还记载了丧礼仪式中队伍的顺序：

> 方相氏车四分左右。牵曳人每车并补码十五，着白衣白巾。

方相氏的车就是方相氏所坐的车，这就相当于《周礼》中的"大丧，先枢"。

中国在六朝以后，有关方相氏的记载就变得稀少了。这可能是因为六朝以后佛道盛行，所以，护丧安灵的活动逐渐由佛教和道教承担。相应地，方相氏因为丧失了这项主要的功能，所以逐渐淡出了人们的视野。[②]

与之不同的是，在韩国，由方相氏掌管的丧葬礼仪，直至20世纪初还甚为流行。朝鲜王朝最后一位皇帝纯宗的皇后，也即明成皇后，在她的丧葬仪式上，还有方相氏这个队伍。当时有人绘制了这个丧葬的场面（目前，这幅画作藏于高丽大学博物馆），画中方相氏手执长矛，坐在双轮长辕的车上，而四人则在前方牵引。

## 2. 大傩礼

在中国，宫中的大傩礼一直延续了很长时间。但是到宋代时，它的面貌

---

① 《世宗实录》卷135《五礼·凶礼仪式·迁奠仪》。

② 金荣华指出，在六朝的志怪笔记中，方相氏不再担当驱疫的神灵角色，而变成了给人带来恐惧之感的丑陋怪物或不祥之物。

已经逐渐与早期的不同。宋代孟元老《东京梦华录》卷10"除夕"条、吴自牧《梦粱录》卷6"除夜"条、周密《武林旧事》卷3"岁除"条,都将大傩里驱疫之事叫作"埋祟"。专门承担捕鬼之事的神灵钟馗,在宋代的傩仪里占据着非常重要的角色。早期有着浓厚军事属性的方相氏,至此已经基本消失,只在傩仪的形式层面,还隐隐约约地存在着。

而在韩国,出现在大傩仪中的不是捉鬼的钟馗,而是方相氏。也就是说,在中国,六朝以后新出现的钟馗,到宋朝已经取方相氏而代之了,但在韩国,方相氏并没有被钟馗所取代。那么,朝鲜时代的大傩仪又是一种什么样的情况呢?我们不妨看看下面一段文字:

> 壬辰/复季冬大傩之礼。初,仁祖丁丑乱后,以多浮费,权罢之。至是,上按《周礼》掌梦,命观象监,考《五礼仪》复旧制。但方相氏所着纸面,代以木,为省费也。[1]

很显然,朝鲜时代的傩仪制度并不是从古代一直绵延下来的,而是当时君臣根据《周礼》的规定,重新构拟而出。这样就可以解释《世宗实录》卷133收录的有关"季冬大傩仪"的内容为什么与《后汉书》中的相关内容那么一致了,因为朝鲜并没有从近代中国直接引入"大傩"仪式,而是取材于经典文献的记载,它试图在复古的模式下,重新构拟一种带有强烈古典气息的礼制。

> 先腊一日,大傩,谓之逐疫。其仪:选中黄门子弟年十岁以上,十二以下,百二十人为侲子,皆赤帻皂制,执大鼗。方相氏黄金四目,蒙熊皮,玄衣朱裳,执戈扬盾。十二兽有衣毛角,中黄门行之,冗从仆射将

---

[1] 出自《世宗实录》卷9 "世宗2年9月13日戊寅第九次记事"。世宗2年相当于1420年,即明永乐十八年。

之，以逐恶鬼于禁中。夜漏上水，朝臣会，侍中、尚书、御史、谒者、虎贲、羽林郎将执事，皆赤帻陛卫，乘舆御前殿。黄门令奏曰：傩子备，请逐疫。于是中黄门倡，傩子和，曰："甲作食殒，胇胃食虎，雄伯食魅，腾简食不祥，揽诸食咎，伯奇食梦，强梁、祖明共食磔死寄生，委随食观，错断食巨，穷奇、腾根共食蛊。凡使十二神追恶凶，赫女躯，拉女干，节解女肉，抽女肺肠。女不急去，后者为粮。"因作方相与十二兽舞。欢呼，周遍前后省三过，持炬火，逐疫出端门。门外驺骑传炬出宫，司马阙门门外五营骑士传火弃雒水中。百官官府各以木面兽能为傩人师讫，设桃梗、郁儡、苇茭毕，执事陛者罢。苇戟、桃杖，以赐公、卿、将军、特侯、诸侯云。①

通过对《朝鲜王朝实录》与《后汉书》的一番比对，我们可以清晰地看出，在韩国和中国所举行的大傩礼，尽管相隔时间很长，但二者的形式和内容则基本一样。因此，我们可以得出这样一个结论，在中国本土逐渐消失了的早期文化因子，在后代的韩国文化中，却得到了比较完好的保存与复照。

金荣华（1981）指出了一个很明显但又常常为人所忽略的现象：中国的傩事在后来基本上已不用方相氏，而韩国700年以来则一直保留着方相氏这个古老的文化意象。正如我们在上文所说的，韩国傩仪中的方相氏，并不是按照历史的进程顺序地传承下来的，而是朝鲜王朝根据古代经典文献的记载，重新构拟了它的职能，使之成为现实制度的。因此，相比于此前一直处于历史发展中的方相氏而言，不管是复还是变，它都已经彰显了自我的不同。它是突变的，又是传统的，它是历史轨迹上的一个点，可是又带有很大的独立性与偶然性。它是王朝制度在建构的过程中将中国经典文献所记载的文化模型本土化的一个产物，我们只能将其看作是对遥远历史的一种回应，而不应该视为历史当下的直接传承。

---

① 《标点校勘后汉书》，景仁文化社，第784—785页。

# "方相氏"的前世今生

　　方相氏之形象，见载于《周礼·夏官·司马》：方相氏"掌蒙熊皮，黄金四目，玄衣朱裳，执戈扬盾，帅百隶而时难，以索室驱疫。大丧，先柩，及墓，入圹，以戈击四隅，驱方良"。在当今巫傩祭祀中，祭师头戴面具，求吉纳福，戏剧扮演，被认为是典型的傩祭表现形态，而面具则成为带有共识性的傩祭标志，研究傩戏或者傩面具似乎绕不开史上这位"黄金四目"的驱傩大神。但方相氏的形象除了在汉画像砖石上有所显现（图1—3），在史籍中有零星记载外，几乎销声匿迹。

　　无独有偶，在我的家乡云南省昭通市乌蒙山区的世俗生活中，一种称为险道神的石雕偶像崇拜的普遍存在引起了我的关注。1994年以来，我不断地寻找，拍摄了上千幅这样的雕像，欣喜地发现，散落凡俗的险道神似乎就是古之方相氏在今天的一种存在。（图4）

图1　南阳汉画像馆方相氏驱鬼辟邪画像

图2　方相氏秉钺　图3　方相氏正面图像　　图4　昭通民俗生活中的险道神
形象

## 崇奉险道神的习俗

　　乌蒙山区茫茫苍苍，这是至今还保留着很多神秘、神奇文化现象的地方。在这个大山的世界里，在悬崖陡壁，在大路旁、小路边，或是水塘边，不论是在古老的"五尺道"，还是在车流不息的高速公路边上，不经意间就会闪现出一个不大的石碑，冷不丁吓人一跳。这种石碑，通常是一个石柱托着一个四面均有雕刻的头像，有的面目狰狞凶狠，有的则慈眉善目。它们静静地伫立着，使人顿生神秘和敬畏之感。开始碰见时并不以为然，多碰到几次，我渐渐感觉到，这不会是一种普通的石头雕像，它一定与人的生活有某种联系。山城盐津，人们沿朱提江两岸依山而居，房屋沿江而起，靠山而建，从江边的吊脚楼到各种建筑鳞次栉比，成为一种立体的构建，让人感到一种震撼，感受到一种创造的伟力。西岸顺江而下是云南通往四川的公路，在公路几个危险的转弯处都立有这种石头雕像，似乎是在默默地守护着这个小城的安宁，祝福人们吉祥。（图5）

　　在朱提江畔，我与这种具有灵性的石像结下了不解之缘，20多年来，我处处留意，像着了魔一样，只要听说哪里有这种石头雕像，就会想方设法去看，去拍摄。自己都没有想到，这种石头雕像不是个别的，而是普遍的存在，在昭通的土地上，随便走进一个村庄，随意走上一条小道，都可能遇到。在拍照的

图5  山城盐津和滇川公路旁的险道神

路途中，在出差的旅程中，总会有这种石头雕像闯入我的镜头，哪怕是车子过往的一瞬间，我也能看到路边的石头雕像。有时没有办法拍摄，但一定记住是在什么地方，之后总要找机会去拍摄。朋友们知道我在拍摄这种石头雕像，也会帮我留意，看到后就会告诉我在什么地方什么位置，我就会找机会前往拍摄。逐渐累积下来，我竟然寻找到了上千个这种石头雕像，也逐渐解开这些石头雕像存在的秘密。

一种事物，能够在一个地方长久而普遍的存在，那么，它的存在一定不是偶然的。根据实地调查，在云南东北部以昭通市为中心的11个县区均有分布，延至相邻的四川省南部的高县、筠连地区也有存在，再往远处走就看不到了。比较容易看到的是国道213包括现今的昭麻、水麻公路沿线，仅在昭通至盐津约120公里的路段上，就竖有20多个石头雕像，在这条川滇黄金通道上，石头雕像成了一道别样的风景，见证着这条古今通道的艰险。

在昭通城附近的乡村，石头雕像的存在更是数不胜数，甚至在被现代建筑挤满的城市中心也能看到。这是很奇怪的事。

山间路途的这些石碑，在文书典籍中找不到任何的记载，只好求诸山野百姓，访问了很多人，知道石头雕像有

图6  昭通城郊的险道神

若干的称谓：险道神、指路碑、四方碑、岩菩萨、四面菩萨、大耳朵菩萨、立柱菩萨、阿弥陀佛等，不一而足。不同的称谓自有不同的含义，从人们竖立这种石头雕像的意愿和所占据的地理位置来看，我认为称险道神比较准确。

险道神的存在告诉我们，凡是有它出现的地方，往往是老百姓认为很危险的地方，这个地方往往发生过死亡事件，尽管死亡的方式不一，有摔死的，有被车撞死的，也有被水淹死的，但都是非正常死亡。按当地百姓的说法，这种地方是有鬼魂存在的，故塑石像来震慑。2006年秋，昭阳区市郊通往火车站的双向六车道快速公路开始通车，公路沿途要经过石渣河等几个村庄，在几个村子的要道口，由于公路宽阔平坦，过往的车速度都很快，加之村民的交通安全意识不强，所以一个月之内连续发生了几起交通事故。村民认为发生交通事故的地方太邪，于是由村中的长者倡议，集资在公路中间的隔离带中间竖了一尊险道神。笔者偶然发现后曾数次前往拍摄，在一次拍摄过程中碰到主持竖碑的老人李正荣。他指着往来的汽车告诉我，这个地方危险得很，汽车碾死了好几个人，只有竖一个"菩萨"才镇得住。捐功德的名单还插在碑前，仔细看了一下，捐功德的人一共是15人，共捐了人民币600.04元，最高的捐了300元，最少的捐了2元钱，其中有一位捐了4.8元和4.8斤纸钱。（图7）

这尊险道神的竖立说明，在现代交通面前，村民们仍以传统的观念看事情，面对危险，仍然希望通过对神灵的崇奉平息内心的忧患。此后不久，当我再次路经此地时，险道神石雕像已不见了，估计是公路管理的相关部门把它取

图7  李正荣和捐款名单

缔了。昭通到彝良公路的龙潭坡，山高坡陡弯道多，号称72道拐99个弯，是交通事故多发地带，前几年，曾经有7个男孩偷了一辆吉普车开，结果在一个拐弯处翻下悬崖，5死2伤。于是，死者的亲属在那里竖了一个险道神警示过往之人。昭阳区北郊的省耕

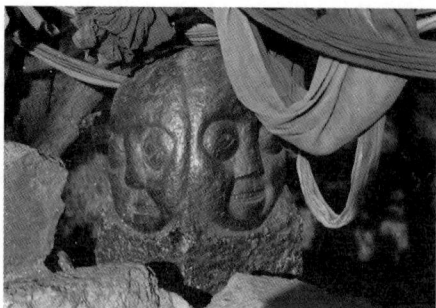

图8　省耕塘水库边的险道神

塘水库，城里面很多人夏天都到这里游泳，但几乎每年都会有人游泳时溺水而亡，迷信的人往往认为死者是被"扯脚鬼"拖去了，而"扯脚鬼"因此获得了托生的机会。因此就有人在水库边上竖了一个险道神石雕像。（图8）

这个险道神伫立在此已有10多年，据说很灵验，自从立了这个险道神后，镇住了"扯脚鬼"，溺水身亡者就很少了。事实是近些年来由于污染，水库的水不干净，人们都不愿到这里游泳了。不过这尊险道神的香火倒是越来越旺，我于2003年第一次发现并拍摄时，这个石像是素色的，2011年春再去拍摄，我看到的是一尊金灿灿的险道神，上下都漆金粉，身上挂满了红布条，说明香火很旺。近期有数十人来此，挂红献祭，祈保平安。前来祭拜者已不完全是祈求平安，也有把险道神当成观音菩萨或财神来祭拜的。在日常生活中，平民百姓有患疾病者，也会到险道神前烧香祭拜、许愿，疾病痊愈后，又要来给石像挂红还愿。特别有意思的是有患眼疾者，许愿后眼疾痊愈，要前去烧香礼拜，同时用红布或红纸剪成一副眼镜给石像戴上了却心愿。（图9）另外，家中小孩不乖，身体不好，也有大人带小孩前去祭拜，祈求保佑。

不管人们以何种态度、何种意图面对，从古到今，险道神的存在都寄托了平民百姓朴素而善良的愿望，是人们祈求平安的精神纪念碑。不在金碧辉煌的庙堂，只享受山野平民的香烟，这些石碑代表

图9　戴眼镜的险道神

着民间的一种信仰，与庙堂里流金溢彩的各种神相比，这些路边的神大多数都是在荒山野地，连一片遮风避雨的茅屋也没有，它们只是默默地对人释放着微笑，享受薄薄的香烟，但它们与平民百姓却很近，几乎没有什么距离。至今，它们仍然直接或间接的影响着人们的生活。

昭通的险道神，大多选用整块的石质材料来雕塑，一般来说体积都不大，碑身和头像通高约1.4米，碑身约1米，头像约40厘米。这主要是受限于环境，太大了搬运安置都会很困难。当然也有例外，少数靠近路边，搬运方便，也有高2米左右的。通常，险道神由遭遇祸事的人家找到当地的"先生"（即乡村端公巫师）看过，对神灵许愿之后，请石匠打造，然后在"先生"选定的吉利时日安置。安置时，"先生"要到场，率信人焚香祷告、颂念祭文。（图10）

给新安置的险道神挂红、开光后，这尊险道神才算竖立起来。端公是昭通当地民间的汉族巫师，专做祈神驱鬼的事，也是傩祭傩戏的传承者。据说，以前竖险道神就是端公的一种法术，竖险道神而镇厉鬼。至于现在的险道神碑身

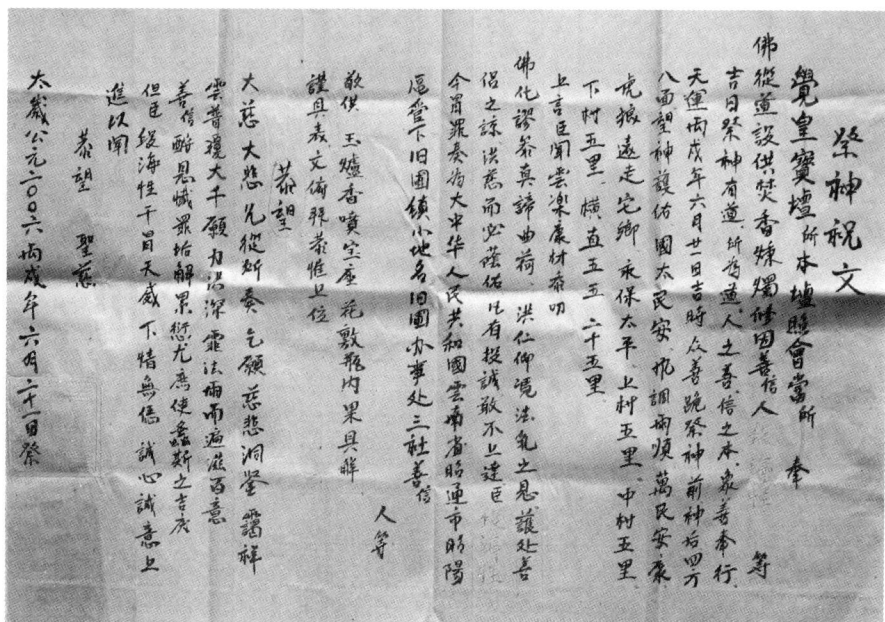

图10　祭文

上都会刻有"阿弥陀佛"字样，乃是当今"菩萨"信仰泛化的结果。在这里，"菩萨"泛指一切人们崇拜的神灵偶像。

因为险道神出自不同的石匠之手，雕塑都不一样，百神百像。险道神的雕刻造型，手法多样，有线描、浮雕，有阴刻、阳刻，有深浮雕、浅浮雕……以素面为主，也有少数彩塑的；有的雕刻细腻，有的粗犷，但都非常生动；有的看起来很古老，也有的具有现代感。险道神的雕塑，不同一般的是，雕刻者要在一个石柱上完成四个面的雕刻，各个面的雕刻造像不同，但看起来又是一个整体。险道神之所以又称四方碑，源于其四方四面的构造，象征神力所及四面八方，所以，每个神像都要雕刻出四个面。当然，现代人图省事，靠里的一面一般都看不到，也就不雕了。从造像的特征来看，可以大致分为两类，一类是善相，一类是凶相。善相看起来慈眉善目，和蔼可敬，雕刻比较圆润；凶相则是怒目而视，具有凶兽的特征，有一种震慑力迸发出来。在这里，善与凶都是相对的，善未必不凶，凶未必不善，在老百姓的心目中，善相让人感觉似菩萨可敬可亲，带给人的是心灵的敬畏，另一方面，不凶则不能震慑鬼魅。不论凶善，均来自祈祷者的心灵诉求。同样，雕刻险道神的石匠，对外面的世界认知不多，实际上是承袭古老的传统，以自己对神灵的尊重和理解来完成雕塑的。

随着时代的发展，险道神这种承接古老心灵的东西也被赋予了今天的内容，有的险道神突破了传统的雕刻手法，让人感到现代的特点。在昭阳区至鲁甸途中的江底坡上，我看到一个险道神雕塑，其独特的雕刻手法和形象让人惊奇。雕刻者采用了夸张变形的手法，在碑座上一共雕塑了五个大小不一、形态迥异的头像，个个形象生动，浑然天成，堪称杰作。

图11　善、凶险道神和现代形象

险道神这种古老的文化现象，并没有因为时代的发展而消亡，原因是这些神像是人的心像，它和人有一种心灵之约，共同在完成平安、和谐、吉祥、幸福的祈愿。在拍摄过程中，我在大丽公路、嵩待公路、昭待公路、昭麻公路上的险要地段不断看到在公路中间的隔离带上或者路边崖壁上出现了一类新的险道神形象，这就是当代交通警察的写真形象牌，有的形象牌后来又发展成为塑料的仿真交警形象。这些仿真交警，有英俊的男交警形象，也有美丽的女交警形象；有举着警示牌的，也有端着"测速仪"的，老远看去像真的一样。这是由交警部门安置的，不言而喻是为了警醒过往车辆的驾驶员注意安全，小心驾驶。这倒是一个有效的办法，不论白天黑夜，也不论刮风下雨都有"交警"的守候，对驾驶员来说也是一种善意的警示。从一个特定角度来看，"交警"也成了一种"险道神"。（图12）

早在2003年，我在镇雄县通往威信县的一个叫火石凹的地方就曾看到过这种古老与现实交织的形象。在路旁的一个小庙里，塑有一个险道神，其头部是传统的塑像，身上却描绘成现代交警的衣服，而旁边则写了一句祈福的话"稽首焚香祈保车辆行人清净平安"。2017年，我在昭通市绥江县隔江相望的四川屏山县中都镇的楞严寺，竟然看到了供奉在寺庙中的交通警察的石雕偶像。可见，老百姓也是把交通警察当神来供奉。（图13）

图12　交警塑像

图13　交警险道神和楞严寺中供奉的交警塑像

## 险道神与方相氏

上述供奉险道神的习俗，给我们打开了一个新的空间，昭通险道神的存在，显然不是空穴来风，而是来自古老的传承，溯其源头，当与方相氏有直接的关系。《周礼·夏官·司马》中对于方相氏的描述，是我们经常引用的经典史料，这段记载说明，方相氏有两种职能：方相氏是一个头戴"黄金"面罩，装扮特别，"索室驱疫"的巫师，也是举行丧葬时驱逐魑魅魍魉的开路神。但我们把与傩联系起来时，往往忽略了他作为险道神的存在。从昭通现存险道神的存在看，它同时兼有上述两种特点。

其一，险道神的雕刻很特别，它是一种立体雕塑，在一个石头上四方都要雕刻出不同的面相，故此，当地老百姓称为"四方碑"。"方"字在这里是指方向、四方。2011年初春，笔者寻找到一个险道神，它的旁边立了一块小的石碑，称为"指路碑"。（图14）碑上刻有箭头，指向四方。据当地人解释，竖指路碑，其目的是为亡魂指路，使之回到生命安息的地方；同时为行路之

图14　险道神和指路碑

人保平安，要出远门的人，在此碑前焚香祭拜后，不管走哪个方向，也不管走多远，都会吉祥平安。指路碑是和险道神同时雕塑安放的，而险道神都要雕塑为四面之像。这就给我们提出了一个问题，方相氏所谓"黄金四目"是指"四眼"还是四面有眼。狭义地理解，方相氏的黄金面罩上是有四只眼睛；笔者认为方相氏"黄金四目"，其实是指方相氏所戴的面罩四面皆有眼，而不是说他有四只眼。这一特点或许正好为险道神所保留和印证。

《周礼·夏官·司马》云："方相氏，狂夫四人。"夏官司马不仅有方相氏，还有其他职能的各种"氏"，如"职方氏"掌天下之图，以掌天下之地；"土方氏"掌土圭之法，以致日景，以土地相宅，而建邦国都鄙。"怀方氏"掌来远方之民，致方贡，致远物，而送逆之，达之以节，治其委积、馆舍、饮食。"合方氏"掌达天下之道路，通其财利、同其数器、壹其度量、除其怨恶、同其好善。"训方氏"掌道四方之政事与其上下方之事，诵四方之传道。正岁则布而训四方，而观新物。"形方氏"掌制邦国之地域，而正其封疆，无有华离之地。使小国事大国，大国比小国。其职官称谓里的"方"，都有天下及四方之意，可以看出《周礼》里对于"方相氏"之"方"的意思。"方"指四方神。《礼记·曲礼下》："天子祭天地，祭四方，祭山川，祭五祀，岁遍。诸侯方祀，祭山川，祭五祀，岁遍。"郑玄注："祭四方，谓祭五官之神于四郊也。句芒在东，祝融后土在南，蓐收在西，玄冥在北。"方相氏是《周礼》里的职官，由"狂夫四人"组成，象征东、南、西、北四方。行傩被禳时的方相氏，并不似后世所理解的只有一位方相氏，而是四方各有一位，亦有眼观四方来被禳四方之意。由此来看，方相氏不是有"四目"，而是四个方向有"目"，而且，驱傩时不是只有一位方相氏，而是有四位方相氏。此外笔者认为，《周礼》所载"黄金四目"的方相氏，并非头戴面具，而是面罩，是装扮成熊的样子驱逐疫鬼。汉代人把一种形制奇特的巫事用面具叫作"魌头"。《周礼·夏官·司马》描述方相氏云："掌蒙熊皮，黄金四目"。郑玄注云："蒙，冒也。冒熊皮者，以惊驱疫疠之鬼，如今魌头也。""方相氏"即职有专操的巫觋。据《周礼》及郑玄注，可以认为，古巫方相氏戴了外蒙熊皮的面罩以行巫事。（郑玄释"蒙"为"冒"，冒即古帽字，用如动词，戴也。）这种面罩汉代人称为"魌头"；而魌头之所以作，一是为了大傩驱疫，一是为了驱方良（一种传说中的专食死人肝脑的恶鬼）。

汉代以降，方相氏作为宫廷傩祭中的"巫师"，头戴"黄金四目"的面罩率众举行驱邪赶鬼的冲傩仪式，至宋以后这种宫廷傩祭逐渐消亡，方相氏也走下了神坛，在傩祭中消失了踪迹。从笔者拍摄到的雕塑为凶兽形象的险道神，或许可以窥视到方相氏古老的身影。这个险道神的雕像非常特别，是熊的形象，是凶神恶煞的险道神，更是现代版的方相氏。（图15）

图15　雕塑为"熊"形象的险道神

其二，置险道神的目的正是为了驱逐路途中的游司邪鬼。在古史传说中，方相氏也是作为丧葬仪式中护柩和出殡时的"开路神"而存在的。此时的方相氏就称为险道神。《轩辕本纪》曰："帝周游时，元妃嫘祖死于道，令次妃姆嫫监护，因置方相，亦曰防丧。盖其始也。俗号险道神，抑由此故尔？"方相氏本为动物神，古人以为有驱鬼之神力，故而敬重之。在旧时葬仪中往往都会有一个用纸扎制的高大纸俑，出殡时在前引路，俗称"打路鬼"。《三教搜神大全》言"神身长丈余，头广三尺，须长三尺五寸。头赤面兰，左手执印，右手执戟，出柩先行之"。险道神的原意是指旧时出殡时用纸扎的高大狰狞的开路神，为古方相之遗制。从昭通民俗活动来看，丧葬祭祀中至今保留着以纸扎的方相氏为开路先锋的情况。昭通农村，特别是山区，至今保持着棺木土葬的习惯，人去世后，要做道场，请道士先生于家诵念经文、开咽指路、绕棺辞灵，有着非常繁复的程序。出殡之日，有俑人和狮、马、鹿、象等一系列纸俑相随。其中，高举在送殡队伍前列的"开路先锋"特别显眼，明显保留了古之险道神的特征。

# 结　语

　　笔者以为，流落凡尘的险道神，跨越了数千年的时空，仍与古老的方相氏保持着隔空的联系与对话。昭通现实生活中存在的险道神就是古之方相的今生，这是很重要的现象，对于傩文化研究具有特别的意义。笔者一孔之见，抛砖引玉，期待更深入的探讨研究。

# "炳灵公"考

永靖县人大常委会　石林生

永靖县环保局　梁兰珍

每参加一次国际傩戏学术研讨会，就会有一次新的收获；每拜读专家学者们提交的学术论文，既得到启发，又提高了认识；每看到国内外一些地方的傩文化（傩仪、傩俗、傩舞戏等）与我县相同时，备感亲切，犹有"老乡见老乡"之感，情不自禁地要寻根究源，比较研究。例如贵州道真有傩神"炳灵公"、山西有《关大王大破蚩尤》"炳灵公"，我县有"炳灵寺"，相隔千里之遥，竟然有同一傩神并存，实在值得玩味。

## 一　炳灵寺概述

炳灵寺石窟位于甘肃省永靖县城西南35公里的地方，坐落在杨塔乡与王台镇之间的小积石山群峰丛中。石窟海拔高度为2000米左右，地形地貌条件特殊，发育有我国北方极为罕见的丹霞地貌。窟区山势陡峻，奇峰林立，沟谷狭窄，高崖直立，风蚀槽、风蚀洞比比皆是。加之相对发育的植被点缀，形成一处幽静而奇特、险峻而秀丽的自然景观。

炳灵寺石窟是我国著名的石窟寺之一。与敦煌石窟、天水麦积山石窟、山西大同云冈石窟、河南洛阳龙门石窟、新疆库车克孜尔石窟并称为中国六大石窟寺，是国务院公布的第一批全国重点文物保护单位之一，被联合国教科文组织列为世界文化遗产名录。据文献记载，永靖炳灵寺其历史可追溯到西晋初年，至今已有1700年的历史。炳灵寺石窟以壁画尤其石雕艺术闻名于世，其中169窟为西秦时代的造像、壁画、题记，为我国早期石窟艺术的分期断代提供了重要标尺，具有极高的艺术价值和考古价值。

炳灵寺也是沟通中西文化的"丝绸之路"上的要冲，是扼守"丝绸之路"的咽喉，地理位置十分重要。据考证，"丝绸之路"陇右段南线从长安出发后，途经天水、陇西、临洮、临夏，取道炳灵寺黄河下段的凤林津渡河，再经青海省的民和、门源等地，越扁都口（今祁连山）直出张掖，进入河西走廊，与"丝绸之路"的北线合而为一。为了渡过黄河天堑，西秦曾在炳灵寺附近造桥。至唐、宋时代，这里仍有建造桥梁的记载。还有一条"唐蕃古道"，同样经过炳灵寺"天下第一桥"，经青海翻越日月山，走向雪域高原。据历史文献记载，北魏以前，炳灵寺被称作"唐述窟"；所在的小积石山称"唐述山"；窟前的溪流称"唐述水"；大寺沟称"唐述谷"。唐述，是古羌语"鬼窟"的音译，与羌族的原始宗教信仰有关，早已被视为一个神秘的地方。

炳灵寺唐代称龙兴寺，又称灵岩寺，宋代始称炳灵寺，明代称冰灵寺、丙灵寺、炳灵寺，皆是炳灵寺的异称。

北魏郦道元所著《水经注》是最早记载唐述山、唐述窟的古籍，反映了早期炳灵寺释道依托天然石窟进行宗教活动的情形，并记述了唐述山、唐述窟得名的缘由，以及洞窟藏有古书的传说，也描述了炳灵寺的地理环境和石林风光。

> 河水又东北会两川，右合二水，参差夹岸，连壤负险相望。河北有层山，山甚灵秀，山峰之上，立石数百丈，亭亭桀竖，竞势争高，远望嵯峨，若攒图之托霄上。其下层岩峭举，壁岸无阶，悬岩之中，多石室焉。室中若有积卷矣；而世士罕有津逮者，因谓之积书岩。岩堂之内，每时见神人往还矣。盖鸿衣羽裳之士，炼精饵食之夫耳。俗人不悟其仙者，乃谓之神鬼。彼羌目鬼曰唐述，复因名之为唐述山，指其堂密之居，谓之唐述窟。其怀道宗玄之士，皮冠净发之徒，亦往托栖焉。故《秦州

记》曰:"河峡崖傍有二窟,一曰唐述窟,高四十丈;西二里,有时亮窟,高百丈,广二十丈,深三十丈;藏古书五笥。亮,南安人也。"下封有水,导自是山,溪水南注河,谓之唐述水。[①]

唐高宗总章元年(668),释道世撰《法苑珠林》,该卷五十三"唐述谷仙寺",记述河州至炳灵寺的路线、里程,记录了大禹导河起自积石的传说,并描述了当时唐述谷中的情形。而对炳灵寺石林的描写,可谓经典性文字。

晋初河州唐述谷,在今河州西北五十里,渡凤林津,登长夷岭,南望名积石山,即《禹贡》导河之极地也。众峰竞出,各有异势,或如宝塔,或如层楼,松柏映岩,丹青饰岫,自非造化神功,何因绮丽若此。南行二十里,得其谷焉。凿山构室,接梁通水,绕寺华果蔬菜充满。今有僧住。有石门滨于河上,镌石文曰:晋泰始年之所立也。寺东谷中,有一天寺。穷探处所,略无定址,常闻钟声。又有异僧,故号谷名为唐述。羌云鬼也。所以古今诸人入积石者,每逢仙圣,行住恍惚,现寺现僧。东西岭上,出于醴泉,甜而且白,服者不老。[②]

南朝梁释慧皎撰《高僧传·释玄高》卷十一"习禅"记"堂术山",即炳灵寺石窟所在的唐述山。此书撰著于7世纪前期,反映了1400多年前佛教圣地麦积山的高僧往来于唐述山的情形,并记录外国禅师昙无毗在炳灵寺"领徒立众,训以禅道",还记录了高僧们超人的幻术巫技。

高乃杖策西秦,隐居麦积山。山学百余人,崇其义训,禀其禅道。时

---

① (北魏)郦道元:《水经注》卷二,"河水"。
② (唐)释道世:《法苑珠林》卷五十三,枹罕临河"唐述谷仙寺"。

有长安沙门释昙弘，秦地高僧，隐在此山，与高相会，以同业友善。时乞伏炽磐，跨有陇西，西接凉土。有外国禅师昙无毗，来入其国，领徒立众，训以禅道。然三昧正受，既深且妙，陇右之僧，禀承盖寡。高乃欲以己率众，即从毗受法。旬日之中，毗乃反启其志。时河南有二僧，形虽为沙门，而权侔伪相，恣情乖律，颇忌学僧。昙无毗即西返舍夷，二僧乃向河南王世子曼馋构玄高。云蓄聚徒众，将为国灾。曼信馋，便欲加害，其父不许，乃摈高往河北林阳堂山。山古老相传，云是群仙所宅。高徒众三百，往居山舍。神情自若，禅慧弥新，忠诚冥感，多有灵异。磐既不击而鸣，香亦自然有气。应真仙士，往往来游。猛兽驯服，蝗毒除害。

高学徒之中，游刃六门者，百有余人。有玄绍者，秦州陇西人。学究诸禅，神力自在。手指出水，供高洗漱，其水香净，倍异于常。每得非世华香，以献三宝。灵异如绍者，又十一人。绍后入堂（唐）术山，蝉蜕而逝。[1]

唐高宗仪凤三年至永隆元年（678—680），张鷟作河源（指河源军，治所在今青海乐都境）之行时路过永靖炳灵寺，以小积石山唐述窟为印象写的《游仙窟》流芳千古。

若夫积石山者，在平金城西南，河所经也。《书》云："导河积石，至于龙门"。即此山是也。仆从沔陇，奉使河源。嗟命运之迍邅，叹乡关之渺邈。张骞古迹，十万里之波涛；伯禹遗踪，二千年之阪磴。深谷带地，凿穿崖岸之形；高岭横天，刀削岗峦之势。烟霞子细，泉石分明，实天上之灵奇，乃人间之妙绝。目所不见，耳所不闻。

---

[1] （南朝梁）释慧皎：《高僧传·释玄高》卷十一，"习禅"。

日晚途遥，马疲人乏。行至一所，险峻非常：向上则有青壁万寻，直下则有碧潭千仞。古老相传云："此是神仙窟也。人迹罕及，鸟路才通。每有香果琼枝，天衣锡钵，自然浮出，不知从何而至。"①

赵宋统一中国后，搜罗五代十国图籍，收用、厚待海内饱学之士，置之馆阁，使修群书，《太平御览》即最著成果。该书洋洋一千卷，可谓当时的百科全书，宋时即盛传之。《太平御览》收《秦州图经》载"唐述窟"条，说明北宋初期，炳灵寺挟唐时之盛况，为全国有影响的名寺。

唐述窟在郡之龙支谷，彼人亦罕有至者。其窟内有物，状似金书卷，因谓之精岩。岩内时有神人往还，盖古仙所居耳。羌胡惧而莫敢近。又谓鬼为唐述，故指此为唐述窟。河崖傍有二窟，一曰唐述窟，深四十余丈，高四十余丈，中有三佛寺，流泉浴池，凿石作丈六像三百余具。其西二里，则曰时亮窟，高百丈，广二十丈，深三十丈，亦有泉水；藏书五笥。唐述、时亮皆古之孝行士也。②

"炳灵寺"的名称最早见载于宋代。《宋史》卷492：

元符二年（1098）七月，赡取邈川。……议者谓："今不先修邈川以东城障而遽取青唐，非计也。以今日观之，有不可守者四：自炳灵寺渡河至青唐四百里，道险地远，缓急声援不相及，一也。羌若断桥塞隘，我虽有百万之师，仓卒不能进，二也。"

---

① （唐）张鷟：《游仙窟》，汪辟疆校录：《唐人小说》，上海古籍出版社1978年版，第50页。
② （宋）李昉：《太平御览》卷55，"地部二十"。

《续资治通鉴长编》卷516：

> （元符二年）壬午，夏国遣星多贝中、达克摩等三监军率众助之，合十余万人。先断炳灵寺桥，烧星章峡栈道，四面急攻。①

李复《潏水集》记：

> 其余诸将、人马过实勒颇卜朗往西北过雪山及炳灵寺。②

李复为元丰二年（1079）进士，官熙何转运使。

李远《青唐录》记：

> 河州渡河至炳灵寺，即唐灵岩寺也。③

《文献通考》卷199记：

> 《青唐录》一卷。陈氏曰：右班殿直李远撰。元符中，取邈川、青唐，已而皆弃之。远，绍圣武举人，官镇洮。奉檄军前，记其经历见闻之实，灿然可观。④

从以上这些文献记载看，这些记载当源于转战西北的宋军将官的见闻录。《清光绪十六年墨书题记·炳灵观》，是清代最重要的炳灵寺文献之一。

---

① （宋）李焘：《续资治通鉴长编》卷516，《文渊阁四库全书》（第322册），第808页。
② （宋）李复：《潏水集》卷3，《又上童丞相书》，《文渊阁四库全书》（第1121册），第23页。
③ （明）陶宗仪纂：《说郛》卷35，中国书店1986年版，第11页。
④ 王云五主编：《文献通考》，商务印书馆1936年版，第1666页。

墨书题记在184窟即老君洞南壁，写炳灵寺山水"天造地设"，为"千百年之伟观"；又写炳灵寺历史沿革，"创自先代，盛唐之时，始为冰（炳）灵观"；还写"猫乙山""建祠猫像""塑工形猫像木掩"等蜡祭与傩祭仪典，很具史料价值。

　　盖闻混沌初分，老君为先，稽古伏羲以前，虽有君长，不可得而详也。昊伏羲者，始制文字，首画八卦，为万世文明之祖。始为耒耜，树艺五谷，立生民养育之源邑哉，始制衣裳定礼仪，文明大巽。古生民无荛字，巢居穴处，崦□峄焉。至轩辕之首，建立宅庄，分阴阳品物，咸亨作万国具瞻之表。虽墺日月有明者，容光必照焉，世涸汔也。水逆泛滥于世矣，倒流而滂溢也。民无恙恩，警水余泽洪也，天地未忙也，反降树矣。圣显尼费山之中视世，龟从改而起顺矣，后日崇绝，笔之后战矣，史记列于万古千秋，郊民则罨也，天下而无大悦也。世人劝善，躅目哉，如冰（炳）灵花果山，万笏朝天，自西蜿蜒而来。黄河如虹，贯盘绕其天造地设，千百年之伟观也。创自先代，盛唐之时，始为冰（炳）灵观。监察御史李巡视至此，题碑第一奇观。天宝黄河绝冰，河郡守将巡至此，宫殿渐坏，玩景生情，重修。厥后，大明兴道微尽，改为寺，惟留万化老君宫殿，龄碣残碑，古迹犹存。不幸，大劫未满，大清之首，闻善到人知之，不知亦罨世。君狂臣贤，奸因鼎匪猖狂，焚祠毁像尽厄。人如洪水而天下，昆风飏扬，囊逃奇避者，□□峄也，与石木居之。□□禽□处野人也。□□□无尽□谠哉，老祖殿，滩俱哉僧其逃，一僧罗士无鼎像，代其逃而去，日在猫乙山，岳岭之中，思本邑像怎也，老君首卦钟自擎悦也，忽虚空钟音惊而思之梦也，空金钟大振三声，古言心动知者，随意尘尔，诚怕扰也。不期劫满矣，天开新霁，国正其详，光耀腹旦，天下而无不大悦也，人脱纲偷生者，人仁安治本邑无凿也，尔趱哉，邑视俱像曰，蠹宫殿品物，未之有一也，不忍如演漓也，终是良心难昧，不忍坐视，毁煌瓦砾，隶神士、兵民、僧道，屡七建祠猫像，不免缠锁名利，如贫僧少入沙门，壮乃存俗，老又出家，弃家舍身誓愿动工。创修老祖洞、雷祖殿、八菩萨堂、山神土地，塑工形猫像木掩，彩画墙垣台基，虽不能鸟革羽飞之壮丽，系即茅茨土阶，独木难成大厦，勺水积之沧海，器备沐浴，诚哉为序。

大清甘肃兰州府河州北乡本邑罗喑巴沐浴诚心募化，疏引工成，告竣祈四方善信君子，贷资哉观之，无不喜之大悦也。工罗喑巴贷赀财大钱，三十三串文。

共总费用大钱四十串文。塑工彩画，诚心沐浴，愧心面如也。永言配命，赐福无量。木匠人鲁之桢，画匠人何三姓保，诚心沐浴。收愿人张国林施大钱八百文，郭忠全施大钱一串文，顾兴贵施大钱八百文，罗旺成施大钱八百文，鲁进元施大钱八百文，罗卯书施大钱一串二百文，王锡寿施大钱八百文，诚心沐浴。敬笔龙门人张有文。并书大清光绪岁次庚寅仲月吉日，谷旦，叩。

民谚云："先有老君洞（冰灵观），后有炳灵寺"，由此可看出此地先"道"后"佛"的明显踪迹，与民间传说相吻合。又从当地《莲花台插牌交愿文》里发现有"炳灵公"之神位：

大中华人民共和国甘肃省临夏县莲花镇莲花村，2012年农历五月初五日，主祭员齐正奎偕同儒员白云峰、石发林、王进昌，率全村众姓人等，谨以香烛三牲酒礼之仪。[1]

恭祝于本境炳灵公、韩文公之神位前曰：

仰惟镇山山主，巡山土主，五虎门下作修炼，青峰山上炼法功，德

---

[1] 齐正奎、王城良：《道教在河州的传播》，2014年，第398页。内部资料。

同天地，泽被群生，永镇地界，五谷丰登，政法久住，护我庄村。身怀恻隐，善恶分明，镇守三山，救护群生，神功巍巍，日月同明，永度千年，浩气长存。今日喜神，西北方向，端阳佳节之暖日，跪告神旁。

啊老爷！上有三十三天，浩天至尊，灵霄殿上的玉皇大帝，斗牛宫里的王母娘娘，是为天界的神仙领袖。统辖天兵天将、雷公电母、撒雨真人、风伯雨师、蚍蚱虫蝗、龙子童女、四海龙王，会同九天圣母、统煞太岁、五方土德、九曜星君、当方土主、四值喜神、文武财神、速极之神。掌管江河湖海，伏降童兵，行雷制电，调风骤雨，显灵御冠，普降甘霖。云路平平降细雨，保苗丰收得长生。贼来迷路，狼来锁口，虎来奔林，蛇来钻草。统领里社，有求必应。土德星君，由来天竺之国，修行于华盖山中，位列九宵，功典八方，职司坤柔，德配乾岗。掌四季之土旺，除邪降祥；掌神煞之忌讳，降无量之吉祥；上通天界，下达地理。并天地之造化，助乾坤至顺昌。

占山的老爷，巡山的土主，赐时若助，行文行武，威德广彼，普救万民。和风送暖，寒霜远行，核桃花椒，盖满山岭，感应的神灵，时时显灵：上半年观看田苗，遮风挡雨，下半年寸草结籽，万物得收，人吃饱饭，马吃饱草，恶风暴雨远降石山，冰块冷蛋速化雪粉；清风细雨，降于本境，瘟疫殄灭，阖家顺心；出门的弟子，一手遮盖，两手分开，空怀出去，满怀进门；神灵浩大，灵光无穷，遍地生花，大显神灵的感应。

前有山神，后有土主。山牙豁口的吉祥土主，永镇地界，四至分明：东至大夏河以西，西至水沟沿以东，南至南塬界，北至黄河沿。法宇宏开，至诚至灵，御灾解厄，护我庄村。万祸雪消，十乐太平。阴煞阳煞，土气神煞，挖着地带着地，一并化尽。保我村庄人丁兴旺，多出才子佳人，繁盛国家，富裕人民。

慎恐神灵吓怒，特请礼宾陪奉。祈神宽佑，大启海量，五土归位，八煞还乡，化凶为吉，保定莲花一庄，光射四周，邻里吉祥。免过去之冲撞，赐未来之吉祥。各户请安，财路永昌，生安亡稳，共享春光。

伏愿：五色祥云上空盖，万民相庆则平安。诸位神灵显神通，天界万
神赐吉祥。

今日行礼，报答山神土地之恩，惟神鉴之，尚其来歆。

伏维

尚飨

20世纪50年代，据炳灵寺杨法台（胡图克图）所云："炳"为藏语之
"本"，"本"为堆积，或为"万佛"。"灵"为洲，或为"庙"。合起来，即积
石之庙宇。又可能是藏语"贤巴"，原意为"弥勒"，"贤巴"即弥勒十万佛之
庙宇。喇嘛教在炳灵寺盛行，一般认为在元代以后，远远迟于"炳灵寺"名称
的出现。据刘再聪、李顺庆先生考证，"在有关汉文文献中，我们还没有找到
'藏语说'的直接证据"。为此二位先生撰文《"炳灵"为藏语之疑问》。①

明正德十二年（1517），《重修灵岩寺碑记》载："古刹灵岩，谚呼冰灵
寺。"炳灵寺山门为黄河古渡处，河道狭窄，至三九寒天冰结成桥，益于来往
行人渡过黄河天险，民间百姓意为佛爷菩萨冰上显灵，普度众生，故谚云为
"冰灵寺"。农谚有"冰桥站在莲花，一升麦子换一个糖瓜""冰桥站到黑城，
麦子晒成根根"之说。明人解缙《冰灵寺》云：

冰灵寺上山如削，
柏树龙盘点翠微。
况有冰桥最奇绝，
银虹一道似天梯。

---

① 刘再聪、李顺庆：《"炳灵"为藏语之疑问》，《丝绸之路·文论》2005年第2期。

嘉靖二十四年（1545），河州知州鲍龙《冰灵寺和解内翰韵》：

> 冰连桥寺成双绝，
>
> 山共云林接太微。
>
> 我欲穷高寻胜览，
>
> 悬崖谁肯引仙梯。

史有勇先生为此撰文《"炳灵"非十万佛之意》[1]，否定了"炳灵"是藏语译音。

## 二　泰山神第三子——"炳灵公"

"炳灵"作为神灵的封号，始于宋代。

《事物纪原》卷7"炳灵公"条：

> 《五代会要》曰：后唐长兴四年七月，封泰山三郎为威雄大将军。时上不豫，泰山僧进药，小康。僧请封之。《宋朝会要》曰：庙在兖州泰山下，即泰山神三郎也。后唐诏封威雄将军，大中祥符七年十月十五日，诏封威雄为炳灵公。[2]

《续资治通鉴长编》卷514记：

> （元符二年）诏封东岳天齐仁圣帝长子为祐灵侯，第二子为惠灵侯，

---

① 史有勇：《"炳灵"非十万佛之意》，《民族报》2002年1月3日。

② （宋）高承撰，（明）李果订，金圆、许沛藻点校：《事物纪原》，中华书局1985年版，第377页。

第四子为静鉴太师，第五子为宣灵侯。……岳帝有五子，惟第三子后唐封威雄大将军，皇朝封炳灵公。①

明许仲琳《封神演义》说："炳灵公（黄天化），管领三山正神。"

相传"炳灵公"是掌管火的火神，被东岳大帝派遣到大西北巡察善恶。巧遇皇帝的陶正宁封子正在唐述山附近烧制陶器，遇到困难之时，"炳灵公"显灵点火，协助宁封子烧火制陶，功劳非小，被羌人奉迎接驾，敬拜为当地火神，安置在石柱峰半山腰的石窟之中（今老君洞），受其人间香烟。此后，火神炳灵公成为炳灵寺的名称。②

"唐述"乃羌人之"鬼神"，故唐述山为神山。天下的名山在道教中被高度神化，尤其"五岳"已成为道教著名的洞天福地。由于在古老的山岳神话中，高大险峻的山都是上天的梯子或是天神下界的必由之路，也是众巫登天与神沟通的天梯或天枢。从汉唐以来的典籍中可以发现，永靖炳灵寺有"天寺""天桥洞""神仙窟"等称谓。

在后人熟知的佛教的地狱总管阎罗王观念广泛流行之前，民间的治鬼神位长期由泰山神把持。泰山治鬼即主死的观念由来已久，至少应在汉代，在魏晋南北朝隋唐之世，曾是一种广为流传的观念。"泰山府君"即是此一时期对治鬼的泰山神的固定称呼。永靖唐述山当时称为"鬼窟"，亦指祖先的鬼魂，是古羌人原始图腾崇拜的根据地，由泰山神第三子炳灵公来治理，可谓名正言顺。

汉语典籍的各项用例中，"炳灵"也即"显赫的英灵"。

明人邹元标《愿学集》卷4《友庆堂稿序》记：

道，非一人之道也。千圣之所总萃也，天地日月之所昭鉴也，鬼神之

---

① 《文渊阁四库全书》（第322册），第763页。
② 齐正奎、王城良：《道教在河州的传播》，2014年，第380页。内部资料。

所炳灵也。①

明人黄仲昭《未轩文集》卷3《鳙溪八景记》载：

> （芙蓉山）其东有山名莲谷，与芙蓉相峙。中有古祠一区，相传旧为神仙窟宅，水旱疾疫祷之多应，故曰：莲谷炳灵。②

鳙溪在今福建一带，它的含义与"炳灵寺"原名"唐述窟"之"唐述"同义。"炳灵寺"又名"灵岩寺"（唐代称谓），其中"灵"也即神灵，与"唐述""炳灵"同义。因此可以认为，"唐述窟""灵岩寺"均为"神灵之寺"的意思，属于意义上的延续。从目前掌握的文献看，"炳灵寺"之名最早见于宋代，与诏封泰山神三郎炳灵公为同一时代，两者之间不排除有借用的可能。③俯瞰炳灵石林，如盛开的莲花，炳灵寺附近还有"莲花城"（地名），原为永靖旧县城遗址。

《括异志》卷十载：

> 李敏尝为兖州奉符县主簿，会岳庙炳灵公殿岁久，再加营葺，命敏督其役。或曰："宜先具公裳，再拜，启其事于神。"李不应，遂彻瓦，未□半，黑云满殿庭，风雹大作，李始惧，披简拜阶下，仰视神座，帐上有黄龙长数丈，震霆数声，穿屋而去，凡损稼百余里。炳灵公，自后唐明宗听医僧之语，遂赠官立祠。余谓："龙蛰于神帐上，因彻瓦而惊，随风雷徙去，未必神之灵变也。"④

---

① 《文渊阁四库全书》（第1294册），第128页。
② 《文渊阁四库全书》（第1254册），第429页。
③ 刘再聪、李顺庆：《"炳灵"为藏语之疑问》，《丝绸之路·文论》2005年第2期。
④ （宋）张师正：《括异志》，四部丛刊续编本，上海书店出版社1985年版。

唐代,炳灵寺称"龙兴寺""灵岩寺",有"龙窝"二字石刻及"万笏朝天"四字石刻。

王国维在《宋元戏曲考》之《上古至五代之戏剧》中说:

> 案《说文》(一):"灵,巫也。"古虽言巫,而不言灵,观于屈巫之字子灵,则楚人谓巫曰灵,不自战国始矣。

王氏称屈原为"屈巫",已表明他的"巫"的身份。而"子实"至"灵",就是巫,就是"灵保",亦即"神灵"。灵与巫同义同源,灵即古书常说的"灵保",也即巫觋。

张弓先生在《汉唐佛寺文化史》中指出:"由于汉字多由形声、假借、会意组成,一字多义,词语的含义更是变化无穷,所以用汉字标识的寺名,往往表达出多样的观念内涵,这就使汉地佛寺的名称,包含丰富的文化意蕴。"[①]永靖炳灵寺名即如此说。

## 三 傩戏角色——"炳灵公"

据王越先生《上"山王钱"仪式》记载,贵州道真傩《请神》仪式中,即有"上殿至圣炳灵相公统领七十五司判官"位居五岳之后,还有:

**《领牲》**

奉请何神来领牲?奉请何神领猪(羊)牲?

奉请行案坐案七十二案,行曹坐曹七十二曹,岳府万灵炳灵相公,十二太保来领牲,案前酌酒慢慢斟。(斟酒,作揖)

---

① 张弓:《汉唐佛寺文化史》,中国社会科学出版社1997年版,第235页。

## 《交钱》

何神位下进金钱？何神位下进银钱？

奉请行案坐案七十二案，行曹坐曹七十二曹，岳府万灵炳灵相公，十二太保打开金库领金钱，打开银库领银钱。（作揖）①

冉文玉先生《道真仡佬族苗族自治县傩文化简志》载："炳灵"是常用面具或主要角色；正戏剧目有《炳灵领牲》。②汪泉恩《贵州道真傩戏》一文中说："道真傩戏，由于领牲受祭的神灵不同，而有不同的名目。如由东岳大帝（黄飞虎）、炳灵太子（黄天化）领牲的，称傩戏；由二郎领牲的，称阳戏；由火官童子（华光大帝）领牲的，称梓橦戏。而它们的主奉神头，行坛程序和内容完全一样，故都是傩戏。"③由此可见，道真"炳灵"是《封神演义》里的黄天化，与"东岳泰山天齐仁圣大帝第三子"相吻合。黄天化，是商代名将黄飞虎之子。他7岁时被一阵猛风吹至仙山，被清虚道人收为徒弟，在紫阳洞中修行。后因商纣王荒淫无道，害死黄天化的母亲，其父黄飞虎起兵反叛，在临潼被困。清虚道人赐给黄天化经书一卷、宝剑一把，要他下山解救父亲。黄天化救出父亲后，在金鸡岭黑夜劫营时，不幸被高继能的太阳神针刺中，魂上封神榜。姜太公把他封为太保案司炳灵神，掌管人间生死簿。

贵州道真仡佬族傩戏面具"炳灵太子"相貌温和，头戴冠帽，一副文生模样，他在傩堂中的职司是领牲了愿，为人添寿。

甘肃永靖太极镇下古城村尤法师供奉的《祖师图》长140厘米，宽87厘米，画面人物共有72位，由上中下三元三品构成。

---

① 王越：《上"山王钱"仪式》，《道真人文》，第143—146页。
② 冉文玉：《道真仡佬族苗族自治县傩文化简志》，《道真人文》，第101、104页。
③ 汪泉恩：《贵州道真傩戏》，《苗岭风谣》1989年第6期。

上元一品（五岳天神）：

东岳泰山天齐仁圣大帝（黄飞虎）

南岳衡山司天昭圣大帝（崇黑虎）

中岳嵩山中天崇圣大帝（闻马弯）

北岳恒山安天玄圣大帝（崔英）

西岳华山金天愿圣大帝（蒋雄）

中元二品：

杨（羊）泗爷（申公豹）

三霄娘娘

下元三品：

一捎人马

《祖师图》中的"五岳天神"与贵州岑巩县仡佬族傩坛上写的"五岳圣帝"①基本相同。尤其"杨（羊）泗"将军，他"羊头人身"，手持单铖戟，俗称"羧鹿丹欠"，是古羌人图腾，贵州道真傩戏面具里竟然也有。民间神传云：

> 宋朝的忠良将，实为众生的救命主，为社稷发愿，以奇人为师。授的法宝，对天发誓："赌头输己。"显神通，手拿一把单天戟，身披金甲放光明，身骑青金兽火焰腾腾。宋天子封为护国有功的杨四（羊泗）将军。千家门上受香灯，万家户上救众生，法道大盛，世代昌隆。

在道真"坛规仪式操作前后禁忌与规范"里，"阳戏中用作供献的猪（羊）牲必须用雄不用雌，忌该牲醮已预许他愿，或继后再用于他愿"②，此

---

① 张泽洪：《中国西南少数民族傩文化与道教关系再研究》，麻国钧、向承强主编：《古傩新论：中国贵州道真首届国际傩文化学术研讨会论文集》，学苑出版社2016年版，第321页。

② 冉文玉：《道真仡佬族苗族自治县傩文化简志》，《道真人文》，第72页。

习俗与甘肃永靖如出一辙。

特别是王炬先生《仡佬族"三幺台"礼俗》（二）祭祖载：

> 仡佬族非常重视祭祀。作为最早开发祖国大西南的民族，历代仡佬族先民用他们的汗水、血泪乃至躯体来灌溉、肥沃着祖先开拓的这片高原大地，把丰收的希望留给后人。前人为后人开拓牺牲，后人自然不能背祖忘恩。恰如仡佬族《饭歌》所唱："好坝谷子黄沉沉，大仓装满小仓装。家家煮出白米饭，先敬祖先后才尝。"《粑粑歌》也唱："白如雪，白如霜，老远闻到喷喷香。大人娃儿莫动手，粑粑要让先人尝。"[①]

供品，视为用过的"福食"，食之有福。

祭品（面食、肉食、水果、糖等）祭后散与众人分食，叫作"散福"，因称祭品为"福物"。

以上这些傩俗与甘肃永靖《七月跳会》祭祀仪式中的"献盘""献牲"同样，有"先敬神，后人尝"的祖先崇拜意识。

山西的古老剧种赛戏与锣鼓杂戏共认《关云长大破蚩尤》为其开天祖戏，其角色中也有"炳灵公"：

> 三帝真宗驾头、寇准、紫金园，归伏臣急（脚鬼）、宰相王钦（若）、张天师、鬼怪八个、炳灵公、风伯、雨师、雷公电母、揭谛（地）、神四个、关公、关平、周仓、五岳、阴兵降池牛、上散。[②]

---

① 王炬：《仡佬族"三幺台"礼俗》，《道真人文》，第204页。
② 杨孟衡校注：《上党古赛写卷十四种笺注》，财团法人施合郑民俗文化基金会出版2000年版，第109页。

全剧敷衍蚩尤被黄帝战败后，尸骸被撒在解州盐池。蚩尤一灵不散，在盐池聚集山精海兽，外道邪魔，总计三千余鬼，十万妖兵，寻机再报当年杀身之仇。加上自己没有专祀之庙宇，遂将盐池拘摄干涸，以发泄不满，意图引动朝廷加以关注。朝廷得报，深感事件重大，遂派吕夷简至信州龙虎山，请天师入朝。张天师掐算得知罪魁祸首为蚩尤，建议请出忠义之神关羽，去破除蚩尤。原来，关羽殁后，在玉泉山为土地神。吕夷简前往玉皇山告知关羽，并恳请关羽出山。关羽得知此讯，即刻奏知玉帝，玉帝派给关羽五岳四渎之神兵，至解州讨伐蚩尤。剧本在第二楔子中详细地描写双方大战的场面。那一边厢，蚩尤率领山精海兽、魑魅邪鬼；这一边厢，关羽骑马，带领关平、周仓、天丁神兵，打旗号，吹号角，整齐列阵，双方展开了一场惊天动地的厮杀。①

《关云长大破蚩尤》，是元末明初一位无名氏作家依据传说编撰的北曲杂剧。该剧现存有明代内府藏本，剧本末尾题曰"万历四十三年岁次乙卯孟秋之月二十有二日大雨中校内本清常道人"。该剧中"炳灵公"无疑为威雄将军、泰山神三郎。

如果从汉文文献记载看，"炳灵寺"可以解释为"神灵之寺"，无论在沿革上及相关习语中均可以找到佐证。刘再聪、李顺庆《"炳灵"为藏语之疑问》列举了许多：

> 唐人描述其远祖云："凉武昭王，朕十一代祖也。积德右地，炳灵中叶，奄有万国，兆先帝功，敬追尊为兴圣。"②

《文选》卷4晋左思《蜀都赋》记："近则江汉炳灵，世载其英。蔚若相

---

① 参见麻国钧：《中日韩蚩尤信仰与蚩尤演艺说略》，刘祯、朱前明主编：《梅山傩祭：中国湖南新化傩文化国际学术研讨会论文集》，北京时代华文书局2017年版，第238页。

② 《唐大诏令集》卷78。

如，皭若君平。"①自魏晋至唐，"炳灵"一词大量出现于各种文体中。如唐诗，杜甫《赠蜀僧闾丘师兄》："呜呼先博士，炳灵精气奔"②，温庭筠《过孔北海墓二十韵》："珪玉埋英气，山河孕炳灵"③。再后来，"炳灵"成为固定词语，被用于书中。《佩文韵府》"炳灵"条举例：

> 《奇书·太祖记》：天诞睿圣，河兵炳灵。
>
> 《水经注》：井络缠曜，江汉炳灵。
>
> 傅休《奕登铭》：晃晃华灯，含滋炳灵。
>
> 《幽通赋》：系高顼之玄胄兮，氏中叶之炳灵。
>
> 陆云《赠顾尚书诗》：五岳降神，死渎炳灵。
>
> 孙逖《别韦士曹序》：炳灵不测，潜得有孚。
>
> 颜真卿《郭子仪家庙碑》：炳灵敏粹，奕叶生贤。④

"炳灵"既可以誉山川、江河，也可以誉世间凡人，其中包括帝王、将相等。如《裴度中书令制》：

> 河东节度观察处置等使、开府仪同三司、太原尹，北都留守，上柱国、晋国公，食邑三千户、实封三百户裴度，星辰禀秀，山岳炳灵。⑤

《郑畋门下侍郎平章事依前都统制》：

---

① （梁）萧统编，（唐）李善注：《文选》，中华书局1977年版，第81页。
② 《全唐诗》卷219。
③ 《全唐诗》卷580。
④ （清）张玉书等编：《佩文韵府》卷24下，上海古籍出版社1983年版，第1235页。
⑤ 《唐大诏令集》卷49。

诸军四面行营都统，凤翔陇等州节度观察处置等使、开府仪同三司、检校司空、同中书门下平章事兼凤翔尹、上柱国、（荣）阳郡开国侯，食邑三千户郑畋，岳渎炳灵，星辰焕发。①

《宋史》卷480：

淮海国王钱俶，方岳炳灵。②

综上所述，不难看出永靖"炳灵寺"之名来历非凡，有着悠久的传承文脉，作为"神灵之寺"名副其实。"炳灵公"作为傩神，比较罕见，竟能在贵州道真和山西出现，它们之间肯定有着千丝万缕、一脉相承的联系。

---

① 《唐大诏令集》卷52。
② 《宋史》卷480。

# 神灵抑或妖邪

## ——蚩尤戏中蚩尤形象的接受

中央戏剧学院硕士研究生　　陈杰

在山东省阳谷县阚乡城和巨野县两地都有蚩尤陵，因涿鹿大战后蚩尤败于黄帝，被黄帝擒获，蚩尤戴着桎梏被押解到山西运城县南部[①]枭首分尸。阚乡城蚩尤陵因埋葬着蚩尤的头颅，被称为蚩尤首级冢，巨野县蚩尤陵因埋葬着蚩尤的肩臂，被称作蚩尤肩臂冢。死后被分尸的蚩尤仍然没有被葬在一处，而是被分别安葬在三个不同的地方，除了上述两个地方外，蚩尤还有一处陵墓位于现在的河北涿鹿。

蚩尤被分尸后并被葬于各处，这其中隐约透露出黄帝内心对蚩尤的恐惧与敬畏。据说黄帝战败炎帝只通过了三次战争，平定天下经历了五十二次战争，而战胜蚩尤却经历了七十一战。[②]从黄帝战败蚩尤的经过，可以看出黄帝战胜蚩尤的过程是多么的艰辛、痛苦和漫长，蚩尤虽败而亡，但却被后世奉为"战神"。面对如此强大的敌人，黄帝虽然已经擒获蚩尤并枭首分尸，但内心的余

---

① 山西运城县南部，蚩尤被黄帝杀后分尸的地方盐池，历史上很长时间称作"解州"，是三国时期关羽的故乡。

② 余秋雨：《爬脉梳络望远古——触摸黔东南（六）》，《当代贵州》2008年第7期。

悸仍在，为了确保天下的稳定和内心的安定，仅仅把蚩尤分尸分葬是不够的，还要把蚩尤邪魔化从而确保黄帝对天下的正统统治地位。

从政治文化层面对蚩尤的异化打压仍然不能阻挡民间对蚩尤的信仰，特别是在蚩尤的故乡黔东南和蚩尤曾经率领九夷部族活动和生活的地方"冀州"①。但在不同的地区，人们对蚩尤的接受和信仰也呈现出不同的特征，甚至呈现出截然相反的态度。通过蚩尤戏中蚩尤形象的呈现特征可以约略地体现出这种差别。

## 《黄帝战蚩尤》和《关公战蚩尤》

蚩尤作为远古时代的"战神"形象，早在秦朝，祭祀蚩尤、缅怀黄帝战蚩尤的祭祀便已经开始。据《史记·封禅书》载："始皇遂东游海上，行礼祠名山大川及八神，求仙人羡门之属。八神将自古而有之，或曰太公以来作之。齐所以为齐，以天齐也。其祀绝，莫知起时。"传说中蚩尤是"兽身人语，铜头铁额"（《龙鱼河图》），耳鬓如剑戟，头有角，人身牛蹄，四目六手（《述异志》），这些传说基本上勾画出了蚩尤的超凡形状。"蚩尤戏"应该是蚩尤族的舞蹈仪式，后世称为"蚩尤戏"，汉代又称"角抵戏"。任昉《述异志》载："冀州有乐，名'蚩尤戏'，其民两两三三，头戴牛角而相抵。汉造角抵戏，盖其遗制也。"汉代的角抵戏是蚩尤戏的发展，与蚩尤有关的戏剧形式基本上都是以武术、杂技、打斗的形式来体现，周代驱傩仪式中的扮饰表演为："方相氏，掌蒙熊皮，黄金四目，玄衣朱裳，执戈扬盾，帅百隶而时傩，以索室驱疫。"②现在关于方相氏的来源没有统一的说法，虽然有人认为方相氏与蚩尤有关，也有人认为没有多大关联，但有一点却得到了大家一致的看法，就是有

---

① 《坠形训》："正中冀州曰'中土'。"顾炎武《日知录》："古之天子常居冀州，后人因以冀州为中国之号。"

② （清）阮元校刻：《十三经注疏》（二），中华书局2009年版，第1838页。

方相氏的傩仪仪式可能与模拟黄帝与蚩尤的部落战争的场面有关。[①]在形式上如果说方相氏的驱傩仪式与蚩尤的关系不确且的话，那么汉代百戏中的"角抵戏"则是与蚩尤有明确的关系。"'角抵之戏'，广义的解释，是各类伎艺的相与竞赛；狭义的解释，则为两人角力（即今之摔跤）。"[②]从汉代角抵戏《东海黄公》的表现形式"人与虎相搏斗"可以清晰地看出其模拟的是一个战斗的场面。而由汉代的角抵戏到唐代的参军戏的衍变过程，在形式上，则是把武术、打斗的形式转换成了在语言上的讥讽和嘲弄，也即由"武斗"转变成了"文斗"。但是，角抵戏中的摔跤形式，在戏剧中仍然是有所体现的，比如元代杂剧《刘千病打独角牛》即是以打擂摔跤的武打形式来敷衍故事情节。

在形式上角抵戏、参军戏基本上都继承了打斗（包括言语上的调笑、戏谑）和武术，在内容上都各有所表现。但明代无名氏的杂剧《关云长大破蚩尤》则不仅在形式上沿袭了蚩尤戏的武斗，而且在故事中还让蚩尤亲自登场，并被关大王捉住斩杀。故事讲述寇准巡查山西，解州附近盐池干涸，周围禾苗焦枯，附近百姓不堪其苦，据说是远古蚩尤神灵因长久无人祭祀而作乱，于是，张天师派关羽擒拿蚩尤。在这个故事中，蚩尤不仅被描写成一个心胸狭窄、荼毒人民的妖邪，而且在山西解州（现代山西运城）民间人民接受中被改造成了妖魔形象。

蚩尤形象之所以在山西运城被妖邪化，一方面因为解州是关羽的故乡，在民间关公信仰深厚，对其他外来信仰排斥性强，另一方面是因为传说中蚩尤是在盐池傍被黄帝所杀，血染红了盐池。但在全国许多地方的傩戏里都有关羽捉妖、斩妖的节目，但被捉、被斩的妖魔，没有一个是蚩尤，而山西可能是在民间戏曲剧种里把蚩尤妖魔化的唯一省份。[③]

---

[①] 廖奔、刘彦君：《中国戏曲发展史》，山西教育出版社2000年版，第17页。
[②] 周贻白：《中国戏曲发展史纲要》，上海古籍出版社1979年版，第10页。
[③] 曲六乙：《蚩尤与蚩尤戏剧文化》，《教育文化论坛》2010年第3期。

据曲六乙先生的《蚩尤与蚩尤戏剧》，在晋北的赛戏、晋东南的队戏、晋南的铙鼓杂戏中都有《关公战蚩尤》的戏剧演出，关公战蚩尤是一个独特的地方传说，故事颇为荒谬。山西中部地区的寿阳至今都在演出一种艾社戏剧《黄帝战蚩尤》，在演出形态上有两个突出特征：其一，在表演形态上将武术与舞蹈融为一体，以舞蹈化的武术动作构成一场完整的黄帝攻打蚩尤的战役，其二，在演出内容上没有像《关公战蚩尤》一样将蚩尤妖邪化，而是表现黄帝用智谋打败蚩尤的经过。

在山西省的民间戏剧里，蚩尤是作为一个邪神的形象被妖邪化后才被接受的。即使在《黄帝战蚩尤》中，蚩尤也是作为一个被黄帝的智谋所战败的形象出现的，蚩尤已经失去了传说中充满智慧、勇武的战神形象。经过《黄帝战蚩尤》的改造，黄帝战胜蚩尤经历的艰苦而漫长的七十一战，已被演化成了黄帝一战或者几次战争就轻易地打败了人首兽身、钢头铁额的蚩尤。蚩尤在山西民间戏剧的呈现中，已经变成了妖邪或一个普通的凡人形象被民众认识和接受。

## 仡佬族傩坛戏《收蚩尤》和湘西苗族蚩尤戏

与山西民间戏剧中的蚩尤形象不同，贵州道真仡佬族傩坛戏《收蚩尤》则是巫师在外坛法事表演的主要节目。其故事主要讲述，黄帝战败炎帝后，将自己的九个儿子分封到天下九州进行管辖，而蚩尤因没有封地而要率兵造反，向黄帝索要封地。为了向黄帝争夺生存空间和领地而发动战争，黄帝派白简征讨，蚩尤施用五色神火、神烟在北海烧死白简，黄帝亲率九个儿子征讨，才杀掉蚩尤，并在蚩尤死后，定下祭日，悼念他。

在仡佬族傩坛戏《收蚩尤》中，认为蚩尤的造反，是为了给自己的部族争夺生存空间，完全正当。而黄帝也是一个具有同情心和慈善心肠的人，在蚩尤死后，定下祭日纪念他，在悼念蚩尤的祭日里，妇女不出嫁、不梳头以示纪念。

图1　贵州省道真自治县中国傩城中的蚩尤像

图2　山东省阳谷县阚乡城蚩尤陵中的蚩尤像

　　蚩尤形象在仡佬族傩坛戏《收蚩尤》中，已经褪去了神灵或者邪神的形象，而变成了一个敢于为民请命并率领部族人民为争夺生存空间而战的英雄形象。就连杀掉蚩尤的黄帝也是一个仁慈、善良的君主，虽然蚩尤造反按法当杀，但其造反是因为本部族的人民没有生活领地所致，在情感上是可以原谅和尊重的，所以在蚩尤死后黄帝设立了专门的祭日来纪念他。从《收蚩尤》中的黄帝和蚩尤形象可以看出仡佬族人民对蚩尤和黄帝是以调和者的中立态度来接受的，而蚩尤形象也在接受的过程中从"战神"的神坛走到了凡间，成为一个敢于反抗不公平政治统治的英雄人物。

　　根据曲六乙先生的《蚩尤与蚩尤戏剧文化》，在湖南湘西苗族、土家族自治州的苗族聚集区，有原始祭祀仪式剧，有苗族巫师做法事，驱赶伤亡鬼、战伤鬼、难产鬼、落水鬼与家中活人隔开。苗族巫师在做法事时，头戴生铁制作的三脚炊具，这三只脚一说象征着蚩尤头上的装饰物牛角，一说代表着"蚩"字头上的山。苗巫装扮成蚩尤形象做法事，驱除疫病鬼祟，佑护人民，并且苗族有把蚩尤视为祖先的传统。蚩尤形象在苗族民间的信仰中是作为傩神或祖先神出现的。他们把蚩尤或者象征蚩尤的一切形象看作吉祥的象征。

在南方特别是西南少数民族聚集地区，蚩尤被视为神灵形象接受，这与山西民间戏剧里把蚩尤视为邪祟形象接受是完全不同的。从各个地区民间对蚩尤形象的改造和接受中，可以发现蚩尤形象从上古神话到历史现状中衍变的迹象，也可以透露出蚩尤形象被各地人民改造后并被接受的不同特征。

蚩尤是一个非常丰富和复杂的形象，关于蚩尤的传说，历来众说纷纭，莫衷一是。对于蚩尤的信仰与崇拜不仅分布在中国的黔东南、古冀州所在地，还越过海峡，远及日本、韩国。据山东省阳谷县阚乡城蚩尤陵的工作人员介绍，每年阴历的十月初一，都有一些韩国人和日本人前来蚩尤陵祭拜，并追荐蚩尤是他们的祖先神。想必蚩尤在日、韩人民的心目中已经成为一位具有超凡能力的神灵。

# 论中国傩舞的发展、表演形态与美学特征

上海师范大学　朱恒夫

　　傩文化的主要表现形式是傩仪、傩舞、傩歌与傩戏，而在这四种形式中，傩舞是最为重要的。因为无论是傩仪、傩歌，还是傩戏，都需要傩舞来支撑。倘若没有了傩舞，行傩活动就无法进行。换句话说，舞蹈是行傩内容中最显目也是最主要的形态。故而，许多地方称呼行傩活动为"跳傩"，或者更具体地名之为"跳神""跳马""跳虎""跳阴灯""跳新春""跳鹿神""跳八仙""跳於菟""跳欠""跳魁"等，前置一个动词"跳"字，真是把握住了行傩活动的形式特质。更何况傩舞是早期傩仪的主体内容，早于傩歌和傩戏。然而，在傩文化的研究中，尽管有些学者对某一个地方的傩舞进行过描述与评析，但没有将之放在整个傩文化的发展过程中与傩文化的背景上进行考察，以致人们至今也不能对中国的傩舞有一个整体性的认识。笔者不揣谫陋，尝试着做这项补缺性的工作。

## 一　傩舞的发展历程

　　傩起始于何时？因年代久远与资料缺失，我们已无法弄清楚这个问题了，但是，据现存的早期有关傩的资料，我们可以做这样的判断："傩"在肇始之时，舞蹈就是它的主要表现形态。《论语·乡党》云："乡人傩，朝服而立于阼阶。"魏何晏注曰："孔曰：'傩，驱逐疫鬼。恐惊先祖，故朝服而立于庙之阼

阶。'"①之后，郑玄、朱熹等人的注释大抵承继何说。既然行傩之人是经过孔子家庙的，那么，其活动就不是固定在一个场所，而是在行走之中进行的，这也就让我们明白驱傩何以又叫作"行傩"了。但不可能始终在"走"的状态中，索室驱疫，就不会是"走"着的，至少在人家的室内是不会走着的，但无论是行进在路上，还是在人家的庭院室内，都不会是平常的"走路"形式，而是以舞蹈的形态"跳"着的。乡人傩是这样，都城中之国人傩、天子傩、大傩也是如此。《吕氏春秋·国人傩》曰："季春之月，国人傩，九门磔禳，以毕春气。"高诱注曰："命国人傩，索宫中区隅幽暗之处，击鼓大呼，驱逐不祥，如今之正岁逐除是也。"②击鼓声、叫喊声，伴随着舞蹈，形成一个让鬼祟无处躲匿的气势。乡人傩的舞蹈者大概就是普通的乡民，而在都城之中的驱傩者，则较为专业，并有一定的装扮。《周礼·夏官》曰："方相氏，掌蒙熊皮，黄金四目，玄衣朱裳，执戈扬盾，帅百隶而时傩，以索室殴（驱）疫。"③我们说驱傩是用跳舞的方式行进的，亦可以从留传于后世的行傩形态得以证实：

> 八九月，各村多延师巫、鬼童，于社坛前赛社，谓之"还年例"，又谓之"跳岭头"。
>
> 其装演则如黄金四目、执戈扬盾之制，先于社前跳跃以遍，始入室驱邪疫瘴疠，亦古乡傩之遗意也。④

"跳跃以遍"，舞蹈是也，又如江西萍乡的春日：

---

① （清）阮元：《论语注疏》卷十，上海古籍出版社1997年版，第2495页。

② （秦）吕不韦辑，（清）毕沅辑校：《吕氏春秋》卷三，中华书局1991年版，第96页。

③ （汉）郑玄注，（唐）贾公彦疏：《周礼注疏》卷三十一，上海古籍出版社1990年版，第474页。

④ 灵山县志编纂委员会编：《灵山县志》，转引自《中国地方志民俗资料汇编·中南卷》卷三十一，书目文献出版社1977年版，第1077页。

爆竹声中杂钲鼓，索室驱疫俗犹古。何人朝服立阼阶，朱裳空见沿门舞。诸君休笑蒙熊皮，当官面具是耶非。①

该诗明确地说行傩的表现形式是"沿门舞"。

傩形成之初的功能是驱鬼逐疫，驱傩的主体是装扮成方相氏和侲子的人，一年举行三次，即季春、仲秋和季冬。但是，后来渐渐与祭神、乐神的巫教合流，不但功能增多，仪程增加，更大的不同是，因行傩之人多为职业或半职业的巫师，而巫师的本领之一就是用乐舞娱神，所以，合流后的行傩活动，舞蹈得到了大大的强化。这从留存至今的丰富的摹写古代舞蹈的文物中能够得到证实，如在甘肃秦安大地湾仰韶文化遗址中有一幅地画祭祀舞蹈图，画中两人正在为死去的先祖跳舞，以让先祖的灵魂得到一个好的归宿。②地处广西崇左市左江及其支流明江流域的花山岩画，其一幅幅由许多人正在舞蹈的画面，应是盛大的祭祀活动场景的摹写。

留名于后世的"六代之舞"，大概都是巫师们表演的祭祀性舞蹈，如祭祀天神的黄帝时代的《云门》《大卷》，祭祀地祇的陶尧时代的《大咸》，祭祀四望的虞舜时代的《大韶》，祭祀山川的大禹时代的《大夏》，祭祀考妣的商汤时代的《大濩》，以享先祖的周武王时代的《大武》等。这些舞蹈在表演时，既可以看作是祭礼的表现形态，也可以看作是傩礼的表现形态。至于其他的祭祀性舞蹈如《葛天氏之乐》也具有傩舞的性质。

在傩巫合流之时，承袭古傩礼制的纯粹的驱傩活动依然存在，不过，它渐渐地发生了变化，如汉代宫廷中的大傩就不同于先秦：

---

① 参见毛礼镁：《江西傩及目连戏》，中国戏剧出版社2004年版，第37页。

② 参见宋兆麟：《室内地画与迁葬风俗——大地湾地画考释》，河南省考古学会编：《论仰韶文化——纪念仰韶村遗址发现六十五周年学术讨论会论文集》，1986年，第159—165页。

《礼仪志》：季冬之月，星回岁终，阴阳以交，劳农大享腊。先腊一日，大傩，谓之逐疫。其仪：选中黄门子弟十岁以上，十二以下，百二十人为侲子，皆赤帻皂制，执大鼗。方相氏黄金四目，蒙熊皮，玄衣朱裳，执戈扬盾。十二兽有衣毛角。中黄门行之，冗从仆射将之，以逐恶鬼于禁中。夜漏上水，朝臣会，侍中、尚书、御史、谒者、虎贲、羽林郎将执事，皆赤帻陛卫。乘舆御前殿。黄门令奏曰："侲子备，请逐疫。"

于是中黄门倡，侲子和，曰："甲作食䢲，胇胃食虎，雄伯食魅，腾简食不祥，揽诸食咎，伯奇食梦，强梁、祖明共食磔死寄生，委随食观，错断食巨，穷奇、腾根共食蛊。凡使十二神追恶凶，赫女躯，拉女干，节解女肉，抽女肺肠。女不急去，后者为粮！"因作方相与十二兽舞。欢呼，周遍前后省三过，持炬火，送疫出端门；门外驺骑传炬出宫，司马阙门门外五营骑士传火弃雒水中。百官官府各以木面兽能为傩人师讫，设桃梗、郁櫑、苇茭毕，执事陛者罢。苇戟、桃杖以赐公、卿、将军、特侯、诸侯云。①

如果说先秦之前的"大傩"，主要舞者是方相氏的话，那么，汉时大傩的舞者中则添加了"十二兽"——甲作、胇胃、雄伯、腾简、揽诸、伯奇、强梁、祖明、委随、错断、穷奇、腾根，不仅如此，舞蹈者之间还有唱和，有时还演述"追恶凶，赫女躯，拉女干，节解女肉，抽女肺肠"的情节。今日云南哀牢山及其邻近地区的彝族巫师们所跳的祭祀舞"十二兽舞"或许就是汉代大傩中"十二兽舞"的遗存。这条资料对于傩舞有着特别的意义，因为在现存典籍中，是它第一次明确地说"因作方相与十二兽舞"。

据张衡《东京赋》的描述，汉代的傩事，在保持着驱傩功能的前提下，增强了艺术的表演成分，增加了舞者，添加了舞者手持的道具，美化了舞者的

---

① （南朝宋）范晔：《后汉书·志第五·礼仪中》，中华书局2012年版，第2519页。

服饰，丰富了舞蹈的内容，强化了演出的效果："尔乃卒岁大傩，殴（驱）除群厉。方相秉钺，巫觋操茢。侲子万童，丹首玄制。桃弧棘矢，所发无臬。飞砾雨散，刚瘅必毙。煌火驰而星流，逐赤疫于四裔。然后凌天池，绝飞梁。捎魑魅，斮獝狂。斩蜲蛇，脑方良。囚耕父于清泠，溺女魃于神潢。残夔魖与罔像，殪野仲而歼游光。八灵为之震慑，况魑蛊与毕方。度朔作梗，守以郁垒。神荼副焉，对操索苇。目察区陬，司执遗鬼。京室密清，罔有不虔。"①

至南北朝时，行傩活动无论在宫廷，还是在民间，都有了变异的形态。如北魏高宗和平三年十二月：

> 以为节度。其步兵所衣，青赤黄黑，别为部队。盾槊矛戟，相次周回转易，以相赴就。有飞龙腾蛇之变，为函箱鱼鳞四门之陈，凡十余法。骢起前却，莫不应节。陈毕，南北二军皆鸣鼓角，众尽大噪，各令骑将六人去来挑战，步兵更进退以相拒击。南败北捷，以为盛观。自后踵以为常。②

学界将此视为"军傩"之始。舞者不再是方相氏、侲子、十二兽等，而是步兵和骑兵的两支部队；舞蹈的动作也不是驱鬼逐疫的动作，而是两军用盾槊矛戟打仗的动作。尽管在高宗之后的北魏时代，大傩改成"耀兵示武"并"踵以为常"，但将此置于整个傩文化史来看，仍属于一时的"变异"形态，后代并没有因袭其制。即如北齐之大傩，就没有承继北魏："齐制：季冬晦，选乐人子弟十岁以上、十二岁以下为侲子，合二百四十人。一百二十人，赤帻、皂褠衣，执鼗。一百二十人，赤布裤褶，执鞭角。方相氏黄金四目，熊皮蒙首，玄衣朱裳，执戈扬盾。又作穷奇、祖明之类，凡十二兽，皆有毛角。鼓

---

① （东汉）张衡：《东京赋》，（梁）萧统：《昭明文选》卷三，中华书局1990年版，第44—45页。
② （北齐）魏收：《魏书》卷一〇八，中华书局1974年版，第2810页。

吹令率之，中黄门行之，冗从仆射将之，以逐恶鬼于禁中。其日戊夜三唱，开诸里门，傩者各集，被服器仗以待事。戊夜四唱，开诸城门，二卫皆严。上水一刻，皇帝常服，即御座。王公执事官第一品已下、从六品已上，陪列预观。傩者鼓噪，入殿西门，遍于禁内。分出二上阁，作方相与十二兽舞戏，喧呼周遍，前后鼓噪。出殿南门，分为六道，出于郭外。"①不过，也有些微的变化，如将侲子分为服饰不同的两队，并有"三唱""四唱"的仪程。

在南朝梁代，"乡人傩"和过去有所不同："十二月八日为腊日，谚语'腊鼓鸣，春草生'，村人并击细腰鼓，戴胡头，乃作金刚力士以逐疫。"②这显然是将民间的鼓舞和西域乃至佛教的表演艺术融了进来。

由《隋书》《旧唐书》《新唐书》等文献的记载来看，隋唐的行傩内容大体同于汉代，如孙颁《春傩赋》所述："……命方相氏出傩百神，丹首缠裳，辫发文身。枞金鼓以腾跃，执戈矛以逡巡。驱赤役于四裔，保皇家于万人。斯乃卒岁之傩也，岂比夫抑而毕春？……春傩高门，载驰载驱。玉以制容，金以饰途。流声教以布濩，乃洋溢于天衢。既而阴阳交和，庶物时育。氛氲将扫，祥光可掬。绥我眉寿，介尔景福……"③和之前有所不同的是，行傩遍及州县，盛行于民间。马氏《文献通考》对《新唐书》卷十六"礼乐志"诠注曰："令以下皆服平巾帻袴褶。州县傩，方相四人，执戈楯，唱率四人。侲子、都督，及上州六十人，中下州四十人，县皆二十侲人。方相、唱率，县皆二人，皆以杂职差之。其侲子，取人年十五以下、十三以上充之。又杂职八人，四人执鼓鼗，四人执戈鞭，今以小戟也。"④这说明州县都有行驱傩活动，已成定制。柳彧在其奏疏《禁绝诸邑角抵戏》中描述道："窃见京邑，爰及外州，每以正月望夜，充街塞陌，聚戏朋游。鸣鼓聒天，燎炬照地，人戴兽面，男为女服，

① （唐）魏征：《隋书》卷八，中华书局1973年版，第169页。
② （南朝梁）宗懔：《荆楚岁时记》，中华书局1991年版，第15页。
③ （唐）孙颁：《春傩赋》，（宋）李昉：《文苑英华》卷二十二，中华书局1966年版，第103页。
④ （元）马端临：《文献通考》卷八十八，中华书局1986年版，第806页。

倡优杂技，诡状异形。"①这里的"角抵戏"是装扮表演的概称，而由表演之时间和"人戴兽面"来判断，即是驱傩的表演。彼时的行傩表演活动不仅在公共场合中举行，一些家庭也会做相当规模的表演，韩愈的《送穷文》中有这样的记载："元和六年正月乙丑晦，主人使奴星结柳作车，缚草为船，载糗舆粮，牛系轭下，引帆上樯，三揖穷鬼而告之曰：'……凡此五鬼，为吾五患，饥我寒我，兴讹造讪，能使我迷，人莫能间。朝悔其行，暮已复然。蝇营狗苟，驱去复还……'言未毕，五鬼相与张眼吐舌，跳踉偃仆，抵掌顿脚。"②其五鬼分别为"智穷鬼""学穷鬼""文穷鬼""命穷鬼"和"交穷鬼"，"跳踉偃仆，抵掌顿脚"是其舞蹈的形态。

宋代是戏曲（此时的形式为杂剧）形成的时代，所以，其行傩活动深受杂剧表演的影响。孟元老《东京梦华录·除夕》记载："至除日，禁中呈大傩仪，并用皇城亲事官、诸班直戴假面，绣画色衣，执金枪龙旗。教坊使孟景初身品魁伟，贯全副金镀铜甲，装将军。用镇殿将军二人，亦介胄，装门神。教坊南河炭丑恶魁肥，装判官。又装钟馗小妹、土地、灶神之类，共千余人，自禁中驱祟，出南薰门外转龙湾，谓之'埋祟'而罢。"③不再用方相氏、侲子、十二兽，而是用教坊的演员扮演将军、判官、钟馗等，即使是真将军，也是按照演剧的要求，装扮成驱傩活动需要的角色。这是将杂剧表演艺术运用到除夕的行傩活动中，而在平日，则是把行傩的表演艺术运用到杂剧之中。《东京梦华录》对此亦有更详细的记载："驾登宝津楼，诸军百戏，呈于楼下。……忽作一声如霹雳，谓之'爆仗'，则蛮牌者引退。烟火大起，有假面披发，口吐狼牙烟火如鬼神状者上场。着青帖金花短后之衣，帖金皂裤，跣足，携大铜锣随身，步舞而进退，谓之'抱锣'。绕场数遭，或就地放烟火之

---

① （唐）魏征：《隋书》卷六十二，中华书局1973年版，第1483页。
② （唐）韩愈：《韩昌黎全集》卷三十六，中图书店1991年版，第434—435页。
③ （宋）孟元老撰，伊永文笺注：《东京梦华录笺注》，中华书局2006年版，第958页。

类。又一声爆仗，乐部动【拜新月慢】曲，有面涂青绿，戴面具金睛，饰以豹皮锦绣看带之类，谓之'硬鬼'。或执刀斧，或执杵棒之类，作脚步蘸立，为驱捉视听之状。又爆仗一声，有假面长髯展裹绿袍靴简如钟馗像者，傍一人以小锣相招和舞步，谓之'舞判'。继有二三瘦瘠，以粉涂身，金睛白面，如髑髅状，系锦绣围肚看带，手执软仗，各作魁谐趋跄，举止若排戏，谓之'哑杂剧'。又爆仗响，有烟火就涌出，人面不相睹，烟中有七人，皆披发文身，着青纱短后之衣，锦绣围肚看带，内一人金花小帽，执白旗，余皆头巾，执真刀，互相格斗击刺，作破面剖心之势，谓之'七圣刀'。忽有爆仗响，又复烟火出。散处以青幕围绕，列数十辈，皆假面异服，如祠庙中神鬼塑像，谓之'歇帐'。又爆仗响，卷退。次有一人击小铜锣，引百余人，或巾裹，或双髻，各着杂色半臂，围肚看带，以黄白粉涂其面，谓之'抹跄'。各执木棹刀一口，成行列，击锣者指呼各拜舞起居毕，喝喊变阵子数次，成一字阵，两两出阵格斗，作夺刀击刺之态百端讫，一人弃刀在地，就地掷身，背着地有声，谓之'扳落'。……后部乐作，诸军缴队杂剧一段，继而露台弟子杂剧一段。"[1]这些装神弄鬼的表演，没有多少歌唱与宾白，有的则是没有一句唱或白的"哑杂剧"，因而，其内容基本上是由舞蹈构成的。陆游曾对民间的傩舞做过这样的描述："击鼓坎坎，吹笙呜呜，绿袍槐简立老巫，红衫绣裙舞小姑。乌白烛明蜡不如，鲤鱼糁美出神厨。老巫前致词，小姑抱酒壶。愿神来享常欢娱，使我嘉谷收连车。牛羊暮归塞门间，鸡鹜一母生百雏。岁岁赐粟，年年蠲租。蒲鞭不施，圜土空虚。束草作官但形模，刻木为吏无文书。"[2]这一行傩表演的班社至少有四人：击鼓者、吹笙者、老巫、小姑，表演的时间是在晚上，地点当在农家，舞蹈者穿红着绿。行傩的目的是祈求神灵保佑农人，让他们五谷丰登、六畜兴旺、社会清明、生活安宁。

---

① （宋）孟元老撰，伊永文笺注：《东京梦华录笺注》，中华书局2006年版，第686—688页。
② （宋）陆游著，钱仲联点校：《赛神曲》，《剑南诗稿》，岳麓书社1988年版，第678页。

尽管元代的史籍对于傩祭没有多少记载，但因驱傩活动已经成了一个礼制和风俗，就不会轻易地被改变。汉族的乡民自然会奉行此风俗，元末长兴人沈贞的《乐神曲》（七首）序中说："《乐神曲》者，拟《楚辞·九歌》而作也。吴人尚鬼，祀必以巫觋迎送，舞歌登献，其辞褒嫚，禳灾徼福，不知其分，滋黩甚矣。"其《乡厉》云："雄何为兮厉于乡，祀有时兮享有尝。赭白马兮青盖，明而没兮晦而在。屏方相兮去傩，神巫进兮舞且歌。雄欣欣兮远逝，不水旱兮不疵厉，乐吾民兮世世。"其《青苗神》云："两旗兮分张，舞轻风兮悠扬。神之司兮我疆，原田每每兮立我青秧。不稂不莠兮无蟊无蚜。时雨兮时旸，俾百谷兮登场。维神兮降康，报之兮肴蒸腯羊。"①又元代高邮人龚璛在《中山夜游图》中写道："岁云暮矣索鬼神，九首山人生怒嗔。猎取群妖如猎犬，驱傩归去作新春。"②元末陶安《岁暮即事》则云："街衢击鼓驱傩出，却喜邦民共乐康。"③就是蒙古族的皇室，也没有废除行傩风俗。张昱《辇下曲》云："三宫除夜例驱傩，遍洒巫臣马湩多。举烛小儿相哄出，卫兵环视莫如何。"④朝廷大臣耶律铸坚信行傩的功效："毕方魖蜮避时傩，便觉祈禳气象和。"⑤当然，元代的宫廷行傩可能没有汉人那样隆重与合乎仪轨，邱濬曾批评说："元人至，遣西蕃僧入宫持咒。每岁元正，命所谓佛子者张白伞盖，遍游都城，此何理也？"⑥

明清两代，朝野傩仪如旧，如天启间蒋之翘《天启宫词》云："传火千门晓未销，黄金四目植鸡翘。执戈侲子空驰骤，不逐人妖逐鬼妖。"⑦这是宫廷

---

① （清）沈德潜：《明诗别裁集》卷三，中华书局1975年版，第30页。

② （清）龚璛：《中山夜游图》，《存悔斋稿》，《文渊阁四库全书》（第1199册），第352页。

③ （元）陶安：《岁暮即事》，《陶学士集》卷之五，《文渊阁四库全书》，第636页。

④ （元）张昱：《辇下曲》，《可闲老人集》卷二，《文渊阁四库全书》（第1222册），第539—540页。

⑤ （元）耶律铸：《傩毕酌吟醉斋》，《双溪醉隐集》卷五，《文渊阁四库全书》（第1199册），第459页。

⑥ （明）邱濬：《大学衍义补》卷六十四，《文渊阁四库全书》（第712册），第742页。

⑦ （明）蒋之翘：《天启宫词》，《学海类编》，广陵书社2007年版，第1311页。

的驱傩，而民间除了传统的除夕、正月等时间之外，在祈禳、许愿、还愿时，都会请巫师行傩跳舞，此风至迟在清代中叶，遍及全国。《清史稿》描写东北跳神风俗云：

满洲俗尚跳神，其仪：内室供神牌，或用木龛，室正中、西北龛各一。凡室南向北向，以西方为上；东向西向，以南方为上：颇与《礼经》合。南龛下悬帘幕，黄云缎为之。北龛上置杌，杌下陈香盘三，木为之。春、秋择日致祭，谓为"跳神"。前一月，造酒神房。前三日，朝暮献牲各二，名曰乌云，即引祀也。前一日，神前供打糕各九盘，以为散献。大祀日，五鼓献糕，主人吉服向西跪，设神幄向东，中设如来、观音神位。

女巫舞刀祝曰："敬献糕饵，以祈康年。"主人跪击神版，诸护卫亦击，并弹弦、筝、月琴和之，其声呜呜然。巫歌毕，主人一叩，兴。司香妇请神出。户牖西设龛，南向奉之。司俎者呼"进牲"，牲入，主人跪，家人皆跪。巫者前致辞，以酒灌牲耳，牲耳聒，司俎高声曰："神已领牲。"主人叩谢。庖人刲牲，熟而荐之。主人再拜谒，巫致辞。

主人叩毕，巫以系马吉帛进，祝如仪。主人跪领帛，以授司牧，一叩，兴。乃集宗人食胙肉，令毋出户庭。其夕供七仙女、长白山神、远祖、始祖，位西南向。以神幙蔽窗牖，舞刀进牲致祝如朝仪。唯伐铜鼓作渊渊声，主家亦击手鼓、架鼓，以铜鼓声为应。诵益急，跳益甚。礼成，众受福。次早设位庭院前，位北向，主人吉服如仪。用男巫致辞毕，洒以米，趋退。主人叩拜。牲肉皆刲为菹醢，和稻米以进。名曰祭天还原。又明日，神位前祈福，供饼饵，缀五色缕。祝辞毕，以缕系主人胸，谓之受福。三日祭乃毕。

长白满洲旧族近兴京城者，祀典礼仪皆同。唯舒穆禄氏供昊天上帝、如来、菩萨诸像，又供貂神其侧。纳兰氏则供羊、鸡、鱼、鸭诸品，巫者身系铜铃跳舞，以铃坠为宜男兆。蒙古跳神用羊、酒，辉和跳神以一

> 人介胄持弓矢坐墙堵，盖先世有劫祀者，故豫使人防之，因沿为制。跳
> 神之举，清初盛行，其诵祝辞者曰萨吗，迄嘉庆时，罕用萨吗跳神者，
> 然其祭固未尝废也。[①]

　　"萨吗"就是"萨满"，其行傩跳神时，不仅需要摆放神灵的牌位、敬奉供品，还需要事主的参与配合，甚至让事主敲击手鼓、架鼓。巫者跳舞时的道具主要是刀和铜铃。由祭祀的神灵来看，显然接受了佛教的影响。

　　"跳神"活动在清代是极为普遍的，且舞蹈的形态也很相似。蒲松龄在《聊斋志异·跳神》中就介绍了山东的情况："济俗：民间有病者，闺中以神卜。倩老巫击铁环单面鼓，婆娑作态，名曰'跳神'。而此俗都中尤盛。良家少妇，时自为之。堂中肉于案，酒于盆，甚设几上。烧巨烛，明于昼。妇束短幅裙，屈一足，作'商羊舞'。两人捉臂，左右扶掖之。妇刺刺琐絮，似歌，又似祝；字多寡参差，无律无腔。室数鼓乱挝如雷，蓬蓬聒人耳。妇吻辟翕，杂鼓声，不甚辨了。既而首垂，目斜睨；立全须人，失扶则仆。旋忽伸颈巨跃，离地尺有咫。室中诸女子，凛然愕顾曰：'祖宗来吃食矣。'便一嘘，吹灯灭，内外冥黑。人慄息立暗中，无敢交一语；语亦不得闻，鼓声乱也。食顷，闻妇厉声呼翁姑及夫嫂小字，始共爇烛，伛偻问休咎。视樽中、盎中、案中，都复空空。望颜色，察嗔喜。肃肃罗问之，答若响。中有腹诽者，神已知，便指某：'姗笑我，大不敬，将褫汝裤。'诽者自顾，莹然已裸，辄于门外树头觅得之。"蒲松龄可能从闯关东的乡亲口中得知东北的萨满傩俗，便缀记于后："满洲妇女，奉事尤虔。小有疑，必以决。时严妆，骑假虎、假马，执长兵，舞榻上，名曰'跳虎神'。马虎势作威怒，尸者声伧伧。或言关、张、玄坛，不一号。赫气惨凛，尤能畏怖人。有丈夫穴窗来窥，辄被长兵破窗刺帽，挑入

---

① 赵尔巽等撰：《清史稿》卷八十五，中华书局1976年版，第2571页。

去。一家媪媳姊若妹，森森蹯蹯，雁行立，无歧念，无懈骨。"①"骑假虎、假马，执长兵"，其舞蹈显然反映了游牧民族的生活特性。

清人范兴荣阅读了《聊斋志异》之后，"因忆吾乡，此风尤甚。始犹市井为之，暨至今，虽诗书门第，亦有行之者。其俗每冬十二月，延巫者十余人于家，总谓之'庆神'。……陈设既毕，老巫以纸钱一握，簪其首，先揖主翁，次揖宾客，次揖诸弟子，然后击铁环单面鼓，摇铃登场。鼓渊渊，锣闻闻，身曲折如杨柳扬风，头动摇似花枝弄影。狮蹲虎拜，参谒四方，谓之'净坛'。既而纵声高唱，节短音长。溯源流则支分派别，吊古昔则室迩人远。一切仙佛，按图呼告，谓之'请神'。"②像这样的记载，清代的文人笔记、州县方志，可谓比比皆是。

近代以来，尽管受战争、社会制度、意识形态的影响，行傩跳神的活动没有像过去那样繁多，人们对巫傩能力的迷信程度也有所减弱，但是，行傩中的舞蹈却得到了保护与发展。它们或者随着傩戏的戏曲化而保存在地方戏中，或独立出来成为民间舞蹈的节目，或为杂技、武术等表演艺术所吸收。

纵观傩舞的发展史，可以得知，傩舞是和整个驱傩活动相生相伴的。它在初始之时，王宫的舞者大概为临时装扮成方相氏和侲子的宫中优伶甚或是太监、侍卫，而"乡人傩"的舞者则应是普通的乡民。在傩巫合流之后，舞者则多半是巫觋，当然，在道教浸淫行傩活动之后，道士也跳起了傩舞。由于宫廷人力、财力资源丰富，所以，规模宏大、仪程繁杂的"大傩"皆是王室所为，但就是宫中的大傩，其舞蹈节目和伴舞的音乐曲目的数量，也是经历了由少到多、由简到繁的过程。因汉代重视典章礼制的建设，傩礼也得到了完善与强化。直到封建帝制结束，从魏晋南北朝至清朝末年，大体上都仿照汉代的傩礼制度而行傩，只是在北魏与两宋时，有所变异。北魏将之改造成军队的武装演

① （清）蒲松龄：《聊斋志异》卷六，华夏出版社2013年版，第325页。
② （清）范兴荣撰，王天海注：《唉影集注译》，贵州人民出版社2001年版，第1页。

习，两宋则将行傩戏剧化。然而，不论如何变化，舞蹈始终是整个行傩活动的主要内容。明清两代，尤其是清中叶之后，行傩活动在民间遍地开花，边疆海陬，山区平原，人们除了传统的驱鬼逐邪的目的外，求子、求财、求官、求学、求婚、求五谷丰收、求六畜兴旺等，都会请巫觋跳神。故而，傩舞成了传播面最广、受众最多、演出频率最高的一个舞种。

## 二　现时主要傩舞与表演形态

任何一个驱傩活动，都少不了傩舞，所以，现存的诸傩种都有傩舞。但是，在不同的傩种中，傩舞的地位和作用是不一样的，这主要看傩舞在整个行傩表演的仪程中所占比例的大小。根据这个标准，衡量现存的26个傩种，地位较高、作用较大、特色鲜明的傩舞有下列10个。

### （一）南丰傩舞

南丰县隶属江西省，其行傩历史悠久，傩班较多，参与的百姓数量较大。当地俗称行傩活动为"跳傩"，或称"跳竹马""跳和合""跳狮子""跳八仙"等。其表演极少歌唱和戏剧，主要形式就是舞蹈。舞蹈节目有七八十个，可分为仪式舞和颂神舞两大类。仪式舞有"搜傩""搜间""搜除""装跳"等，颂神舞有《开山》《魁星》《财神》《杨戬》《哪吒》《雷公》《钟馗》《二郎发弓》《金刚》《判官》《关平对刀》《双伯郎》《傩公傩婆》等。仪式舞的内容一般是请神、娱神、求佑、驱邪、逐祟、送神等，以实现行傩之目的。如"搜傩"，有钟馗、开山、小神三个角色，开始依次立于门外，随着炮声，一一地进入室内，持铁链进行舞蹈，最后呈捉住鬼祟状。如果说仪式舞是构建行傩活动的骨架的话，那么，颂神舞就是附着在骨架上的血肉。颂神舞的作用有两个，即介绍所请之神的来历和张扬该神的本领。如《开山》的舞蹈，是"搜傩"仪式舞开始时演出的节目。"开山"之神相当于古傩中的方相氏，为诸神之首，他红眉金目，额佩铜镜，身形魁梧，手持钺斧，以灵活的动作向四面八方砍劈。其舞蹈由狮子开口、踩跳步、单击鼓、金钱舀水、插钺、双击鼓、牛眼睛、磨钺、推开门等系列动作组成，[①]刚劲豪迈，英气逼人，有一种所向无敌的气势，让人相信此神能够斩杀一切凶煞恶鬼。再如《傩公傩婆》，许多傩班将此节目置于仪式舞"解傩"之中。傩公是一个老头，傩婆是一个少妇，他们出场时，傩公拄着手杖，摇着折扇；傩婆则拿着手绢，抱着傩仔。夫妇俩做出许多亲昵的动作，还一同照顾着傩仔。舞蹈表现了他们喜得贵子与疼子、娱子的欢乐。这个舞蹈节目旨在告知人们傩公傩婆是送子之神，演出此节目能满足人们治好不育症与祈求多子多孙的愿望。除了仪式舞、颂神舞之外，南丰傩中还有"竹马舞""八仙舞""和合舞"等杂傩舞等。

### （二）贵池傩舞

贵池在安徽境内，傩风盛行，有"无傩不成村"之说。而在其行傩活动中，傩舞占据着显目的地位。至今仍存在着近30个节目，如《舞伞》《打赤鸟》《舞回回》《舞古老钱》《滚球灯》《舞财神》《魁星点斗》《跳土地》《踩马》《舞狮》《钟馗捉小鬼》《搓香花》《和尚采花》《跳土地公婆》《花关索战鲍三娘》《舞刀》《舞和合》《跳吉妈妈》《舞芭蕉扇》《舞鞑子》《打铁》《假秀才》《打方板》《刘海戏金蟾》《杀关》《跳五猖》《舞旗》等。这些节目，在不同的时间、不同的场合、不同功能的行傩活动中，舞蹈的表演方式是不一样的。归纳起来，大概有三种：一是与傩戏搭配演出，置于傩戏之前或之后；一种是和傩仪相组合，在仪式进行中插进舞蹈节目；第三种是仪式的一部分，这些节目内容一般都是颂神的。在大多数行傩活动中，只跳傩舞而不演或少演傩戏。每一个节目都有着或邀神祈福或驱鬼逐祟的作用，即如大多数傩班都会演出的《舞伞》，就不是一个普通的舞蹈节目，而是蕴含着丰富的意义：伞是天穹的模拟，是众神居住之所，所以，代表着神祇的面具抬到哪里，伞就要跟到那里；伞是神灵上天下地的阶梯，故而迎神送神都不能缺少这样的交通工具；伞是男根的象征，舞伞能够激发家族男人生命的活力。如果舞伞者和舞古铜钱者

---

① 参见曾志巩：《江西南丰傩文化》（下册），中国戏剧出版社2005年版，第425页。

对舞，则表示阴阳相合、男女交泰，会带来人丁兴旺、子孙瓜瓞的命运。[①]

**（三）贵州威宁板底裸嘎村的"撮泰吉"**

"撮泰吉"是彝族人跳的傩舞的名字，该舞蹈表现了先民在艰难的自然条件下如何生存的过程。它有六个角色，四个是已经活过千年、保留着原始人长相的老人，另外两个为森林老人与孩子。四个原始人用白布缠裹着身体与四肢，以表明是裸体。弓着背，踉踉跄跄地迈着罗圈腿，表现出原始人刚刚直立行走的样子。他们用吸气冲击声带发出类似猿猴啼叫的声音说话，介绍这里的人们正在遭受的灾难："狗年是荒年，猪年又打霜，虎年燕麦锈黄了，兔年荞子不结果。三年没打雷，九年粮不熟，不闻雀鸟叫，活人没一半，我们送粮种来解救他们……"[②]接下来的舞蹈，表现烧荒、开垦、播种、薅草、收获、存储的生产过程。除了劳动之外，还表现了人的繁衍。舞蹈不仅将男女的交媾动作呈现了出来，还反映了原始人从背后交媾的状况。整个舞蹈从装饰、动作到情节，都表现出拙朴、简单、粗狂、厚重的风格，与所表现的内容是完全一致的。这一傩舞不是在傩坛上表演的，也不是像其他傩种那样，是为了敬奉能列出名姓的神祇的，它只是为了演述本民族创世史中的一段和感恩于让其民族生存下来的祖先与天、地、水、火以及所种植的农作物。这种演述历史的"歌舞剧"，许多民族都有，《诗经》中的《生民》《公刘》和汉代祭祀后稷的《灵星舞》等应属汉族的"创世剧"，《格萨尔》应为藏族的"创世剧"。我们用汉代的《灵星舞》与"撮泰吉"比较一下，即可看出两者是多么的相似。《后汉书·祭祀志》云：

汉兴八年（前199），有言周兴而邑立后稷之祀，于是高帝令天下立

---

① 参见何根海、王兆乾：《在假面的背后——安徽贵池傩文化研究》，安徽大学出版社2000年版，第39—45页。

② 罗德显、杨全忠：《撮泰吉（彝族傩戏·演出记录本）》，《贵州民族学院学报（社会科学版）》1987年第4期。

灵星祠。言祠后稷而谓之灵星者，以后稷又配食星也。旧说，星谓天田星也。一曰，龙左角为天田官，主谷。祀用壬辰位祠之。壬为水，辰为龙，就其类也。牲用太牢，县邑令长侍祠。舞者用童男十六人。舞者象教田，初为芟除，次耕种、芸耨、驱爵及获刈、舂簸之形，象其功也。[1]

也有耕田、播种、薅草、收割等一整套的农事表演。只不过这样的"创世剧"今日大多消失了，所以，当我们发现"撮泰吉"这类剧时，便会发出"活化石"的慨叹。

### （四）永靖"七月跳会"

永靖位于甘肃省临夏回族自治州北部，其"七月跳会"是一个全民参与的祭神、酬神的傩事活动，其仪程为请神、献盘、献牲、会手舞、面具舞、赛坛等，其中的会手舞与面具舞，表演内容的主体就是舞蹈。会手舞的舞队一般为4个队，由24人组成，也视情况而定，可少至12人，也可以多至72人。每一队领头者身着黑袍，外套缀有云纹八卦图的马甲，手持刀、斧、剑、戟。队员每人则头戴尖顶红缨毡帽，身穿黑袍，下着红裤，肩上斜搭一块三角红巾，手持一根丈余长、上插有鸡毛旗帜的竿子。舞队的队形有"三回九转""跑大圈""跳方阵""太极八卦"等阵法，舞时，锣鼓按节，舞者则不时发出吆喝之声。舞姿气势磅礴、雄浑奔放。面具舞，顾名思义，为戴着面具跳的傩舞。今日永靖的十八座庙中存放着200多面的面具，其造型既有动物，也有人鬼神，它们是虎、猴、牛、马、羊、红绿二鬼、阴阳、笑和尚、三眼二郎、李存孝、刘备、关羽、张飞、周仓、曹操、吕布、貂蝉等。面具舞的节目现存的有《五将》《杀虎将》《三官三娘子》《单战》《三回回》《斩貂蝉》《出五关》《二郎降猴》《方四娘》《笑和尚赶过雨》《庄稼佬》《变化赶鬼》等。有的舞蹈功能在于驱鬼逐疫，如《五将》。五将分别为三国时的张飞、刘备、吕布、曹操、关

---

[1]　（南朝宋）范晔：《后汉书·志第九·祭祀下》，中华书局2012年版，第2587页。

羽，他们分别穿着黑、黄、白、红、绿的长袍，代表着东、西、南、北、中五方，手持武器，跳踔怒吼，协力围剿、消灭鬼祟。有的舞蹈则是为了娱神，让神灵因其滑稽调笑的内容而开心愉悦。如《庄稼佬》，其节目的主要内容是新媳妇不会农活，"反犁地，倒驾牛，反簸粮，倒打连枷"，丈夫虽然不厌其烦地一遍遍教她，新媳妇还是闹出了许多误会。整个舞蹈轻松明快，诙谐幽默。

青海民和土族"纳顿节"与永靖的傩舞有很多相似之处，只不过在名称和内容上有些差异而已。纳顿节不叫"会手舞"，而是叫"跳会手"；不叫《庄稼佬》，而是叫《庄稼其》。但是，《五将》《杀虎将》等名称则是相同的。不过，舞蹈的内容还是有所不同。纳顿节的"跳会手"，其舞者"约百人至几百人组成……会手队伍由头戴礼帽、身穿长衫马褂、手持箫管、摇着绿叶柳梢和彩扇的数十位德高望重的老者居前，其后是怀抱三角旗、手执古兵器的数十位老人，最后是按辈分、年龄、军中品级而列的旗手。"舞蹈的队形有"一字长蛇阵、二龙戏珠阵、天上龙门阵、中心八卦阵"等。[①]《庄稼其》中的两个人物不再是夫妻，而是父子，不会做庄稼活的则是儿子。然而，总的来说，两地的傩舞，无论是形式还是内容，都有着内在的联系。民和东北部与永靖接壤，百姓交往频繁，文化背景相同，两者的傩舞相似也是自然而然的事。

### （五）新晃侗族"咚咚推"

新晃在湖南境内，邻近贵州，人口以侗族为主，周边地区傩种较多，傩事活跃。"咚咚推"是"跳戏"的侗语称谓，此傩事不是巫师所为，而是天井寨全寨之人的集体行为，在正常的年景中，每年的正月初一至十五和七月十五的中元节，都会举行。每次行傩的仪程不完全一样，主要根据寨人的愿望而定。但不论演什么节目，行傩者须戴面具。天井寨现有面具100多面，有36个基本脸谱造型，神祇面具有山神、河神、水神、土地神、风神、雨神、雷神等，历史人物的面具有三国时的刘备、关羽、张飞、赵云、黄忠、诸葛亮等，还有世

---

① 曹娅丽主编：《土族文化艺术》，中国戏剧出版社2004年版，第126页。

俗之人以及牛、马、猪、狗等动物的面具。由面具的数量与类型推测，旧时"咚咚推"所表演的节目是较为丰富的。现在存下的，还有《跳土地》《跳小鬼》《盘古会》《菩萨反局》《天府掳瘟华佗救民》《刘高斩瓜精》《老汉推车》《癫子偷牛》《土保走亲》《杨皮借锉子》《驱虎》《背盘古喊冤》《铜锣不响》《桃园结义》《过五关》《古城会》《开四门》《云长养伤》《关公捉貂蝉》《关公教子》等20多个。"咚咚推"所表演的节目，无论是有情节的，还是没有情节的，都有舞蹈的表演形式。行傩者合着傩歌的旋律、应着鼓点的节拍，跳跃而舞。其三点式的舞步，是按照牛的头与两条前腿的三点、两条后腿和尾的三点来构建而曲膝跳动的。所以又叫"跳三角""跳戏"。有的节目如《开四门》中的关公、《跳小鬼》中的小鬼和鬼婆以及《关公捉貂蝉》《造反》等整个剧目都没有台词，没有歌唱，仅是舞蹈。

### （六）藏族羌姆

羌姆为藏语，亦称"卡尔羌姆"，意为"跳"，是寺院傩的主要表现形式，源起于8世纪赤松德赞藏王时期，据说是从印度来西藏传教的僧人莲花生以密宗的金刚舞为基础，融入了藏族原有的苯教仪式舞、民间拟兽图腾舞和鼓舞等舞蹈艺术所创造的表现佛教降魔伏怪故事的舞蹈。13世纪之后，藏传佛教的宁玛派、噶举派、萨迦派的寺院，结合本教派的教义而创立了各具特色的羌姆。再后，羌姆不断发展变化，并流传到广大的藏区和藏区之外的地方。因地域与民族的不同，羌姆有多种称谓，如蒙古族称其为"查玛"，满族称其为"跳布扎"，青海等地又称作"跳欠"等。数百年来，羌姆跳神从未间断过，已经成了藏传佛教甚至藏族的一个标志性的文化事象。清代乾隆人李若虚在用诗歌描写自己随军入藏时所看到的羌姆场景云："万口喧腾响法螺，沙门梵面舞婆裟。十年又踏毡乡路，梵呗声中看大傩。"[①]羌姆舞蹈多由"拟兽舞"和"法器舞"组成。在寺庙的庭院中表演时，气氛庄严肃穆，参与表演的人头戴

---

① 赵宗福选注，《历代咏藏诗选》，西藏人民出版社1987年版，第148页。

各种神、兽面具，手持法器或兵器的喇嘛们在唢呐、长号、莽筒、鼓钹等发出的洪亮而端庄的乐曲声中，严格地按照仪程，一一地表演节目。如扎布伦寺的羌姆，共分16场，分别为秦却舞、夏吉雅尼舞、托珠达巴舞、为久扎尼舞、夏纳舞、阿扎拉舞、果玛舞、耶玛舞、锦青舞、卡堆嘎纳舞、格龙卡西舞、结巴舞、玛姆杰舞、勒格舞、夏珠舞、齐巴舞等。有些节目被汉译为"法神舞""凶神舞""金刚神舞""骷髅舞""鹿神舞""寿星舞""仙鹤舞"等。除了这些舞蹈以外，还有表现佛教的"舍身饲虎"等故事的小舞段。而所有的羌姆，舞者只跳不唱。羌姆大都戴面具表演，其面具造型多根据佛教经典中的描绘，其舞蹈动作则以稳定控制、双膝屈伸、弹腿纵跳为特征，具体地说，如右腿伸、左腿收，跳整圆、跳半圆、跳十字、跳半十字、跳S形等。羌姆从寺院传入民间之后，演变成"米那羌姆"，即俗众跳神，如旧时拉萨的嘎玛夏羌姆、四川甘孜州南坪县白马藏人的十二相舞、日喀则萨迦的吉达等。属于傩戏性质的藏戏与羌姆有一定的关系，有的藏戏就是在羌姆的基础上发展而来的，如德格藏戏的舞蹈身段、步法、诵经的乐段、面具、伴奏乐器等，都是从羌姆那里借用来的。有的藏戏虽然不是来源于羌姆，但也吸收了羌姆的艺术营养。

**（七）土家族"毛古斯"**

此种舞是土家族的傩舞，土家语称为"古司拨铺"，是土家族为了纪念祖先开荒拓土、捕鱼狩猎以繁衍种族而创造的舞蹈形式，流行于重庆酉阳及湘西的永顺、龙山、古丈等土家族居住的地区。每到正月，人们就会在土王庙前的坪场上举行傩事。先由被称为"老毛古斯"的巫师主持，以跳《祭梅山》《请祖神》的舞蹈来祭祀土王，祀毕，众人跳摆手舞《扫堂舞》，旨在把鬼祟瘟疫扫出去，把五谷钱财神请进来。就在人们跳《扫堂舞》时，等候在坪场之外的"小毛古斯"轰然入场，他们十几二十人不等，身披稻草扎成的草衣，面部用稻草扎成的帽子遮住，帽顶则用稻草和棕树叶拧成冲天而竖的单数草辫，四个单辫的则是牛的扮演者。舞者皆赤脚。所跳的节目有《迁徙》《狩猎》《赶肉》《砍火畬》《做阳春》《捕鱼》《接亲》等。其舞蹈动作为碎步进退，曲膝抖身，左跳右摆，浑身颤动，摇头耸肩，以表现古人举手投足的姿态。跳时没有严格的程式，不受内容的限制，可歌可舞，可做游戏，玩杂耍，翻跟斗，打秋千。因舞者身着稻草，舞时会随着锣鼓点而振得稻草刷刷作响。跳"毛古斯"甚至整个祭祀活动的根本目的，是为了民族的繁衍，其突出的表现是，舞者的下体都系上一根模拟男根的棍棒，土家族人称之为"神棒"，在跳《接亲》的节目时，要做出"示雄""搭肩""转臂""甩摆""打露水""挺腹送胯""左右摇摆"等引逗异性与模拟性爱的动作。

### （八）湛江"考兵"与"走成伥"

傩舞"考兵"现存于湛江郊区湖光镇旧县村及邻近的下埠、东岭、西岭、北塘、云脚诸村，是傩事中的主要内容。在每年的正月十五，一般以家族为单位举行傩事活动，其仪程为道公（巫师）率众人在康皇庙内举行傩祭，之后，戴着土地公、土地婆和车、麦、李、刘、洪五将面具的舞者出场，车将执斧，麦将执铜，李将执链，刘将执刀，洪将执旗，在锣鼓和唢呐的伴奏下，面对康皇神像起舞。再后由多名少年，手执五彩旗帜、罗伞和抬着康皇神像前导开路，道公走在神像前撒泼白米，谓之"撒粮"。五将等则随神像在全村巡游，并到各家各户驱鬼逐疫以保平安。然后回到庙前广场再继续行祭礼，舞者再排成一横排向神灵献舞。考兵舞的舞蹈动作比较简单，仅是翻腕弓步、推指前走和碎步快退的直上直下的队形。舞者边喊边舞，呈现出威武雄壮的气势。傩舞"走成伥"流行于湛江雷州的松竹、南兴、覃斗等地，是祭祀雷神的舞蹈。舞者有六人，分别扮演雷首和五位雷神。雷首红发红眉，蓝面短须，额头上有第三只眼，面颊上有云纹，手执大斧与凿子，或做劈砍与凿石之动作，或以斧凿相互猛烈抨击，发出火花，呈雷鸣电闪之象。其他五位雷神，戴绿、红、黄、黑、粉色与眼睛暴突之面具，跳起动作威猛凌厉之舞蹈。

### （九）元江"九祭献"

该傩舞是云南元江浦贵村哈尼族所举行的祭龙活动的主要表演内容。祭龙的傩事规模每三年一个等级，三年小祭，六年中祭，九年大祭。傩祭时，其舞蹈节目有《祭仪》《牛耕生产》《出工做活》《爷爷莫害羞》《野外跳舞》《寻找对象》《生儿育女》《讨鲜花》《祭仪收场》，这些舞蹈再现了哈尼族人生产、生活和种族繁衍的过程。舞者不仅仅是表演，还会做出一如生活的事情，如在演《野外跳舞》《寻找对象》的节目时，人们真的会成双成对地跳舞与恋爱，此时既是舞蹈，也是生活。"九祭献"的舞蹈动作，程式性不强，较为随意自由，跳的基本上是像棕扇舞这样的民族舞蹈。

### （十）同仁"跳於菟"

"於菟"是老虎的意思，跳於菟就是老虎驱逐鬼祟舞，亦被人们称为"跳老虎"，为青海省同仁县年都乎村的土族祭祀仪式的主要内容，在每年的农历十一月二十日举行。在这一日举行驱傩活动，是因为土族人认为这一日为"黑日"，是一切妖魔鬼怪为非作歹的日子。是日，土族百姓一早便到该村寺院里进行诵经活动，正午时，每家的男主人自觉地到供奉着"二郎神"的山神庙中集合，一起举行敬神和煨桑仪式。然后，由扮演"於菟"的七名男子表演於菟舞。他们的装扮是，在头部和裸露的上身与腿部用锅底黑灰画成虎头状脸谱和虎皮斑纹，头发上扎如刷，朝天立起，呈狂怒状。妆成后，在人们看来，他们已由人转变成了神虎，具有了驱魔逐邪的神力，而不得与之交谈。於菟们先听拉哇（巫师）诵经，然后围圈跳舞，舞姿狂放，近于疯狂，以此表示超凡的神力。再后，逐户跳舞，以搜鬼灭祟，消灾弥难。最后，於菟们奔向隆务河，凿冰洗身，以祛除邪气。"跳於菟"的动作主要模拟虎的腾跃，吸腿垫步，双手前伸，缩腰扑击。此种傩舞应与虎图腾崇拜有关，其他民族亦有跳虎驱傩之傩俗，如云南楚雄哀劳山彝族"罗罗虎节"的跳虎豹等。

就大多数傩舞来说，其"手舞足蹈"都有一定的规制，尤其是汉族的傩舞，更是如此。其舞步多是"禹步"，而手势则须按照手诀来动。禹步的形成时代较早，典籍中有很多的记载。战国人尸佼的《尸子》云："古时龙门未辟，吕梁未凿，……禹于是疏河决江，十年未窥其家，手不爪，胫不毛，生偏枯之疾，步不相过，人曰'禹步'。"[1]虽然没有讲后人仿此步态，但此种步态

---

① （战国）尸佼：《尸子》，中华书局1991年版，第17页。《尸子》一书自清及近代以来，学者有真伪之争。

若没有传至战国，尸佼焉有此说。西晋人皇甫谧在其《帝王世纪》中说："伯禹，夏后氏继鲧治水，乃劳身涉勤，不重径尺之璧，而爱日之寸阴。手足胼胝，故世传禹病偏枯，足不相过，至今巫称'禹步'是也。"这一材料表明，至迟在隋时，禹步就为巫祝采用。隋人李轨对汉扬雄《法言》卷七《重黎》的"巫步多禹"注曰："姒氏，禹也，治水土，涉山川，病足，故行跛也。……而俗巫多效禹步。"更明确地说了巫用禹步作法的事实。道教受巫影响，在做醮时亦走禹步，出于东晋时的《洞神八帝元变经·禹步致灵》曰："禹步者，盖是夏禹所为术，召役神灵之行步，以为万术之根源，玄机之要旨。昔大禹治水，……届南海之滨，见鸟禁咒，能令大石翻动。此鸟禁时，常作是步。禹遂模写其行，令之入术。自兹以还，术无不验。因禹制作，故曰'禹步'。"道家葛洪《抱朴子内篇·登涉》引《遁甲中经》曰："往山林中，当以左手取青龙上草，折半置逢星下，历明堂入太阴中，禹步而行。"为何要走禹步？在巫道认为它可辟"百邪虎狼"。葛洪还介绍了禹步的走法："又，禹步法：正立，右足在前，左足在后，次复前右足，以左足从右足并，是一步也；次复前右足，次前左足，以右足从左足并，是二步也；次复前右足，以左足从右足并，是三步也。如此，禹步之道毕矣。"[①]

随着时间的推移，习称"步罡踏斗"的禹步，也经历了由简至繁、由朴至雅的过程。当然，不同的傩种，在跳傩舞时，禹步是不完全一样的。贵州德江县傩坛罡步有72种之多，常用的有"推磨罡""八字罡""跪拜罡""绕堂罡""北斗七星罡""天门步坛罡""踩九州""十字罡""丁字罡""五步拜鬼罡"等。四川、重庆等地的师道戏、端公戏等傩舞中的禹步也是极为繁多的，如南斗罡的步点按照南斗六星的星位而构成，为离、旨、火、天、尊、胜，北斗罡的步点则是按照北斗七星的星位而布置的，即贪狼、巨门、禄存、文曲、廉贞、武曲、破军等。步罡时须配之以咒语，如北斗罡的咒语为："七曜

---

① （晋）葛洪著，张松辉译注：《抱朴子·内篇·登涉》卷十七，中华书局2011年版，第548页。

灵灵，北极前星。贪狼操恶，食鬼吞精。巨门煊赫，照耀登明。禄存奔惊，统摄天兵。霞中文曲，光澈廉贞。威武武曲，真人辅心。上在节度，破军星临。急急如律令！"步罡的舞步按照天文来造形，踩九州的舞步则是循着地理而构成。"九州"即是古代中国的行政区划，即冀、兖、青、徐、扬、荆、豫、益、雍九州。踩九州是傩舞的基本要求，所谓"酬还良愿祭五岳，制邪扶正踩九州。不祭五岳不成愿，不踩九州哪成罡"，"不踩九州兵不动，要踩九州兵才行"。它借用了八卦的乾、坎、艮、震、巽、离、坤、兑与中宫9个方位，象征着九州。踩九州要跳九轮，每一轮一州，当然，每一轮踩踏的线路不同。跳时也要伴着咒语的念白，如成都端公戏的第三州的咒语曰："中宫出兵到西梁，转至冀州降魔王。只听荆州战鼓响，吓得幽州鬼哭丧。燕山吹起牛角号，兵到扬州离王庄。徐州开城打一仗，杀得妖孽逃远方。越过济州郑州界，追到雍州扎营房。"

手诀就是手的程式性动作的规定，它应源起于巫，后由道教发展成繁复的法术，其功能在于感召鬼神、驱鬼灭祟。《道法会元》卷一百六十一云："诀目者，生于神机而运化，修仙炼真，降魔制邪，莫不基之于此"。又云："祖师心传诀目，通幽洞微，召神御鬼，要在于握诀。"手诀是根据星斗、十天干、十二地支、九宫、八卦、五行、四相、二十八宿等形象而创制的手势动作的规定，巫道们还会根据手诀而绘成手谱。手诀的类型很多，每一类型的数量亦很丰富。如敬奉与迎请神祇的手诀，常见的有"玉清诀""上清诀""太清诀""玉皇诀""天皇诀""北帝诀"等，像迎请太乙救苦天尊，就掐"九头狮子诀"，何以如此？是因青玄上帝的坐骑是九头狮子，这一手诀所定的手势即为其坐骑之象。驱邪治病的诀目，则几不可计数，如"煞鬼诀""禁鬼诀""握雷诀""三叉诀""剑诀"等。手诀中用得最多的要算是"剑诀"了，在法师手持宝剑、号令鬼神、指空画符时，都要用到它们，其诀有"七星剑诀""六甲剑诀""六丁剑诀""三元剑诀""吹芽剑诀""道祖剑诀"等。不论什么手诀，其诀文一般简明易懂，如"七朵莲花诀"："双手掌心向上，置于胸前。左手拇指、中指、小指直立向上。右手无名指握住左手食指、无名指，其余四指均向上方伸直，计七个指头谓七朵莲花诀。"①

## 三　傩舞的美学特性

傩舞自形成之后，经历了夏商周直到今天，活跃于岭南塞北与西疆东海，可谓遍及中国。之所以有着这么旺盛的生命力，与它得到历代广大民众的欣赏与支持有关，而一代代人何以会自觉地予以传承、光大，则是由它所具有的美学特性所致。尽管不同的傩种和虽是同一傩种但活动的地方不同，其傩舞的美学特性就不完全一样，然而因所表现的都是傩文化，故在大的方面也有较为一致的共性。概括起来，其共性有下述四点。

一是功利与审美相结合。比起其他艺术形式，傩舞的功利特别明显。就一般意义上的表演艺术的接受来说，无论是戏剧、杂技、武术，还是舞蹈、评书、相声，人们可观赏也可以不观赏，视时间、财力、兴趣等来定，而傩舞以及其他行傩方式则不一样，人们是必须观赏甚至参与其中的，而且这种接受完全出自内心的愿望，因为傩事是和自己及家人的生死存亡、人生命运的否泰联系在一起的。南丰石邮村的傩班在各家各户跳傩驱鬼时，主家都会送上钱物，以表谢意。青海省同仁县年都乎村在"跳於菟"时，每家每户早早地就在门口摆上桌子，放置酒、肉和圈圈饼。舞者喝得越多、吃得越多、临走拿得越多，主家就越高兴。因为他们认为，从此就会得到虎（於菟）神的保护。再如许多傩种都有《孟姜女》的剧目，而舞蹈则是它的主要表现形态。人们为什么这么喜欢看《孟姜女》？是因为剧中有"过关"的内容。人们认为，孟姜女能够克服万难，度关过隘，绝不会是平凡之人。看了"过关"的表演，或者跟着她一起"过关"，就会得到她的佑护而能在生活中逢凶化吉、如愿安康。当然，仅是功利的需要，人们也不会有那么大的热情，之所以欣赏，还因为它们有艺术

---

① 严福昌主编：《四川傩戏志》，四川文艺出版社2004年版，第212—244页。

的审美价值。不要说表现世俗生活与世俗之人的舞蹈了，就是表现驱鬼逐疫的仪式中的舞蹈，它们也是能够让观众获得较大的美的享受的。如南丰新田的《菩萨出帅》，出场跳舞的神鬼有钟馗、判官、千里眼、顺风耳、蒙恬、王翦、白起、李信、太白金星等10多个。无论是面具、服饰、伴奏的音乐和不同于一般民间舞蹈的舞姿，还是那绝技，都会给人们别样而奇特的美感。仅是翻天掀地的锣鼓声和众人驱傩的呐喊声，就会让人心潮涌动而情不自禁。这是观看一般的舞蹈所不能得到的。

二是民俗与艺术相结合。傩开始是一种礼制，所谓"傩礼"是也，之后渐渐成为风俗，便有了"傩俗"之称。尤其是民间，将傩的功能发挥到极致，广泛地运用到祈神求福的风俗活动之中。如在旧时的江南，"元宵，人家和米粉为丸祀灶神，曰'接灶'。两邑城隍之庙，灯市繁盛，游人如织，自元旦至此，市肆金鼓不绝，曰'闹元宵'。丐户装扮跳舞，迎财逐疫，盖乡人傩之遗意"，又有"十二月一日，乞人傅粉墨妆为钟馗、灶王，持竿剑望门歌舞以乞，亦乡人傩之遗意"。[①]在我国的西南地区，民间盛行着许愿还愿的风俗活动，还愿的重要方式就是行傩，于是，行傩便名为"傩愿戏"。而在"傩愿戏"中，傩舞则又是主要的内容。那么，人们为什么要用舞蹈这一艺术形式来飨神呢？因为舞蹈这种肢体语言最能够真实地反映人的内心世界，最能够直接地表达人对神祇的虔诚的敬仰之情，也最能够准确地表达人的愿望与祈求。所以，发动起人的全部机能的舞蹈是人的灵魂的外现，最容易与神灵进行交流。因其虔诚和袒露，也最能感动神灵，从而得到神灵的护佑。既然舞蹈的接受对象是神灵，跳舞的目的在于祈神佑护，所以，舞者会以极其认真的态度，竭尽所能地将舞蹈的每个要素——身段、动作、道具、面具、服饰——高度地"艺术化"，以使神灵赏心悦目。其实，娱神只是人们的愿望，娱人才是真实的状

---

① （清）郑钟祥、张瀛修、庞鸿文等纂：（光绪）《常昭合志稿·风俗》卷六，清光绪三十九年（1904）活字本，第19页。

况。傩舞的民俗性使其按时举行，绵绵不息；而傩舞的艺术性则使它具有了驱邪逐祟功能之外的价值，从而增强了自身的生命力。

三是巫师舞者与乡民舞者相结合。傩舞的舞者一般为两类人，即职业性的巫师和普通的乡民。许多地方之所以将傩事表演称之为"师公舞""僮子戏""释比戏""端公戏"等，是因为行傩活动是由名为师公、僮子、释比、端公等这些巫师们做的，行傩仪、跳傩舞、唱傩戏，基本上是他们所为。不过，即便如此，乡民们也会参与其中。因为一个傩班大都在三五人至七八人之间，而许多傩仪需要很多人，如迎兵接圣、游村搜傩、敬神路祭、造茅送疫等。湖南临武县大冲乡油湾村的行傩活动属于家族傩祭的性质，行傩时，除了少数法师（巫师）外，绝大多数的参与者都是王氏家族的普通农民。还有许多傩种，舞者中没有一个职业性的巫师，全部是普通的乡民，如江西南丰、婺源的傩班，山西曲沃县任庄村的扇鼓傩舞也是这样，其表演十二神家的舞者都是该村世世代代的村民。乡民无论是参与以巫师为主的表演，还是完全由自己表演，他们对傩舞的态度和完全的旁观者是不一样的，会对此表演活动赋予极大的热情，发挥自己的智力，尽量减少缺点，以博得乡亲们的赞赏，同时也使自己得到更多的快乐。久而久之，包括傩舞的行傩表演便不再只是一种能带来福祉和美感的宗教和艺术的形式了，而是乡民们生活的有机组成部分，且是重要的部分，倘若不举办傩事活动，不跳傩舞的话，他们就会觉得自己的生活甚至生命少了一分色彩。

随着社会向都市化和现代化转型，建立在农业文明基础上的傩文化，走向衰弱便成了无法改变的趋势，即使用"非物质文化遗产法"也无法长期进行原态的保护，因为许多乡村已经失去了行傩的文化环境，更没有多少年轻人自觉自愿地向父祖辈学习，做传承的工作。我们在现时所能做的，第一是提供较好的传承条件，吸引年轻人参与傩事活动，激发他们学习傩仪、傩舞、傩歌、傩戏艺术的热情，以尽可能延长现存傩种的生命；第二，对于傩舞来说，也是至关重要的，将一些美观动人的艺术性较强的节目独立出来，进行纯粹娱人的演出，或者将傩舞中美的艺术元素汇入现代的舞蹈中，为当代的舞蹈提供营养，并以此来强化现代舞蹈的民族性。

# 论作为非物质文化遗产的傩舞传承方略 [①]

南昌师范学院音乐舞蹈学院　　刘永红

## 一　傩舞传承保护现状

在中国传统民间舞蹈大家庭里，傩舞是极其重要的成员，积攒了中国古代舞蹈的"活化石"品质的文明印记，以其独特鲜活的形式，表现了不同地区、不同人群的生产生活方式，让人们了解到不同地区的文化精神。因其地理条件、经济方式、宗教信仰、民族成分、宗法组织等不同，地域文化也呈现很大的差异。

2006年5月国务院公布"第一批国家级非物质文化遗产名录"，我国的非遗保护走过11个春秋，各级政府和民众对这项伟大的工程表现出极大的热情，取得了显著的成效，"昆曲""古琴艺术""新疆维吾尔木卡姆艺术""蒙古族长调民歌"被联合国教科文组织相继批准为第一批、第二批、第三批"人类口头和非物质文化遗产代表作"。2016年年底，我国"二十四节气"列入"人类非物质文化遗产代表作名录"，2017年7月8日，中国申报的文化遗产项目福建省"鼓浪屿"、自然遗产项目青海省"可可西里自然保护区"通过审核，至此，

---

① 本文系国家社科艺术基金项目《民间傩舞形态研究》（项目编号：15BE0058）阶段性研究成果。

中国已拥有 52 项世界遗产，位居世界第一。

傩舞作为整个傩文化研究的重要一环，其历史悠久、种类繁多、分布较广，具有强大的宗教功能，与人们的生产、生活甚至生命紧密地联系在一起，民间傩舞形成之日起就成为一种民俗事项，是数千年农耕文化积淀的产物，代表着民族文化群体朴素的宇宙观和美学观，很大程度上保留了原始形态的文脉。然而，一个无法回避的现实是，这种包含人类文明基因的事项，在全球化、文化趋同化潮流冲击下，生存基础正在迅速消失，传承机制也在遭遇重创，工业文明对农耕文明的取代以其猝不及防的速度骤然改变着傩舞赖以生存数千年的文化空间。在全球化、信息化、城市化迅猛发展的背景下，傩舞步履艰难地进行着现当代语境下的文化苦旅，一是传统傩文化复兴的困局，二是现代审美现代创新的难题，三是傩班艺人的生计问题。

## 二 傩舞遗存的种类

作为农耕文化的典型代表，傩舞、傩戏遍布全国，由于傩舞所处地区的政治、经济、文化、教育、宗教、民族的背景不同，不同地区的傩舞、傩戏呈现出不同的形态：有的只舞不唱，有的只唱不舞，有的边舞边唱。

傩舞、傩戏的称谓，因其强调突出的重点不同，有的强调动作，有的强调人物，有的强调地点……由此各地的称谓也各不相同，有的叫"滚傩神"，有的称"耍傩神"，有的称"玩喜"，有的称"跳魈"，有的称"香火戏"，有的称"跳竹马"……有的以傩事活动的主要扮演者（巫师）的地方称谓命名，如"潘公戏""端公戏""师公戏""香火戏"；有的以祭坛名称命名，如"傩堂戏""庆坛"；有的以供奉的神祇命名，如"关索戏""孟戏"；有的以演出场地命名，如安顺的"地戏"……自2006年国务院公布的四批国家级非物质文化遗产名录中，列入的傩舞、傩戏、傩面具有27项：傩舞有江西南丰跳傩、婺源傩舞、乐安傩舞、山西省寿阳爱社、安徽省祁门傩舞、福建省邵武傩舞、广东湛江傩舞、甘肃文县池哥昼、甘肃永靖七月跳会、安徽省郎溪县跳五猖等10项。

傩戏有河北武安傩戏、安徽池州傩戏、湖南省新晃侗族自治县侗族傩戏、湖南沅陵辰州傩戏、贵州德江傩堂戏、江西省万载开口傩、贵州省道真仡佬族苗族自治县仡佬族傩戏、湖北省鹤峰傩戏、恩施傩戏、山西省曲沃县任庄扇鼓傩戏、江西省德安潘公戏、湖南省冷水江市梅山傩戏、贵州省荔波县荔波布依族傩戏、湖南省临武傩戏、贵州省金沙县庆坛、贵州省安顺市安顺地戏等16项。傩面具制作工艺有江西省萍乡市萍乡湘东傩面具。此外，其他如江苏省溧阳市蒋塘马灯舞，西藏自治区扎囊县桑耶寺羌姆、错那县门巴族拔羌姆、日喀则市江洛德庆曲林寺尼姑羌姆、林芝县林芝米纳羌姆，贵州彝族的"撮泰吉"等都是傩家族成员。

**1. 根据傩舞表演的形式可以分为：**

（1）单人舞：一个人表演的傩舞。如南丰、婺源的《开山》《魁星》，南丰的《关公》《纸钱》《哪吒》《财神》，道真的《山王》《歪嘴秦童》，池州的《舞伞》……

（2）双人舞：由二人一起表演的傩舞，一般有一定的故事情节。如南丰的《和合》《双伯郎》，婺源的《后羿射日》《刘海戏蟾》，祁门的《鲍三娘与花关索》《将军斗土地》……

（3）三人舞：由三人表演的傩舞，一般有一定的故事情节，有人物形象，有的有简单的矛盾冲突。如南丰的《钟馗醉酒》《福禄寿三星》，萍乡的《三将军》，祁门的《刘海逗金狮》……

（4）群舞：由四人以上表演的傩舞，一般有一定的故事情节、人物形象，有队形变化，有不同的造型构图。如南丰的《叠罗汉》《唐僧取经》《悟空出世》《八仙过海》，婺源的《张天师遣四将》《丞相操兵》，萍乡的《头阵》，南丰、婺源、临武等地的《孟姜女》，道真的《山王破狱》《开路撞梁》《骑龙下海》……

**2. 根据组织者的身份和演出场所，可分为：**

（1）宫廷傩：最早记载"傩"的文献是《礼记》和《周礼》，从时令上看，上古傩仪有春傩、秋傩、冬傩，傩礼有"国傩""天子傩""大傩"之分，在不同的季节，国傩、天子傩、大傩发挥着不同的作用，其规模大小也不一，宫廷傩一直延续到清代。

（2）官府傩：最早的官府傩礼见于汉末，唐代《大唐开元礼》记载有规范的州县官府傩制，有方相氏、侲子、执事、鼓吹手、太祝、太卜令等，驱傩的处所、方向均有具体、规范的规定。

（3）民间傩：就是老百姓组织演出的傩事活动，现存的傩舞、傩戏绝大多数是民间傩，以祭祀、祈福纳吉、驱鬼逐疫为主要功能，各地县志均有记载。

（4）军傩：军傩肇始于何时，因资料缺失，已无法溯源，钱茀先生曾提出秦俑二号坑发现的跪射姿绿脸兵俑是军傩的假设。大唐开元礼中有"军礼"的记载，以演绎军队操练为特点，北宋《政和五礼新仪》有"军礼·大傩仪"记载。学界将"关索戏""地戏"视为军傩的遗存，军傩具有祭祀、操练、娱乐等功能。江西婺源的傩舞有《丞相操兵》的剧目，贵州安顺的地戏表现的是金戈铁马的战争故事，与军傩有一定关联。

（5）寺院傩：是僧人在寺院中演出的傩戏，舞者头戴面具、有一套完整的祭祀禳祓的仪式形态。西藏、青海等藏区的寺庙"跳羌姆"就属此类。

## 三　傩舞传承保护的特点

民间傩舞之所以成为一种相对稳定化的形式，与人们的宗教信仰、劳动生活、传统观念和民俗活动紧密结合，具有鲜明的地域色彩，并成为当地群众中直接传承的最为朴拙、最富有生命力的舞蹈形式。民间傩舞酬神逐疫的仪式动作形态具有祭祀性、技艺性、质朴性、模仿性、娱乐性、象征性等特征，其仪式动作和舞蹈动作表达的是与天地合其德、与日月合其明、与四时合其序、与鬼神合其吉凶的文化参与和共融，体现农耕文化的血缘性、民众性、封闭性、季节性的特点，民间傩舞的传承保护也应遵循傩舞的特点。

### 1. 保护傩舞的组织关系

传统村庄是以血缘关系为主要纽带、有较稳定的地域界线、经济上自给自足的共同体，传统乡村制度根系于宗族组织，宗族组织是以血缘为纽带、以家族为最小单位的家族群聚组织，通常在一个村落聚集着同一祖宗的家庭少则几家、几十家，多则上百家，并依靠辈分、资历和财产而形成族尊、乡绅、地主和普通成员等不同身份。乡傩是农耕文化的产物，参与者都是农民，仅南丰就有3000多农民艺人，大多以自然村组合，按各村情况组成族傩班、村社班、私家班。弟子不限，有5人一班，也有24人一班，最多36人一班，跳傩的均为农民，称为"弟子"，大家和睦相处，平等相待。随着城镇化进程的加快，村落的传统组织结构发生变化，有的依然保存，这些组织结构保存较好的村落，每年按照固定时间、固定地点开展傩事活动。

### 2．保护傩舞的传承语境

傩舞作为民间宗教文化，它体现的是群众的集体性参与状况，傩作为其原始信仰体现了群众审美意识的外化。在整个傩事活动中，傩仪活动不只是个体活动，而是整个村庄（如傩班）特定群体的共同活动。在仪式中，没有旁观者，仪式使所有被动的接受者都变成了主动的参与者，在仪式中所有的参与者都全身心地参与。虽然跳傩的人员仅为男性，跳傩的也不是全体农民，但作为当地农村民俗的一种生活，全体村民都是参与进来的。每年正月，傩班在村子里各家各户跳傩、搜傩时，全村不论男女老幼都会参与奉拜迎神，跳傩时百姓聚集观看，大人小孩都参与到傩舞表演、观赏当中。

如南丰甘坊正月十八晚的圆傩仪式，远近村落的村民们如赶庙会，全村的男女老幼蜂拥而至，小小的傩神庙被挤得水泄不通，庙内红烛高照、烟雾缭绕，傩面具端然摆放在神坛，庙外人潮涌动。从正月十八日早晨，傩神庙内格外热闹和忙碌，傩班和村中自愿来帮忙的人忙着杀猪买菜，筹备饭菜，这些开销都从跳傩所得的红包中支出。正对傩神庙有一座古戏台，台下大厅摆了几十桌供全村人和外来客人吃的饭食。同时傩神庙附近还聚集一些傩贩们，卖糖果、小吃、夜宵，构成一幅完整的农村文化生活画卷。这种情形在城市中却很少见，再精彩的舞蹈表演也仅限于一部分专业或舞蹈爱好者，很少会波及全体社会成员，而傩事活动却渗透到农村社会生活的各个领域。傩事活动时间、活动内容一般都是围绕农耕生产节律来设置，和年节、民俗有关，傩舞传播的时间和空间十分广阔，但又有其自身的基本规律，大致分为三类：一是与农业生产季节相吻合的"春祈秋报"的祭祀仪典，一是灾难来临之际（如水灾、旱灾、疾病、死亡等）的祭祷，一是为意愿的祈祷，即求子、祝寿、建房、经商等活动前后的许愿和还愿仪式。这些与农民的生活息息相关的，如娶妻生子、盖房、丧葬、岁时节令都有许多傩事活动参与，这些构成了傩舞的传承语境。语境存在，傩舞为农村提供精神食粮和社会服务的功能就依然存在。

**3. 保护傩舞的原生性**

农耕社会是一个相对封闭的社会，土地是农耕经济最重要的生产资料，农民祖祖辈辈都生活在这块土地上，世世代代聚族而居，过着日出而作日落而息自给自足的日子，对土地的依恋感情尤为强烈。人们的活动半径极小，一辈子只生活在熟人圈子里，与外界的信息交换极为有限，对自己生活圈外的事漠不关心。在通信传媒不发达的年代，农村变化缓慢，同时生活也是单调的，这种相对封闭性社会由于较少受外来文化的影响，无形中保持了文化发展的相对稳定，有利于傩舞形态纯粹性的保留。虽然傩舞在其发展过程中也受戏曲文化的影响，其结果是丰富了傩舞的内容和艺术形式，而并未对傩舞形态产生颠覆性影响。在内容、形式上真实、全面地保存并延续傩舞历史的全部文化信息和全部文化价值，让傩文化形态回归原野，在属于其自然环境、经济环境、社会环境中生存、发展。

## 四 傩舞传承保护的方式

如何保存人类仅有的非物质文化遗产，如何恢复民间傩舞自身机制的健全与合理拓展，成为信息时代人们普遍关照的文明话题。民间傩舞既显示了极强的学术认知价值，又殚精竭虑地求索其基本的生存空间以找寻延续和传承的金光大道，体现的正是这种矛盾、变异和对立的文化现实。在保护傩舞方面，应从以下几方面着手：

### 1．构筑傩舞保护的空间

傩舞保护的具体空间，可分为保护单位、文化空间、生态空间。国家介入非物质文化遗产保护之后，文化保护日渐成为当代中国的重要概念之一，各级非遗保护中心建立，形成了国家级保护、省级保护、地区级保护、县级保护等多级体系保护系统。

传统民俗节日是傩舞依托的文化空间，其中文化空间的保护尤为重要，因为它是傩舞的生态环境，是傩舞的文化语境。

### 2．注重整体性保护

整体保护，要不改变傩舞原来的形态。傩舞保护过程中不改变傩舞的艺人结构、道具、服装、跳傩过程、动作风格……切忌专业人员染指并对其进行改造。

整体保护，要不改变傩舞原有的功能。民间傩舞是历史文化形态积淀的产物，它的产生、发展、衍变及现当代存在代表了文明动态更迭的基本特性，随着时间的洗刷，傩舞的取舍、沉淀与存留状态，也在继承与更迭的链条中恒动着，一旦傩舞的功能发生改变，其形态也会随之发生改变。

整体保护，要保留傩舞的仪式过程。傩舞是一个文化综合体，它依附于宗教祭礼，是宗教、民族、民俗和舞蹈等多重文化的整合物，它所包含的文化意义的独特性和动作形式背后的文化属性的丰富性，是其他任何舞蹈形态都不可比拟的，傩舞是人神沟通的媒介，是人类生命的重要仪式，包含了人类文化的全息特征，被称为中国古代舞蹈的"活化石"，包含了中国舞的原始发生的一个重要印记。傩舞作为一个独立的文化系统，以其特殊的生存方式记录了人类历史、现在，并将标注舞蹈文化的未来，具有发掘过去、启迪未来的作用。

整体保护，要加大对傩舞传承人的保护。传承人的任务，就是要把本民族的传统文化DNA以活态的形式原汁原味地继承下来并传承下去，它是一个民族最重要的历史创造、传统表演艺术的最高水平。傩舞是综合性形态，它依托于傩仪而存在，包括舞蹈、服饰、道具、音乐、祈祷词等所有仪式过程和组织结构形式，传承人对此了如指掌，这些不同的要素都必须进入保护之列，并作为重要的部分加以保护，切忌破坏整体中的部分或将各个部分碎片化。

### 3．加强校园传承保护

教育肩负着人类文明发展进程中文化基因的传递、文化遗产的认知，肩负着文化传统创造发展的使命，校园传承是一种较为稳定的传承方式，发掘、保护、传承傩文化是当下高校舞蹈教育、科研为区域文化建设服务必须关注的重点，同时傩舞课程建设对于艺术课程改革的实施有着上贯下通的重要意义。各级舞蹈教师要发挥专业优势，利用地域优势，深入田野调查，挖掘整理当地民间傩舞，并在此基础上进行科学提炼、系统归纳、合理编排，从民间傩舞典型动作、典型人物中进行动作元素、组合短句、代表性组合的逐层整理挖掘，因地制宜地开发和利用傩舞课程资源，从而推动傩舞课程建设向纵深发展，完成傩舞从民间原生态向课堂教学、舞台创作的转化，并逐步形成理论指导实践，实现实践—认识—再实践—再认识的良性循环，让民间傩舞走进校园、走向社会，向青少年一代传播，向社会民众传播，让越来越多的青少年认识傩文化、保护傩文化、传承傩文化。

# 含魅、祛魅、返魅

## ——神秘主义元素在傩文化中的当代利用

中国传媒大学　丁明拥

我们经常使用魅力这个词来夸赞具有神秘主义色彩的文艺作品，却很少有人细较"魅"之内涵，于是"魅"也便没得到过重视，尽管它的内涵已经在最流行的影视作品中大放异彩。这大放异彩的"魅"正是"傩"存在的核心元素及吸引人的秘密。

考察"魅"字的来源，"魅"是"彪"的异体字。《说文解字》："彪，老精物也。从鬼，从彡。彡，鬼毛也。魅，从未声。"未，既是声旁也是形旁，是"妹"的省略，表示未婚的年轻女子。彪在甲骨文里是指事字，在"鬼"（戴面具的孕妇巫师扮演的精灵）的头部前面加四点指事符号，表示祭祀时孕妇巫师扮演的精灵挥泪如雨，动人心魂。崇拜生殖的远古时代，人们相信能够生育的妇女具有神秘的力量，因此由智慧美丽的女性担任通神的巫师。到了篆文将甲骨文字形中的四点指事符号写成彡（头发），表示孕妇巫师长发飘散。篆文异体字用（"妹"的省略，表示处女）代替彡（长发），表示长发的年轻女巫。造字本义：长发飘散的处女巫师所扮演的精灵。古籍多以"魅"代替"彪"。古籍中常"魑魅"连用，"魑"表示附身作祟的精怪；"魅"表示迷人、媚惑的精灵。所以，从"魅"的字源上来看，应该就是驱鬼祈禳的女巫，也就是说女巫正是傩最核心的魅力的源头。

英语中魅力的含义和用法与中文差不多，与"魅力"一词对应的英文单词是Glamour或Charisma，它们来源于古希腊语，按照佩格利亚的英文词源训诂，都是强调一个人领受神的眷顾时容光焕发的样子。魅力之于人，是神赐的东西。总之，我们今天褒扬一个人、一件艺术品所常用的"魅力"一词，自古至今都是含有神性的，这神性就是艺术所含之"魅"。

这也就是说，今天仍然保存在偏远地区的"傩"，其最大的存在价值是其神性犹存的"魅"，这也是其吸引观众为旅游业或其他经济行为所蕴含的价值所在。

## 一 含魅是万物一体的"同天境界"

王国维在《宋元戏曲史》开篇就借《楚语》谈道："古者民神不杂，民之精爽不携二者，而又能齐肃衷正。……如此，则神明降之。在男曰觋，在女曰巫。……及少暤之衰，九黎乱德，民神杂糅，不可方物。夫人作享，家为巫史。"[①] 根据顾颉刚"层累地造成的中国古史"的观点，"及少暤之衰，九黎乱德，民神杂糅"远比"古者民神不杂"更加可信，而"九黎"就是指蚩尤的部落。所以，贵州的傩戏自古就是"民神杂糅"的。而民神杂糅正是傩戏的魅力所在。

我们看道真仡佬族的傩戏，外坛剧目仍在民间流传的有《收蚩尤》《三王图》《花仙剑》《天河配》《泰山封禅》《凤凰祭》《骑龙下海》《五岳图》《金鸡岭》《借五台》《战洪山》《黑风洞》《收南邪》《包公清宅》《下天门》《开红山》《钟馗遣鬼》《氾水关》《长生乐》《摸包告天》《韩湘子度林英妻》等。

其中《收蚩尤》的剧情是：黄帝坐上龙廷后，将其九个儿子分封九州，蚩尤没有封地，心中愤愤不平，决心聚众造反。他在戏中唱道："闻听一言心恼

---

① 王国维：《宋元戏曲史》，上海古籍出版社1998年版，第1页。

恨，轩辕做事不公平。自坐龙廷管天下，九子又霸九州城。占去青扬雍徐豫，兖荆梁冀九州城。蚩尤四望无有地，无地怎能管万民。劝你让出一州地，两家和好罢刀兵。"黄帝闻知蚩尤造反，派百简带兵前往征讨，蚩尤用五色神火、五色神烟将百简烧死于北海。黄帝大惊，率领九子御驾亲征，经过一番苦战，终于杀死蚩尤。黄帝宣布蚩尤家永不为政，把每年八月戊子日定为蚩尤祭日，这一天妇女不出嫁，不梳头，以纪念蚩尤。①

至今贵州的少数民族仍然认为自己是蚩尤的后代，而贵州在蒙古语中读作"奇头叩尔"，即鬼国之意，到了明代才美化为同音异字的"贵"。可见这"民神杂糅"既是地域节庆的来源，也是其作为艺术最吸引人的地方。在《收蚩尤》这部傩戏中，主题故事尽管已经被世俗改造过了，比如分封、造反、罢刀兵，但是作战过程仍然有超自然的神迹保存。这就是"魅"的元素。

"魅"是如何吸引观众的呢？在观众接受心理学上被归结为不可解释的神秘主义原因，这是一层隐藏极深的人类心理。科学上有一种二分心智（Bicameral Mind）的解释：是由心理学家朱利安·杰恩斯在《二分心智的崩塌：人类意识的起源》（1976）一书中提出，尝试从历史的视角解释人类意识的起源。他指出，人到了3000年前才具有完全的自我意识，在此之前，人类依赖于二分心智——每当遭遇困境，一个半脑会听见来自另一个半脑的指引，这种指引被视为神的声音。随着人类世界和社会分级制度的日益复杂，二分心智最终坍塌，人类的现代自我意识被唤醒，形成了内在叙事的能力和有效沟通的语言体系。这种说法虽然不足以解释傩戏其他方面的神奇，但在人类的认识上确实存在与神秘主义同构却是毋庸置疑的，这便是神秘主义仍然吸引人的魅力所在。

所谓神秘成为主义，据说由法国神父埃利普斯·列维首创，意为"闭上嘴

---

① 顾朴光：《贵州道真仡佬族傩坛戏》，朱恒夫、聂圣哲主编：《中华艺术论丛》（第9辑），同济大学出版社2009年版，第332页。

和眼"，后经西纳特在英语词汇中首次使用。《牛津基督教会词典》把神秘主义定义为："一般说来是通过个人的宗教体验，在现实生活中获得一种关于上帝的直接认识。"《牛津英语词典》将神秘主义解释为："信仰通过出神的沉思而与神性结合的可能性。"《辞海》则认为神秘主义是："宗教唯心主义的一种世界观。主张人和神或唯自然之间的直接交往，并从这种交往关系中领悟到宇宙的秘密。"

关于艺术中的神秘主义，伊芙琳·昂德希尔认为："神秘主义是与实在合一的艺术。"威廉·詹姆斯认为："克服个体与绝对者之间所有的一般障碍，是所有伟大的神秘主义者的成就。"根据这个定义，中国最伟大的戏曲作品《牡丹亭》和最伟大的文学作品《红楼梦》都含有"与实在合一和克服个体与绝对者之间的障碍"的神秘主义元素，这大概就是它们之所以伟大的原因吧。

同类的艺术还有最近越来越引起学者关注的《山海经》，和贵州道真的傩戏一样，它们都是以神秘主义作为原型的。冯友兰先生在论及神秘主义哲学时认为："在天地境界中底人的最高底造诣是，不但觉解其是大全的一部分，而并且自同于大全。如庄子说：'天地者，万物之所一也。得其所一而同焉，则死生终始，将如昼夜，而莫之能滑，而况得丧祸福之所介乎？'"[1]即儒家所说的：万物皆备于我。既然逻辑分析方法不能使人达至神秘的同天境界，只有将知识化为精神境界才能如愿以偿。

那么用什么样的方法才能将知识化为精神境界呢？这就是艺术的功能了，这里所说的艺术就专指具有神秘主义审美特征的作品。根据佩格利亚的词源训诂，亚里士多德在其《诗经》中重点提示的"卡特西斯"，据说原意也是指借巫医顺势疗法祛除体内的污秽。这个在美学翻译为净化、宣泄、陶冶或升华的词，也来源于审美主义。当然，这些翻译及其后来的意义都是理性主义占统治地位之后的事情。理性主义占据统治地位后，神秘主义便成为被祛之"魅"。

---

① 冯友兰：《三松堂学术文集》（第四卷），北京大学出版社1984年版，第517页。

## 二　祛魅使世界和艺术变得无趣

1492年哥伦布发现新大陆之后，现代主义的时代到来，理性统治了人们的思想，神秘主义逐渐退场。理性的作用，用韦伯的说法叫"祛魅"。理性主义之前，世界本来有很多鬼，比如美国仍然在过的"万圣节"，就有很多鬼、妖、仙、魔、魑魅、魍魉，理性主义就像请来的魔法师，"太上老君急急如律令"一念，这些鬼就没有了。随着鬼的消失，文艺世界原本的魅力也便失去了大半。比如关于月亮，诗人会说那里有"吴刚捧出桂花酒"，有"嫦娥应悔灵药恨"，这里是一个有"魅"的世界。而在祛魅的世界里，月亮上所有的是环形山，重力只有地球的六分之一，既没有水也没有氧气。这样的月亮，是没有生命的地方，人去不了，鬼也活不成。所以说在科技时代的理性认识面前，物理的世界没有了意义和意思，祛魅的世界是无趣的世界。

我们再看看祛魅后的戏剧，同样是道真傩戏《泰山封禅》，这里就成了一出具有讽刺寓意的历史剧：北宋年间，辽军进犯澶州，被宋军打败。懦弱无能的宋真宗为求眼下的太平，每年反以白银、绢帛向辽国纳贡。大臣王旦进谏说："打了胜仗还赔偿，岂不是本朝廷的耻辱？"真宗诡辩说："这样做是为了防止再连战祸。"王旦争辩说："这样做，民气衰，局势怎能稳定？"宰相王若钦为真宗出谋献策道："封禅可镇服四河，并可给契丹人施加点压力。"为了替"封禅"造舆论，王若钦编造说他亲眼在蛇山看见苍龙，又在黄帛上写了一诗，冒充"天书"挂在皇宫外。"天书"曰："天书命，兴于宋；付于春，守子正，世七百；祥瑞兆，九九定。"真宗以为得了"天瑞"，高兴地说："好呀！国将兴听于民，国将亡听于神，此乃吉祥之兆。"当即下令到泰山"封禅"，并吩咐："仪式要隆重，让万民知晓；给契丹人捎个信，给他们施加点压力。"王旦目睹这一幕闹剧，感叹道："帝王就是这么一套'天命'封禅，真是可笑！"[①]

---

① 顾朴光：《贵州道真仡佬族傩坛戏》，朱恒夫、聂圣哲主编：《中华艺术论丛》（第9辑），同济大学出版社2009年版，第334页。

还有《凤凰祭》，又叫《造茅》，须愿主要求扎茅人做替身时才上演：北宋时有一对同父异母兄弟，兄张孝为前娘所生，弟张礼为后母所养。一次，张孝后母患重病，需用凤肝医治，张孝遂背上弓箭上山打凤凰。不料这年宋仁宗因连年风调雨顺，向神许下愿信：要用24颗人头祭天地。当时已斩了23颗人头，只差斩张孝来封刀了。张孝猎到凤凰后，被官兵抓住带到营中会见包公，包公念其救母孝心，答应张孝为母亲治好病后再来受斩。张孝用凤肝治好了后母的病，信守诺言来到包公营中。张礼得知此事，急忙赶来会见包公，请求代兄受斩，张孝不允。包公见二人都争着去死，只得做一副"生死牌"，让二人凭运气决定生死。张孝、张礼都争着抢死牌，结果被张孝抢到。包公不忍杀张孝，便上天向玉皇禀告。玉皇叫包公用茅草扎成张孝模样，在其肚内放上张孝的生辰八字，点上真香斩下茅人的头，以此凑足24颗人头。包公返回人间，按玉皇的旨意办理，放张孝、张礼回家侍奉双亲。此后巫师在做"开红山"和"打替身"法事时，都要扎一茅人代替真人受刑上祭。[①]

这样祛魅后的戏剧虽然在逻辑上更能为现代观众接受，但是人作为个体与礼法强权等世俗力量之间障碍的克服就难得多或不可能了，于是人间便多了悲剧，这便与中国戏剧普遍采用的大团圆的结局不符。从这个意义上来说，祛魅之后的戏剧便失去了中国传统的特殊意味。

日本学者田仲一成的《中国祭祀戏剧研究》，探讨了中国祭祀戏剧产生的缘由，认为中国祭祀戏剧产生经过了三个过程：原始社会祭祀礼仪过程中的主神与陪神之间的对舞、对话发展为戏剧演员的舞蹈、歌唱、对白；祭祀仪式中巫术性的方面因其神秘性，及超自然的实用性在戏剧中得以持续；由于生产力提高，对自然规律的掌握，人们对仪式的巫术性产生怀疑，并将一部分仪式作为一种艺术来欣赏。这种转变通过两种形式得以实现：一是由神人餐宴祭礼仪

---

① 顾朴光：《贵州道真仡佬族傩坛戏》，朱恒夫、聂圣哲主编：《中华艺术论丛》（第9辑），同济大学出版社2009年版，第334—335页。

式转变为喜剧，另一种是由幽鬼镇魂祭礼仪式转变为悲剧。这种说法似乎也印证了悲剧即来源于祛魅。

田仲一成的《中国的宗族与戏剧》一书认为中国的地方戏是构成宗族祭祀礼仪的一个组成部分，作者在这一视角的指导下分析了宗族的祭祀组织、祭祀礼仪、祭祀歌谣、祭祀戏剧，以及它们如何被宗族所制约、所影响。作者对香港地区单姓村落、复姓村落的外神、内神祭祀进行调查，经过系统研究后提出如下观点：（1）农村的祭祀戏剧，是一种社会制度。因此，它具备社会性功能。（2）作为社会制度的祭祀戏剧，只要不丧失其社会功能，它就将在社会内部一直存在下去。反过来，一旦丧失了社会功能，则将轻易地变形或者消亡。（3）祭祀戏剧的社会功能，与其说是娱乐，还不如说是通过娱乐来强化和维系农村的社会组织。（4）由于祭祀戏剧在祭祀集团内部体现出来的社会功能，现代与过去没有什么不同。所以，研究现状就可以推想历史，这就弥补了现有历史文献的不足。（5）由于祭祀戏剧是依靠祭祀组织而进行的，因此，祭祀组织的性质就直接规定了祭祀戏剧的性质。（6）华南农村社会基本是由宗族构成的，该地的祭祀戏剧反映了宗族观念。[①]

田仲一成描写的中国祭祀戏剧的发展就是中国戏剧从含魅到祛魅的过程。

## 三　返魅是恢复万物的自然状态

"建设和谐社会"这一口号之所以深入人心，并不仅仅是环境遭到了破坏，而是人类在痛定思痛后发出的由衷呼唤，它还有一个更加重要的含义，即希望人本身从现代文明的异化中走出来，返回大自然的多样性中，恢复个体童年和人类童年原本的样子。在儿童的眼中，存在于世界的一切都是有生命的，

---

① 参见［日］田仲一成：《中国的宗族与戏剧》，钱杭、任余白译，上海古籍出版社1992年版，第3—4页。

一切都是可亲近的，包括鬼和神，这就是儿童的视野里诗意的世界。

其实所谓的鬼和神无所谓是否存在，它们不过是人类心灵中的幻想投射到外部世界中的虚幻客体。各种鬼神都具有四个基本特征：（1）具有人的心理；（2）没有人的肉体；（3）超强的能力（无所不能）；（4）对人的生活或命运有影响。所以，人们总是希望鬼神能替人完成自己所不能达成的愿望，用鬼神来进行自我约束和惩罚。尽管孔子说过"不知生焉知死"，"六合之外存而不论"，但中国的老百姓仍然对鬼神宁可信其有，也绝不信其无。美国玄幻作家乔治·RR·马丁写作了一部集鬼神与历史之大成的《冰与火之歌》，被美国电视台HBO改编成电视剧后大受观众欢迎和好评。马丁就认为，有了鬼、龙和复活这些神秘主义的东西，创作起来很是自由自在，无拘无束的想象要比理性精神限制的现实主义自由多了，于是作品也就引人入胜、魅力十足。

所以，《西游记》里的山精树怪个个活泼可喜，各路神仙倏忽天地让人神往。连最值得中国人自豪的伟大的作家曹雪芹也是一样，他把现实主义的《红楼梦》前设成与女娲补天剩下一块顽石的神话结合起来，这样不仅贾宝玉的人格显得合理多了，也使整个作品具有一种浪漫主义的神秘气息。

这种浪漫主义的创作手法，一出现就是作为启蒙和理性的反动派面目呈现给读者的，读者之所以喜爱和欢迎，就是因为他们把蛮莽的美洲丛林、幽静的湖畔草场与地中海的海盗联系在一起，用淳朴自然的情感和良心来反抗矫揉造作的理性，他们把眼光投向神秘的大自然和毫无虚饰的天然情感，耳目一新的创造吸引了大批观众为之迷醉。这就是眼下读图观影时代让世界返回它原本充满迷魅的状态的缘由。

现代西方哲学家大多认为，理性或科学固然是人类文明中重要的、必不可少的因素，但绝不是唯一起作用的因素。人类文明史永远不是也不可能是理性或科学的一统天下。对理性或科学的过分崇拜，将导致与传统迷信殊途而同归的另一种迷信。返魅就是返回事物的自然状态，恢复事物的本来面貌，对于艺术来说，返魅就是增加艺术的新引力。

浪漫主义和象征主义艺术都建立在返魅的神秘主义之上，浪漫主义发生于

18世纪的德国，作为艺术运动的浪漫主义是一种反抗运动，反抗启蒙运动提倡的理性和冷静，它渴望乌托邦与和平，同时追求一种神秘主义色彩和注重情感表达的生活。浪漫主义提倡让人回归内心的向往和感受，主张以自然的环境来解释人类的活动。而象征主义则受神秘主义哲学家史威登堡对应论思想影响，认为艺术家可以为内心的思想感情找到客观对应物。这对于傩在现代社会生活中的作用是有益的启示，现代人生活忙碌而盲目，人们希望跳出日常的平庸，获得审美的惊奇，希望在异国他乡获得神秘主义的似曾相识或者来自远古的召唤和慰藉，这是旅游的奥意，也是傩存在的现实意义。

而神秘主义的原意恰恰可以带给人们这种需求。神秘主义（Mysticism）一词出自希腊语动词（Myein），意为"闭上""闭上眼睛"。之所以要闭上眼睛，乃是出自对通过感官从现象世界获得真理、智慧感到失望。历史原是纳过去于现在，过去的并不完全过去。未来的也并不完全未来，这现在一刻实在伟大到不可思议，刹那中自有终古，微尘中自有大千，而汝心中自有天国，这是不朽的第一义谛。

正如目前有成就的文艺作品中都含有大量戏曲的元素，贵州傩城未来的发展也要借鉴神秘主义这一文艺的核心要素，以达到吸引招徕中外游客和对神秘主义、浪漫主义有特殊嗜好的人士。这是贵州得天独厚的非物质文化遗产，理应得到更好的发扬，为当地经济做出更大的贡献。

# 世界面具文化的功能和意义

高丽大学国语教育系　　田耕旭

## 一　绪论

面具遍布全球，亚洲、欧洲、非洲、美洲、大洋洲、美拉尼西亚等地的面具在全世界以多种多样的形式存在着。因为在伊斯兰教的经典《古兰经》中禁止用人类或动物装饰自己的形象，所以阿拉伯、东非、包括巴尔干在内的近东地区和受伊斯兰教影响的北非地区面具文化不太发达。

近代以前戴面具的现象在全世界都是非常普遍的。进入近代之后，随着面具的功能减退，面具的使用也明显减少。然而即便如此，现在还是有很多国家仍然使用着多种功能的面具。像泰国的"Khon"，印度尼西亚的"Wayang Topeng"和"Calon Arang"，日本的"能"和"神乐"，中国的"傩戏"和"西藏羌姆、拉姆"，印度的"Chhau"，墨西哥和危地马拉的"老虎舞""摩尔人和基督教人的舞"，以及非洲大量的面具舞都被传承了下来。西方的嘉年华会或万圣节的时候，人们也会戴着面具穿行于道路之间。韩国从1964年开始便将14种面具戏列入国家非物质文化遗产、3种列入市非物质文化遗产并进行保护。庆北安东地区每年10月初左右的10天内会举行"安东国际面具舞庆典"。

我们研究世界的面具文化，是因为通过面具文化可以更加深入地理解世界各国的传统文化。根据面具的目的和功能，可以分为丰饶祭仪面具、辟邪面具、神圣面具、医术面具、灵魂面具、战争面具、葬礼面具、入社面具、狩猎面具、图腾面具、祈雨面具、艺术面具等。在传统社会中，面具几乎在人们生活的各个领域都被使用着，并且各个国家的面具都有其特征。制作面具的材料、面具上刻的花纹的象征意义、面具的用途及面具的功能等，各个国家都是不一样的。如果对各国的传统信仰、传统文化等不甚了解，那么就不能准确地理解这些内容。所以通过世界的面具，我们可以观察到各国面具的社会意义、象征意义、作为艺术作品的独创性表现，以及人类文化的多样性面貌等。

文化的发展越过用咒术解决人类与自然、人类与神的问题的阶段，人类开始有了用艺术的表现形式来解决人类与人类的问题的欲望，从而产生了艺术面具。随着咒术的解决功能转变为创作性表现的功能，面具也从咒术面具开始变化为艺术面具。

## 二 丰饶祭仪面具

面具的咒术功能中表现最显著的就是祈求丰农的祭仪。总体而言，与以狩猎和畜牧等游牧生活为主的民族相比，定居生活的农耕民族中面具的传统更加丰富。

韩国的河回别神祭面具戏或江陵官奴面具戏，就是在祈愿丰农的祭仪中上演的面具戏。特别是江陵官奴面具戏的丈杂马利，从头至脚都用黑色布盖住，挂着粮食穗和海草，通过鼓起的腹部来表现身怀六甲的样子，两名丈杂马利进行模拟性行为的动作也带有丰农丰渔的意义。（图1）

在日本的狮子舞、田乐的狮子舞和鹿舞鹿踊中，能观察到祈愿丰农的愿望。田乐的狮子舞是在端午的时

图1　韩国江陵官奴面具戏的丈杂马利

图2 日本鹿舞鹿踊

图3 Papua New Guinea Maprik地区的篮子面具

图4 北美Iroquois族的玉米皮面具

候模仿移秧的舞田游，或者是祈愿丰农的收获祭，在这样的秋季庆典中出现的狮子舞。移秧舞大体是牛登场后进行水田耕作的舞蹈，一些神社中狮子代替牛登场。鹿踊一般是跳跃的舞蹈，为了占有一只雌鹿，多只雄鹿竞争，或多或少上演戏剧性的内容。这说明在日本人的思想里鹿是保护田和土地的神妙的动物。①（图2）

Papua New Guinea Maprik地区的篮子面具不仅与自己团体的多产有关，而且与为了确保一种地瓜Yam的丰收而进行的仪式有关。②（图3）北美原住民Iroquois族祈愿丰农和感谢谷物丰收的秋收祭中使用玉米皮做的面具。（图4）北美原住民们佩戴面具的丰饶祭仪中最有名的当属美国西南部的Hopi族和Zuni族。在这个丰饶祭仪中，舞者佩戴象征云、雨、星星、大地、天空的神灵面具和巫师一起参与祈求庄稼丰收仪式。③

非洲西部Sudan地区的各个部族都佩戴面具进行丰饶祭仪。其中Mali Bambara部族的Chiwara面具从美学角度而言最具魅力。（图5）这些面具是在雕

---

① 以上对中国和日本的狮子舞的介绍参考[韩]田耕旭：《北青狮子舞研究》，太学社1997年版，第165—209页。

② Museum of Cultural History Galleries: *Image and Identity—The Role of The Mask in Various Cultures*, Los Angeles: UCLA, 1972, p.25.

③ Paul S.Winngert: *Mask*, The New Encyclopaedia Britanica Vol.11, Chicago: Encyclopaedia Britannica, 1980, p.584.

刻成羚羊模样的木制面具上粘上纺织物，他们相信是羚羊教给了人们如何农作。所以他们播种之后为了祈愿丰收而戴上羚羊面具，两人成一对在原野间兴奋地跳动玩耍。[①] 羚羊角的模样是部族的象征，同时也象征着男性。

图5　Mali Bambara部落的Chiwara面具

## 三　辟邪面具

面具的功能中，在祈愿丰农的咒术功能之外，就是消除恶鬼的辟邪功能。

在韩国，从新罗时期以来，到高丽朝鲜时代，一直传承着佩戴处容面具跳舞来驱除疫鬼的处容舞。朝鲜时代，负责东西南北中五个方位的五方处容舞开始上演。（图6）

中国和韩国的傩礼中使用的面具都在为了驱除疾病鬼的疫鬼而进行的仪式中使用，所以都属于辟邪面具。

图6　现代传承下来的五方处容舞

北青狮子舞中的狮子面具也是辟邪面具。舞狮子的艺人们从正月初四起至十四日止挨家挨户地访问村中的人，进行与傩礼中的埋鬼（即踩地神）相似的仪式。仅百兽之王狮子的登场就已经具备了辟邪的功能，狮子随着铃铛的声音进入家家户户，将家

---

① Paul S.Winngert: *Mask*, The New Encyclopaedia Britanica Vol.11, Chicago: Encyclopaedia Britannica, 1980, p.585.

里每个角落的妖魔鬼怪都驱逐的行动，与傩礼中称之为埋鬼的活动完全一致。（图7）

在很久以前，东方便把狮子看作具有辟邪能力的动物，此说法在很多材料中都有记载。中国墓穴之前会放石狮子像并称其为"辟邪"。现代舞狮子也在中国全国范围内被传承着，

图7　北青狮子舞中的狮子进入家中驱逐妖魔鬼怪的场面

大部分都用来进行辟邪仪式。比如湖北省的盘狮，他们访问家家户户并在院子里抛接杂耍，主人也会放爆竹来增加它的威势。这辟邪狮子驱除家中恶鬼很灵验，所以人们欢迎并迎接狮子进家。广东省岭南地区有醒狮，穿梭于街道和小巷中，也访问每家每户，这被称之为"采青"。①不仅在中国，在韩国傩礼中也有狮子舞，正是因为人们相信狮子有驱逐妖魔鬼怪辟邪的能力。

中国的吞口是为了辟邪和祈求长寿而挂在家中大门或门柱上的面具。吞口是吞噬恶鬼的意思。吞口的形态是在老虎的脸上有向外突出的眼睛和突出来的犬齿，还有吐着的舌头。吞口的前额上或刻有象征动物之王老虎的"王"字，或刻上太极纹来驱逐恶鬼。（图8、9）为了驱逐恶鬼，也有嘴里含刀的情况。

在日本的神乐中，狮子神乐的狮子面具也包含着辟邪意识。狮子神乐是将狮子头当作神座。狮子神乐大体可分为太神乐和山伏神乐·番乐两大类。山伏神乐中将狮

图8　前额刻有"王"字的中国吞口面具

图9　前额刻有太极纹样的中国吞口面具

---

① ［韩］田耕旭：《北青狮子舞研究》，太学社1997年版，第151页。

子视为神，从11月开始至正月，山伏到各个村庄去挨家挨户地转，同时进行辟邪、防火灾等风俗活动。此时狮子作为山神进行辟邪进庆活动。[①]（图10）

另外，在西藏的喇嘛教寺院中，有在宗教法会中使用的向神祭祀驱逐灾难的神舞面具Cham。Cham中登场的护法尊等，原来是西藏土著的性格粗野的神，虽然一开始反对佛教，但最终经高僧教化约定要守护佛教。只看他那生气的样子，就很容易与凶恶的鬼联系到一起，但这是为了依靠佛力来消灭恶鬼。[②]（图11）

图10　山伏神乐中黑森神乐的狮子舞

图11　金刚神面具

Indonesia Bali的狮子舞Barong也是有名的辟邪面具。在Bali的Calon Arang传说中，老魔女Rangda是恶的代表，能指使在墓地周围出没的恶鬼或魔女，引起各个村庄的疫病。Barong驱赶走了Rangda，它是打破Rangda灵术的圣者Empu baradah化身成的灵兽。（图12）

图12　Bali Calon Arang中出现的魔女Rangda（左）和Barong（右）

---

① ［韩］田耕旭：《北青狮子舞研究》，太学社1997年版，第208—209页。
② 参见叶星生：《西藏面具艺术概述》，叶星生编：《西藏面具艺术》，重庆出版社1990年版。

Mexico Puebla州中在入口处或墙上会挂上天使Querubim的面具，人们认为这个面具能够祛除厄运带来福气。这个面具胀鼓鼓的脸颊上两唇聚拢噘起，这是通过嘴巴吹走厄运的意思。（图13）

图13　Mexico Puebla的天使Querubim面具

## 四　神圣面具

神圣面具是安置于寺院或祠堂里供人朝拜和祭祀的面具。朝拜戴面具的神也可视作神圣面具的一种。

韩国河回别神祭面具戏中的阁氏面具就是神圣面具。河回别神祭面具戏的面具是在洞舍里面保管的，特别是阁氏面具，因为它表示的是城隍，所以平时想要看面具的话，山主必须摆好祭品进行祭祀，祭祀完毕后才能打开柜门看。人们认为如果不这样做的话就会闹出事端。[①]（图14）

图14　河回村庄城隍阁氏面具

中国贵州省的傩堂戏是由巫师来演出的。当人们生病了或没有后代或有灾难等不幸的事情发生时，一般会叫来巫师举行傩堂戏。所以傩堂戏与"冲傩还愿"的风俗相结合，是请神来驱逐鬼怪、治病、祈求得子、祈求无灾无难的活动。

傩堂戏有《梁山土地》《李龙神王》《郭老幺借妻回门》《苏姐姐选婿》《张少子打鱼》等表演

---

① 李杜铉：《韩国的面具戏》，一志社1979年版，第104页。

曲目。这里使用24个面具，分为正神、凶神、世俗人物、丑角四类。其中正神面具和凶神面具属于神圣面具。正神面具有梁山土地、消灾和尚、唐氏太婆、先锋小姐（图15）等。凶神面具有开山莽将（图16）、押兵仙师、勾愿判官、二郎神等。

日本神乐中从日本传统宗教神道的神到佛教的神、祖神等编排成戏剧形式上演。因其天孙系的王权

图15　中国贵州省傩堂戏的先锋小姐面具

图16　中国贵州省傩堂戏的开山莽将面具

神话所占的比重比较大，[①]所以神乐中的面具基本上是为了假装成神而佩戴的神圣面具，神乐中的面具舞则具有很强的宗教意义。一般神乐中的面具多为日本神话中被日本人看作是祖神的神，有名为天照大神的太阳女神，有名为须佐之男命的大海男神，面具多为这些神的形象化，还有很多作为神登场的狮子面具。

西藏和Mongolia、Bhutan、Nepal等地的喇嘛教寺院中上演的宗教性的面具戏《羌姆》，是在祭祀神灵驱除灾难的宗教法会上表演的。羌姆面具可分为凶相面具、善相面具和动物面具三个类型。凶相面具作为守护神，大部分是佛陀或菩萨化身的神圣面具。[②]（图17）

图17　西藏羌姆护法神面具

Mali Dogon族的Dama仪式是葬礼程序中哀悼的最后一项，表现死者的灵魂向其祖先所在的地方移动。由于Dama表演中的面具与Dogon族的创世神话有

---

① 金正浩：《日本神话和神乐——以椎叶为中心》，《实践民俗学研究》9，实践民俗学会，2007年，第251—252页。

② 叶星生：《西藏面具艺术概述》，叶星生编：《西藏面具艺术》，重庆出版社1990年版。

关，所以神的面具也会登场。特别是"Kanaga""Amma ta""Sirige"三类面具是展现出Dogon族知识体系中最有优势的面具形态的神圣面具。Kanaga面具展示了Amma神创造宇宙的运动。戴上"Kanaga"面具，伸开双臂则代表Amma的手创造了世界。[①]（图18）

Guatemala的Maximon面具是为了玛雅祭仪而产生的神圣面具。Maximon是Guatemala西部地区有名的玛雅族圣人，玛雅神Mom和天主教圣人混合为民俗圣者。供奉Maximon的祠堂虽然可以每天都去，但是每年10月28日会进行最大的活动。向其供奉烟酒是对其尊重与感谢的表现，也是向其许愿的行为。另外健康、丰农、结婚、事业、复仇甚至诅咒别人死去都可以向其许愿。（图19）

图18　Mali Dogon族的Kanaga面具

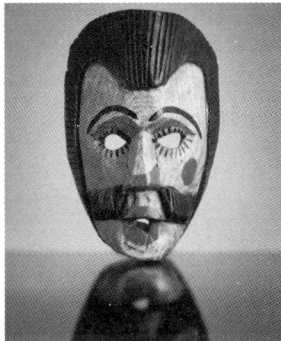

图19　Guatemala的Maximon面具

## 五　医术面具

医术面具分为两类：一类是守护人们健康、拥有保护力量的面具，另一类是能够驱逐带来疾病的恶鬼的面具。治病祭中使用的面具可以视为医术面具的一种。"医"的古字为毉，这个字展示出巫师为了驱除带来疾病的妖魔鬼怪手持箭矢的样子。

---

① Germaine Dieterlen: *MASK and Mythology among the Dogon*, Art, Vol. 22, No.3, UCLA James S. Coleman African Studies Center, 1989, pp.34−35.

　　韩国的治病祭中使用面具的有全南顺天地区的《三扫阳祭》、济州岛的《老大爷戏》《故三僧奈》《仓桑戏》、东海岸地区的《狂人祭》等。

　　《三扫阳祭》本来在全南地区广泛流传，但现在只有顺天的世袭巫丹骨巫堂中传承下来。这个祭祀是将被鬼抓住的精神病患者身上的恶鬼、厉鬼、疫鬼赶走，从而将狂气祛除的一种治病祭。巫师身着色神衣，戴着做好的鬼的面具，手持斧子和桃树枝来撵走病鬼神，从而使患者痊愈。[①]

　　Sri Lanka Sinhalese族的疾病面具Sanni魑魅魍魉的面具有18个之多。Sanni面具戏在治病祭Tovil仪式的最后上演。Sanni在Sinhalese语中是"疾病"或"慢性病"的意思。人们相信始于胆汁、空气中的体液、痰这三种东西的几种疾病，是特定的魑魅魍魉的所作所为。这样的病现在有18种，被称为the Eighteen Sanni Diseases。引起各个病的鬼神叫作Sanni Yaka。即人们相信18种病对应18位致病的鬼神。所以巫师们每人负责一个疾病，佩戴好所对应的疾病的面具，登场后表演相应的疾病，这样就能治愈。Sanni鬼神的头领为Maha-kola Sanni Yaka，这个鬼神一般与霍乱这样的传染病有关。这个面具的两边各刻有9个Sanni面具，合起来一共18个。[②]（图20、21）

　　在南美和北美的部族中原本面具与葬礼是相结合的，在北美五大湖地区的Iroquois族，面具则转变为给人们治病的咒医术中

图20　Sri Lanka的Maha-kola Sanni Yaka面具

图21　Sri Lanka Sanni面具戏的精神病鬼神Amukku Sanni

---

① 催德源：《南道民俗考》，三星出版社1990年版，第411—426页。

② M.H. Goonatilleka: *Mask and Mask Systems of Srilanka*, Colombo: Tamarind Books, 1978, p.24.

最强有力的手段。Iroquois族的很多部族村庄里有戴着面具的秘密结社进行驱除病魔的咒术性质的行医行为。秘密结社的成员们戴着带来并传播疾病的恶鬼的面具。北美西南部的Navaho印第安巫师相信沙画可以治病。例如，为了防治天花而使用的军神面具。而Canada西部British Columbia印第安的面具既是亡灵的引渡者又是疾病的治疗师。[①]

## 六　灵魂面具

灵魂面具指的是死者人格化后的面具。在非洲发现了很多将面具视为祖先灵魂的例子。在Nigeria说igbo语的地区，面具戏一般所见的形态都是代表灵魂或者单纯的神灵的Mmonwu。Mmonwu面具戏在入社仪式或葬礼上演出，在Mmonwu中登场的面具都被认为是重返人间的死者的灵魂。[②]这与Malawi Chewa族的面具戏《Gule wamkulu》如出一辙。《Gule wamkulu》在入社仪式和葬礼等演出时，面具都被认为是灵魂，特别是死去的祖先灵魂。Gule wamkulu是为了使死者的灵魂重归平和同时使他们自己镇定下来而跳的追悼舞。[③]

在Gabon的中南部，Oguooue江流域生活着Panu族、Sango族和Njabi族。他们的部族有相似的"白色面具"和"黑色脸面具"。"黑色脸面具"在审判中担任仲裁的角色，"白色面具"则表现"死后的存在"，以重现女性祖先的灵魂重返今世的情景。（图22）

在Melanesia象征祖先灵魂的面具多种多样。在Papua New Guinea的Sepik江地区，大部分面具是在木材上添加贝壳、纺织品、动物皮革、种子、花、羽毛等，非常丰富。这些面具不仅代表着各种祖先的灵魂，也象征着超自然的

---

① Jean-Louis Bedouin: *LES MASQUES*, Paris: Presses Universitaires de France, 1967, p.36.

② A. Onyeneke C.S.Sp.: *The Dead Among The Living—Masquerades in igbo Society*, Ibadan: Holy Ghost Congregation, 1987.

③ Anthropos Institut（West Germany） ed.: *Inscribing the Mask- Interpretation of Nyau Masks and Ritual Performance among the Chewa of Central Malawi*, University Press Fribourg Switzerland, 1996.

图22　Gabon Panu族的女性
灵魂面具

图23　Papua New Guinea Sepik江地区的祖
先神面具Mwei一对（男女）跳舞的场面

神灵。[1]其中Mwei面具以兄弟姐妹的形式来表现氏族祖先。细长的面具代表男性，略微胖一点圆圆的面具代表女性。面具附着在大的圆锥形的舞蹈服饰上，并用羽毛、树叶和多样的装饰品来装饰。在面具的头顶部位黏上树叶覆盖来象征相对不太重要的祖先和附带的祖先。[2]（图23）

　　在Mexico和Guatemala10月31日到11月2日会举行为期三天的"Day of the Dead"，其中使用的Calaca面具也可视为灵魂面具。在那一天人们戴上Calaca面具赞颂已离开人世的祖先的同时跳舞或在祭坛上奉献面具。Calaca是Mexico式的西班牙语"骷髅"或者"骨头"的意思。虽然Calaca在"Day of the Dead"里最常使用，但它其实是每天都可以看见的象征物。拿着金

图24　Mexico Guerro地
区的Calaca面具

盏花和树叶的Calaca从古代Aztec开始便是象征着快乐的形象。穿着华丽的庆典服饰跳舞或演奏音乐的Calaca的形象被解释为死后享受生活的意思。（图24）

---

[1]　Paul S. Winngert: *Mask*, The New Encyclopaedia Britannica 15th ed. Vol.11, p.581.

[2]　Könemann: *Anthony JP Meyer*, Oceanic Art Vol. 1.

## 七 战争面具

战争面具有充满恶意的表情，或者能让敌人感到害怕的面容。古希腊、古罗马的人们使用过带有怪诞面具的战争用盾牌，他们的盔甲和头盔上也有可怕的面具。日本的武士也使用面具头盔。[①]

中国《旧唐书》中对代面／大面战争面具有所介绍。北齐（550—577）时

期兰陵王长恭虽然精通武术，但面容却如女子般美丽，所以他每次出战之时都要戴着面具，大面便是由此而来。大面是将兰陵王突击敌阵勇敢击溃敌军的形象舞蹈化，形成剑舞，同时佩戴战争用面具。

New Guinea西南岸的Asmat Papua族的战争面具，本来是用在葬礼上象征着死者灵魂的，葬礼结束后男人们将其放在家中保管，战争之时拿出来恐吓敌人。而西非Kono族的战士们必须要先卜算他们的面具之后才能出战。[②]

北美西北岸的Tlingit族印第安人们在战争中为了保护头部不被木质、石质、铜质的武器所伤，都要佩戴头盔模样的木质面具。[③]

图25 日本左坊乐中传承的兰陵王面具

---

① Paul S. Winngert: *Mask*, The New Encyclopaedia Britannica 15th ed. Vol. 11, p.584.

② Jean–Louis Bedouin: *LES MASQUES*, Paris: Press Universitaires de Frace, 1967, pp.60–62; p.78.

③ *Museum of Cultural History Galleries*, Image and Identity—The Role of The Mask in Various Cultures, p.20.

## 八 葬礼面具

葬礼面具有保护死者不被恶灵侵犯的功能，还有防止死者的灵魂在阴间无尽的彷徨、原本样子被破坏的功能，另外还有在葬礼上重现死者等功能。[①]

在韩国从高丽时期开始方相氏就在傩礼中登场了。很久之前方相氏就被用在葬礼上。一直到20世纪50年代，方相氏在葬礼队伍中一直占着领头的位置，扮演着驱散恶鬼的角色。《国朝五礼仪》中有记载4品以上使用4眼方相氏，5品以下使用2眼俱头。（图26）

1931年朝鲜总督府发行的《生活状态调查——江陵郡》中收录了江原道通川郡守崔氏葬礼时的照片，照片上葬礼队伍的最前面就是两名戴着方相氏面具的人。（图27）

图26　韩国民俗材料第16号方相氏面具　　图27　江原道通川郡守崔氏葬礼队伍和方相氏面具

在中国，方相氏面具本来是在傩礼中用来驱除疫鬼，到了后代则被用在葬礼队伍的前方驱鬼开路，并且挖掘坟墓的时候用长枪捅墓穴内的四角来撵走方良。

非洲在葬礼上用面具是非常常见的。Malawi的《Gule wamkulu》面具戏也是在葬礼或入社仪式上演出的。首先人们死去的话会有戴面具的信使

---

① Jean-Louis Bedouin: *LES MASQUES*, Paris: Press Universitaires de Frace, 1967, p.90.

图28　Malawi葬礼上登场的Kasiyamaliro面具

Kan'gwin'gwi跑到邻村将故人之死通告大家，并传达第二天举行葬礼的消息。葬礼上Kasiyamaliro面具起着引导仪式的作用。Kasiyamaliro在葬礼用火燃烧的夜里能够抓住离开死者身体的灵魂。死亡后的第一天晚上Kasiyamaliro来到丧主家中转三圈。人们相信Kasiyamaliro是为了寻找死者的灵魂而回到那个村庄。[①]（图28）

Mali Dogon族的葬礼大体分为埋葬、葬礼和Dama仪式三部分。Dama仪式又可以根据其规模分为三种：Great Dama（Dama Na）、Ordinary Dama（Dama Ana）、Small Dama（Dama Dobu）。相对而言，Small Dama（Dama Dobu）只是一个与个人相关的仪式，定期举行。与之相反，Great Dama（Dama Na）是为有势力的人而演出的，为此还要制作新的面具。在这个盛大仪式中，不仅是死者所在村庄的村民，连邻村的人们也来参加。Great Dama（Dama Na）中约有400名戴着面具的演员参加，这个仪式一般连续进行五六天。

## 九　入社面具

入社面具是入社仪式即成人礼中使用的面具。在入社仪式上，主持入社仪式的人会给年轻人戴上面具。但是一些地区入社仪式如同年轻人步入成年后有了新的角色，所以也会使用表现他们的新的角色的面具。[②]

在古希腊Peloponnesos半岛上的年轻人的入社仪式上，执行入社仪式

---

① Anthropos Institut（West Germany）ed：*Inscribing the Mask—Interpretation of Nyau Masks and Ritual Performance among the Chewa of Central Malawi.*

② Jean-Louis Bedouin：*LES MASQUES*, Paris：Press Universitaires de Frace, 1967, p.6.

的人戴着用木头制作的面具。在非洲
入社仪式上，执行者戴着面具的情
况也比较多。入社仪式中，教育入
社者的人或执行割礼的人都佩戴面
具。Nigeria Yoruba族的《Egungun》、
Afikpo族的《Okumkpa》、igbo族的
《Mmonwu》《MaliBambara》、Bamana族
的《Chiwara》等与祖先崇拜有关，同
时也在葬礼和入社仪式上演出。Mali的
《Do》、Zambia Mbunda族的《Makisi》

图29　Zambia Mbunda族的面具戏Makisi

等也是在入社仪式上演出。Malawi Chewa族的入社仪式和葬礼上演出的Gule
wamkulu也非常有名。

　　Zambia Mbunda族的面具戏Makisi与大部分西非宗族相同，也是在入社仪式
和葬礼上演出的。少年成为成人，文化层面通过面具戏Makisi，身体层面通过
割礼，这被规定为其特征。Makisi的目的是双重的，一是为了向接受入社仪式
的年轻人说明祖先习俗的重要性，二是教其尊重祖先。[①]（图29）

## 十　狩猎面具

　　原始时代人们使用面具，是作为一种打猎时候的伪装。原始人模仿禽
兽的声音或者披上要捕猎的动物的兽皮来接近它们。这样的狩猎方式在南非
Bushman等未开化的社会中仍然延续至今。

　　在Algeria的Tassili或法国南部的Lascaux等地，公元前3万年前旧石器时代

---

　　① P. Andre Vrydagh: *Makisi of Zambia*, african art volume X, number 4, Los Angeles：UCLA,
1977.7.

晚期的洞穴壁画上画有戴着面具的舞者捕猎野兽的场面。

狩猎面具在女真族和满族中也广为使用。《钦定满洲源流考》中有"按今哨鹿之制以木为哨具，又像鹿之首，戴之，使鹿不疑，惟精于猎者能之。详见御制哨鹿赋"的记载，由此内容可知人们在捕猎鹿的时候要佩戴鹿的面具。

另外北美Mandan族印第安人捕猎野牛之前要穿上野牛皮、戴上野牛牛头，围成圆圈连蹦带跳地唱歌。另外几个人戴着野牛牛头上的皮子或跟野牛相似的面具，向着牛群走去。他们吸引着牛群的注意，将其吸引到绝壁周围，埋伏在周围的人们同时齐声呐喊吓唬野牛。这样野牛会惊慌失措地跑向悬崖，在内侧的野牛被伙伴们挤下悬崖。这时在悬崖下面等候的人们手持长枪或箭矢猎杀掉落的野牛。[①]

## 十一　图腾面具

图腾是原始人认为与自己的部族或氏族有着特殊血缘关系的神圣的自然物。人们将这个自然物看作是自己团体的象征，通过与此相关的禁忌来制定社会制约，这就是图腾崇拜。崇拜图腾的团体有着关于很久之前自己的祖先如何与图腾结缘的神话故事，这样的内容在宗教仪式上上演，这时面具就担任了重要的角色。另外高位的祭司、巫师拥有种种非常强烈的图腾，他们戴着图腾面具可以驱除恶鬼，惩罚敌人，找到猎物和鱼的位置，甚至可以治疗疾病。[②]

中国、韩国、日本的古代傩礼和葬礼中使用的方相氏就是蒙上熊皮，头戴黄金四目的面具。但是中国的傩礼中使用方相氏面具起源于皇帝氏族对熊图腾的崇拜，傩礼本来是熊氏族的图腾舞，后来发展为辟邪仪式，这一说法很有说服力。[③]

① Kenneth Macgown&Herman Rosse: *Mask and Demons*, p.5.

② Paul S.Winngert: *Mask*, The New Encyclopaedia Britannica 15th ed.Vol.11, p.581.

③ 顾朴光：《中国面具史》，贵州民族出版社1996年版，第112页。

在西藏的阿裏日土县，过去的绝壁上绘有大量的动物图腾和戴面具的舞者的形象，7世纪上半叶松赞干布执政之时制定了吐蕃文字和法律之后，伴随着庆祝仪式，戴着面具伪装成狮子、老虎、牛、豹子的舞蹈大量上演。[①]

由于在日本从古代开始就把鹿当作图腾，所以戴着鹿面具跳舞的鹿踊即鹿舞在全国范围内传承至今。因为日语中鹿或狮子都是"しし"，所以鹿舞鹿踊在后代被认为是狮子舞。扮鹿的人肚子上绑着太鼓或羯鼓，边敲击，边跟着跳舞。（参考图片2）

British Columbia的印第安Kwakiutl族的面具被看作祖先的图腾。他们的祖先是从天而降或者从地下或者从海里钻出来的，祖先为了得到人类的形象而使用面具。这些面具有食人鸟面具、雷鸟面具、鸬鹚面具、双头蛇面具、被蛇缠住的人类面具等。这些面具都有两个门，回转之后和两边的翅膀一起左右打开，这样能露出中间的人脸。[②]（图30）

前文中丰饶祭仪面具中所阐述的Mali Bambara部族的Chiwara面具也属于图腾面具。羚羊角的样子既是部族的象征，也代表了男性。这个部族相信羚羊教会了他们种庄稼。（图31）这样的羚羊面具在Burkina Faso的Kurumba族也发现了。（图32）

图30　British Columbia的印第安Kwakiutl族的图腾面具　图31　Mali Bambara族的Chiwara面具　图32　Burkina Faso的Kurumba族的羚羊面具的表演场面

---

① 叶星生：《西藏面具艺术概述》，叶星生编：《西藏面具艺术》，重庆出版社1990年版。

② Jean-Louis Bedouin: *LES MASQUES*, Paris: Press Universitaires de Frace, 1967, p.47.

## 十二　祈雨面具

祈雨面具是在旱年祈求下雨的祭仪中使用的面具。祈雨祭是世界范围内带有普遍性的祭仪，根据宗族而使用面具。

北美西南部Pueblo族的分支Hopi族有头盔模样的祈雨面具。为了表现雨、雷、云、闪电和生长的玉米，头盔上面会用染料画出纹样并贴上各种装饰物。[①]（图33）

Cambodia的面具戏中为了向天上的神明祈雨和祈求丰收，另外还为了其他的祭仪性目的而进行舞蹈表演，这些舞蹈中就包含面具舞。[②]

Mexico不是为了祈雨，而是在雨季到来之前向雨神美洲豹祈祷雨的调节，并献给美洲豹祭品。在古代Mexico美洲豹象征着大地、雨、富饶，并被认为是雨神。美洲豹舞在Mexico传承至今，原有的祭仪性脉络丢失，在主保圣人的庆典等公演，名称也变为《老虎舞》。[③]（图34）

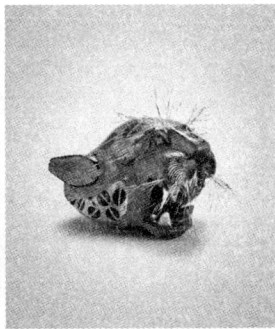

图33　北美西南部Pueblo族的分支Hopi族的祈雨面具　　图34　Mexico雨神捷豹面具

---

① Kenneth Macgown&Herman Rosse: *Mask and Demons*, p.97.

② James R. Brandon ed: *The Cambridge Guide To Asian Theatre*, Cambridge: Cambridge University Press, 1993, p.20.

③ Roberta H. Markman and Peter T. Markman: *Masks of The Spirit—Image and Metaphor in Mesoamerica*, Berkeley and Los Angeles: University of California Press, 1994, p.167.

## 十三　艺术面具

艺术面具是指舞蹈和戏剧中用到的面具，全世界都有所分布。世界各国的艺术面具数不胜数，这里无法一一列举。最初戏剧面具是为了让坐在远处的观众知道演员的角色和性格而佩戴的。所以，只看面具的模样便可知道这个角色是帮助主人公的好人还是对主人公不利的坏人。不仅是人类，所有的动物、树木、太阳、云彩等自然物也是用面具表现的。

但是因面具的嘴部是被堵住的，所以演员的声音没办法很好地传递给观众。另外戴上面具后演员视线不太清晰，所以会出现在舞台上摔倒的情况。因此罗马时代首次诞生了眼部被剜得很大并且没有下巴的面具。因为演员只要换一下面具就能扮演其他角色，所以艺术面具沿用至今。

### 1. 东亚的艺术面具

韩国的处容面具本来是傩礼中使用的辟邪面具，但是根据朝鲜前期成伣的《乐学规范》中介绍的《鹤莲花台处容舞合设》，可知其也具有舞蹈面具的特性。现在处容舞辟邪的性质已经失去了，而是单纯被看作传统舞蹈来传承，所以现在的处容面具是完全的舞蹈面具。（参考图6）

现存的扬州别山台戏、松坡山台戏、凤山面具戏、康翎面具戏、殷栗面具戏、统营五广大、固城五广大、水营野游、北青狮子舞、河回别神祭面具戏、江陵官奴面具戏、男社堂牌的德别基等都是戏剧性的面具戏，所以这里使用的面具都属于艺术面具。

在中国，面具戏叫作傩戏。中国傩戏学研究会第一任会长曲六乙先生将中国现存的面具戏分为以下几种：

（1）祖上神灵回访型：湖南土家族毛古斯、贵州彝族撮泰吉、广西苗族芒蒿、内蒙古蒙古族好德格沁。

（2）图腾回访型：云南彝族跳虎节、云南彝族跳豹子、青海土族跳於菟、广西壮族蚂蛴节。

（3）神主巡游型：四川梓潼文君扫荡、安徽祁门游太阳。

（4）山神祭型：四川白马藏族转山会。

（5）新年社火型：河北固仪捉黄鬼和假面哑队戏、安徽贵池傩戏、青海土族纳顿节、山西曲沃扇鼓神谱。

（6）灯会社火型：安徽芜湖马灯、安徽贵池高跷节、江西南丰地马。

（7）巫傩戏型：湖南苗族傩堂戏、湖北土家族傩堂戏、贵州布依族傩堂戏、贵州仡佬族傩堂戏、贵州侗族咚咚节、广西壮族师公戏、广西仫佬族依饭节、广西毛南族肥套。

（8）军傩型：贵州安顺地戏、云南澄江关索戏。

（9）提线木偶型：四川射箭阳戏、四川梓潼阳戏。

（10）巫教道教融合型：江西萍乡傩、四川芦山庆坛。

（11）寺院驱鬼型：西藏藏族羌姆、青海跳乾、内蒙古蒙古族差玛、北京雍和宫跳布扎。

（12）从祭祀中脱离或部分脱离的面具戏：西藏藏剧，青海安多藏剧，四川康巴藏剧，四川嘉绒藏剧，广西壮族和汉族的师公戏，湖南桃源傩戏，黑龙江满族玛呼戏，四川、贵州、湖南的阳戏。

日本代表性的面具戏是《能》和《神乐》。佩戴面具的神乐分为以下三种类型：

（1）出云流神乐：椎叶神乐、大元神乐、荒神神乐、江户的里神乐等。

（2）伊势流神乐：用远山祭、花祭、冬祭、霜月神乐等名称进行的神乐。

（3）狮子神乐：太神乐、山伏神乐是东北地区广泛传承的神乐，在太平洋沿岸叫作山伏神乐，在青森叫作能舞，在东海沿岸叫作番乐。

在西藏喇嘛教的寺院中，喇嘛教的仪式之一是表演羌姆和民间公演的拉姆。西藏和Mongolia、Bhutan、Nepal等地的喇嘛教寺院中上演的《羌姆》是在祭祀神灵、驱除灾难的宗教法会上演出的。（图35、36）藏戏可分为六个种类，

即德格戏、白面具戏、蓝面具戏、昌
都戏、安多戏、木雅戏和嘉绒戏。①
（图37）

### 2．东南亚的艺术面具

东南亚的Myanmar、Cambodia、
Indonesia、Laos、Malaysia、
Philippines、Singapore、Thailand、
Vietnam等在宗教、文化、舞蹈等方
面受到了南亚和东亚的共同影响，
并与自身丰富的土著表演传统互融
合。东南亚的面具戏将印度的叙事
诗《Ramayana》《Mahabharata》戏
剧化的例子很多，从这里也衍生出
其他面具戏。

Thailand的面具戏有宫中舞蹈
剧Khon，（图38）民间传承的有叫
作Nora和Manora的戏剧，在这些戏
剧中也用到各种面具。

在Indonesia，《Wayang Wong》
《Wayang Topeng》《Calon Arang》等
面具戏被传承下来。（图39、40）

Cambodia的《Lakon Khol》、
Laos的《Pra Lak Pra Lam》等面具
戏一直传承至今。

图35　西藏扎什伦布寺羌姆的云游僧公演场面

图36　西藏扎什伦布寺羌姆的骷髅神面具

图37　西藏藏戏中表演的蓝面具

---

① 叶星生：《西藏面具艺术概述》，叶星生编：《西藏面具艺术》，重庆出版社1990年版。

图38　Thailand Khon的公演场面

图39　Indonesia Bali的Wayang Wong中登场
的Rama（中）、Lakshmana（左）、Vibhishana
（右）、Hanuman（白色猴子）和猴子部队

图40　Indonesia Bali的Topeng公演中进
行祝福和净化仪式的Sidhakarya

### 3. 南亚的艺术面具

India的代表性面具戏是著名的被称为面具舞蹈剧的《Chhau》，是在Chaitra
Parva庆典中上演的舞蹈剧。佩戴面具演出的Chhau包括West Bengal西面边
界的Purulia地区的《Purulia Chhau》（图41）、Bihar州南部的Seraikella地区的
《Seraikella Chhau》（图42）等。在India除了Chhau之外，还有在India南部Kerala
州的《Palghat》和Trichur地区传承的《Kummattikali》等。

在Sri Lanka《Sanni》在治病祭中上演，《Kolam》和《Sokari》是与宗教仪式
没有关联的面具戏。（图43）

Bhutan喇嘛教寺院中传承的《Cham》面具戏。（图44）

Nepal Gai Jatra庆典的时候游行队伍中也表演面具舞（图45），跳舞的山鬼
神Lakhe在庆典期间为了保护村庄，每天晚上都在村庄里穿梭并跳舞。（图46）

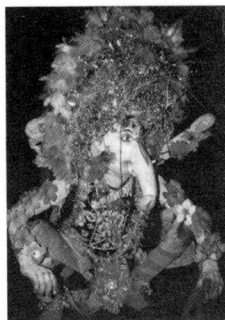

图41　India《Purulia Chhau》中戴象鼻面具的Ganesha神

图42　India《Seraikella Chhau》的场面

图43　Sri Lanka《Kolam》，入席的王和王后面前一对狮子跳狮子舞的场面

图44　Bhutan《Cham》的墓地神Durdag

图45　Nepal Gai Jatra庆典时行进队伍中的面具戏

图46　Nepal Gai Jatra庆典中的Lakhe

另外Indra Jatra、Navadurga等庆典上也会上演面具舞。

### 4. 非洲的艺术面具

非洲的很多国家都传承着面具舞和面具戏。这其中Nigeria的Yoruba族的《Egungun》、Afikpo族的《Okumkpa》、Igbo族的《Mmonwu》、Mali Bambara族的《Chiwara》等与祖先崇拜有关系，在葬礼和入社仪式上公演。Mali Dogon族的《Dama》是在葬礼和纪念仪式上演出，Zambia和Malawi Chewa族的《Nyau》在入社仪式和葬礼上演出，Mali的《Do》、Zambia Mbunda族的《Makisi》等在入社仪式上表演。《Mammiwata》是与性行为、丰收相关的水之女神的面具戏，在非洲众多国家有所流传。这之外还有非洲Yoruba族的《Gelede》、Annang族的《Ekong》、Tiv族的《Kwag-hir》、Sierra leone的《Ode-lay》等面具戏，数不胜数。这其中当属Nigeria的Yoruba族的《Egungun》、Igbo族的《Mmonwu》以及Malawi Chewa族的Nyau仪式上上演的《Gule wamkulu》最为有名。(图47)

图47　Malawi Chewa族《Gule wamkulu》的公演场面

### 5. 北美和中南美的艺术面具

在北美西北岸居住的印第安人保留了一部分Potlatch活动的《Hamatsa》面具戏。Potlatch是美国西北岸印第安人为了炫耀富有和权力而进行的秋季庆典中的分发礼物的活动。Potlatch的中心服饰和面具非常华丽，是用来做展示用的戏剧性活动。

中美和南美现在还传承着很多面具舞和面具戏。特别是Maxico、Guatemala、Bolivia等地进行各种庆典活动的时候很多面具戏团体也会参加。[1]

---

① Charlotte Heth ed: *Native American Dance—Ceremonies and Social Traditions*, New York: National Museum of the American Indian, 1992.

（图48、49）Maxico、Guatemala的面具戏有《老虎舞》《摩尔人和基督教人的舞》《征服之舞》等。另外从此衍生出的很多戴面具的舞者也会在各种庆典中出现。《老虎舞》是代表性的土著面具戏。《摩尔人和基督教人的舞》是典型的外来的面具戏。《征服之舞》是从《摩尔人和基督教人的舞》发展而来的。[1]

除此之外Guatemala的《牛仔舞》和《墨西哥人之舞》等面具戏也被传承下来。

图48　Maxico Penon de los Banos嘉年华会的面具舞队伍

图49　Maxico Huejotzingo嘉年华会游行的Zapadores大队

## 十四　结论

面具本来是为了借助超越人类能力的超自然力量来驱逐鬼怪以达到愿望而使用的。与别的动物不同，只有人类有宗教，所以使用面具来实现咒术目的的想法也只有人类具有。

10月31日万圣节虽然是西方的风俗，但是最近在韩国到了万圣节的时候孩子们也会戴上魔女、幽灵、花脸的面具，在幼儿园里也会穿着帅气的衣服戴着面具进行活动。因漫画、电影而出名的蝙蝠侠就是戴上蒙面面具而变身成与平时完全不同的存在。对于这种异国的风俗的喜好，表现出了戴上面具遮蔽自己

---

① Roberta H. Markman and Peter T. Markman: *The Pre-Columbian Survivals—The Masks of the Tigres*, *Masks of the Spirit—Image and Metaphor in Mesoamerica*, Berkeley and Los Angeles: University of California Press, 1994, p.167.

而变身的欲望是只有人类才有的特征。

参加威尼斯庆典中面具庆典的人们自觉地戴着面具穿梭，同时也是在试图变身。这是因为习惯了枯燥乏味的日常生活的现代人，通过面具而发现了自己的另一面。对于变身的渴望，还有戴上面具变身时企图寻找潜藏的另一个自己的努力，这些都是面具文化持续至今的原因。

本文对面具进行了分析，除此之外面具还有各种数不胜数的形态和用途。当今面具以多种多样的形态出现，如医院里手术室使用的医用口罩、棒球接球员和审判员使用的保护用面具、冰球的守门员佩戴的保护用面具、工业现场用的防毒面具、消防员佩戴的面具、职业摔跤选手为了吓唬对方而佩戴的面具、庆典中戴的面具以及面具戏中的面具等。与此同时，比起咒术性的目的，现代面具的实用性和艺术性目的更强。随着时代的变迁，咒术性面具便逐渐转变为实用性和艺术性面具。

# 浅谈日本江户里神乐

——以住吉神社的三出神乐为例

中央戏剧学院博士研究生　权晓芳

2017年8月6日，在麻国钧老师的带领下，我们一行来到日本东京进行为期6天的考察学习。期间我们先后考察了东京住吉神社的神乐和仙台的牡鹿法印神乐。本文中，笔者试以东京住吉神社的三出神乐《八幡山》《稻荷山》《恶鬼退治》为例，浅析江户里神乐。

## 一　关于日本神乐

### （一）神乐在民俗艺能中的位置

日本的民俗艺能非常丰富，而分布最广泛的当属神乐，同时最难理解的也是神乐。然而，神乐可以说是伴随着日本民族的产生自古就有的祈祷仪式。随着时间的推移，神乐逐渐仪礼化、艺能化，变得更加丰富多彩。

一般情况下，日本的民俗艺能被分为以下几类：（1）神乐，（2）田乐，（3）风流，（4）祝福艺，（5）外来系·延年系。相对宫廷的御神乐，民间的神乐被称为"里神乐"。里神乐种类非常多，一般被分成以下几类：（1）巫女神乐，（2）出云流的神乐·采物神乐，（3）伊势流的神乐·汤立神乐，（4）狮子神乐（可分为山伏神乐·番乐和太神乐），（5）奉纳神事舞。[①]

如果非要把宫廷神乐也归入这几类中的某一个的话，它应属于采物神乐。最初，神乐是用来祈祷长命的神事，它历史久远，加上它适合在院子里演出，渐渐地呈现出丰富多彩的内容。甚至可以说日本民俗艺能的大部分都是神乐，它同日本人的信仰结合得更加牢固。

### （二）神乐的雏形

神在被人格化之前，日本列岛的祖先们认为神具有强大的灵魂。所谓生，就是灵魂的一部分借助肉体来到了世间；所谓死，就是灵魂离开了肉体回到神。这样的生死信仰，在日本北海道阿依努族人的生活中至今依然存在。这样的生死观形成了日本人心中神秘的生殖崇拜。人们认为通过生殖繁衍，人作为神的分身，通过召唤神，可以和神进行对话。

那么，人们迎来神灵，祈求神灵的无非是以下三件事。

第一件是祈祷长命百岁。于是有了镇魂、招魂的仪式。据《旧事本纪》记载，神武大皇元年十一月，宇麻志麻治命令备齐十样宝物，为帝后招魂，祈祷帝后长寿。当然，在有记载之前，就开始有镇魂招魂的仪式了。[②]

第二件是祈祷五谷丰收。古人认为五谷也是有灵魂的。他们认为丰年是因为谷灵降临了，而凶年则是因为没有敬谷神。于是人们虔诚地邀请强大的灵魂，也就是后来被冠上各种名字（诸如田神、山神等）的神，祈祷天地间物产丰富。人们认为即使是小小的一粒米，也是有灵魂的；认为五谷皆有灵魂，吃了五谷之后，自己的灵魂就会变得更加强大。而且，人们认为五谷之中大米是最有力量的，尤其是新丰收的大米，于是有了尝新的祭祀。这也是尝新祭的起源。从这种祈祷中，渐渐产生了田乐、田游等民俗艺能。关于狩猎，产生了山神信仰，祈祷狩猎的祭也有很多种。关于渔业，有初渔祝、大渔祝等祭。

---

① ［日］本田安次：《日本的传统艺能　神乐Ⅰ》，锦正社2000年版，第3页。
② 同上，第6页。

第三件是驱除危害人类的疫病灾难等的祈祷活动。这里指的是人眼看不见的恶神、恶灵等。一般有两种方法：一种是郑重地迎接恶神，哄其开心，把它连哄带骗驱逐出境；另一种是一开始就恐吓，强力驱逐出境。比如，镇花祭、挂踊属于第一种，阿依努的驱鬼活动属于第二种。

### （三）神乐和kagura

"kagura"的词源至今没有明确的说法。有人说是由kamukura转化而来，有人说是kamigakari、kamieragi等，都不算妥当。还有如下说法：

> "kagura神乐"是"kamukura神座"一词缩略后形成，江户俳人小栗百万的《屠龙工随笔》、富士谷御杖的《神乐催马乐灯》中均采用这个说法，大槻文彦、折口信夫、志田延义等也认可"神座说"。①

所谓"神座说"，认为神要降临到神座上，神事活动才能顺利开展。所以，神座是神事活动的核心，于是神座就指代神事活动，后来神座的发音经过简化，就成了整个神事活动的名字kagura。我们现在叫"神乐kagura"，"神乐"和"kagura"，先出现的是"神乐"，后来才叫"kagura"。

> 最早记载"神乐"字眼的是《万叶集》（大约成书于759年），但是读作sasa，比如"神乐波之志贺左射礼浪"。如果从古至今神乐演出时的铃声，大家都认为是沙沙的声音，那么这里的神乐发音应该就是借用铃声的沙沙声而读成sasa。并由此还推测《万叶集》成书时，宫廷里的神乐还没有定型，所以镇魂时用的铃声就成了"神乐"的代名词。《古今集》中称"神乐"为"kamiasobi"。《日本后记》《延喜式》中将神乐称作

---

① ［日］本田安次：《日本的传统艺能　神乐Ⅰ》，锦正社2000年版，第17页。

"kagura"。①

其实，在神乐一词出现之前的神事活动，如镇魂祭、宫座，和所谓的神乐指的是同一种活动。非要说它们和神乐有什么不同，那就是它们处在初期，仍是以神事为主，艺能不过是辅助神事的工具。艺能的形式也并不固定，各种巫女舞、倭舞，甚至后世出现的能、即兴的舞蹈、狂言等。《古事记》中记载的天女受卖命、《日本书纪》中记载的天钿女命跳舞的故事，便是最初的神乐，同时也是日本艺能的起源。总之，"神乐"，从字面上来看，是祭神时音乐的声音，并且乐舞在整个神事活动中占据了很重要的地位。渐渐地，人们把神座行事和（神）玩耍的"神乐"看作一个整体，于是"神座kamikura"就等同于"神乐kagura"。

### （四）神乐的演出场所

前面讨论"神乐"和"神座"的关系，顾名思义，"神座"就是迎接神下来以后神依附的座。从远古开始，人们举行神事活动时，就在不断思考究竟选择什么作为"神座"。人们最初得出的结论是，不论是什么东西，它一定是隐秘的。最早，人们在举行神事活动时，在岩石、坟冢上面立柱子或者桦，在《古事记》中也有相关记载。现在，幣、梵天的柱子、铎等比较小型的东西被看作神要依附在其上的东西。幣和梵天的幣串和棹是关键部位，现在这些柱子和棹，有的已经变成榊树枝、松树枝、柳树枝、竹子、杖、小柴、筷子等。一方面，这些东西隐秘地象征着大地、塚、盛砂、饼、手握寿司、一餐饭、臼、俵、苞等，意味着人们用很多东西在祭拜神灵，另一方面，人们认为神容易附着在这些东西上。

---

① ［日］本田安次：《日本的传统艺能 神乐Ⅰ》，锦正社2000年版，第19页。

## 二 关于江户里神乐

### （一）江户里神乐的由来

里神乐，也写作乡神乐，一般称江户风或者江户流的里神乐为"江户里神乐""江户的里神乐"。江户流的里神乐，在江户时代初期传到江户，其源头是土师一流催马乐神乐。其中的默剧很多采用神话题材。"里神乐这个词汇，在镰仓时代的建仁元年（1201），藤原定家的日记《明月记》中有记载。"[1]

从那时算起，江户是460年到480年之后的事情。《海录》中记载的土师舞传来之前，江户地区流行以神前神乐为代表的一种叫代代神乐或者太太神乐的神乐舞。据说，大国魂神社的神乐是奉源赖朝之命开始的，品川神社的神乐是因为德川家康在关原之战出征前祈求打胜仗时演出的，在战国时代的元龟年间（1570—1573）已经开始流行。这样的神乐舞，大部分都是神职人员在神前式典中作为神事舞而上演的。但是里神乐却并没有经过专门演出神乐舞的神事舞太夫之手，而是出现在各地的例祭中、舞殿内、临时搭建的舞台上，行使赈神的职责。

起初，里神乐是佩戴假面的默剧，宽政二年（1790）以后，有着五十年历史的举行江户舆行的壬生狂言，大大影响了江户里神乐。洞察了江户百姓的喜好，交叉着上演种种滑稽戏码以此来吸引百姓发笑。之后里神乐题材拓宽，演技洗练，江户后期的文化文政年间（1804—1830）达到了鼎盛。到了明治时期，面、衣装、小道具甚至动作都吸收了能的风格。江户里神乐不同于其他地方神乐的是，演员以演神乐为职业。为国持大名服务的神社，以及大多数神社，一年一度的大祭自不必说，每月的祭祀都会上演神乐。例祭中上演神乐盛况空前，因此这些神社靠负责管理神乐师的神社送来的答谢钱就可以维持运转。

### （二）江户里神乐的传承

江户里神乐，由麻布和浅草的神道公馆的神事舞太夫掌管，并且擅长的艺能

---

[1] ［日］中村规：《江户东京的民俗艺能 I 神乐》，主妇之友出版社1992年版，第96页。

也不断扩大，可以说人才辈出。这些名人又指导后辈，让人见识了它的壮大。

神道公馆，江户时代起由担任神职的吉田家（神职的总家）管理，因其管理的神乐师们在麻布的广尾、麻布的鼠穴、浅草的新掘端三个地方被赠予了土地和房屋，因此取了这样的名字。可是，明治维新（1868）的神佛分离令，让江户的神乐师流散各地，并且从神道公馆中将其赶出，明治五年（1872）历法改正之后大大改变了一直以来的状况。

根据里神乐传承家间宫家留下的藏书，明治12年（1879）里神乐一共有38家（其中37家是明治7年，中教院直接管理并且承担教导职务），周边县的加起来一共是57家。这些神乐师，分布在如今的东京都、埼玉县以及周边地区，熊谷县是现在的埼玉县。其中，有一个神道公馆的浅草新掘端记录成浅草新旅笼町（现在的台东区藏前第1—3町），可见高桥、坂本、若山、关口、宫城岛五个神乐师的姓名。其中的若山家，现在还住在这里传承着神乐。从明治、大正到昭和（初期），大部分神乐师已经习惯白天表演神乐，晚上表演戏剧了。据说这种状况一直持续到战前，如今的多摩都还能看到这样的情形。昭和初期到太平洋战争开始的昭和16年，这一期间里神乐遭遇了存亡危机，神乐师只剩下9家，战后留下了藏前的若山家（图1、2）、品川的间宫家、西日暮里的松本家、稻城的山本家、江古田的荻原家（现在板桥和落合）、上高井户的齐藤家、大

图1　住吉神社的神乐舞台

图2　若山家传承的神乐演出

森的池田家、二宫的古谷家（传承者不在），除此之外，加上最近大森的冈部家的启吾氏，还有江户川的故岩楯己好氏（葛西神乐保存会）、宫前的牧野三郎氏（大宫前乡土艺能保存会）、秋川的野边伴奏神乐保存会、柏木野神代神乐保存会、伊豆大岛的野增神乐保存会，以本地神社为代表，出现在东京都各地的例行大祭上，在舞殿以及临时设立的舞台演出，让祭礼变得更加热闹。①

### （三）江户里神乐的表演剧目

里神乐的表演剧目，江户后期达到百座（也称作"番"），很难知道确切的数字。首都技艺"江户里神乐"的保存者是若山、间宫、松本、山本四家，其中，山本家传承的"岩井神社铃森御神乐格式"，记载显示是江户中期的明昭6年（1769）的剧目，而且详细记载有50个剧目，是了解江户里神乐的贵重资料。

文化文政期，神乐迎来了鼎盛期，演出剧目超过100个。幕府末期到明治维新的动乱期过后，也就是明治7年（1874），整理成25个里神乐的剧目。当年在红叶山定下了里神乐的天览，依据中教院指示审查演出内容，当时的37家神乐师商议后，紧急总结，查看了皇典讲究所的次第书，得到许可的只有25座。此时的演出剧目被称作审查完的神乐如下：天浮桥、黄泉丑女、三筒男神、天岩户、神逐蓑笠、八云神咏、天返矢、幽显分界、天孙降临、笠狭樱狩、山海幸易、三轮神杉、狭穗稻城、熊袭征伐、东夷征伐、酒折连歌、热田神剑、三韩征伐、兄弟探汤、恶鬼退治、神剑幽助、天路剑玉、神明种苣、三穗崎鱼钓、敬神爱国。

其中新加的剧目是敬神爱国，把三穗崎鱼钓的铃藏起来响的情节改动了，让大国主命登场，也是唯一一个题目和内容不一致的神乐。

明治维新以后，新出的剧目大多从能和歌舞伎中直接取材。例如红叶狩、

---

① ［日］中村规：《江户东京的民俗艺能I　神乐》，主妇之友出版社1992年版，第97页。

土蜘蛛等，甚至打破江户里神乐的传统默剧形式，出现了开口的神乐。例如罗生门、网馆、大江山、养老等就属于这一类剧目。

江户里神乐四家传承的剧目，以审查完的剧目为中心，每个剧目都多少有差异，而且除了四家都演的剧目，每家还有自己独特的剧目。因此，本文中将四家中三家的剧目共36座当作江户里神乐的剧目。（同样的演出剧目在不同的神乐家呈现出不同的艺术形态、舞蹈动作，无法达到统一，括号里记载了演出剧目的别的名字。而且，参演人员的数量、演出服装等随着季节而变化也无法统一）若山家，根据演出剧目分为古典的、近代的、传说、能和狂言四大类。《天之浮桥》到《敬神爱国》是古典剧目（也有不少家把古典剧目称作神代剧目、神代神乐），《红叶狩》《罗生门》是近代剧目，《浦岛太郎》《稻羽素菟》是传说剧目，《钓女》是能和狂言剧目。根据演出剧目分类来看传承数量的话，古典剧目，若山家42番，间宫家33番，松本家32番，山本家21番；近代剧目，若山家11番，间宫家1番，松本家2番，山本家1番；将狂言改编成神乐的，若山家6番，松本家1番；演出剧目36座的概要和服装等，各家之间也存在差异。笔者在这里仅介绍一下此次日本考察看到的神乐剧目。

**1.《八幡山》**

仲哀帝的妃子神功皇后同武内宿祢商议后征讨新罗，在九州的八幡山，祈祷神灵保佑他们渡海顺利。（皇后、宿祢出来的伴奏·下羽）神宫皇后和宿祢一起跳舞，祈祷渡海顺利。（伴奏·镰仓）神宫皇后——模拟假面、鬘带、女面、着付、袴、扇。随从——头巾、模拟假面、着付、半切、裁着袴。（图3）

图3　《八幡山》剧照

### 2.《稲荷山》

稲荷山的神听说了让人吃尽苦头的鬼，于是立刻决定驱鬼。稲荷大神让随从拿着弓箭（稲荷大神、随从出场的伴奏・下羽）跳祈祷胜利的弓舞（伴奏・大宫），接着天狐手持幣和铃（天狐出场的伴奏・乱拍子），跳幣舞。（伴奏・本间）舞蹈一结束，大神叫来千箭（伴奏・升殿），命令驱鬼，并授予弓箭。（伴奏・下羽）稲荷大神——白头、男神面、狩衣、袴、（指贯）弓、箭。随从——头巾、模拟面、着付、半切、裁着袴、扇。天狐——白头、狐面、着付、袴（裁着袴）、幣、铃。千箭——黑头、男面、法被、半臂、大口、太刀、扇。（图4）

图4 《稲荷山》剧照

### 3.《恶鬼退治》

奉稲荷大神之命的千箭，用大神赐予的弓箭（鬼出来的节奏、升殿）（千箭出来的节奏、乱拍子）成功地打退了恶鬼（节奏、haya）。这里恶鬼的道化是看点（节奏、仁羽）。青鬼——头巾、青鬼面、着付、半切、裁着绔、扇。千箭——黑头、tinori面、法被、半臂、大口、太刀、弓、矢。

图5 《恶鬼退治》剧照

以上介绍的三出神乐中，最让笔者印象深刻的是《恶鬼退治》，它有很鲜明的特征。首先它的整体气氛不是恐怖的，而是搞笑的。其次，笔者看到红鬼和绿鬼的表演中大量运用了程式化的动作。打鬼之所以变得搞笑，和现代人的鬼神信仰意识淡薄有关。另外，神乐发展到现代，已经是人们用来消遣的娱乐形式，搞笑元素有利于吸引观众。其实，神乐本来就有搞笑元素。

天之岩户前表演的神乐，八百万神看着天女受买命齐声大笑。让人们发笑，使其头脑放空，这样祈祷的效果会更好。因此，古代祭神时，笑和酒一样，是必不可少的。神乐的种类多种多样，但无论哪一种，都必然有搞笑元素。[①]

**（四）江户里神乐的表演服装**

里神乐的服装，分为衣裳和采物两大类。衣裳包括头冠、毛发、假面、上衣、袴、下身衣服、鞋等，采物包括幣、铃、榊、武打道具的太刀（剑）、弓矢、笠、锹、手桶、钓竿等。

其中，衣裳的上衣和袴大多吸收了能的风格，整体绚烂豪华。但是，每个剧目中的人物登场时，都是戴着头巾、模拟假面或者达摩假面，穿着半切（半缠），裁着袴（轻衫）上系着石带，穿着白袜子，怀里揣着手帕，腰间别着扇子，这都是里神乐的独特之处。

**1．头冠**

**天冠** 金色透明的头冠，是巫女、天照大神所用。除天之岩户、神逐蓑笠、天路之剑玉里的天照大神以外，天之浮桥的伊奘冉神，狭穗之雨的狭穗姬、新罗征伐、产屋的神功皇后也用这种头冠。

用黑色的罗缎缝制，涂上漆，分有垂缨的和没垂缨的。天孙降临、笠狭的樱狩的琼琼杵尊，孔舍衙坂、布都御魂出现、长髓彦追讨、土蜘蛛的神武帝。狭穗之雨、稻岐（城）之城的垂仁帝、日代之宫、东夷征伐的景行帝等用这种头冠。

---

① ［日］本田安次：《日本的传统艺能　神乐Ⅱ》，锦正社2000年版，第180页。

**乌帽子** 涂黑的帽子，由黑色的纱绢或者绫罗或者纸并涂上各种漆做成。乌帽子有立乌帽子、风折乌帽子、侍乌帽子、引立乌帽子、揉乌帽子等。里神乐中，提到乌帽子，主要用立乌帽子、侍乌帽子（纳豆乌帽子）、揉乌帽子（演奏艺人等用的梨子打乌帽子）。

**鸟兜（甲）** 用锦、金襕等制成，像凤凰头。三筒男神的上筒男神、天孙降临，真似天狗的猿田彦命使用。

**大黑头巾** 圆形，周围蓬松的头巾。为敬神爱国、稻羽素菟的大国主命所用。

**头巾** 用布帛制成，盖着头。大多是黑色和茶色。模拟某些形象的头巾也有。

**2. 毛发等**

**大发套** 也叫大振、振毛、赤熊，有黑毛、白毛、赤毛、青毛等。黑毛是男神、随身等使用，白毛是翁、爷、姥、狐等使用，赤毛和青毛是蛇、鬼等使用。

**花式** 被叫作上毛，毛发崭新，有黑毛和白毛。黑毛是女神、姬、从女、丑女等使用，白毛是老妇人等使用。

**鬘带** 系在"花式"上面的细长的带子，有赤、青、白、金等颜色，主要是丑女使用，战支度的神功皇后等也用。

**3. 假面**

翁面、爷面、稻荷神面、大国主面、太刀男面、素盏鸣面、日本武面、神武面、武恶面、天狗面、熊袭面、长髓彦面、恶神面、龙神面、鬼王面、桃太郎面、大黑面、夷面、三番叟面、天照大神面、钿女面、女（女神）面、若女面、龟面、般若面、生成面、姥面、鬼面及其他。

**稻荷神面** 老神面、稻荷山、神田种莳等使用。

**鬼面** 赤鬼张着大口，青鬼的嘴呈"へ"字形，各自表现愤怒的表情。

**4. 上衣等**

狩衣、法被、半切、挂铠、长绢、千早、上衣、着付、半着付、被衣、舞衣、唐衣（唐服）、阵羽织、铠下、石带、手甲、胫巾。

### 5．袴

大口、切袴、指贯、轻衫（裁着袴）、长袴。

### 6．采物、小道具

采物　榊、幣、弓箭、剑（太刀）、铃、扇、杖、笹、锌、杓、葛、钓竿、撞木、蓑笠、日伞、手桶、锹、杵、臼、枡、釜、五德、帚、手拭、火打石、火吹竹、火打箱、粗朵、盥、德利、土器、酒壶、三方、打出小槌、拍子木、小刀、宝玉、曲玉、八足（八足台）、采配、床几、玉手箱、中启、注连绳。

### （五）江户里神乐的伴奏

里神乐的伴奏有大拍子、笛（筱笛和能管、同一个伴奏方区分着用笛子和能管）、太鼓三种乐器作为基本配置，明治以后，"modoki"等舞蹈加了小太鼓、钲两种乐器，一共五种乐器，变得非常热闹。另外也有加上拍子木、笏拍子等乐器的时候。里神乐中，有的伴奏用幣神乐的曲子开头，接着用大宫、镰仓、升殿、冈崎（仁羽），用幣神乐结尾，这叫作击打出声，是神乐开始的信号，也叫作神乐伴奏。里神乐的伴奏中，筱笛和能管是分开使用的，筱笛的话，有早、本间、突破等，能管的话，有下羽、乱拍子、本间、早等。而且，太鼓有三个拍子。神乐由神乐师来演，伴奏由伴奏方的人员奏乐。这些人员相对神乐师也可以叫作音曲师。伴奏方的装扮是乌帽子（梨子打乌帽子）、直垂、袴、光脚穿白足袋的正装，通常情况下是白色上衣、袴、光脚穿白足袋的简装。

图6　《八幡山》剧照　　　　　　图7　《稻荷山》剧照

### 1. 乐器

大拍子、筱笛、能管、大太鼓、缔太鼓、钲、拍子木、笏拍子。

### 2. 曲

里神乐中，通过分别使用大拍子和笛子，创造出独特的伴奏，神、姬、臣等出场、对话时用能管伴奏的"下羽"；恶神、鬼、大蛇等出场，神转来转去等伴奏用"乱拍子"；随从、农村人等争吵时用筱笛伴奏的"早"，给舞蹈伴奏的"本间"充分展现出了筱笛的动听。江户里神乐四大家的曲子没有大的差别，但是放在每个剧目中还是有差别，可以说剧目的曲子不是固定的。比如若山胤雄社中有"皮违""糸引拍子"这样独特的曲子。

### （六）江户里神乐的程式化表演

之前在介绍《恶鬼退治》时提到过演出过程中大量采用抽象的动作，因里神乐大部分是默剧，因此舞蹈的表现力决定了剧目有趣还是无聊。身手动作就是对话，舞蹈就是一种行为。而且，根据演出剧目不同，舞者有说唱表演。尽管是身手动作，但是舞者手的动作是重点，如果不能理解手指的动作，是无法理解剧情的。因此，以间宫和磨氏为代表，笔者根据若山社中的千叶史郎氏、冈部社中的冈部启吾氏的口述整理出如下事物都有约定好的表现方法：自己、对方、丈夫、妻女、兄弟、儿子、两人、两人以上、好人、坏人、吃惊、恢复平静、叹气、叫人、向对面走去、恐怖、看、听、言物、看过来、知道、有办法、和好、问路、神灵、问候、睡觉、跳舞、模仿、狐狸、大蛇、鬼、鸟、山、河流、花、草等。也就是说，神乐表演事实上使用很多程式化的动作。在《恶鬼退治》中，一个鬼腹部受伤倒地，另一个鬼手拿扇子在受伤的鬼的腹部做缝伤口的动作，这就是神乐中的程式化表演。

### （七）关于住吉神社

每年的8月6日、7日，是住吉神社的例祭。两个重达4公斤的狮子头（图8）决斗，就宣示着例祭开始了。町内的6个神舆载上每家的水，代表着町里的活力。

图8 住吉神社供奉的狮子头

住吉神社，本社其实在大阪。卜部兼直的和歌中这样描述道：在西海岸，阿波伎的潮水退去后，住之江神便现身了。和歌中的住吉大神，是远古时期在筑紫的阿波伎现过身的伊邪那岐大神的儿子，底筒之男命、中筒之男命、表筒之男命三位大神。神功皇后征伐三韩时，由于三位男神保佑得以顺利完成。她回国时，在射津国西成郡田蓑岛（现在的大阪市西淀川区佃），拜谢了三位男神。这就是大阪住吉神社的由来（现在是田蓑神社）。之后，天正年间，大阪田蓑岛的人们同德川家康关系密切，听从家康的指令，在发展渔业的同时也开始发展种植业，村名也从田蓑改成佃，而且为了保留田蓑这个名称，将住吉神社改成了田蓑神社。后来，德川家康下江户时，射津国的33位渔民，以及住吉神社的神职平冈权大夫好次带着分神灵，一起去了江户。宽永年间，幕府赐给神社面向铁炮洲的干潟，于是神社筑了岛。

图9 住吉神社例祭宣传海报

图10 住吉神社本殿

然后以故乡的名字佃来命名佃岛。在岛上盖了神社，正保三年（1646）6月29日，在神社里祭拜了住吉三神、神功皇后、德川家康。这就是佃岛住吉神社的由来。

## 三 结语

神乐作为日本本土固有的演出形式，一路发展到现在，已经深深植根于日本人民的精神世界，是日本人民生活中必不可少的演出形式。本次笔者考察的在住吉神社上演的三出江户里神乐，既有《八幡山》这样典型的神乐，采用了神话题材，表达了对本土神灵的敬畏，又有《稻荷山》这样的剧目，祈祷本土人民的生产活动顺利进行，还有《恶鬼退治》这样搞笑滑稽的剧目，迎合了现代人的观演需求。另外，笔者大致介绍了日本人民对传统艺能的传承和经营状况，或许对我们保护和传承民间演出形式有所启发。

# 试探傩戏与现代戏剧

曲阜师范大学文学院　胡明华

　　傩戏与现代戏剧是两种差别较大的戏剧类型，它们既是人类社会发展不同历史阶段的产物，折射出其各自社会的不同特征及其艺术使命，又在戏剧艺术的本质与功能上有着一致性和共同之处，傩戏在某些方面还成为现代戏剧创新与变革的重要资源。从社会性、剧场性和表演层面来探析两者的异同，有助于认识戏剧艺术发展过程中批判性的承继与演变特征。

　　社会性层面。中国傩戏与早期希腊悲剧、日本能剧一样都是从宗教仪式中发展出来的，属于人类早期的戏剧形态。作为神灵信仰坚定的农业时代的产物，"傩戏是多种宗教文化的混合产物，……宗教是它的母体，它是宗教的附庸"[①]，"它旨在祈请主持正义的神灵驱除给人们带来病害、灾祸的妖魔鬼祟和阴邪之物，以保障人们的健康、安宁"[②]。希腊悲剧从祭祀酒神的宗教仪式中发展出来，日本能剧也是从祭祀神道神明的宗教仪式中生成。它们都兴盛于认为艺术毫无必要忠实呈现外在客观世界的文化背景中，这些文化都对人类日常

---

　　[①] 曲六乙：《中国各民族傩戏的分类、特征及其"活化石"价值》，《傩戏·中国戏曲之活化石——全国首届傩戏研讨会论文集》，黄山书社1992年版，第1页。

　　[②] 朱恒夫：《总序：论傩戏与傩戏剧本》，《中国傩戏剧本集成——贵阳戏》，上海大学出版社2016年版，第9—10页。

感知以外的世界有所坚信。人们经常参与庆祝季节变换和纪念先人事迹的仪式，或者都投身于对各种神灵的事奉。因此，这些早期人类戏剧的内容主题也多集中在其所属人民的神话和历史上，把群体意识中的事件和角色加以塑造，为的是形成该地人民共同的宗教及道德价值，如希腊悲剧《俄狄浦斯王》、中国"关羽"题材的傩戏等，以打造共同的民族文化遗产，重建族群的神圣感。由此可以反观孕育这类早期戏剧形态的社会特点，即凝聚性强大的族群，人民有着共同的信仰、轮廓清晰的历史、记载丰富的神话和传说。

在现代社会中，这些传统的信仰与价值观正遭遇失落的困境。现代戏剧主要面向现代社会中城市的观众群体，来自不同地域、不同族群和不同文化背景的人们在都市中共同生活。虽然现代都市把比以往更大密度的人口集中在一个共同的环境里，但是都市生活对个体的影响却是分隔多于结合。现代科学技术的迅猛发展使人异化为技术的工具性存在，对日常感知以外的神秘世界或力量不再关心或确信。而网络化信息时代的到来，不仅人变得更孤单，集体记忆被切割得破碎断裂，人与人的关系也越来越疏离。在速度、噪音、机械、目不暇接的现代生活里显得微小而疏离的现代人已经陷入无从理解的精神空虚之中，难以分辨生命中什么是重要的，什么是不重要的。这是现代人面临的一个困境。因此，在这样一个时代里面，现代戏剧所肩负的使命不仅要打破人与人之间疏离而残破的状态，提供现实生活中接触与交流的可能，发现本真的生命，还要形塑共同的集体记忆，凝聚族群的认同感。

傩戏中以神驱鬼或者以恶驱恶的观念，在中国文化史及文化学研究中，属于巫文化范畴。在一个努力实现工业化现代化的社会里，巫文化，尤其是其中迷狂的成分，往往被视作需要抛弃的迷信，但对于身处现代文明中心的戏剧家（如法国的阿尔托）来说，却蕴含着神秘强烈的宗教性意味和剧场性效果，值得借鉴与创造。这种具有宗教指导意义的现代戏剧在当代中国也有了代表性的作家作品，例如赖声川的戏剧创作就是以佛教哲学作为思想基础，大多数剧目表现了佛教"无常""慈悲"和利他主义的思想。他之所以把宗教情怀融入现代戏剧艺术是为了实现对现代人生命的本质关怀，启示现代人获取对于痛苦与快乐的正确认知，以从痛苦中得到解脱，获得真正的快乐。这既与佛教注重生命关怀的本质与意图相一致，也与传统傩戏祈福驱邪的宗教功能相类似。因此，在赖声川带有佛教意味的剧作中，可以看到他对于宗教仪式的借鉴与化用，例如《如梦之梦》中人物角色在吸气与吐气之间转换的"自他交换"仪式、千禧年的祈福仪式、《如影随形》为亡灵超度的仪式等，都为剧场观众带来了神圣的参与感，某种程度上也再现了戏剧仪式性的原始功能与面貌。这类具有宗教指导意义的戏剧作品的出现还从另一个侧面反衬出现代社会普遍缺乏宗教信仰与集体仪式感的现实环境，以及现代戏剧过于注重审美性、教育性和娱乐性，而对生命终极关怀不足的现状。

从剧场性的层面来看，"先天就是环境戏剧"的传统傩戏演出场所自由灵活，它不是在戏台上，也不固定在一个地点，家族的祠堂、家庭的堂屋、打谷场、道路等都是表演的场所。而且在演出中，演员和观众都要全身心投入，紧密联结在一起，因为演出有关在场每一个人的生命质量。现代戏剧的演出场所则较为固定，多集中在城市中有着良好舞台设施的建筑场所，明确划分的表演区与观众席使观众与演员区隔明显，不利于剧场性效果的营造与探索。因此，许多当代戏剧家也致力于剧场的改造，以打破这种隔绝被动的观演关系，追求观演关系的进一步融合。赖声川在上海徐家汇商圈设计的"上剧场"就体现了这种把戏剧融入生活之中的理念，即"我们要打破以往剧场给人带来的庙堂的感觉，让它成为民众生活的一部分"①。而且赖声川在剧作的导演中进行了多样化的剧场性探索，例如《如梦之梦》的环形剧场——四周的表演区环绕着中心区的观众，《梦游》中让观演流动起来的古宅环境戏剧，这都是对人类早期戏剧形态包括傩戏中观演关系本质的恢复与再现。

从表演层面来看，傩戏大多用面具装扮神灵及世俗人物来演述故事，是一种叙述体的戏剧表演形态，演员融叙述、歌舞和表演于一体。虽然在以语言表

---

① 高剑平：《赖声川：让剧场从"庙堂"走向商场》，《东方早报》2015年12月7日第A20版。

现为主的现代戏剧表演中，台词是演员表演的主要元素，歌舞等技能表演成分较少，但是在当代强调舞台整体表现的戏剧探索与革新进程中，许多戏剧家也尝试着复归传统的融叙述和歌舞等各种表演元素于一体的全能化戏剧。例如高行健的实验戏剧发端于中国传统戏曲和更古老的民间戏剧传统，其代表作《野人》《八月雪》等就借鉴了传统戏曲中丰富的舞台身段和唱腔等表演元素。叙述体也是现代戏剧导演所普遍采用的表演方式。例如林兆华提出了"表演的双重结构"，即让演员同时拥有叙述者和角色的双重身份，这与傩戏演员的身份特征一致。他在谈到《白鹿原》的导演手法时说："我希望《白鹿原》里的每个人物都能作为叙述人，每个人物都既是叙述者又是人物，你可以叙述，我也可以叙述，此时可以叙述，彼时也可以叙述。"[1]他有多部运用叙述表演的重要作品，包括《绝对信号》《野人》《哈姆雷特》等。赖声川《如梦之梦》中主要角色采用回忆性叙述与表演相结合的方式来讲述并组合多个跨越不同时空的故事。西方现代戏剧家契诃夫、布莱希特的代表性戏剧作品所采用的也是这种叙述体的表演方式，它让戏剧表达更为自由，也是演员们在现实与非现实的时空状态中灵活转换的最好手段。

总之，虽然原生态的傩戏在现代都市中已较为稀缺少见，但是傩戏的主要特征还是在现代戏剧的发展演变中可一窥端倪，构成了现代戏剧变革与创新的重要资源。傩戏之所以未能在现代戏剧中得到具体有效的传承与再现，也与其缺乏清晰严谨的叙事结构和心灵关怀的主题内涵、未能更好适应现代人的表达需求有关。

早期希腊悲剧和日本能剧同傩戏一样，主要由语言和肢体呈现戏剧内容，而非再现式的布景或道具，动作是表现性的、舞蹈化的。戏中的唱词和独白也都有复杂的格律和诗节，演员集编剧、编舞和导演等职责于一身。傩戏的叙事内容复杂多样，且多有一套基本固定的叙事范式。如在请神的傩戏中，先唱出

---

① 林兆华口述，林伟瑜、徐馨整理：《导演小人书》，作家出版社2014年版，第106页。

场诗，或韵或白。神灵出场，先唱身世家族，来神坛的行程经历，神坛上履行的职责。最后在锣鼓声中，回转天宫。大体遵循现在时的线性叙事结构。早期希腊悲剧与日本能剧则采用了一种以回想和哀叹为主的倒叙式静态结构。例如希腊悲剧家埃斯库罗丝的《波斯人》与能剧《兼平》都是英雄悲剧。戏剧开场时，悲剧性事件已然发生，主要的焦点凝聚在对于战败者受难或对战争的动人回想上。现代戏剧中推动情节发展的重要元素——叙事动作和角色冲突在这类戏剧中是次要的。因此，观众看到的是已经毁灭的英雄，以及并非朝着悲剧结果前进的动态行动，而是对已经发生的悲剧性事件所做的静态回想和悲叹。观众与演员在剧场中共同经历某种宗教式和哲学式的冥想。这种静态结构的戏剧重点不是放在对于外部客观事件的描摹与再现，而是唤醒人内心深处的思考与顿悟。它们后来也在梅特林克、契诃夫、贝克特等现代戏剧家的作品中得到了进一步的延续和发展，归根结底，这也是现代戏剧注重对现代人内在心灵关怀的发展趋势所使然。相比较而言，传统傩戏中的请神、送神、驱鬼等仪式性表演较为倾向于对外部事件动作的描摹与呈现，在个体生命心灵关怀的向度上还缺乏一定的深度与自觉性，暂时还难以适应和表现现代社会中现代人日益复杂的心灵世界与多元的思想价值观念。因此，作为戏剧活化石的傩戏在当下社会中其更大的价值和意义，还是作为一个重要的窗口让我们去认识民族的社会历史、戏剧的起源和具有丰富民俗意义的各种文化信息，以及由此而反观现代社会与现代戏剧的进步与不足之处，对它们的保护和传承是必要的，其表演体系与戏剧仪式也需要现代人进行创新的呈现与诠释。

# 救赎与超越

## ——傩戏的使命和价值存在的哲思

中国传媒大学　赵娟

救赎，作为一种宗教、哲学和文化命题，是人类不同于动物而进行思考的社会现象和人生问题的终端行为，反映在戏剧文化中，救赎精神是所有宗教戏剧中或者祭祀戏剧中的主体。在宗教和文化现象中，救赎常见于神性的彰显与人类的自我救赎。而这两者常常由于神性和人性的自我超越，达到了各自的完善和相互的交融。在这里有一个问题，神性救赎的自我完善和人性救赎的自我完善是否能够统一，神性救赎的超越是否能为人性的自我救赎所接受或兼容，人性救赎的超越是否印证了神性的救赎初衷。傩戏，作为中国古老的神性救赎与人性超越的祭祀文化，它越来越以一种戏剧演出的形式，向社会提出神性救赎与人性超越的问题。

## 一　敬畏文化与应运而生

"古老的'傩'，孕植于先民自然崇拜、图腾崇拜、祖灵崇拜和巫术崇拜的沃土。"[1]从人类的宗教发展来看，"敬畏"是信仰文化中的原动力，无论西

---

① 刘祯：《在中国湖南新化傩文化国际学术研讨会开幕式上的致辞》，刘祯、朱前明主编：《梅山傩祭：中国湖南新化傩文化国际学术研讨会论文集》，北京时代华文书局2017年版，第1页。

方基督教的"上帝"创世之说，还是东方佛教的"佛祖"普度之说，无不是"敬畏"力量在其中起到了神奇的作用。即便是基督教的"上帝"主动寻回失散的"浪子"，或者佛教回头是岸的皈依，如若没有"敬畏"，这两种信仰都不能成立和得到发展。但是，敬畏到底是什么，为什么会存在于所有不同地域和不同文化的人类生活与信仰之中？于是，西方人认为，"敬畏"是对上帝在起初造人的时候，放在人心中"神的形象"的良知；①而中国人认为的"头上三尺有神灵"也是一种原生的神性认识体现，"目连救母"戏剧就是傩戏文化中重要的民众救赎精神的彰显，具有傩戏敬畏与救赎的共性特质，目连承载了犹如西方耶稣的使命，他下到阴间拯救的不仅仅是其母亲，而且是带有民众普遍敬畏意识和自我罪感的集体形象。从社会学角度看，敬畏是人类对未知现象承认自我软弱的一种自觉意识，也是人类呼唤神性救赎的基本社会需求，在原始社会和生产力低下、劳动力不足的时期，人类对于救赎盼望更加迫切，心之敬畏日益更甚，就自然体现出一些崇拜活动与敬畏仪式。崇拜本身是由敬畏产生，而敬畏到底是神性为主导，还是人性为动力，却并不能通过宗教活动或者祭祀崇拜论证清楚。当然，在这个问题上，信徒与非信徒的认识不同，成熟的宗教与处于发展中崇拜活动的观点更是不一样。

敬畏源自关系，即弱者与强者的关系，在人类社会线性的时间发展观中，弱者与强者的永存呈现出不可逆的状态，敬畏便是这不可逆中的一种调和品，或者是遵循线性发展观的最稳定的决策和行动，敬畏衍生出来的产品有很多，诸如宗教祭祀、信仰崇拜、宗族活动、纲纪律法、诫命约定等，越是成熟的宗教或信仰，其崇拜活动愈是完善和无可指摘，并愈是在科学与社会学等领域获得相对公认的无法反驳的身份，甚至其合法性引领了神权高过人权的制度和体系。西方的以天主教和基督教（新教）为中心的公元新时期就呈现出越来越成熟的皇权体制和建立在以圣经为基础的新约时代的国家律法体制。而东方的文

---

① 《圣经》"创世纪"，第一章，27节：神照着自己的形象创造人。

化却恰恰相反，与三大宗教犹太教、伊斯兰教、基督教呈不同形式的佛教、道教等衍生出来的宗教文化，对于皇权或者国家的撼动不足以深入到社会体制的方方面面，其根源在于西方的宗教是神性为主导（即"神找人"）创世说模式的信仰体系，而东方的宗教则是"人找神"泛神说的信仰体系。基于这两者的不同，所呈现出的民间文化、社会制度、伦理道德规范、生活情理常态等区别越来越显著。

傩戏，东方的信仰崇拜活动，承认并强调了鬼神说的成立和逻辑，其戴面具以扮鬼神，与西方某些国家法庭审判官戴发套喻示神授人权的模式接近，是一种敬畏和区别意识，但是与西方依靠上帝赶鬼不同，傩戏坚信通过戏剧活动既可以娱神灵，又可以驱鬼魔，并且在民间祭祀活动中，还体现了民众对于五谷丰登、家畜兴旺等的盼望和祝福。所以傩戏活动富含了更多的农业生产和社会发展的实用意义，其目的之清楚、目标之明确，较西方宗教传播的个体性更呈现出大众化和集体性。在工业革命之前，以农业为主导的泛神地区，出现傩戏的信仰活动形式，应敬畏的人性心理，合众神灵的无限权威，形歌舞祭祀的通灵巫术，生面具戏剧的驱魔仪式，所谓"应运而生"，既有敬畏，又合众意，虽不善文雅华丽、考究有章，却也质朴天然、惊天泣鬼，何乐而不为。而在现代社会，傩戏的存在更加显现出其戏剧化和娱乐化功能，游离于崇拜与祭祀、敬神与娱神、驱魔与欢庆、敬畏与分享等综合文化的形式之间，是一种独特的戏剧现象，其文化价值大于宗教价值，娱乐功能大于敬畏精神。所以，信仰从敬畏来，本应回到敬畏中去，在这里淡化到可有可无，并且是在观演的愉悦中完成了救赎和超越。傩戏的价值就在于从其无伤大雅又兼顾需求的敬畏和祝福中得到满足。

傩戏的敬畏文化在于从戏剧中向民众普及救赎精神的行为，但从信仰的角度讲，大都不是完全意义上的宗教活动。所谓宗教活动是指其主要司职人员都是真正的宗教神职人员，有社会认可的宗教身份和地位。而傩戏的神秘在于它既不同于普通的戏剧活动，又不同于真正的宗教活动，而是两者兼而有之的一种信仰为主导、艺术从之的敬畏活动。但也并不是说没有社会公职的身份就不具备神职的功能，傩戏仍然有其精神力量，因为人类的原始信仰就是从神授人权的祭祀、巫术开始的，所以敬畏文化的应运而生是人类活动普遍现象的一种必然。

## 二 救赎的分裂与重生

与全世界所有的信仰崇拜活动一样，傩戏源自人性之敬畏，但是敬畏既是信仰的起始，也是信仰的归宿，应当贯穿于信仰主体和崇拜形式的始终，而在傩戏的活动中，敬畏的精神较西方宗教活动来说，越来越呈现出弱化趋势，并且在形式上更加娱乐化和随意化。"到了我这一代，我也没有收徒弟。现在没什么人愿意学这个东西……电视、网络的普及，信傩的人也越来越少。"① "由于巫傩艺师本身就是普通的梅山山民，生存的物质基础和形态，就是山民世代传承的渔猎稻作、男耕女织，他们编排的傩事剧目，从演员、角色、故事情节、歌舞唱腔到场景装置、服饰道具，都是就地取材。与山外各地以历史人物、英雄传奇或宗教故事为主要内容的傩事剧目相比，其亲和性是不可同日而语的。"②

于是，由宗教的原始敬畏和崇拜活动脱离出来的娱神文化，逐渐达到与人性的合一，集神的无形与人的有形，从单纯的敬神、娱神自觉到重人、娱人的形式，不同于西方宗教剧的教化人心，傩戏更呈现出一种兼顾祭祀崇拜与娱乐大众的功能。傩戏的精神不在于神权的真实与威严，更在于人、鬼、神的合一，通过合一达到分裂，继而重生。基督教的驱魔是圣洁化的洁净仪式，人鬼绝不能合一，但是傩戏以扮演的形式进行戏剧活动，人鬼互动，鬼由人差，

---

① 刘冰清、金承乾、徐猛：《傩戏人生——辰州傩戏土老师口述史之姜英楚篇》，刘祯、朱前明主编：《梅山傩祭：中国湖南新化傩文化国际学术研讨会论文集》，北京时代华文书局2017年版，第384页。

② 李新吾：《上梅山傩戏概述》，刘祯、朱前明主编：《梅山傩祭：中国湖南新化傩文化国际学术研讨会论文集》，北京时代华文书局2017年版，第3页。

神从人遣，从宗教演出角度上来说，戏剧的功能占据了主导，信仰的意义成为从属。从戏剧参与性上来说，傩戏强调了观演关系，而非神人的呼应，主导者不再是神灵，而是扮演者，是演员，这个身份本身就是一个分裂，即人可以是神，也可以是人，神人的合一模式实则是一种信仰崇拜的分裂。从而，真正意义上的"神性"是借着人的行动得到显现和合法。这完全不同于西方的以神的诫命、授权来进行的仪式活动，也不同于西方宗教剧①相对纯粹的戏剧形式，其以圣经故事为素材的圣剧演出，完全遵循贯穿圣经旧约与新约所有神的信息与诫命，以救赎为神性的主体彰显，通过感动教化，触动敬畏与忏悔，达到净化心灵，回归神性大爱的境地。反观傩戏，在人与神的分裂中，神灵的救赎不再是主体，超越神性的娱乐功能更加突出，并且，不同于西方宗教剧基于圣经母体一丝不苟的虔敬创作，以及对上帝深信不疑的信仰传播，傩戏的救赎主体是戏剧化的人神合一的模式，呈现出救赎文化的随意性和灵活性。这与东方泛神论的民众文化有完全的关系，民众可以根本不知道傩戏中的神是谁，神人之间的救赎关系是什么，如果对比一神论，泛神论其实就是无神论的一种，即什么都信，又什么都不信，在这样的信仰文化背景中，祭祀的严肃性和规范性可想而知。

"距今约一千年上下的宋代，是面具进一步丰富的关键时期。宋代的民俗文化更为普及，宋徽宗在民俗节令期间称'与民同乐'便是社会繁华的标志。北宋文人苏轼在《东坡志林》卷二中称：'八蜡，三代之戏礼也……因附以礼仪，亦曰不徒戏而已。'南宋理学家朱熹在《论语集注》中称：'傩戏古礼，而近于戏。'作为'古礼'的傩仪，源于民间蜡祭、傩祭的群众性习俗，在农业社会中，秋后及冬春都是农闲，节令集中。秋后举行报答神灵的仪典'蜡'

---

与岁末举行驱鬼逐疫的仪典'傩',连接着春耕前迎接新春的'春节'和'迎春'。"①

驱魔,是救赎仪式中的一种行为,本身有洁净和驱逐的目的,加入戏剧演出元素突出了以人为本的观赏性质,在信仰的纯粹和敬虔的程度上较西方宗教剧更显出其分裂的特征。分裂导致了一种重生,祭祀的庄严和崇拜的敬虔融入演出的元素,一切就不可能再是宗教的了。宗教的仪式在于参与而非观赏,傩戏不仅不是真正的宗教仪式,也不同于完整意义上的宗教剧。真正意义上的宗教剧一般是由宗教团体演出,或者扮演者必须是信徒,必须传播宗教信仰的精神信息,而傩戏则对于信仰传播没有刻意的要求,其演出者的身份也可以扩大到任何人。虽然没有记载显示西方宗教剧的扮演者必须在演出前有祈祷等行为,但是从信徒的身份看,在传播圣经信息的工作上,"凡事祷告"是每一个信徒自己应该和习惯做的,在这一点上,对比傩戏的祈祷行为,则特别不同于西方信徒与上帝真正的交流和信仰。傩戏的任何属于祭祀和信仰的部分,都是一种人神分裂后的"重生"形式,这种重生实则是将神的至上性转换为人的主动性,即神高过人,人制动神。从救赎精神上看,这是一个大胆的"重生"设想,以敬畏为起点,以救赎为中心,以超越为形式,达到人神共娱的合一。在西方信仰中,神就是神,是创世主,人就是人,是受造者,这种永远的强弱关系决定了信仰的纯粹和动力源。而傩戏则越来越以一种戏剧形式展示出来,从庙堂走向广场,从瓦舍走向舞台,在演出中,神灵更多了一种剧中人的因素,而非敬畏关系中的强者,神灵是戏剧规定情境中的一个要素,一个带有戏剧专业特点的形象,而受众或者观众的信徒身份却并不决定戏剧的信仰主体。这就是傩戏区别于其他宗教剧的特征,即观演关系的集体无信仰、无宗教、无崇拜的仪式戏剧活动。傩戏也不同于商业剧,其重生还表现在其非盈利的文化传承

---

① 周华斌:《神·鬼·人——巫傩面具的再思考》,刘祯、朱前明主编:《梅山傩祭:中国湖南新化傩文化国际学术研讨会论文集》,北京时代华文书局2017年版,第147—148页。

的使命价值，①这将是傩戏永远的重生形象，一种渐行渐远的祭祀戏剧在众多油头粉面的戏剧形象中，凸显出敬畏文化的原始骄傲，掸落了戏剧浓重的各个要素气味，尽情彰显属于救赎精神的气节和操守，在重生中得到超越。

## 三 超越的存在与现实

傩戏的超越正是重组了信仰与现实的关系，从而找到人本体的存在感，这与西方现代哲学有相同之处，超越不是对原有的否定，体现在信仰生活和社会实践中，是对神人关系的再认识。比如从尼采的"上帝是不存在的"到西方哲学之"存在主义"，其源起也是由于信徒对信仰产生了新的认识，②从而对神人关系进行重置命题，超越传统信仰观念的绝对服从，从救赎的新角度出发，即"存在"的重要性为中心，讨论信仰与存在的关系。"存在主义"哲学家本身有信徒背景，在信仰的某些体验中有了阶段性的更新和超越后，领悟到信徒对神的服从不应再是唯唯诺诺，或者谨言慎行的压抑自我、过度担心神的惩罚等。尼采认为："上帝只是一个臆想，我万分希望你们的臆想不要超出你们的意志……"③而应该自觉对人性的原罪和存在的合理性进行新的思考：认为人的本质是一种客观的存在，这些存在由一些复杂的欲望、要求、软弱、力量、信念等构成，否定了这些本质其实就是否定了神创造人的一部分，当然，神没有创造原罪，但是存在又是客观事实，于是需要救赎，而救赎的规则与解释权出于神，哲学家们感到不安，或者不满，超越就势在必行。尼采又说："你这个超越自我者所走的是追求自我的路！而此路是要经过你自己和你的七个魔

---

① "师傅就一再告诫我：'要本着半阴功半积德的艺德，……三是有的硬是很困难开不出现钱的户主，对你说下次给你，你讨不得。'"刘冰清、金承乾、徐猛：《傩戏人生——辰州傩戏土老师口述史之姜英楚篇》，刘祯、朱前明主编：《梅山傩祭：中国湖南新化傩文化国际学术研讨会论文集》，北京时代华文书局2017年版，第378—379页。

② 尼采出身于基督徒家庭，有非常系统和完整的基督教教育背景，其父亲是牧师。

③ ［德］尼采：《尼采的智慧》，刘烨编译，中国电影出版社2006年版，第82页。

鬼。"①那么其中很重要的一点，承认魔鬼是否就应当承认神的存在，而超越是否意味着一定否定了神性？这个问题，没有任何一个哲学家能够或者敢于得出定论，由这个问题而派生出的许多哲学命题，至今一直在各个西方哲学流派中相互纠缠。

对比傩戏，东方人倒更显得落落大方，神灵是可以招之即来挥之即去的"存在"，分裂必然导致超越，从神人合一的分裂，傩戏在祭祀戏剧道路上走出了一种从自发到自觉的超越。所以，傩戏自从诞生之日起，就对"存在"没有怀疑，并且完全肯定，泛神的信仰形式就是其自发的认识结果，这也就引起了傩戏的一个重要特征，即不规范性。不规范性并不是说傩戏演出没有自己的规律、形式，而是从主体信仰不规范的角度来说，其没有合理统一的起源和终极的解释，导致其救赎精神没有完整的延伸，并通过戏剧得到令人信服的发展。所以傩戏的超越更是将神人的一体性凸显出来，从敬神的严肃性到娱人的愉悦性，正是把神和人的身份与本质进行了平权意识思考后的结果。这也就是傩戏存在的价值。

对比西方宗教剧的规范演出，傩戏的随意性、灵活性更强，并且日益发展和变化，从演出队伍和强势上来说，作为传统文化的日益衰落不可避免，但从演出形式和现代化上又呈现出新鲜的形象，从瓦舍走向舞台，从农村走向城市，从剧场走向现代传播等，傩戏的面貌不一定千年不变，但是其集敬畏、崇拜、祭祀、娱乐、互动等多元文化的形象会保留下来，如若不然，将是消失的一天。所以，傩戏必须在超越中得到延续，超越的不是形式，而是对信仰和存在的认识，这一对范畴相互依存，又相互抵触，傩戏必须在这样的依存和抵触中自我超越，即信仰是否仍然存在，现实的戏剧形式是否合理。而由于泛神论的文化比较多元，形式更多样，傩戏超越的存在感就越来越没有更强烈的特征，即存在感价值依托的转型是否削弱了其救赎的精神。

---

① ［德］尼采：《尼采的智慧》，刘烨编译，中国电影出版社2006年版，第35页。

从公元前到公元后，从旧约时代到新约时代，救赎精神的存在贯穿始终，救赎的实质是"爱"，关于"爱"的文化和信仰应该占据社会哲学信仰的主流，脱离"爱"的信仰模式最终会边缘化，或者自我衰落。中国是一个讲"孝"多于"爱"的国度，尽管这样，"目连救母"在整个傩戏文化中并不是主体，傩戏的超越主体在救赎上已经趋于形式，以"爱"为中心的叙事功能在傩戏中一直处于弱势，也因此不为主流文化接受，现实的问题在于傩戏的传承者对于傩戏精神的真正理解和接受。傩戏作为中国古老的传统文化，其根源是否已经与现实的形式失去了连接，作为一种精神或者曾经的文明，傩戏的辉煌对于现实世界又有多少传播的价值，其在世界戏剧地位上和信仰文化中有什么样的现实意义。如果傩戏能够将"救赎"与"爱"放在首位，或者向西方哲学家那样去思考、提问，然后分析、解答，应该会在超越上达到一个新的高度。

# 傩的集体意识在目连戏中的体现

中国人民大学硕士研究生　范静

傩戏和目连戏作为两种类型的宗教戏剧，在人们早期的精神生活中占据着相当重要的地位。从最初的传统民间集体祭祀、个体对鬼神的敬畏，到后来在不同的地区与当地的民俗文化相融合，形成各具特色的表演形式，娱人娱神，其发展过程具有一定的相似性。它们都经历了宗教文化与表演艺术相互融合、与当地文化习俗相结合的阶段，都有着相当广泛的群众基础，得到人民的普遍信任和信奉。明清时期是目连戏作为一种戏剧样式发展的兴盛期，并且随着朝代的更替出现了内容上的变化，但是统治者仍旧利用了目连戏对人的精神意识的统治来巩固自己的政治统治。最迟形成于北宋的傩戏，在封建社会末期开始逐渐脱离宗教，主要承担着祭祀文化传承和娱人的作用。"最早出现的傩戏的完整的剧目是《目连救母》"[1]，而目连戏中的驱鬼逐疫、安抚亡灵的环节又具有傩仪的性质。所以本文将对目连戏和傩戏中的集体意识在人们意识形态发展的早期所扮演的角色进行粗化分析，而这里所提到的集体意识就是民众对于仪式和表演内容的集体认可，表演的仪式性正好为此提供了一个空间。

---

[1] 何琼：《贵州少数民族传统戏剧文化及当代转换研究》，中国社会科学出版社2016年版，第34页。

## 一 目连戏的版本流变

明朝整个戏曲俗文学的发展转变为作家的写作提供了一个新的契机，明传奇在明朝作为主要的戏曲艺术形式，不断完善其艺术本体舞台演出体制，加上嘉靖以后文学上的复古之风也越演越烈，士人情趣开始转向现实生活，以郑之珍等为代表的善于描写民俗风情、重视剧本的舞台性的作家也不断涌现，这就为目连救母故事在民间的传播提供了一块肥沃的土壤。目连戏作为民间最受欢迎的一类演出剧目，这种盛演不衰的状态延续到清朝张照的《劝善金科》，使得目连戏从民间文化一跃而成为宫廷文化，从此开始了一场带有全民性质的文化狂欢，演出形式也从简单的仪式向固定的舞台表演转变。

关于目连救母故事的素材，在郑之珍之前已有丰富的参考资料，如唐代变文《大目乾连冥间救母变文》、宋杂剧《目连救母》、金元院本《打青提》等，这一宗教故事的原型在其汉化的过程中始终保留着宗教性和仪式性。他"将这些长期流传于民间的故事传说，进行全面的总括与结撰，理顺情节，括清人物性格，增强文学色彩，并使之适合于当时南戏舞台的演出"[1]。在演绎故事情节时，保留了大量民间传统风俗习惯和宗教、精神信仰的目连戏在明朝戏剧世俗化不断深入的时期成为一出重要且长演不衰的剧目也是有迹可寻的。由刘青提开荤辱骂僧人毁庙拆桥、罗卜皈依佛门一心一意救母、游六殿母子相见救母成功组成戏的主要内容，在讲求故事叙述完整性、强化儒家文化的同时，中间加以吐火、过刀山等各种民俗可见的娱乐形式调节演出的氛围，也保留了《哑背疯》《双下山》等民间文化较强的故事片段并流传成为后世独立的演出剧目，注重拉近观众与演员的距离，架构起一个共同的戏剧场。

清朝共有康熙旧本《劝善金科》和后来张照奉命修改的《劝善金科》五色本这两种目连戏的文本，主要是随着统治者的更替，统治思想也要随之调整。

---

① 廖奔、刘彦君：《中国戏曲发展简史》，山西教育出版社2005年版，第182页。

高石山房原刻本的郑之珍的《目连救母劝善记》在上卷中写到观音劝善、观音救苦，中卷里写到路上有白猿相助开路，傅罗卜挑经挑母才得以西行求见佛祖，下卷中写到目连设盂兰盆大会遍斋天下僧道神鬼，其母终得升天，这两大段说明了人、神、佛的精神合一的主要情节设置是《劝善记》活跃在民间舞台上的一个原因，更突出它满足了当时民众对于善、孝、大团圆结局以及人生因果的诉求。宫廷目连戏从康熙旧本到乾隆五色本的修改，体现的是官方意识形态的调整。负责宫廷日常演出的机构南府和景山会安排在腊月演出表现目连救母故事的《劝善金科》这样能够演出几十天的连台本戏，以代傩除，发挥目连戏在民间的主要用途。此两个版本最大的情节变化是通过植入颜真卿、段秀实等真实历史人物的故事，增强文本历史底蕴，使得教化、警戒的作用更有理有据。但是它依然是以目连救母的故事，以及刘氏生前死后为鬼所折磨的情节为主要线索，保留了人、鬼、神的纠葛与互动。

　　尽管内容上有所变更，但无论是在民间的节日祭祀还是宫廷的节令演出，作者们都保留了剧目中自始至终都存在的一种人、鬼、神轮回共生的理念，对祭祀仪式的保留尤其体现了这一点。虽然统治者的变化导致整个国风都会有可能随之变向，但是"因果报应是迷信，有利于统治阶级维护统治、巩固其统治秩序，麻痹人民的斗争、反抗意识，让人们安于现状，寄希望于来生再世"①的观念被统治者所利用，同时也契合了扎根于民众思想中对鬼神、灾疫的敬畏与惊慌，需要有一个渠道来疏通所有的情感。"端公法事作为一种巫傩仪式，在目连戏演出中担负着驱鬼逐疫的重任，是作为祭祀性的目连戏区别于其他戏曲的重要标识，成为目连戏演出中不可分割的一部分。"②于是，在仪式中可以接触到神灵的法师就变成了他们特别的期待，而盂兰盆会大概也就成了实现这一愿望的主要途径，此时拜告五方神灵、邀请十方高僧进行盂兰超度，这一

---

① 刘祯：《中国民间目连文化》，北京时代华文书局2015年版，第59页。
② 张志全：《傩祭仪式与目连赛戏——以巴蜀地区中心为例》，《民族艺术研究》2015年第6期。

场景把众多不安定的心和诸多飘散的魂灵集聚在一起进行安放。

## 二 傩的集体精神

傩文化从原始的傩仪开始，继而发展出傩舞、傩技、傩戏，每一环节都散发着它独特的艺术魅力，每个参与其中的人都是传承傩文化的传播者，这些人不仅包含执行了"道场"表演艺术的人，还有那些"还愿"的事家和前来围观的观众。有着"中国戏剧的活化石"之称的傩戏，不但记录、承载甚至见证了中国传统戏曲的发展，同时也在人类社会发展、进化的过程中，对人类精神信仰的更替变化起了一面对照现实的铜镜作用。

不管是傩祭、傩仪还是傩舞，以及后来被频繁提到的傩戏，它们始终都是一种集体行为。当傩出现在大家的视野中时，共同融进这一场浩大的祭祀神灵、酬神纳吉、人神共娱仪式的人数众多，无论信仰与否，此时的参与者更关注的是傩本身，而不是他们现在身处的环境，这就为傩戏酬神纳吉演出提供了一个专属的舞台。

对于参加这场不再是单纯的私人仪式的人们来说，这个场合只是他们宣泄情感、表露心迹、求神请愿的独立空间，但是这种集体意识不仅是对人与人同等生物物种的认可，还包括各生物圈层的综合为一，它的集体性不仅体现在群众参与度上，还指它广泛的生命观。"在它的生命观念中，除了现实的人，还有牛马蛇虫、松杉草竹等与人类共存的动植物，以及作为人与动植物的生命延续形式的鬼魂、精灵等"[1]，所以它在追求其目标的过程中或方式上又体现出对多形态生命的关怀。跨界生物圈层的融合就很能拉近大家之间的距离，并没有很明确的自我意识和实现自我价值的需求，对人的独立性和自主性的追求还

---

[1] 冉文玉：《傩文化的生命泉源与未来走势——以贵州道真为考察中心》，《道真古傩》，贵州民族出版社2012年版，第9页。

都被束缚在对原始生命状态的敬畏里。此时只为生命个体的存在而祈福，不再分出三六九等，认为万物皆有灵。

傩戏表演作为一种覆盖范围广泛的民间信仰戏剧，它源于原始社会图腾崇拜的傩祭，这说明它存在的一个根基是精神上的信奉，而且是无意识的遵从和延续，"特别是'道场'之后一个个'应验'故事在民间的广泛传播"①更是让在民间的傩获得了不断发展的动力。戏剧起源于模仿，既然傩戏属于戏剧的一种，它也就包含了这一行动特质。人们想象着拯救万物的神灵的模样，雕刻成各种各样的面具，赋予它神的灵性和旨意，然后跟它互动，在主观上缩短了人神之间的距离。在靠天吃饭的年代里，没有人愿意舍弃与神灵面对面交流的机会。所以每逢事家要请班子来做道场时，便会有亲朋好友、左邻右舍主动提供热情帮助，这些也是除事家之外的人，为讨一些吉利而奉献自己的一份爱心，于是形成了盛大的场面，不仅人多，而且默契地达到精神上的共鸣。

舞台傩剧的演出中傩仪的部分，因为土老师的存在，傩仪为这一充满热情的场面提供了持续性升温的可能，"它使不少信仰神灵的农村观众，深信这些祭仪活动和表演能够驱邪避疫，能够给全家、全族带来吉利祥瑞和幸福，给社会带来太平"②。傩戏，因为满足了人们对大多数幸福圆满、生死归宿的期盼，所以获得了在民间持久的生命力。

## 三　目连戏中的集体意识

无论是故事内容还是表演形态，目连戏的发展和完善都集中在明清两个朝代。明朝时郑之珍的《目连救母劝善记》作为民间最受欢迎的、宣扬道德教化

---

① 冉文玉：《傩文化的生命泉源与未来走势——以贵州道真为考察中心》，《道真古傩》，贵州民族出版社2012年版，第9页。

② 何琼：《贵州少数民族传统戏剧文化及当代转换研究》，中国社会科学出版社2016年版，第81页。

的传奇剧目长期活跃在舞台上。清朝时期的康熙旧本《劝善金科》和后来张照奉命修改的《劝善金科》五色本则是每逢节令宫廷里必演的连台本大戏。《劝善记》和《劝善金科》作为民间意识形态和官方意识形态两种不同阶层的产物，它们的共同作用是担当着意识形态的载体，对民众的思想进行更多的把控。

明末清初，各种地方戏开始不断兴起，目连戏和傩也迎来了发展的强盛时期，本来就具有相同性质的两种戏剧便拥有了相互影响的机遇，"无端公，则无以成法事；无法事，则无以成目连"①，由于对更多未知的生命个体仍然处于探索阶段，整个祭祀仪式部分就是集体意识最强的表现，并且二者的一个共同特点就是需要事家的同步参与，以及呼唤更多的旁观者在无意识的状态下进入这一情境，尤其是从心理上引起共鸣。

廖奔先生认为，与民间傩祭文化意识相融合，是目连戏盛行于民间的原因之一。②民间目连戏是特有的一种"戏中带仪"的戏曲样式，阳、冥、天三界的转变，既为逝去的亡灵做了超度，同时又警醒了台下的观众：善恶终有报的因果观念，并且点明了冥冥之中各种鬼神掌握着生死权。在当时人们对命运掌握在自己的手中这种伟大的论断还一无所知的时候，听天由命就成为民众生死观里的核心内容。这种扎根于普罗大众心中的信仰观念让封建社会里想要统治万民的最高统治者慌了神，于是选择了禁演和修改剧本，假想着可以通过走曲线道路来修正或是扭转民众根深蒂固的信仰，从而巩固自己在百姓心中的地位，以及国家、种族之于他们的意义。但无奈庙堂之高、江湖之远，结果还是民间和宫廷两条腿走路，从民间和宫廷目连都比较活跃的俗文化时期，我们也可以清清楚楚地看到"目连戏表达了广大人民群众的思想感情和理想愿望，它与统治阶级的思想意识格格不入"③。

---

① 张志全：《傩祭仪式与目连赛戏——以巴蜀地区中心为例》，《民族艺术研究》2015年第6期。

② 廖奔、刘彦君：《中国戏曲发展史》（第四卷），山西教育出版社2000年版，第205页。

③ 刘祯：《中国民间目连文化》，巴蜀书社1997年版，第11页。

目连戏在民间与各地的宗教、民俗相互吸纳，形成愈演愈烈、长久不衰的演出场面，通过对这种情况的分析，可以看到同样具有宗教仪式、驱鬼纳吉的傩所包含的集体意识在民间目连戏的意识形态上主要表现为两点：

第一点是对鬼神的敬畏，对人、鬼、神三者之间难以表述清楚的相互制动关系的深信不疑。莆仙目连戏、泉州打城戏中的宗教仪式尤其明显地表现出了这一点，"以戏中的目连人物为戏台下的信众（超度之家）做超度亡灵、荐亡超生的表演，呈现戏剧与宗教科仪的混同合一状态"[①]。安抚亡灵、驱赶野鬼是整个目连戏中和傩最具有共同性的地方。此时做法事的道士俨然已经成了能够和鬼神进行直接沟通交流的角色，灵棚之外观看演出的众人只需要按照他的指示行事就可以让神灵看见自己的心意、听到自己的声音，"这与其说是在进行戏剧性表演，不如说是以戏剧为媒介，重温了声势浩大的驱傩场面"[②]。

第二点是集体娱乐精神的展示。随着民众对自我认知的确定、自我意识的觉醒、宗教信仰的淡化，对于孤魂野鬼和神灵这些曾经非常敬畏的对象现在不再感到特别的神秘，只是灵异事件的干扰使他们依旧保持着警惕。从春祭到秋祭再到腊祭，保留下来的繁复冗杂的仪礼都记录了他们在这个过程中作为组织者和参与者的心路历程。在目连戏和傩戏表演艺术之中，它们所传达的传统伦理理念及施展文化教育功能并不是采用简单乏味的"说教"方式，而是采取"寓教于乐"的方法。目连戏中会通过阎王审判两个下人的场景来做调笑，以及各种机关布景来挑动观众的观看欲望，所以"目连戏的广场演出往往带有典型的广场文化的狂欢性质"[③]。在傩戏里，傩技通常出现在傩戏的高潮部分。比如上刀山，上12把刀叫"渡关"，上24把刀叫"过关"，上36把刀叫"犯关"，上72把刀叫"秦愿刀"，上120把刀叫"舍身刀"。还有"戴上面具为神"的戏剧

① 叶明生：《莆仙戏剧文化生态研究》，厦门大学出版社2007年版，第287页。
② 张志全：《傩祭仪式与目连赛戏——以巴蜀地区中心为例》，《民族艺术研究》2015年第6期。
③ 陈世雄：《戏剧人类学》，上海古籍出版社2013年版，第62页。

演出极具带入感，把人带入神灵相生的世界里只需要一个面具作为媒介，这是别的剧种都难以实现的时空自由转换，或剽悍狰狞，或和蔼慈祥的面具首先从感官上带给人强烈的震慑感，并且这些面具是作为神灵的载体和象征，很容易让观众就地产生联想，暂时忘记自己所处的境地。

目连戏与傩最突出的融合部分是在精神上的凝聚作用。"端公傩仪融入目连戏的表演过程，目连戏依靠端公傩仪，增强了演出过程仪式性和神秘感。"①它们都作为一种需要集体认可的祭祀剧，对仪式性的保留让民众不再刻意地去划分娱乐和祭祀的明显界限，更注重调动全部人的参与，唤醒民众对这一古老精神信仰的新感悟。

## 结　语

本文试通过对目连戏和傩戏的仪式性进行分析，但因笔者学养和学术视野有限，文中还有一些关键性的问题尚未解决。比如现存川剧、祁剧高腔等多个剧种都有《目连救母》这一剧目，莆仙目连戏等至今还留存有较为完整的类于傩戏的仪式环节，未能将这些对象进行细致讨论分析，是本文的一大遗憾。同时，傩戏和目连戏各自在流变、传播的过程中因为同具祭祀性而产生了相互影响，现在这种影响的存在与变化情形如何？它们的仪式性含义又在具体的地方与社会语境中经历了怎样的改变？当目连戏走进剧场之后，与民间观演生态下的剧本、角色、程式以及演出的诉求又有何不同？希望这些本文尚未解决的问题，在日后进一步的研究中可以得到各位方家指教。

---

① 张志全：《傩祭仪式与目连赛戏——以巴蜀地区中心为例》，《民族艺术研究》2015年第6期。

# 傩文化传承发展的经验与教训研究

甘肃永靖县委宣传部　聂明利

中国有着悠久的文明，在广袤的大地上遍布着各种各样的人类文化遗产。然而随着经济和科技的飞速发展，城市化进程的进一步加快，这些珍贵的非物质文化遗产和口头文化遗产逐渐在人们的社会生活和审美视野中消失了。非物质文化遗产的传承发展保护工作是人类自身生存状态的反思，也是在全球经济一体化趋势下的反思，具有重大的意义。傩文化传承发展的经验考诉我们，应当思考更多的教训，在非物质文化遗产保护中着实存在许多需要进一步探讨的问题。本文拟对笔者了解的一些非物质文化遗产的传承发展经验与教训进行探究。

## 一　傩文化传承保护的现状

道真是中国仅有的两个仡佬族苗族自治县之一，道真傩戏系国家级非物质文化遗产，傩戏是仡佬族传统民族文化的精华，源于仡佬先民祈福迎祥、消灾纳吉的祭祀仪式，融宗教、民俗、历史、文学、戏剧、音乐、舞蹈等艺术形式于一体，傩技"高台舞狮""上刀梯"等堪称一绝，历经数千年传承至今。道真的傩面具以木雕精细为特色，展现其独特魅力。

傩文化作为非物质文化遗产，在当下得到了人们

图1　贵州道真木雕面具

认可。但令人遗憾的是，目前还有许多非物质文化遗产在保护的大旗下消失。造成非物质文化遗产保护性消失的主要原因有以下几个方面：

首先，一些地方政府将非物质文化遗产当成发展地方经济和提高地方知名度的招牌，将非物质文化遗产的保护和评审当成一个商机，因而，对非物质文化遗产的保护表现出积极的态度。许多地方虽然也为申报非物质文化遗产而投入了巨额资金，但是他们认识到的主要是非物质文化遗产的商业价值，只是希望通过申遗取得更大的经济回报，对非物质文化遗产的精神价值却关注不够。这就是所谓的文化搭台、经济唱戏的文化策略。在这里，文化成为发展地方经济的手段，保护非物质文化遗产只是一个招商引资的幌子。在这样的保护动机促使下，有很多非物质文化遗产的内在精神蕴涵并没有得到保护，只是片面地维护了一个传统文化的外在形式而已。比如永靖傩舞戏进入非物质文化遗产名录后，促进了地方旅游业的发展，旅游业的蓬勃兴起进一步为永靖的发展提供了无限的商机，但过度的商业化会使傩舞戏最重要的深层文化内涵逐渐丧失，傩舞戏中的神秘气息在现代科技的冲击下渐趋消亡。正是这种政府化的运作机制使许多非物质文化遗产遭到更严重的破坏，更迅速地走向消亡。

其次，当非物质文化遗产成为文化消费的对象、成为大众传媒关注的对象时，为了迎合现代消费者的口味和市场的需求，有很多非物质文化遗产被过多地改造和包装，从而导致非物质文化遗产的消亡。这种行为从表面上看起来

图2　贵州道真木雕傩像

是弘扬了民族文化，实质上却使非物质文化遗产失去原有的精神意蕴。这样做将造成以下结果：一是使民间艺术的质朴和神秘气息被现代化的包装所遮蔽，从而使原本濒于消亡的艺术人为地走向消亡。二是使很多非物质文化遗产脱离了其赖以生长的原生态环境，成为空洞的文化符号。如西北青海、甘肃等地传统的花儿会，一般都是在麦穗接近成熟、菜花一片金黄的季节进行。三是科学技术的过多介入使非物质文化遗产失去内在意蕴和神秘气息，成

为一种传统文化的外在躯壳。傩曾是中国最古老的一种文化形态，它是一种原生态的文化活动，无论是傩舞还是傩戏，都有独特的审美价值和意蕴，蕴含了古代人类生活信仰各方面的信息。但是，随着科学技术水平的提高，带有神秘文化色彩的傩文化逐渐淡出人们的视野。传统傩文化正在悄然变味，甚至有可能消失。由此可见，在非物质文化遗产的保护中，科技的过多介入反而使属于农耕文明时代的艺术趋于消亡，使具有地方特色的艺术形式更快地消失。由于以上几个方面的原因，虽然我们已经深切地认识到非物质文化遗产的价值，也开始着手对其进行保护，但是，还是有许多非物质文化遗产被改造成文化消费品，失去了非物质文化遗产的内在精神，进而在保护中走向消亡。我们认为，造成保护性消亡的一个关键问题是没有处理好保护和开发利用之间的关系。

再次，保护非物质文化遗产要澄清保护和开发利用之间的关系，要搞清楚保护人类非物质文化遗产和口头文化遗产的原因和目的。我们认为，保护非物质文化遗产主要是出于以下几个方面的原因：

第一，全球化趋势的加强使文化的地方性和多样性趋于消亡。过去由于交通的不便和传媒技术的落后，各个地方都有富于地域色彩的独特形式和文化娱乐方式。比如，在甘肃省永靖县将傩舞戏俗称七月"跳会"。跳会有大、小之分，大会即为上坛，一般每三年举行一次，时间在农历七月二十三日。据老人们回忆：1949年之前，川区十八庙和山区十三庙都分别跳过大会，规模宏大，场面壮观。川里十八庙的大会头叫正总会，一般由官方委派，也有村民选任的。正总会十分神气，傩舞队走村串巷巡游时，他坐在轿子里和神轿一起行进；跳会时和神像并排坐在椅子上，前面设香案，和神一样受到尊敬，接受香灯和祭祀。担当此角色的不光是有宿望的耆老，还是"胡子、银子、儿子、孙子"福、禄、寿俱全之人。由此我们想到了中国古代傩祭中的"方相氏"和官傩的祭司——他们分明是人与神之间的中介，是人也是"神"。

跳会的主旨在祭祀、酬神，这就要设坛，请神"下庙"到坛上。傩师一手执姜子牙神鞭，口里念念有词："上不打天，中不打神，驱打的邪鬼魍魉远离行……"，一手举迎神旗，敲锣打鼓，走村串巷，先到总牌头家里除灾驱疫，

图3　甘肃永靖傩戏《五将相会》

后到庙里请神，问过卦，才抬着九天圣母、二郎、龙王等的木雕彩轿，仪仗前行，鸣锣开道，按一定的"马路"，在本方"辖区"巡视一番，善男信女秉香紧随，一齐到设在会场帐房的坛上，焚表上香，点灯击磬，献上干果等供品，这叫"安神"。坛周还有不少信女打坐，吟唸嘛呢经。除了正常的烧香点灯、献果献馔之外，主要就是献盘、献牲、踩场。

献盘：每户将新鲜蒸做的三个"酥盘"（也叫盘馍）献上，并请专事"号字"的人在其中一个馍上写上户主的名字，故名"字盘"。所献盘馍一般是用新麦面做的。两个在会上供大伙分享，唯"字盘"待大会一结束就拿回家去，视为辟邪之馔，家里老小分着吃。

献牲：这是傩坛祭祀的一项重要内容，就是还愿酬神。在临夏城乡，因求神消除病痛灾难、求子、祈福等，往往在祷告的同时许下"愿心"，达到目的即献上大羯羊（即阉过的公羊）等，这叫还愿。为悼念亡灵，儿女们牵羊献牲，以表孝心。傩坛献牲，程序与民间还愿等大体相同。如献羊，则把羊牵到神轿前站好，主祭者宿即禀告福神，诉说献牲原委，恳请福神接纳领牲。随之给羊头顶、脊梁背部淋凉水。在场跪地上香的人们屏息巴望，看羊如何动作。羊越无摇摆症状，越是焦急，怕神不喜。直到羊"先摆身子后摆头"，心里的一块石头落了地，莫不喜笑颜开。若献牲用猪，看福神是否领受，就是看猪能不能用鼻尖"毁土"（拱土）。猪无反应，则拿点燃的柏树枝熏鼻，直到毁土。福神领牲后，当即宰杀，献过毛、血，下锅烹煮。少许，先捞羊（猪）头献上，鼻孔中插着鲜葱。将熟，切肉丁以作献品，在会场泼洒膰汤以为祭。期间，傩师一般还要卜卦，如卦象为上，则跳会照常进行。

踩场：既是祭祀活动的一部分，也是临夏傩文化中场面最为宏大壮观的傩舞——会手舞。会手舞后，各庙总要拿出一两件绝活——傩戏。一庙接着一庙演，大概这就是把跳会叫作赛坛的原因吧。当地有句顺口溜："松树湾的《五将》，三角庙的《独戏》，焦家庙的《杀虎将》、果园四庙的《四不像》"。说明这赛坛年代的久远，傩戏已深深植根于民间。会手舞、傩戏表演完毕，大坛的傩事活动行将结束，各庙的神轿和傩队要回本

图4　甘肃永靖傩舞踩场

庙了。于是，九龙庙先走，坛主、会主依次将各庙相送到迎接过的原地方才返回。最后是坛主送走会主，这才归庙安身。

各庙神轿、傩队回到自家的庙上，这里又是小会坛了。各傩队要在神轿前踩场，跳会手舞，演一两出傩戏，规模虽然小了一些，但"三回九转"一样也不能缺。然后，请法师问卦，若卦相为"上上大吉"，即请傩师上法签，并带领着傩队及众信男女绕场一周，卦师祈福，善男信女上香，傩师下签。当天大坛及小坛的活动全部结束。七月二十三日前的跳会、各庙的跳会都谓之小会，七月二十四日的跳会，即是小会，也叫落尾会。

但是随着经济和科技的发展以及城市化进程的加快，这些具有地方特色的文化逐渐消亡或趋于消亡。在这样的时代背景下，呼吁和倡导文化的多样性和地域性就成为迫在眉睫的事情。

第二，在这样的时代背景下，将即将消亡的文化形式和文化精神予以保护，为后人留下一份生活变迁的清晰痕迹，这应当是进行非物质文化遗产保护的又一个动机。基于以上原因，联合国教科文组织倡导对人类非物质文化遗产进行保护，这是在经济全球化、科学技术有了长足发展的时代背景下，人类对自身生存处境的反思，说明人类已经深切地认识到了经济和科技的进步带来的负面影响。所以，我们当前保护和抢救非物质文化遗产，是对经济全球化负面效应的一种抵制，也是对技术给人类带来的负面效应的抵制。我们保护即将失传的文化遗产，就是要人为地为受到经济和科技发展冲击的文化形式开辟一

块存在的空间，使它的艺术精神还能为当代或更遥远的后代人所认识。换句话说，我们现在之所以提出非物质文化遗产的保护问题，就是因为有一批传统文化已经不适合当前社会生活的节奏，已经跟不上时代发展的需要，需要人为地进行保护。

傩戏是永靖境内广为流传的一种地方戏，是地方戏曲剧种之一，是傩舞和戏的合称，有戏剧活化石之称。傩戏唱腔原始而又丰富，细腻而又动听；傩舞表演粗犷而又张扬，夸张而又生动。傩师所唱的歌称为傩歌，所跳的舞称为傩舞，傩戏产生于傩歌、傩舞，场面大，气势磅礴，表演人数众多，特色鲜明的应是七月跳大会的开场节目"会手舞"。会手舞由两大九辖身着黑袍，外套缀有云纹八卦图的马甲，手持"开山斧"，走在最前面；各大牌头身着黑袍彩服，手握钺、剑、戟等紧随其后。九辖、牌头在场外是跳会活动的领导者、组织者，上了场则是"玄衣朱裳"、执戈扬盾的"方相氏"，"帅百隶而时傩"了。

会手共24人，他们不戴面具，也不化妆，头戴尖顶红缨鞑帽，身穿黑袍，下着红裤，肩上斜搭一块三角红巾，每人手持一根丈余长、上插有鸡毛旗帜的竿子。据傩文化学者考证，傩舞的舞步可追溯到《史书》记载的"巫舞"，即所谓"禹步"。据称这种舞步为大禹制作的万术之根源，具玄机之要旨。《云笈七签》卷六十一记载禹步为："先举左，一跬（半步）一步，一前一后，一阴一阳，初与终同，置脚横直，互相承为丁字形。"以"踩四门"为例：表演场地有如一座城池，东、南、西、北四门。表演队伍在"三回九转""跑大圈"后，紧接着两单列，前后相随，单跑四门——先从东门方向的东北侧跑进，途经中场向西门的西南侧出"城"；绕到"城"外到北门的东北侧进，再经中场从南门西南侧出；绕过南门外桅杆又从南门侧进，经中场从北门东北侧出；绕过北门外桅杆，绕向西门西南侧进，途经中场从北门出。单路继续在场（城）外转三个大圈，后两队分开，分别从东门北侧和南门西南侧进，相互对称地先在场中央天坛前卷云花，后在傩坛前卷云花，动作完成后，两队各自从东门北侧、南门西侧跑出"城"，相会于东南门外。紧接着又是双跑四门，循单路跑的路线，锣鼓声一阵紧似一阵，经中场时两队人马相互交替，奔跑速度越来越快，情势非常紧张，令在场观众屏息凝神，等跑完出城这才长出一口气。两队遂缓步从东南门并列进场至傩神前，九辖、会首等跪于傩神前行祭祀礼，礼毕后带队各回本部，傩舞表演结束。

第三，傩戏脱胎于古时的傩祭活动，但它依然服务于傩祭这个中心主题。

尽管甘肃永靖傩传入年代稍晚于中原及黔东南等地区，以满足人们酬神、祛邪、消灾的祈愿；表演全在场院空地上进行，留给人们的印象总是原始、古拙，甚至简陋。经过数百年的发展，它之所以没有消亡，就是因为它在黄河古民间文化的氛围中，广泛吸收儒、道、释等多种文化元素，逐

图5　甘肃永靖傩戏《三英战吕布》

渐从单调、肃穆、呆板的气氛中解脱出来，使表演内容更加丰富，表现手法更加多样，酬神娱人的效果更加明显。傩戏在表现内容上总是不改初衷：以神鬼故事、尚武精神为主，假以历史故事、宗教和世俗人物，直至表现百姓自己的生产生活和民俗风情，每一个折段就是一个故事。如《二郎赶祟鬼》出场角色三眼二郎、执牌、红绿鬼、牛头马面作祟泛滥，祸害百姓，变化二郎将其一一降服；《三英战吕布》角色有刘备、关羽、张飞和吕布，四雄交战，吕布被三英合围，侥幸逃脱；世俗剧目《方四娘》是根据当地民间流传曲目"方四娘"编演的，场上三个角色有独舞和三人舞，配以音乐和伴唱，轻歌曼舞，娓娓动听，笛声悠扬，意境幽远。

甘肃永靖傩戏在表现形式上主要有戏剧型、歌舞型和杂耍型三种，以戏剧型为主。"方四娘"等为歌舞型，杂耍型中"笑和尚赶过雨（雷暴雨）"尤受乡里欢迎。其角色仅为二郎神和笑和尚，虽属道、释两家，但神明之于僧徒，尊卑依旧分明，似无"喜、闹"之由，偏偏僧徒却为人皆共知的"笑和尚"。表演时，二郎神身着黄袍，腰系红带，双手平伸并托念珠，绕场一周，端坐当中，拨动念珠，神威尽显；紧接着笑和尚身着马甲（并僧徒装），身后背剑，

手持柳鞭，左脚起步，右脚跟进向左转身并前匍，左脚向后一跬步，右脚跟着稍退，左脚再向前迈出。如此这般，身体左摇右摆，意在眼观六路，耳听八方。转过一圈，跪于二郎神前，聆听指使。然后根据二郎神指示方向，左手握剑，右手执鞭，东西南北，一一用力甩鞭打去，直至将过雨打散，情节简单，甚至有点乏味。可笑和尚在不经意间向围观人群中打去，说是"上打爷爷，下打孙子"，这正体现了临夏乡间俚语"爷爷孙子一辈人"——爷、孙辈之间无多大世俗禁忌，可趁机"打"他一下。演员与观众"互动"起来，打闹嬉戏一番，显得风趣、幽默、热闹。因为是戴着面具表演，演员无法道白与演唱，时常有场外人担任道白和伴唱。

## 二 傩文化传承发展的教训

全面、系统、科学地认识民族传统文化，是振奋民族精神、加强民族团结、发扬爱国主义精神、促进社会进步与发展的重要保证。傩文化是一个民族在特定区域、特定的社会人群，伴随着一定生产资料和生活资料生产中所创造、享用和传承的物质文化事象。它涵盖驱鬼、生产、农业、服饰、饮食等方面，贯穿于人类生产实践活动的全过程。傩文化作为人类社会一项特殊的文化活动方式，孤立的个体活动是不存在的。反映在傩文化活动当中的民族意识、文化心理、价值观念、宗教信仰等，是人类精神生活领域的文化，是民族文化的核心部分。

它围绕民族活动方式，通过抽象事物的艺术表现，最终依托宗庙祭祀活动来改造人的主观世界。其固有的特性表现在：

一是娱乐性。傩文化的娱乐性是一种以闲暇消遣、健身娱乐为主要目的，而又有一定模式的民俗文化活动。从简单易行、随意性较强的项目，到技艺精巧、自由灵便的嬉耍，再配合特定的岁时节令，把活动融汇于宗教礼仪、生产劳动、喜庆丰收之中，使民族传统的娱乐性体现得更加充分。

二是竞技性。竞技性是民族传统活动中竞争意识的体现，为生存就得同恶劣的自然环境斗，为保家安民就得练兵黩武，全民尚武成为小家族和弱小民族理所当然的习俗。这种在争斗中孕育和生存，在活动中继承和发扬，在交往中维系和传承的习俗有着独特的技击、练武和宗教信仰特点，使参加者在相互较量的竞赛中，获得心理的愉悦，起到磨炼意志的作用。

三是广适性。傩文化在其漫长的发展过程中，逐渐产生了与人的生理、心理、生存环境、文化传统相适应，又能满足不同层次人群需要的属性。通过表演，体现勇武精神。傩文化活动已不仅仅是生命活动，而是作为一定社会关系总和的人在现实中显示的自己的本质。

四是地域性。某一地区的一个民族或几个民族所处的区域环境以及由区域环境而带来的自然条件不同，使各个民族都在自己文化背景之上形成了有别于其他民族的传统活动方式，这就是傩文化的地域性特征。各个地方的傩文化活动各有不同。在甘肃永靖，傩舞戏俗称跳会，主要流传于杨塔、王台、红泉、三塬、岘塬、盐锅峡等乡村。《续修导河县志》载："遇丰年，则扮演社火，即乡人傩之遗意。"清康熙时汪元绸有诗云："社鼓逢逢禳赛时，青旗白马二郎祠。踏歌游女知多少，齐唱迎神舞拓枝。"诗中描写的正是傩舞戏的盛况。另据明《河州志》记载和永靖民间传说：古时，永靖黄河以南地区气候凉，无夏粮。每当河北地区麦熟时，河南的吐蕃人乘天黑之机，渡河来抢收麦子。当地人便想出一个对付的办法：戴上牛头马面的面具来进行吓唬，吐蕃人见之以为是神兵天将相助，慌忙逃回南岸，再也不敢来抢收麦子了。从此，每当丰收年景，这里形成了戴面具跳会的习俗，一直流传至今。

2007年9月16日至17日，全国傩文化艺术展演在甘肃永靖县黄河文化广场举办，这次活动由中国民间文艺家协会、甘肃省文联、临夏州政府主办，甘肃省民间文艺家协会、永靖县委、县政府承办。期间，举办了大型傩文化艺术

图6 甘肃永靖傩戏《锄田佬》

展演、踩街表演、田野采风、研讨会等系列主体活动，来自省内和江西、安徽、贵州、陕西、青海等省的24支傩舞表演队参加。邀请省内外傩文化专家、学者开展傩文化开发与保护座谈。这次活动对傩文化的传承、保护、交流、研究和开发产生了积极的推动作用。

总之，各种傩舞活动除南北两大差异外，还有风俗习惯、社会进程、文化繁荣、心理素质的差异。傩文化经过几千年的承袭、发展、演变之后，已经成为生理、心理、形态、神志的特殊标志，内化在傩文化活动中。

傩文化是在一定的历史时代中演化的，时代的风雨不断地谱写着民族文化的续页，一些已有的文化因素在演化中消失了，有些前所未有的文化因素在发展中出现了。这种内涵在增进民族团结、凝聚民族向心力、增强民族忧患意识、再现伟大的爱国主义精神方面发挥着重要的作用。第一，民族学和心理学在民族心理研究方面进行交流与合作已势在必行。属于民族心理研究范畴的内容很多，我们目前所接受的民族理论和民族问题无一不与民族心理有关。第二，民族传统文化是文化复兴的最终表征。民族传统文化是由各民族共同创造的精神财富，是由各民族的历史、政治、经济、文化、宗教、风俗习惯等文化创造汇集而成。全国少数民族传统文化活动，规模一届比一届盛大，项目一届比一届丰富多彩，独具特色的民族传统文化与大众文化艺术融为一体，将民族文化按照固定的节奏一浪接一浪推向高潮，展示了民族文化是全人类共同创造的精神财富，是由民族文化创造汇集而成，具有共同的基本属性，融会于民族文化的特性之中，这种基本的属性既可以反映民族性与时代性的统一，又表现出兼容性和选择性的一致。傩文化是中华文明的一个有机组成部分，是先哲们在中华民族传统傩舞文化氛围中创造、选择、发明和发展起来的民族传统文化，历尽沧桑，经久不衰，推动了我国数千年民族文化的发展。尽管时代发生了变化，但蕴藏在其深层的民族文化精神，仍然影响着人们今天的思想和观念，其文化方式仍为各民族人民采用，运用人类学来加以研究，在强有力的理论指导下开发这个蕴藏量极大的资源，可以为中华民族文化全面走向世界，促进国际文化的大发展做出积极的贡献。

以一个村为单元，或以一个大姓望族为核心的群体性活动，为全村或全族驱邪逐疫、祈福纳吉、祈盼神灵（主要是社神）佑护人寿年丰、五谷丰登、六畜兴旺。它不是由巫师而由一村会首或族长主持的群体性傩祭活动。最后各村傩队聚集于一个中心地区（一般为地方保护神的庙宇或庙址）进行大型祭祀活动，气氛热烈，其规模之大可与地方的大型庙会相媲美。在酬神、娱神活动中，突出了娱人，特别是注入了自娱因素。在排头的指导下，农民们演出傩舞和傩戏。演唱傩戏有的原样照搬叙述体的说唱文学。傩舞中的"舞回回"，把回回视为外来者，这自然是历史的沉积。《尚书·大禹谟》云："无怠无荒，四夷来王。"我们的祖先总是以和为贵，也总是把与四方民族的交往视为国家昌盛、政治清明的表现。在这一认识的基础上，历代王朝每当祭祀天地都要"祭方"，请四方之神祇，宴四方之宾客，演四夷之乐舞。汉代宫廷大傩也有"方相氏，狂夫四人"，驱四方之鬼魅。《周礼·春官·宗伯》记载，周王朝有专司夷乐的"旄人"和"鞮鞻氏"："掌四夷之乐与其声歌。祭祀，则歙而歌之。"永靖傩舞"舞回回"，三人作舞称"三回回"，正是中国与各民族、各国文化交流最频繁的时期，胡舞、胡乐（包括少数民族的乐舞）在这一传统观念的影响下，被广泛吸收，并纳入农村傩舞。如永靖傩舞中的"三回回"，三人戴胡人面具相对饮酒，立饮，入关。这类胡舞在唐代更为盛行，唐代大历时进士李端有《胡腾儿》诗云："胡腾身是凉州儿，肌肤如玉鼻如锥……"诗人元稹也有诗咏之。崔令钦《教坊记》此舞名"醉胡子"。日本现存12世纪唐代戏乐画卷《信西古乐图》有"胡饮酒"，绘一人长发、隆鼻、深目，做豪饮状。此外，日本还有此舞的面具保存。1000多年前的文化交流，至今仍能在永靖的六月跳会中见到，实在是一件非同寻常的事。

曲六乙表示，永靖傩文化保存完整，它既受到戍边军傩的影响，也受到安徽、江西等中原地区傩文化的影响，和其他地区有截然不同的特点，形成了甘肃永靖多民族杂居特殊地域的多元文化。这次永靖傩文化艺术节的举办，弥补了中国傩文化研究30多年来的一些空白。通过这次对永靖傩文化的了解，笔者感到原来对傩文化的研究是不充分的、不完整的，下一步可以在永靖建立一个

图7 甘肃永靖傩戏《目连僧救母》

研究基地，更好地保护和挖掘甘肃的傩文化。

朱恒夫在和记者交谈时表示，傩文化其实是在告诉人们，要维护人与自然的和谐，热爱大自然，将儒家文化与乡土文化有机地结合，让人们在傩文化表演中体会到真、善、美。永靖傩的原生态性很强，它与文化发达地区有着许多不同，它具有其他地区傩文化所不具有的特点，完整性和艺术性有机结合，有求福、祈祷、保佑和娱神等不可缺少的环节。永靖不靖（安宁），老百姓需求社会安宁，上天保佑。在这种特殊情况下，永靖傩保留着许多三国戏节目，具有一种尚武精神，这种精神的传播，就要靠神来完成，有着很高的研究价值。在2007年9月17日的"全国傩文化艺术展演"活动中，全国各地寓意不同的傩舞表演，表达着祈求阴阳调和、风调雨顺、五谷丰登、人寿年丰、国富民强和天下太平的意愿，形象各异的人物造型展示了不同民族不同地区的文化内涵，来自全国各地的观众在这里品味了别样的、古老的民间文化大餐。中国民间文艺家协会还授予永靖县"中国傩文化之乡"荣誉称号。

# 如何发挥主题公园在傩文化传承方面的作用

## ——以大沙河仡佬文化国际度假区和杏花村农耕文化园为例

安徽省池州市贵池区戏剧家协会　檀新建

　　主题公园是一种以游乐为目标的模拟景观的呈现，它的最大特点就是赋予游乐形式以某种主题，围绕既定主题来营造游乐的内容与形式。园内所有的建筑色彩、造型、游乐项目等都为主题服务，共同构成游客容易辨认的特质和游园的线索。

　　主题公园是现代旅游业在旅游资源的开发过程中所孕育产生的新的旅游吸引物，是自然资源和人文资源的一个或多个特定的主题，采用现代化的科学技术和多层次空间活动的设置方式，集诸多娱乐内容、休闲要素和服务接待设施于一体的现代旅游目的地。主题公园的成败，主要受景区知名度、交通便利度和游客满意度等三大关键因素的影响。而景区知名度和游客满意度在很大程度上是由有效的产品供给决定的，参与性和娱乐性是决定产品有效性供给的基本条件。因为产品只有具有了参与性和娱乐性，才能形成感召力和亲合力，从而促进主题公园与游客之间的良性互动关系。主题公园在运营、管理中，还应当注意队伍的稳定性和专业化、产品的互动性和现代化、娱乐的创意性和多样化、活动的参与性和个性化、游乐的刺激性和场景化、园林的真实性和自然化、消费的便捷性和超市化、滞留的扩张性和多日化、游乐的安全性和舒适化。主题公园将在导游系统、餐饮系统、购物系统、表演系统、乘骑系统、氛围营造系统等方面丰富表演性内容、强化参与性内容、增加互动性内容，甚至推出创意性内容，亲子娱乐内容、情侣娱乐内容、团队娱乐内容将日益丰富和更加精彩，注重造型视觉化、颜色多彩化、材料逼真化、性能精致化、故事文本化。另外，声光电技术的广泛应用，也使场景的艺术效果更加真实和精彩。

非物质文化遗产，无疑是"非遗"主题公园中的一个大主题。近年来，国内包括傩在内的非遗类主题公园层出不穷、方兴未艾，既有成功的经验，也有失败的教训，大多还在摸索中完善和提高。例如：贵州道真中国傩城、南昌中国傩园、合肥非遗园、上海非遗文化城、安庆中华五千年文博园、池州杏花村农耕文化园等。其中的"傩"，有的独立成"园"，有的则作为非遗项目的一部分，依附于大园，成为园中园，有的将傩文化元素点缀其中。其中运营效果不错的，面积不一定很大，也不一定有刺激性强的游艺项目，但在布局策展、互动细节、衍生产品等方面的设计却极尽体现东方式的、小而精的审美效果。

综观国内傩文化主题公园，其建设和发展参差不齐，它们大多对傩文化的传承、保护都不同程度地发挥了作用。但是，毋庸讳言，许多这类公园还存在诸多缺陷和不足，还有较大完善和提升的空间。如何更好地发挥主题公园在傩文化传承方面的作用？我们不妨通过正反两方面的实例，试做如下综合分析和浅探。

## 一 道真中国傩城初步成功的经验

大沙河仡佬文化国际度假区位于金佛山南麓，属贵州省道真仡佬族苗族自治县所辖，占地近60平方公里，总投资300亿元，按照每年接待1500万人次的标准进行建造，预计十年建成，是集旅游、休闲、度假、养生、养老、教育、医疗、现代农业、体育运动等功能为一体的大型生态旅游度假区。它对外的宣传口号是：东方迪士尼，不一样的丽江，又一个巴马。"让居民望得见山、看得见水、记得住乡愁"，大沙河项目遵循"道法自然，返璞归真"的规划原则，构筑低碳、环保、生态、集约、智慧的新型城市，重点建设包含中国傩城、大千新城、天子养生城、英国城、冰雪温泉小镇、童话世界、茶山花海、野人谷、小须弥山、温莎湖、黔乡风情的"四城、一镇、六景区",形成第一产业与第三产业联动、第三产业与文化旅游产业深度融合的集约、高效的产业发展模式。

中国傩城,是该旅游度假区首批建设项目,已于2017年9月正式对外开放。它占地775亩,总建筑面积246545平方米,总投资9.8亿元,包含傩戏王国主题公园、魔幻岛生态亲子主题乐园、北部风情街、南部商业街、活态博物馆、湿地公园、花园山居和山地院墅、南大门广场、三幺台等九大板块。该项目除了在选址规划上依托交通便利、自然生态资源丰富等得天独厚的优越条件之外,重要的是充分利用了贵州本地的人文资源优势。

贵州省聚集了众多仡佬族人口,主要为务川仡佬族苗族自治县和道真仡佬族苗族自治县。仡佬族历史悠久,拥有自己的语言,但没有自己的文字,历史由口传文学(如古歌)传承。由于大沙河仡佬文化国际度假区位于道真仡佬族苗族自治县,因此仡佬族的传统节日、饮食文化、家居建筑、雕刻等民族特色文化在这里得到了极大的保护和传承。尤其值得注意的是,贵州傩被学术界誉为古代文化的"活化石",备受瞩目,多次应邀远赴法国、日本、韩国、新加坡等国家及中国香港、台湾地区表演、交流,产生了一定的影响。道真仡佬族有着深广的傩戏傩文化背景,道真仡佬傩戏包含的文化内涵和多学科的学术价值、审美价值,被学术界誉为"中国古文化的活化石"。因此,道真也被誉为"傩戏王国"。这里极为丰富的优势资源条件为园区走向成功奠定了坚实的基础。

中国傩城,不仅充分利用了本地的傩文化元素,而且巧妙地融入其他民间传统文化,从一开始就在如何吸引游客上下足了功夫。例如:在游园时,设置了一个"八仙游傩城"的游戏。故事背景:2017年,八仙(铁拐李、汉钟离、蓝采和、张果老、韩湘子、曹国舅、吕洞宾、何仙姑)路过中国傩城,只见山高林密、碧水幽潭、山腰间紫气冲天,好一个福地洞天。八仙按下云头,仔细一探,原来是南极仙翁在傩城玄天洞闭关修炼。得知此洞冬暖夏凉,犹如仙境,可延年益寿,八仙便商量着也到洞里清修几日,顺便给南极仙翁贺寿。不料被通灵的仡佬族人知道了，大家都想沾沾南极仙翁的福气，于是争相涌向傩城，请求八仙带他们赴宴。看着来的人越来越多，八仙吓得化身铜像躲进傩城藏了起来……想参加南极仙翁的寿宴吗？想获得长寿、吉祥吗？只要在中国傩城里找到八仙铜像并与他们一一合影，便能得到好运，还能得到南极仙翁送出的超级福禧。游客进入景区后，首先得到地图攻略，地图上显示八仙和南极仙翁的铜像分别坐落在中国傩城的九个区域，每位神仙从1到9分别标有不同的序号。游客只需要按照序号的顺序从1开始，找到对应的神仙后与其合影并保存合影到相册，再寻找2号神仙并合影，直到找到9号南极仙翁并与之合影。找到九尊神仙铜像并与每尊铜像合影，集齐9张神仙合影后按顺序分享到朋友圈，就可参加抽奖活动。

中国傩城还十分注重广告宣传，在开放第一天，超过3万名游客慕名而来，人流如织，欢乐气氛爆棚。在体验区开放现场，锣鼓震天，彩球放飞，神秘而原始的山谷向世人揭开了面纱。欢快的杂耍闹起来，高台舞狮闹起来，游客洗去一周的浮躁，回归生活的原点。魔幻岛上坐过山车，玩淘金小镇，丛林穿越，惊险刺激。环岛湖边划游船，唠嗑、自拍、发呆，惬意无须言表。三幺台里，仡佬文化，国粹表演，饕餮美食，叫好又叫座。入夜，傩城的灯光映亮了湖光山色，丰富的夜生活让人渐入佳境。看水幕电影，逛美食街，吃烤串，喝啤酒，吟诗唱歌。中国傩城里的傩戏表演，驱邪祈福，寓意吉祥幸福，观赏性强，颇受游客欢迎。

这是一个"土""洋"搭配、中西兼顾、动静结合的杂烩型公园，而其中的傩城尤为特色鲜明，这无疑为主题公园保护、传承傩文化提供了成功的例子和鲜活的范本。但它也有其局限性，目前展示的仅仅是贵州道真一地的傩文化，如果能增加贵州多地如威宁"撮泰吉"等傩事，就更具贵州特色。既然号称"中国傩城"，若能将全国有傩省份的傩面具和代表性傩剧在园内集中展示，则更加全面、系统、丰富多彩了。2017年10月，"第二届仡佬傩文化艺术节暨傩文化学术研讨会"在园内举办。与会人员参观游览"中华仡佬文化园"与"中国傩城"，全新体验国家级"非遗"项目"三幺台"饮食文化，观摩考察道真仡佬原生傩，多角度深入开展傩学研讨。人们有理由相信和期待中国傩城在不久的将来会积累更多的傩文化传承保护的经验，将会取得更大的成功。

## 二　南昌中国傩园失败的教训

2010年7月，经过4年的打造，江西南昌中国傩园正式开园。建成后的南昌傩文化公园位于红谷滩新区卧龙山风景区内，北挽梅岭，遥对赣江，枕山依水，占地约10万平方米，园内集中展示了国内乃至世界各国各具特色的傩面具和傩文化。园内建筑曾创下三项"中国之最"——最大的傩冠建筑、最大的傩面具、最大的面具馆。园内主干道两旁，矗立着两排巨型傩面石雕，每座傩面雕像均用净重约120吨的整块毛坯石头费时一至两年雕刻而成，最后的成品平均重达90吨。而作为园内标志性建筑的鼎状傩冠，高达39米。2006年6月，南昌中国傩园正式动工建设。当时，南昌市的初衷是将该园打造成世界最大的"面具公园"，并借助傩丰富的文化内涵，打造出一个属于南昌的标志性景点和一张城市文化名片。

当时的傩园也着实火了一把，每天有多场别开生面的傩文化表演，不少市民和外地游客直呼"大饱眼福"。遗憾的是，好景不长，2013年7月，运营仅3年的南昌中国傩园最终低调闭馆。造成这样结果的原因是多方面的，最主要的是因为公园经营陷入困境。为了挽回危局，2013年7月，南昌市曾召开相关会议，明确将南昌市瓷板画研究中心迁入南昌傩文化公园，将傩文化公园改建成南昌瓷板画文化艺术园。当初欲让此傩园担负起"奠定江西傩文化大省地位和抢救、保护民间文化遗产两项历史使命"的美丽愿景还未来得及实现，这个曾经一度火爆的、号称"全国最大的傩文化公园"从此便黯然淡出人们的记忆。

从号称要打造成世界最大的"傩面具公园"，到后来的黯然闭馆，南昌中国傩园的命运之跌宕，让人为之叹息，个中原因更值得深思。

"无论是收费还是免费，南昌傩文化公园说到底都是在为市民或游客提供一种文化服务，这个定位决定了它必须面对大众，得到大众的认同，这样才能长期吸引游客，然而，它显然是先天不足、后天失调。"南昌市民俗博物馆馆长梅联华认为，傩不是南昌的本土特色文化类型，本地市民对傩本来就缺少亲近感，况且傩文化公园所在位置距中心城区较远，在傩文化公园后期的运营中，更缺乏与市民、游客互动的文化产品。"如此运营，傩文化公园肯定要陷入尴尬境地。"[1]

在2006年文化部公布的第一批国家级非物质文化遗产中，江西南丰跳傩、婺源傩舞、乐安傩舞入选其中。萍乡、宜春、南丰等地保存的傩面、傩庙、傩舞，素有中国"傩文化三宝"之称。而南丰的"石邮傩"、乐安的"流坑傩"、婺源的"长径傩"、万载的"沙桥傩"、萍乡的"车湘傩"等，在中国傩文化中均具有重要的地位。为何拥有如此丰富的傩文化资源却没能成功发挥作用？梅联华先生分析道："作为难得的国家级非物质文化遗产，江西傩文化应该得到保护和利用，但绝不能搞成展览馆，仅仅让游客在园内走马观花，更不能将其作为逝去的'死'的文化，而应该在集中呈现傩文化的同时，重点设置互动性、娱乐性较强，并具备傩文化特质的特色游玩项目，走文化体验式旅游的新路，让非遗文化在游客的游玩中'活'起来、动起来，只有这样才能真正起到保护、弘扬非遗文化的作用，并丰富市民、游客的文化生活。"显然，南昌中国傩园失败的教训是其他"傩"主题公园应当认真吸取的。

## 三　对池州杏花村农耕文化园传承傩文化的建议和思考

现在的农业类旅游景区都以大量的图、文或实物展示了物质层面的农耕文化面貌，遗憾的是，都鲜见有对农耕文化精神层面的展现，而农耕文明的精神，是活态的、有生命的，是灵魂，是支柱。因此，农耕类教育园地或旅游景区不能停留在或满足于简单的实物展示和农事活动的体验，而更应将农耕文化

---

① 杨建智、詹薇：《南昌傩文化公园黯然闭馆低调转型》，《江西日报》2013年10月31日第C01版。

的思想内涵挖掘出来并汲取精髓，给世人以启发、思索和教益。安徽省池州市杏花村旅游文化区中的"农耕文化园"正好可以填补这一空白。

傩文化是农耕文明的产物，它与土地、庄稼等农民赖以生存的东西有着密不可分的联系，它体现了人类与自然的相融相协、和谐共生关系及先人对自然、天地、神灵和祖先的崇拜和敬畏，充满了对生命的崇高礼赞。在所有民间民俗文化中，最古老、最完整、最丰富、最独特、最直接体现农耕文化的形式，就是"乡人傩"。乡人傩汇蓄和沉淀了上古到近代各个历史时期诸多文化信息，涉及多种学科、多个领域，内涵十分丰富，隐藏着博大精深的文化蕴涵和极高的文化人类学、戏剧学、宗教学、美术学、历史学、考古学和民俗学等学术研究价值，仍保持着古朴、粗犷的原始风貌，是中国最古老最重要的民俗仪式，是中国最具民族特色的文化象征。

有专家认为，中国农耕社会的意识形态就是傩文化。傩文化是深藏民间的"农耕文明精神活化石"，是傩文化创造了农耕文明。可以说，傩文化是萌生和依存于农耕社会的，它伴随着农耕文明走过数千年的历史，相互渗透，相互影响。通过反映农民精神信仰的独特而丰富的傩俗事象，可以看到农耕时代行走的步履，可以看到农耕社会丰富的精神世界。傩文化具有创新型文化基因、和合型文化基因、开放型文化基因、民主型文化基因，这些都是农耕民族优秀的精神品格。①

在杏花村农耕文化园里展示中华五千年（包括池州本地）丰富深厚的农耕文化成就，在园区内开发一个兼有弘扬中华农耕文化发展史、观光娱乐和休闲度假功能的大型综合体项目，融知识性、趣味性、参与性、娱乐性于一体，雅文化与俗文化共存，使之成为中华农耕文化苑中一项脍炙人口、风格独特的教育体验游览观光项目，有一定的现实意义。如何在杏花村农耕文化园内融入丰富而独特的傩文化元素，全面、系统（或者有重点地）讲述和展示池州傩的

---

① 林河：《中国巫傩史》，花城出版社2001年版，第231、503页。

传承、发展史？怎样践行"动静结合、学玩结合、观赏与体验结合"的运行模式？如何体现杏花村傩文化旅游项目的展示性、介入性，突出体验、参与的功能，以促进和发挥其传承、保护傩文化的作用？这些都是我们应当思考和探索的问题。我们认为，在杏花村展示乡人傩等农耕民俗文化，除了须遵循民俗文化旅游开发的文化保存原则和经济效益原则之外，还应考虑以下几个原则：

**1．特色突出原则**

一个旅游项目（主题公园）的开发一开始就要明确其定位和树立其鲜明的形象并围绕文化体验与娱乐休闲做文章。杏花村农耕文化体验指以农事体验为主线，充分挖掘、展示神农事迹、乡人傩等中华传统文化元素，突出特点，保持原味，铺陈表象，发掘内涵。娱乐休闲指设置传统节日情境，设计学歌舞、学古戏、学民艺等互动环节和"踩高跷""打赤鸟""胡饮酒"等傩舞。将以上全部内容贯穿到体验全过程即吃、住、行、游、娱、购旅游六大要素环节中去，着力打造出一个有学有玩、有声有色的傩文化教育体验休闲基地。

**2．联动发展原则**

在展示农耕文化的同时，带动傩酒、傩乡茶、傩面具等相关纪念品、地方土特产，带动傩乡"吃腰台"餐饮、傩主题宾馆、休闲娱乐等相关产业发展。

**3．动静结合原则**

傩文化是历史的沉淀，是劳动人民在长期的生产、生活中形成的独特文化，其表现要有一定的载体，可用动、静两种形式来表示，傩文化的展示根据其内涵和特色及大众的领悟程度采用多种形式。静态展示有摄影、绘画、雕塑、文字、实物等；动态展示有声、光、电模拟场景及室内和户外真人演绎等。

**4．系统开发原则**

傩文化的发展是在融合物质资料生产过程中形成的异彩纷呈、多样化的文化集合，因此，在开发过程中必须在宏观视野和系统整合中研究民间文化的关联性、互动性、整合性、系统性，不能孤立地开发，造成项目的扁平发展。

不仅要把握好以上原则，项目的策划理念也应当明晰。文化旅游项目形象展示是策划的灵魂，而文化就是要通过主题形象向旅游者进行传递。因此，傩文化应该把握住特有的文脉，让受众感受到浓厚的乡土文化与教育体验结合带来的奇特感受。

一要注重体验氛围营造。通过在杏花村农耕文化园建立与傩相关的特色园区等，让旅游者在全方位的环境中感受到傩文化魅力。在建园时，注意从外围环境的设计到内部员工的服饰等都与整个文化理念相协调。体验氛围的营造还应在时空设置、语言、行为、环境布置上进行精心包装，让游客在此感受到浓浓的乡傩文化气息，在各主要通道还要设计出不同的解说牌，并培训一批具有传统文化功底的导游。

二要搞好体验剧场设计。根据旅游者对傩民俗的认识，进一步深化体验环境，可在园区内相关区域设计出符合傩文化的外部氛围，同时还可以设计出即兴表演的舞台，让喜爱傩民俗的旅游者可以身临其境地在艺术舞台上进行展示并设计相关小场景，为旅游者提供真实感受的场所。

三要重视体验角色分配。在整个乡傩体验环境的策划中，包括工作人员，都是体验环境的策划者，旅游者既是环境的创造者，又是体验环境的受益者，通过主动以及被动的方式让游客参与到民艺体验中来。

深入挖掘傩文化的内涵，把握旅游者对池州傩民俗的好奇与期待，将民俗文化特别是本地乡傩民俗这一无形的旅游资源通过物质形式进行展示，使进入旅游者视线的文化载体能够生动化、形象化，进而引导旅游者在欣赏民间艺术过程中能够参与其中。通过一系列切实、有效的方案和措施，向受众传播傩文化知识，让人们在游览、体验中感受傩文化的魅力，以达到传承和保护傩文化的目的。

由此，我们不妨围绕如下内容制定具体的方案：

第一，在园内组建"池州乡人傩艺班"，以乡村老、中、青傩艺人为主要成员。以傩文化为主题，以游客为中心，以动静结合、多样化的手段生动展示傩文化艺术及其内涵的动态演出。整个演出体现古朴、稚拙、神秘的特点，突显喜庆、祥和、热烈的气氛。

表演内容：

（1）小型傩戏舞——《印象乡人傩》

一群戴古拙面具、赤膊赤脚的壮汉手拿木棍、弓箭等武器在锣鼓声中一边喊叫一边跳傩舞"围猎""打赤鸟"……

傩舞：舞伞、开天辟地、舞回回。配以吉祥喊段（古代一种一领众和的致语口号）……

傩舞：醉胡腾、魁星点斗、舞财神、关公登殿……

傩戏选段：《孟姜女·洗澡结配》（男女对唱手扶栏杆、洗菜苔）；《送寒衣》（姑嫂唱十二月小调·山歌）（唱腔包括傩腔和高腔）……

傩高跷马：高亢震撼的鼓乐声中，高跷马列队出场，演出傩舞"花关索大战鲍三娘"……

（2）多媒体傩歌舞剧演出——《乡傩赋》

《乡傩赋》是一台以剧场演出为主的大型多媒体歌舞剧。它以首批国家级非物质文化遗产——池州傩戏为核心题材，由傩俗、傩仪、傩舞、傩戏串联，分为：序幕《远古傩风》、《天地祭仪》、《千秋稼穑》、《戏舞人生》、《国泰民安》、尾声《傩颂吉祥》六个章节，总时长约60分钟。

通过挖掘池州傩这一古老传统文化所蕴含的民族精神和主流价值，融合鞭春、祈雨、迎神、朝社、抢灯伞、高跷马等摇曳多姿的池州活态民间艺术与民俗事象，反映出先民的生存状态、生活理想和生命意识，体现中华民族特有的文化风貌和精神气质，全剧内容应积极健康，组织和编排独具创意，特色鲜明，具有较强的艺术性和时代精神。

（3）园区傩事活动

定期（周末或法定节假日）在园区内举行傩队踩园活动（举面具牌，踩高跷，一路敲锣打鼓，高声喊段），或再现当年孔子见"乡人傩，朝服而立于阼阶"的情景……（仿青山庙朝社的队伍，有旗、锣、伞、铳、供品、回避牌等）

适时在园区内适当的地方举行"请阳神""鞭春牛""抢灯伞"等傩仪、傩俗活动。（部分傩俗、傩仪在园区特定环境中的情景再现）

（4）傩戏故事情景再现

在园区内利用原有实景或人工布景，再现傩戏《孟姜女》《刘文龙》《章文显》等民间传奇故事情景。设置观众参与互动情节，进行深度体验。

第二，在园内设立首批国家级非物质文化遗产——徽傩（池州傩戏）展览馆，对池州傩的历史沿革、文化内涵、民俗事象、艺术特色以及传承状况进行通俗、系统的静态展示。主要是对池州傩文化的一个全景展示，依托还原傩事活动、民间祭祀、民间娱乐的过程，通过文字、图片资料、实物，进行陈列、展示、诠释。

展示内容：

（1）图文部分

中华傩及徽傩概述；国家级非物质文化遗产"池州傩戏""青阳腔"批文、匾额、代表性传承人情况简介、证章、图片；名人眼中的中华傩；作家眼中的徽傩；书法家眼中的徽傩；画家眼中的徽傩；摄影家眼中的徽傩；专家学者眼中的徽傩；民间艺人眼中的徽傩；诗人眼中的徽傩；媒体眼中的徽傩。

（2）实物部分

主要有面具、服装、道具、灯伞、舞台背景。

（3）相关艺术品、工艺品

微型面具、祈子灯笼、光盘、录音带、邮册、漫画、农民画、折扇、笔筒等傩工艺品、纪念品。

（4）体验部分

参观者戴面具穿戏服学傩舞动作，摆造型摄影、摄像留念。

第三，成立学艺堂（傩艺传习所）。通过聘请"傩戏"传承人（民间艺人）、面具雕刻师、道具制作工匠等有关专业人士做老师，向游客讲授乡傩民俗的相关知识，传授傩面具手工技艺，并邀请专家学者举办讲座，全面、系统、深入地阐释傩文化内涵，开展相关傩舞赛事活动，可将游客学做、学唱、学演等参与经历拍摄视频制成光盘，留作纪念。

第四，每年在园内定期举办傩文化题材摄影比赛、影展和民俗文化研讨会。制定民俗专家学者、民俗摄影学会会员免费游杏花村旅游景区等优惠措施，以促进各界对杏花村傩文化旅游资源的宣传和推介。

第五，在每年正月十五或当地有影响的民俗活动期间举办各类以乡傩为主要内容的文化艺术节，并结合民俗节庆、农耕文化活动开展相关征文、征诗联、征书画等赛事。

第六，寒暑假期间在园内举办农耕生活夏令营。由园区主导，在非假期不定期组织有关专家学者和农禅人士进省内外高校、中小学校，开展"傩文化"进校园活动，吸引学生对乡傩民俗文化的关注，增进学生对池州傩文化旅游资源的了解，培养学生对傩文化的兴趣。

第七，组建一支对外交流的表演团队，精选傩艺节目，旅游旺季时在九华山、杏花村等景区固定场所演出，淡季时结合宣传促销，赴外地巡回演出。

第八，在全国范围内广泛征集杏花村傩文化旅游宣传标志、广告语、宣传歌曲；设计乡傩民俗景区LOGO、二维码及服务员服饰；建立乡傩民俗文化及杏花村（傩园）旅游网站、微博、微信公众号，形成整体形象，统一宣传。

第九，打造全方位会展营销体系。每年定期在园区内举办"杏花村农耕民俗文化旅游用品博览会"，展会以"杏花村农耕民俗（傩）文化与旅游产业发展"为主题，通过展览、论坛、主题活动等多种形式全面展现安徽乃至中东部地区农耕民俗文化旅游用品产业的发展空间和广阔前景，为国内外展商拓展中东部市场搭建最佳贸易平台，吸引全国乃至东南亚国家和港澳台地区的展商参展、投资。

博览会主要展示农耕民俗（傩）文化用品、民间文化旅游工艺品及书画、傩乡茶叶特产等，同时，建立参展商线上O2O常年网展、线下临时展和常年展贸中心三大平台，打造全方位会展营销推动体系，实现线上线下展示交易互动，常年展与临时展结合的"永不落幕"展会。

总之，要立足池州，面向全国甚至世界，整合全区旅游资源，进行整体开发，把农耕民俗（傩）文化的精华形象地在功能分区和景观结构中加以展示，并重点协调好镇村与景区的关系，在规划设计中融入乡傩民俗文化元素、地方特色和民族精神等特征要素，逐步培养居民和游客同步的"民俗体验"，为塑造池州旅游整体形象注入核心价值。

尽管对主题公园在发挥傩文化传承方面的作用值得我们期待，但也应当清醒地认识到，与乡村民俗发生地相比，主题公园对傩文化的传承作用是有限的。首先，乡傩是依托宗族及其综合体而存续的，宗族及其综合体作为乡傩依赖的特殊载体，它所涉及的包括文化认同、情感归依等诸多影响乡傩传承发展的因素，极为宽泛和复杂，这是任何一个主题公园无力承载和无法具备的。其次，在乡村，族人、宗亲或其他村民均可成为傩艺传承的稳定主体（客体），而在主题公园，一方面表演者或为专业演员或为业余演员，他们的演出多为实用功利目的，随时可以放弃传艺和学艺，另一方面绝大部分游客均来自五湖四海，对他们而言，乡傩这种"异地"文化，参与体验和感受只是满足自己的好奇心而已，无法真正与这种文化相亲相融。因此，传播者与受众对傩文化均有着不同程度的"隔膜"。再次，主题公园的时空环境、背景均为"人造"，无法复制出乡村独有的真实的傩事场景，如祠堂、社树、水口、田畈、河流等。这使得主题公园里的"傩仪"缺乏乡村傩仪的一种庄严、肃穆的气氛，如若把控不当，将会使现代化舞美等手段呈现的"傩艺"显得生硬和做作，参与者也会因此在情感上产生一定程度的"疏离"。

如果傩文化主题公园能够扬长避短，则会是另一种效果。比如，尽量在公园内淡化宗教类的内容，减少仪式类剧目的呈现，以喜庆吉祥和谐为核心元素，避免过度娱乐化，突出和强化傩文化中艺术美感，特别是视听效果较好的傩舞、傩戏节目，在面具、服装、道具、唱腔之美上做足功夫——面具的神圣凝重之美，服装的斑斓绚丽之美，砌末的象征写意之美，舞台的质朴典雅之美，傩仪的玄秘灵异之美，傩舞的野拙稚趣之美，傩戏的风雅古奥之美，傩腔的酣畅悠扬之美等皆可发挥得淋漓尽致，着重以民间傩艺人为传承主体，将学生为主的青少年游客作为受众群体，注重研学和游玩相结合，持之以恒传播傩艺，坚持不懈创新方式。果能如此，主题公园在传承傩文化方面的劣势或可转变为优势。

# 如何发挥主题公园在傩文化传承方面的作用

贵州福缘文化传播有限公司　秦法雷

遵循"保护为主、抢救第一、合理利用、继承发展"非遗保护政策的基本方针，保护非遗，抢救非遗，利用非遗，发展非遗，便成为我们非物质文化遗产传承必须认清和遵循的方向。

中国傩戏看贵州，作为非物质文化遗产中的贵州傩戏，她享有"中国古文化活化石""中国戏曲文化活化石"之称，本身拥有强大的民间信仰基础。随着社会的发展、科技的进步、城市化进程加快，贵州傩戏面临许多方面的问题。比如传承人断档，传承人收入没有保障，70后的年轻一代信仰逐渐缺失，对地方文化偏见较深，传统居家的改变导致无法按照传统的方法进行活动等。

在从中央到地方重视非遗、旅游业蓬勃发展的今天，非物质文化遗产正在成为旅游业另一道亮丽的风景。主题公园的出现，更是将非遗逐渐推广开来。

我既是傩戏传承人，也是傩文化主题公园（傩园）的创办者，下面谈谈傩文化主题公园对傩文化传承方面的作用。

从我创立贵州福缘文化传播有限公司以来，每一位和我接触的领导、专家、学者等，都会问我同样的问题：你的公司怎么生存和发展？

是的，简简单单的一个问题，却道出了傩文化传承人的许多辛酸和无奈，也道出了非遗传承和发展的困惑和迷茫。对传承人而言，将面临生存压力、发展压力、传承断代压力等。对傩文化研究专家而言，这项从远古时代走来的文化，不光是消灾祈福、悦神悦人这么简单。对研究者而言，大到每一堂傩愿、每一出傩戏、每一种仪式，小到每一句唱词、每一样器物（或道具）、每一位神祇，都会让研究者感到困惑。对每一位管理者而言，隔行如隔山。很多领导为了政绩，制定的政策和发展方向都偏离了传承的方向，急功近利，涸泽而渔的情况比比皆是。对于广大百姓来说，"傩"的神秘不亚于任何一种神秘事物。除了"戴上面具跳神"、有"迷信"嫌疑而外，对大家为何信仰、信仰什么，对傩文化真正推崇的"包容、和谐、仁爱、感恩"的核心价值观，又有谁能够理解呢？

旅游业的发展如火如荼、方兴未艾，中国文化的多元化发展为傩文化走进人们的视线提供了先决条件，傩文化主题公园也会应运而生，并且成为时代的必然！全国很多地方都曾建设过或计划建设过傩文化主题公园，然而到目前为止，却没有哪一家能够经营得好。站在我们的角度，发现有如下问题：

**（一）主题公园不"主题"**

1. 傩文化是什么文化？

2. 主角是谁？

3. 公园宣扬什么？

**（二）千篇一律，缺乏创意**

1. 几尊傩柱，几具面具，或者几座建筑，就成为公园？

2. 大众来看什么？来玩什么？

3. 大众为什么要来？凭什么再来？

**（三）"傩"的本源没有体现**

1. 傩的本源是什么？

2. 能够传承五六千年，凭的是什么？

3. "傩"传承了什么？

针对上述问题，我站在传承人和创办者的角度进行说明，并且我也是这样实践的。

经过近六千年风雨的洗礼，无论是佛教还是道教，都在"傩"之后。但儒教的发源，道教的兴起，佛教的进入，都在不同程度地影响着"傩"，丰富着傩文化。时过境迁，在祖国繁荣昌盛的今天，三教合一，三教共存，而"傩"却没有登上大雅之堂。随着时间的推移，这一特有的文化现象非但没有消失，反而扎根于民间，深受广大老百姓喜爱，从"傩"在全国的分布可窥见一斑。中国傩戏看贵州，贵州傩戏看铜仁，铜仁傩戏看西五（指铜仁西部的五个县印江、德江、思南、石阡、沿河）。这可能有以偏概全之嫌，因为这只是对于傩堂戏而言，除了傩堂戏，还有道真"大牙巴"、安顺地戏、福泉阳戏、威宁撮泰吉等。贵州傩文化的丰富，应该得益于贵州特殊的地理环境。在贵州建立傩文化主题公园，占据了天时地利人和。

傩文化主题公园，以"傩"为中心，建立人和"傩"相互了解、相互为用的关系，应该包含以下内容：

**（一）主题突出**

1. 要有傩的"主人"，也就是傩的主神——傩公、傩婆。傩来自远古时代的原始信仰、神灵崇拜，傩文化主题公园理应以他们为主，围绕他们展开活动，不光是体现元素，更重要的是信仰的主神会护佑一方平安、百事顺遂！

2. 要有傩文化传承人及传承活动。有了传承人，才会有主心骨，整个活动才不会变味，才会有根，其传承中的很多规范、准则才会在主题公园经营过程中起到非常好的作用。

3. 傩活动必须在公园的经营过程中得以体现，不仅仅要有傩戏或傩技的表演，还必须伴有其本源作用的活动。离开其本源，活动将变得不伦不类；仅仅是表演，则完全不能表达傩的意义。现在的表演，加入了很多包装和剪辑，完全不是原生态的傩活动。唯有将其本源活动展现，即通过传承人帮助某位信主，在公园里特定的地方，用传承的形式，来完成他的心愿。这样不但游客可以欣赏到原生态的傩戏活动，对传承活动的规范也有非常好的促进作用。

4. 细分和解说各种傩活动。解说大到一堂傩愿，小到一出傩戏，甚至一句唱词，让大家对傩有一些了解，对傩文化的核心价值有一些理解。

### （二）推出特色

1. 对建筑设计，要打破千篇一律的框框，傩文化本身就是特色文化，没有模仿其他建筑的可能，如果非要去模仿，就会有东施效颦之嫌。建筑设计应突出古典、传统、略带夸张的风格。

2. 对绿化设计，需以简单为主，在简单中体现传统。

3. 对园区的整体布局，要达到以下要求：

（1）对普通游客，要留下新奇好玩的印象，还可以有一些互动。

（2）对喜欢传统文化的游客，参观完园区，应该知道傩是什么、傩戏是什么、傩文化又是什么、傩向人们宣扬了什么。

（3）对于喜欢傩、对傩文化有研究的游客，参观完以后，对傩文化中的不同戏种、不同表现形式、不同法事、不同唱腔唱词等都应该有不一样的理解，每一次的到来，都应有不一样的收获。

### （三）创意设计

1. 公园总体布局，应该分为参观区（展厅）、祈福区（傩堂）、创意区（营业厅）、体验区（傩戏互动区）、休闲区等，功能区要完善。

2. 傩文化中的主要元素必须得以体现。

（1）傩神爷爷、傩神娘娘是傩的灵魂，是百家门上救良民的神灵，同时也护佑到场参观的每一位客人。

（2）面具（可以互动项目）是傩戏特有的主要的表现形式，坛内认为"戴上面具是神，摘下面具是人"。面具分为三种情况来体现不同的人物造型。

正神：代表正的能量，表情严肃或慈祥，状态威猛，如判官、土地、开山、唐氏太婆、柳三、杨四、李龙老爷等。

普通神祇：普通人物，得道成神，表情与常人无异，像朋友，像邻居。代表有先锋、甘牲八郎、勾愿仙娘、打莱姣、卖酒娘子、算将、指路先生、九州和尚、十州道士等。

滑稽神祇：他们身体不同于常人，但他们不是小丑，而是人生遇到过重大挫折而又坚强地生活的典型代表，他们才是我们现代人的榜样，是我们的精神支柱！代表有秦童、开山、报福、徒弟、秦童娘子、幺儿狗崽、癞子哥哥、癞子嫂嫂、花红狗崽、领生等。

（3）服饰（可以互动项目），包括傩戏服、傩祭服、头扎（冠扎）等，每一种服饰都有它特殊的含义。

（4）法器（可以互动项目），游客可以近距离接触这些充满神秘色彩的器物，如卦子、牛角、师刀、令牌、牌带、祖师棍、马鞭等。

（5）案画，或称案子，是民间画师根据傩堂需要设计的画，以三清为原型，其他众神祇陪坐案画。

（6）剪纸艺术（可以互动项目），傩堂的吊飞、旗花等。

（7）书法艺术（可以互动项目），现场备笔墨纸砚，游客可以一显身手。

**（四）傩的本源**

古代先民面对大自然无法理解的情况下，傩便诞生了。傩的本意是人有难的时候，有傩来解决。自古以来，无论是唯心的还是唯物的，无论是科学的还是愚昧的，傩都在调节着人们的精神世界，维护着人们的灵魂尊严。

**（五）傩文化的传承**

随着时代的发展、科技的进步，人们的物质生活和精神生活都得到了前所未有的提高。我们的业余休闲生活多姿多彩。从远古时代走来的傩戏，似乎正在面临着前所未有的考验，主要体现在以下几个方面：

1. 传承人面临后继乏人，我们作为传承人再不改变固有思维，在不远的将来将会面临无人可传的地步。

2. 在20年前，无论在城镇还是在农村，只要有傩戏（还愿）活动，那种人山人海的场景总让人久久不能忘记，平常一次表演，专管安全（当地俗称总管和副总管）的人都会有五六人。但是现在，到了下半夜，就只剩下主人、执事和先生（传承人）了。出现这种情况，原因是多方面的。首先，科技的发展，电子产品的普及，网络时代的来临，人们的业余生活被它们占领，年轻一代更是如此；第二，传承人素质普遍不高，对传承理解不深，悟不透，不能很好地传承师父的衣钵，造成有些人对传承人产生偏见；第三，年轻一代传承人不变通，墨守成规，还是老一套方法对待人和事，必然导致停滞不前。

3. 传承人"啃老本，倚老人"的现象非常普遍。"不行就去打工"，成为他们的强有力借口。不好好学、悟不透，无事可做，收入不好，打工成为理所当然，逐渐没人愿意学艺，这成为当下傩文化传承的恶性循环。当然也有做得风生水起的传承人，比如我们秦氏坛班，有很多人专门从事傩文化的传承和活动，这不但与秦法通老人打下的基础有关。也与秦氏傩坛新一代传承人敬业、专业、用心有关，他们现在在农村盖了新房，买了小车，还有存款等，一点都不比出去打工的差。

**（六）主题公园对传承的作用**

1. 窗口展示作用

（1）既然是傩文化主题公园，必然会有傩文化相关的内容呈现，对普通的老百姓而言，不用专门走到某个地方去，就可以看到傩戏。

（2）对于喜欢傩文化或搞傩文化研究的朋友，可以在公园里面了解到傩文化的方方面面。

2. 传承基地的作用

（1）传承人可以在这里学习傩文化，每天的傩戏表演、固定的傩技表演，可以让大家时刻和傩"产生关系"，有利于更好地传承。

（2）对于一般传承人没有条件进行传承活动的，这里有非常完整的傩堂设备，有完善的傩技场所，有优雅的傩仪传承设施。

（3）这里设有培训室，有兴趣的朋友可以参与我们的培训，传承人可以参与，这对于传承人以后对自己徒弟的传承，有言传身教的作用。

3. 传承人固定收入的场所

（1）这里可以解决传承人的基本生存问题，有表演，有手工制作等，完全可以做到自给自足。

（2）这里可以容纳传承人家属的生存问题，我们的营业厅可以售卖我们的手工艺品，餐厅可以适当做一些餐饮营业。

（3）这里也是信士进行消灾祈福、趋吉避凶的最佳场所。随着城镇化进程的加快，很多老百姓想要通过"傩"的形式来完成自己的信仰，自己的心愿，但是，由于没有了堂屋，也就没有了消灾祈福的场所，这样，主题公园里的傩堂刚好填补了这一空白。

4. 传承人梦想起飞的地方

（1）作为传承人，不应该只是机械地传承，而应该有自己的梦想。无论是传承文化的推广，还是个人价值的体现，都应该成为传承人一生的追求！对于传承文化，要在自己有生之年将文化完整地传承，永不停息；对于个人价值的体现，无论是精神层面还是物质层面，都应该有所超越常人，特别是精神层面的东西，"茅山学得真妙法，百家门上救良民"。作为传承人，如果一味把自己的利益放在第一位，那是违背师德的，是不称职的；只有"不眼高手低，孝敬父母，不得艺忘师，以他人事务要紧"，才是一名合格的传承人。

（2）主题公园的出现，会促进很多傩文化延伸产品的诞生，这些产品注定不是普通产品，而是传承人用心血凝结而成的，是充满了灵性的产品。它们体现了传承人的用心程度，可以把传承人的产品传向全中国，传向全世界。

（3）在主题公园里，为传承人与外界接触创造了条件，与同行业的交流、与相关人员的探讨、与相关单位的合作都成为传承人传承活动的充要条件。

# 江西西部傩庙剧场述略

山西师范大学戏剧与影视学院　延保全

山西师范大学戏剧与影视学院博士研究生　张靖

江西傩又称赣傩，是中国傩文化的重要组成部分，其历史久远，形态原始，种类丰富，活跃于广大的江西农村之中，是研究中国古代文化的活化石。现存较好的赣傩有南丰傩、上栗傩、乐安傩、宜黄傩、婺源傩、宁都傩、萍乡傩和万载傩等，其中南丰跳傩、乐安傩和婺源傩舞被列为第一批国家级非物质文化遗产保护项目。学界对赣傩的研究较早，1955年，中国戏曲研究院黄芝冈等学者就已深入南丰县考察傩舞，揭开了江西傩文化研究的序幕。此后，赣傩的研究者络绎不绝，并取得了丰厚的成果，一大批如《江西南丰傩文化》《赣傩》《赣傩面具艺术研究》《萍乡傩面具艺术的现状研究与创新开发》等论著涌现出来。这些研究或从傩舞的表演形态出发，或以傩面面具为切入点，对江西傩文化进行了深入的分析，具有较高的学术价值。但在江西地区广大的农村中，尤其是江西西部，还分布着数量颇丰的傩庙，庙中建有戏台，我们称之为"傩庙剧场"，它的出现对赣傩的发展演变具有重要意义，然而学界对此却关注较少。因此本文主要从戏曲文物的角度，试图分析江西西部傩庙出现固定剧场这一特殊现象的原因，希冀能从中得到一些关于赣傩发展、演变和传播等问题的启示。

一

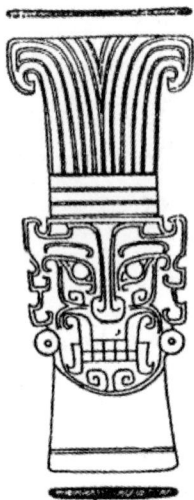

图1　神人兽面形玉饰

赣傩具有深厚的历史渊源，早在商周时期便已开始萌芽。1989年，在江西新干县大洋洲大型商墓出土了480余件青铜器和大量陶器、玉器，其中有一件神人兽面形玉饰（图1），高3.8厘米，由上下两部分组成。上部为神人像，五官明显，神人脸面两侧有向上卷曲的角状扉棱作装饰。下部为兽面，高2.7厘米，只有长方形阔口，内露上下两排六枚方齿，嘴角各有一对獠牙，上獠牙在外侧伸出，下唇呈外钩形。大口两侧各有一大圆圈，已穿透，既是兽面的眼睛，又像是神人大耳下的耳环，有学者认为这是江西最早傩面具的图案，傩祭最早主持者方相氏正是戴着刻有这种"饕餮纹"的傩面具驱鬼。[①]这种粗犷、狰狞的傩面雏形，为赣傩文化溯源于商周时期提供了实物证据。秦汉时期，赣傩得到了进一步发展，南丰县《余氏家谱·傩神辨记》记载："汉吴芮将军封军山者……对丰人语曰：此地不数十年必有刀兵……须祖周公之制，传傩以靖妖氛。"此说因年代久远，难以辨别，但《汉书·地理志》所云"（楚地）信巫鬼，重淫祀"[②]，而"吴粤与楚接比，数相并兼，故民俗略同"[③]，由此可见秦汉时期赣傩文化十分活跃，是不争的事实。唐宋以降，尤其是南宋时期，随着国家政治、经济和文化中心的南移，为赣傩的发展提供了有利的人文环境，使其向娱人化、世俗化方向转变。如南宋南丰隐士刘镗在《观傩》一诗中即言："寒云

---

① 万建中：《江西最早的傩面具与傩的始源》，《中国典籍与文化》1999年第2期。
② （东汉）班固：《汉书·地理志》，中华书局1962年版，第1666页。
③ 同上，第1668页。

岑岑天四阴，画堂烛影红帘深。鼓声渊渊管声脆，鬼神变化供剧戏。"①此时傩事活动不再是禳灾驱鬼的神圣仪式，而是成了一种"供剧戏"的民俗活动。有元一代，虽学汉制，但仍承蒙古旧俗，为维护社会稳定，对迎神赛社等活动多有压制，因此赣傩的发展受到一定的阻碍。明清时期，社会趋于稳定，经济有所发展，赣傩在一定程度上得到恢复，并开始向川、黔、滇、湘等地传播，随着明清时期江西戏曲活动的兴盛，加之各类戏班声腔的流行，有力地促进了赣傩与戏曲的融合，为傩戏的繁荣创造了有利条件。如明嘉靖天一阁抄本《宁州志》即载："娱事之乐，诸如杂摹百技，傩傀、倡优、灯彩、戏剧等，城乡士庶犹然成风。"②

赣傩广泛分布在江西广大的农村之中，许多地方都有与傩事活动相关的记载，如赣中部的峡江县，赣北部的瑞昌县、彭泽县、德安县和都昌县等，赣南部的瑞昌市和宁都县等，以及赣东部的临川县、金溪县、宜黄县和黎川县等。但笔者认为，江西地区最具特色和代表性的傩文化则主要集中在赣西地区，具体分布在九江市的万载县、德安县、修水县等地，萍乡市的莲花县、上栗县等地，吉安市的分宜县、峡江县、遂川县等地，以及宜春市的上高县、靖安县等地。从其分布情况来看，赣西傩主要以沿修水河谷至九岭山地一带，以及绵江河谷至袁河河谷一带呈横向带状分布。

赣傩有着丰厚的历史文化资源，特色明显，三宝俱全。所谓"三宝"，是指傩文化中的古傩庙、古傩面具和傩舞傩戏。以萍乡傩为例，萍乡战国属楚地，因"楚地多巫风，江南多淫祀"，萍乡傩多保留原始祭祀仪式。关于其起源，至今尚无定论，有学者认为"最早可追溯至周朝，唐朝时已出现傩庙、傩面具"③，也有学者认为"兴于唐宋"④，但明清时期萍乡傩遍及全境这是事

---

① （南宋）刘镗：《观傩》，《文渊阁四库全书》（第866册），台湾商务印书馆，第88—89页。
② 转引自《中国戏曲志·江西卷》，中国ISBN中心1998年版，第644页。
③ 陈焱：《萍乡傩文化资源现状调查与分析》，《萍乡高等专科学校学报（社会科学版）》2007年第2期。
④ 张维、柯黎：《萍乡傩舞艺术特征分析》，《北京舞蹈学院学报》2017年第1期。

实。据《民国昭萍志略》记载："立春先一日，乡舁傩神集于城，俟官迎村后即逐疫于衙署中及各户。"①由此可见明清时期傩活动频繁，规模浩大，参与人数众多，且形成习俗。萍乡众多傩文化资源中，傩面具、傩戏舞、古傩庙等数量颇丰。陈焱在《萍乡傩文化资源现状调查与分析》一文中，就统计出萍乡曾有的古傩面具4000多尊，现在还尚存700余尊。陈步忠《萍乡傩庙考略》一文统计，20世纪90年代萍乡境内原有傩庙52座。②而近年来陈焱、易志文《赣傩文化资源分布状况调查与分析》一文，则统计出傩庙48座。③傩庙主要祀唐宏、葛雍和周武三大将军。境内上栗县就有俗语"五里一将军，十里一傩神"之称。如此多的傩庙，正印证其傩活动频繁的史实。

图2　小枧傩庙供奉的傩神面具

萍乡傩戏经过长期的历史积淀，加之在文化传播的过程中，不断吸取其他傩戏的文化因子，结合自身所处的自然环境和人文社会，形成了多样化的艺术风格。首先是傩面形象丰富，视觉效果强烈。萍乡傩面具数量丰富，在制作过程中民众充分发挥想象，将面具上的五官故意进行夸张，以形成憨态可掬或凶神恶煞等效果，加上浓墨重彩的涂抹，形成强烈的视觉冲击。（图2）其次，在进行傩戏表演中，常采用"见赞"的方法，使整个傩事活动更具趣味性和灵活性。所谓"见赞"，即看见什么称赞什么，有即兴祝愿的意思。此外，萍乡傩伴奏乐器种类丰富，音乐风格古朴苍劲，乡土气息浓郁。伴奏乐器多以锣鼓为主，也用

---

①　刘洪阄编修：《民国昭萍志略》卷十二《风土志》，《江西府县志辑》（第8册），凤凰出版社2013年版，第592页。

②　陈步忠：《萍乡傩庙考略》，《萍乡高等专科学校学报（社会科学版）》1994年第1期。

③　陈焱、易志文：《赣傩文化资源分布状况调查与分析》，《萍乡学院学报（社会科学版）》2016年第2期。

笛子、唢呐、二胡和钹等，以其中之一为主，其余配合，多重合奏，创造出多种民间小调。但这些曲调旋律变化不大，多是节奏反复，旋律重叠，在调式中多采用羽调、徵调和商调出现，虽然短小重复，却音调优美，节奏鲜明。

总的说来，江西深受楚文化崇神意识的影响，宗教巫术祭祀的民俗活动普遍，傩戏资源丰富，种类繁多，祭祀仪式原始，傩庙分布广泛，极具研究价值，值得进一步关注。

## 二

傩庙，又称傩神庙，或以庙、庵、祠等冠名存在，如将军庙、古傩祠、福崇庵等，供奉傩神神像和傩面具，春秋举行傩仪祭祀活动。赣西傩庙较多，但其价值不仅在于数量庞大、分布较广，更值得我们注意的是出现了傩庙剧场。赣西傩庙剧场主要有两大类：一是专职傩庙剧场，正殿祀傩神，称傩神庙、傩部殿、傩庙和德化庵等；另一类为非专职傩庙剧场，这类剧场主要存在于宗祠之中，将傩神与祖先神位并列供奉在正殿，进行春秋祭祀。

笔者考察了江西西部现存的8座傩庙剧场，其中萍乡4座、宜春1座、九江3座，分别为：萍乡市上栗县东源乡小枧村傩庙戏台、萍乡市湘东区下埠镇下埠村傩神庙戏台、萍乡市湘东区下埠镇潭塘村德化庵戏台、萍乡市上栗县赤山镇丰泉村傩神庙戏台、宜春市万载县潭埠乡池溪村傩神庙戏台、九江市修水县曼江乡大源村傩庙戏台、九江市修水县全丰镇戴家坪村戴氏宗祠戏台和九江市修水县全丰镇上源村余氏宗祠戏台。除傩部殿、戴氏宗祠和余氏宗祠三座戏台为建筑原貌外，余皆为近代重修，但这8座戏台明清时期早已有之，创建最早为明代洪武元年（1368）（石洞口傩神庙）[①]，最晚则为道光年间（大源村傩部殿）[②]。

---

① 《中华舞蹈志·江西卷》，学林出版社2014年版，第336页。

② 戏台及庙宇创建年代不详，但据庙内看楼下层残存重修碑刻纪年可知，该庙创建晚于道光年间。刊立时间：大清道光□□□□谷旦；规格：236厘米×303厘米。

　　这些傩庙戏台依附于傩庙或祠堂的主体建筑而存在，正殿或正厅供有傩神，娱神功能明显。同时又配有看楼、看厅、看坝等附属建筑，形成一个完整的观演场所，娱人功效显著。傩庙剧场选址，一般位于村中边缘的空旷地带，临水或依山而建。建筑整体呈长方形，呈四合院布局，四周饰以风火墙，颇具徽派建筑特色。建筑以中轴线对称分布，分别为山门（戏台）、前厅、正厅，左右为耳房、看楼、厢房，中间为看坝，呈相对完整封闭的观演场所。如位于山脚下的小枧傩庙戏台，戏台坐西朝东，中轴线自西向东分别为戏台、正殿，左右为看楼和配殿，中间为看坝；位于村东的下埠村傩神庙戏台，戏台坐北朝南，中轴线自南向北分别为戏台、正殿，左右为厢房，中间看坝；位于池塘边的德化庵戏台，戏台坐东北朝西南，中轴线自东北向西南分别为戏台、正殿；位于村西的石洞口傩神庙戏台，坐东朝西，中轴线自东向西分别为戏台、正殿，左右为看楼，中间为看坝。

图3　傩部殿戏台正面

　　这8座傩庙戏台建筑均为山门戏台，与正殿相对而建，多为一开间，歇山顶建筑，小青瓦铺面，嫩戗略高，檐角飞翘。戏台形状呈"凸"字形，前台凸出，后台与耳房呈"一"字形排列。戏台均为上下两层，上层为戏台，下层为通道。耳房上层均与戏台相连，可做临时扮戏房，下层与通道相接或为厢房。前檐柱以通柱或斗接柱的形式，连接上下两层。装潢华丽精美，屋顶饰脊兽，额枋、檩、照面板、斜撑等均有雕刻装饰，内饰藻井、彩绘，柱间饰以楹联。如傩部殿戏台（图3），过路台，坐东朝西，歇山顶，一开间，山墙左、中、右开门。小青瓦铺面，正脊饰"双龙戏珠"，嫩戗略高，檐角飞翘。面阔一间，宽4.48米；进深两间，前台进深4.47米，通进深7.06米；戏台分上下两层，上层高4.74米，下层高2.67米。角柱为下方石柱上圆木柱斗接柱，柱础高0.24米，台口高2.66米。后台左右为耳房，同戏台整体呈"凸"字形。耳房面阔各一间，通宽2.36米，进深3.03米，上层与戏台相连，下层与山门相接。又如戴氏宗祠戏台，坐东朝西，过路台，小青瓦铺面，硬山顶木结构建筑。面阔一间，通宽4.47米；进深两间，前台进深4.47米，通进深5.66米，通高5.54米；上下

图4　余氏宗祠戏台正面

两层，下层高2.15米，台口高2.47米，角柱为方木柱，高2.77米，柱础高0.28米。耳房面阔各两间，通宽6.83米，进深7.28米，上层与戏台相连，下层与山门过道相接。再如余氏宗祠戏台（图4），戏台坐东南朝西北，小青瓦铺面，前歇山后硬山勾连搭屋顶。面阔一间，宽5.01米；进深两间，通进深6.44米，前台进深4.64米；上下两层，台口高2.25米，下层高2.50米，角柱高2.56米。屋顶内部饰斗八藻井，彩绘人物故事图。戏台中央施"一"字形隔扇，区分前后台，明间隔扇彩绘关公人物造型图。额枋雕刻并彩绘祥云龙，戏台下部亦有三幅木雕人物图。戏台前台悬挂楹联一副"不大地方可家可国可天下，寻常人物能文能武能帝王"。

戏台的观演空间，可容人数较多，占地面积较广，等级区分明显。明清时期，看楼一般为有地位、有财富的人群使用，看坝则为生活在最底层的穷人所用。因南方戏台多为四合院形式，其可容观众有限，只有看楼无法容纳大量观众，故在观演时，集看楼、看坝、前厅、正厅为一体，多方位观演场所，这8座戏台正是如此。左右看楼成庙宇中轴线左右对称，中间夹前厅或正厅，与戏台耳房相接，这样观演场所遍及除戏台耳房外的整个空间。如池溪村傩神庙看楼及前殿，左右看楼为两开间上下两层砖木结构建筑，面阔宽5.19米，进深2.5米，柱高5.31米。前殿与戏台相对，小青瓦铺面，歇山、硬山勾连搭屋顶，抬梁式木结构建筑。面阔三间，通宽10.29米，明间宽4.72米；进深两间，通进深8.35米；前用藻井修饰，后通高6.60

米，基高0.14米。前殿正中置一香案，上挂三块匾额，从左往右分别为"敕封沙桥傩神""敕封沙江桥欧阳金甲大将军"和"威宣戈盾"，纪年均为光绪二年（1876）。又如余氏宗祠观演场所，前厅与戏台相对，小青瓦铺面，硬山顶建筑。面阔一间，宽4.67米；进深一间，4.28米；通高6.03米，柱础高0.26米。前檐柱挂一楹联，为"人伦继序循昭穆，祖德常怀把典崇"。正厅较前厅后，小青瓦铺面，硬山顶。面阔三间，通宽9.02米，明间宽4.54米；进深一间，进深7.27米，通高9.10米。左右看楼对称分布，小青瓦铺面，单坡顶。面阔各四间，通宽13.46米；进深一间，2.77米；上下两层，上层高2.30米，下层高2.55米，柱高5.21米，柱础高0.23米。

正殿与戏台隔前厅相对而建，多为三开间或五开间硬山顶砖木结构建筑。正殿台基均较戏台略高，梁架皆为穿斗抬梁混合式结构，左右均为砖砌风火墙，整体宏伟。除祠堂外，正中均供奉傩神、面具，或三大将军（左为大将军唐宏，中为二将军葛雍，右为三将军周武），或欧阳金甲将军。如小枧傩庙正殿，面阔三间，通宽11.74米，进深一间，进深5.83米，通高5.37米；正中供奉着三位将军神位及一枚枚面具，面目狰狞夸张，眼睛炯炯有神。下埠村傩神庙正殿，面阔三间，进深一间，正中供奉傩神三大将军，左为大将军唐宏，中为二将军葛雍，右为三将军周武。德化庵正殿，面阔三间，通宽13.52米，进深10.54米，正中供奉傩神三大将军，将军神位左右挂有楹联，分别为"事在人为休言万般都是命，境由心造退后一步自然宽""葛将军威震遐迩，二老爷神通古今"和"灵犀永通万古，慈航普度黎民"。石洞口傩神庙正殿，小青瓦铺面，硬山顶，左右饰以风火墙；面阔三楹，通宽7.02米，明间宽3.74米，廊深1.86米，通高4.68米；石制平柱间有檐枋，枋间施步步锦倒挂楣子，柱上有联，上联为"以三时逐疫驱邪共仰神功昭煊赫"，下联是"为四境御灾捍患合崇庙貌肃观瞻"，门楣上有二户对，一个中心刻为"☰"表天，一个中心刻为"☷"表地；门额黑底金字，上书"傩神庙"；庙内有两排石柱，前排石柱二联相对，上联曰："方相掌坛溃灵感千秋是聪明正直而壹者"，下联曰："季冬徇里党恩周万类有水旱疾疫则祷之"，石柱与梁枋交接处皆有雀替；后排石柱，朝向

图5 戴氏宗祠正殿供奉祖先、傩神

大门，柱上二联分别是："洞口威严执戈扬盾咸称此地首出""门内赫濯集福迎祥共钦斯神最灵"；正殿正中祀傩神，分别为唐、葛、周三位将军。

戴氏宗祠与余氏宗祠的正殿建筑与傩神庙建筑大同小异，唯有其正中供奉祖先、左右祀傩神及面具最有特点。（图5）戴氏宗祠正殿面阔三间，通宽10.01米，明间面阔4.68米，进深6.21米，通高7.66米，靠近后檐墙三分之一通进深处的金柱之间，上部施木隔板，彩绘戏曲脸谱图案；正厅神龛中，中间供奉祖先神位，左侧供奉傩神，右侧供奉古傩面具。余氏宗祠，正厅置石制神龛，神龛左侧供奉傩神及傩面具，正中及右侧供奉祖先神位。

这些傩庙剧场广泛分布于江西西部广袤的农村中，布局严整，结构独特，装饰精美，是当地民众求神祈福的重要场所，也是他们聚会娱乐的公共空间。自建成以来，常有培修或新建，一直延续至今，承载着当地民众的文化记忆和宗教信仰，具有重要的价值。

三

傩自上古先民开创为驱逐疫鬼的原始宗教活动以来，一直沿用"索室驱疫"的表演形式。据康保成先生考证，索室驱疫或沿门驱疫，是民间傩仪中最早、最基本的形式之一。[1]这一表演形式具有随意性和流动性，表演场所或以掭地为场，或临时搭建，很难形成固定的演出场所。如河北武安县固义村的

---

[1] 康保成：《傩戏艺术源流》，广东高等教育出版社1999年版，第13页。

"捉黄鬼"活动，其表演场所就摞地为场，沿村进行。又如山西曲沃县任庄村"扇鼓神谱"的表演祭祀场所，则为临时搭建。而赣西傩庙出现的固定剧场，多与正殿相对而建，并配看楼、看厅，形成祭祀、演出、观看为一体的四合院型制，呈相对封闭的演出场所。据笔者实地调查发现，赣西的这些傩庙戏台，一方面作为傩戏和傩舞的表演之地，另一方面也用于祭祀傩神时作戏曲演出之所。①值得注意的是，无论是傩戏、傩舞的表演还是戏曲演出活动，其主旨都是围绕酬谢傩神进行的。

赣西傩事活动丰富，主要有耍傩神、还愿傩和治病傩等。其中，还愿傩和治病傩等均属村民个人行为，而耍傩神则是一种大型的集体活动，颇具代表性。耍傩神的地点在傩神庙和百姓家中进行，参与者为全体傩神队员和民众，具体分请神、索室、夜场和封洞等四个步骤。请神又名出洞，每年腊月二十四日，先请道士打醮，然后傩戏参与者戴上傩面具，穿上傩服开始请神出庙。索室又名扫堂，是指装扮好的傩戏参与者前往村民家中，围绕房间驱鬼，最后到大厅沿着不同的方向跳舞，如此反复，到何地天黑即驻扎何地，同时再表演几场傩舞，称之夜场。傩事活动一直延续至元宵节，然后请神归庙，称之封洞。封洞是耍傩神中的重要环节，此时不仅要请道士打醮、念咒牒，还要进行傩舞和戏曲表演活动，以答谢傩神老爷数日来登门逐疫的辛苦，此时，傩庙中的戏台发挥着重要的作用。

傩舞表演活动能在戏台当中进行，很大程度上是因为其并非单纯的舞蹈活动，而是在进行一场故事情节跌宕起伏、舞蹈动作诙谐风趣的民俗表演。其上场人员数量较少，程式动作相对简单，对戏台有限的空间具有很强的适应性。如萍乡傩舞《和尚抢土地婆》，就是由三位傩舞表演者进行，故事情节为土地公、土地婆两人外出巡视，中途遇一拿扇子的和尚，抢走了土地婆，土地公怒不可遏，四处寻找，历经曲折，终于找到了土地婆。实际上，这样的傩舞表演

---

① 笔者于2017年10月9日实地考察沙桥傩神庙时，当地傩戏演员丁建平介绍，此戏台每年正月有傩戏表演。

具有很强的戏曲因子，但区别之处在于，他们的表演者是戴着面具进行的。每一种角色都有对应的面具，也就是说，在进行傩舞表演时，戴什么样的面具就要表演什么样的舞蹈，其丰富的角色形象，主要依靠面具来展现出来。又如傩舞《钟馗捉小鬼》，是男子双人舞。钟馗头戴黑色面具，横眉怒目，手持宝剑、铁链，着对襟红色上衣，下穿黑裤，腰系带，脚蹬便鞋。小鬼头戴白、青、蓝、红四色面具，头扎双髻，上穿圆领斜襟蓝衣，下着红裤，腰系黑带，足蹬便鞋。表演开始，小鬼手持火绳，危害人间，接着钟馗上场，经过一番斗争，将小鬼收服。舞间还夹杂有说白："捉到小鬼，百事顺序。种田田有谷，种麦麦有收……合社人等，清吉平安。"故事生动有趣，说白平易朴实，乡土气息浓郁，与戏曲艺术有很多共通之处。

从摅地为场到戏台的转变，使得赣西傩与其他地域的傩有所不同。造成这一特殊现象的原因很多，既有赣西民风民俗的影响，又有地方戏曲文化的催化，也有当地傩戏班、宗族意识等因素的推动。赣西傩风盛行，不仅保留有传统的傩祭祀，在其他民俗文化活动中也伴随有傩事活动。赣西地区的相关方志中，即收录了较多反映傩活动的史料。如《同治峡江县志》记载："正月，元旦，集少长祀祖先，叙尊卑拜于堂，饮椒柏酒，向吉方出行，谒外戚长者。元宵，张花灯，有傩。"[①]又如《道光靖安县志》记载："十六日，各燔薪于厅事，祓除不祥，呼为'踏胜'。新春胜景，至是乃始告罢。落灯风过，傩神出市，黄金四目，犹然《周礼》之遗。"[②]由此可见，除了传统的春秋祭祀之外，每逢元宵佳节，都要请傩神出市，禳灾祈福。此外，赣西傩影响下的民俗文化活动较多，好傩之风盛行。如《同治高安县志》记载："逐疫，初三日侵

---

[①] （清）景大儒修，廖其观等纂：《同治峡江县志》卷一《风俗》，《江西府县志辑》（第67册），凤凰出版社2013年版，第564页。

[②] （清）徐家瀛修，舒孔恂纂：《道光靖安县志》卷一《地理》，《江西府县志辑》（第47册），凤凰出版社2013年版，第47页。

晨，执杖欢噪以逐鬼，即傩之遗意也。"①"逐疫"较赣西傩比较而言，只是将原有的傩祭仪礼简化，取消了面具，用"杖"代替"竹竿子"等。又如《同治瑞州府志》记载的"送穷"，与"逐疫"一样，也是受傩风的影响："元旦，男妇夙兴……三日侵晨，束刍像人，以爆竹，锣鼓欢噪逐鬼，送至河边，曰：送穷，即古傩遗意也。"②

赣西地方戏曲文化浓厚，傩与戏曲关系密切。朱熹曾在《论语集注》中说："傩虽古礼而近于戏"，傩与戏曲本身就有自然天成的联系。王国维在《宋元戏曲考》中也说："歌舞之兴，其始于古之巫乎。"③戏曲起源与傩祭祀息息相关。故而，江西地方戏曲与江西傩剧有着割舍不断的联系。这种联系，在南宋时期已见端倪。《四库全书》中收录了南宋刘镗写的一首《观傩》诗：

> 寒云岑岑天四阴，画堂烛影红帘深。
> 鼓声渊渊管声脆，鬼神变化供剧戏。
> 金洼玉注始涤漤，眼前倏已非人间。
> 夜叉蓬头铁骨朵，赭衣蓝面眼迸火。
> 魋蜮罔象初屏伶，跪羊立豕相嘤嘤。
> 红裳姹女掩蕉扇，绿绶髯翁握蒲剑。
> 翻筋踢斗臂膊宽，张颐吐舌唇吻干。
> 摇头四顾百距跃，敛身千态万蹙索。
> 青衫舞蹈忽屏营，彩云揭帐森麾旌。
> 紫衣金章独据案，马鬣牛权两披判。

---

① （清）孙家铎修，熊松之纂：《同治高安县志》卷二《风俗》，《江西府县志辑》（第38册），凤凰出版社2013年版，第49页。

② （清）黄廷金修，萧俊兰等纂：《同治瑞州府志》卷二《风俗》，《江西府县志辑》（第37册），凤凰出版社2013年版，第51页。

③ 王国维：《宋元戏曲史》，上海古籍出版社1998年版，第2页。

能言祸福不由天，躬履率越分愚贤。

蒛藜奋威小田服，鼟緣扬声大髻哭。

白面使者竹筱枪，自夸搜捕无遗藏。

牛冠钳卷试阅检，虎胄肩戟光夹闪。

五方点队乱纷纭，何物老妪绷犹熏？

终南进士破鞡绔，嗜酒不悟鬼看觑。

奋髯瞠目起婆娑，众邪一正将那何！

披发将毕飞一诀，风卷云舒鼓箫歇。

夜阑四坐惨不怡，主人送客客尽悲。

归来桃列坐深简，翠鸦黄狐犹在眼。

自歌楚些大小招，坐久魂魄游逍遥。

会稽山中禹非死，铸鼎息壤乃若此。

又闻鬼奸多冯人，人奸冯鬼奸入神。

明日冠裳好妆束，白昼通都人面目。①

全诗生动形象地描述了当时演傩的经过和作者观傩的感受。装扮奇特的妖魔鬼怪，"赭衣蓝面"来到人间作恶，"翻筋踢斗"，"张颐吐舌"，随后便得到了阎罗、判官、钟馗等神灵的收服。这时的傩事活动，便已具备了很强的表演因子。明清时期这种关系更为明显，汤显祖在《牡丹亭》中《道觋》和《冥判》两出戏中，即有极强的傩事活动的影子。总之，戏曲的发展壮大，草台或临时搭建的戏台必然不能满足其演出需要，因而出现了固定的戏台，从而促使了傩庙剧场的出现。

傩戏班和宗族意识等文化滋养，使得傩庙戏台得以繁衍。以南丰县为例，从清末至今，据不完全统计，南丰县就有傩班近160个，流传有80余折传统节目。南丰和萍乡都有傩艺人2000余名，年长者有年逾八旬老汉，年少者有未

---

① （南宋）刘镗：《观傩》，《文渊阁四库全书》（第866册），台湾商务印书馆，第88—89页。

足十岁幼童。这些傩班和傩艺人的大量出现，无疑对傩文化的传播起到了巨大的作用。此外，从戴氏宗祠与余氏宗祠中出现傩神及傩戏表演的情况来看，傩神已被当地一些村庄视为同祖先一样祭拜，届时实行表演，并将傩神作为精神神灵信仰。这也侧面说明该地傩风盛行，百姓喜好傩舞表演，也希望供奉傩神以得到神灵庇佑的良好愿望。此外，家族与傩会同气连枝，许多村落的傩戏活动就是依靠家族得以发展壮大。如池溪村傩庙戏台左侧山墙出现的光绪十三年（1887）的捐输碑刻，即详细记载了轮流承办傩会的人员名单，一共八会，每会承办人员十六人，其中绝大部分为丁姓人员。[①]这就说明了，如果没有家族在整个傩事活动中起到支撑作用的话，那么傩事活动是很难开展下去的。傩事活动与家族紧密联系在一起，家族实力滋养其活动，这无疑为傩戏在传播、发展方面提供了物质保障。

---

① 碑名：《今将起立安民堂轮流每会承年芳名开列于后》；刊立时间：光绪十三年；规格：62厘米×73厘米；抄于2017年10月9日。

# 以非洲仪式音乐衍生的世俗风格
# 谈对傩文化的元素构成及其当代利用的启迪

新加坡缘点艺术中心　　王添羽

这是一篇不长的文字，我希望可以从开放的视角和流行文化的角度解读我对傩文化元素构成以及当代发展利用的一点浅见。

所有的艺术都是来自创作，或者说没有一项真正的艺术是在直接地反映真实。100是一个基数。一个100岁的老人代表的是长寿，这是相对多数人的生命而言。100元，代表人民币的最大单位货币，代表某一商品的价格。100年，一个时间单位，一个品牌企业的历史，一个朝代，中国历史上领土面积最大的朝代元朝的历史不超过这个时间单位。100代人，以二十年一代计算，可以追溯到两千年前的汉唐时代，实际上涵盖了更长的时间。我们每一个人都是这个传承链上的一环，即便如此，除了生命的传续，除了自己的姓氏，我们几乎找不出任何的"传承"来自家族的"传统"。然而群体记忆则不同，它充实了人类的整个历史。且在相对稳定的形态下传承不息。那些传承下来群体记忆以不同的形式存在于人类社会，以文字记录的载体，成为人类文明和社会发展的"历史"，尽管这样的"历史"并不一定"客观和真实"。

傩文化的基本元素是对未知世界想象的创作，傩舞或戏与音乐息息相关，既带有仪式庆典又兼具社交娱乐，戴着不同面具的舞者象征不同的宗教意义，有些代表神灵，为确保风调雨顺、人口繁盛而向神献祭，有些则化身市井村夫娱乐大众。傩的产生和传承在阶级社会里始终都是"虚构的"文化，这种不真实的鬼神却来自阶级社会的帝王和官府制度对人民的统治体验，是文化的创作，并非真实，但一直是群体记忆，或者说是群体信赖的仪式性记忆。

社会发展到当今时代，所有的宗教都丧失了以往人类历史中的核心地位，教育与科技的成就和普及，让人类从对大自然的畏惧中走出来，人们不再相信神造人的教义，更相信人类创造世界的能力。然而人类对未知世界探索的能力却大不如前。这种创作能力的匮乏，来源于人类主导世界能力泛滥的假象。失去对未知现象揭示的渴望和恐惧，人类的创作则缺乏了基本动力。以往的几千年历史告诉我们，人类在揭示未知世界所想象的创造是相当振奋的。如果没有对天国的想象和创作，人类不可能产生发明飞行器的冲动。当下，没有人认为网络通信和数码科技产品的"不可思议"，尽管120年前首次看到电影的法国民众还在惊慌失措地担心荧幕中的火车会冲出来。

任何传统舞蹈都具有其宗教用途，傩的舞步在美学和象征方面有特有的文化价值。在舞蹈的宗教功能与蕴含的奉献精神逐渐被淡化的情况下，傩仪渐渐转化为一种对先人缅怀及娱乐的方式更甚于其他目的。

傩文化中汇聚的题材广泛，包括神话与文化信仰体系、动植物、不同职业，以及风、火、土、水等元素，肢体动作丰富，一些连串的循环动作，如行走、歌唱、打扫，表示人类达至一个大同的和平社会，完全满足了社会的共同需要，神圣的意义在肢体动作随着意象而内化其中。人们相信，舞者因能跨越神与人的界限，借以得到神的祝福，日常平庸的动作在节奏和韵律下的重复，使人发现寻常琐事中的"美"。

当今世界流行乐坛的非西方音乐的种类很多，其中有不少是受原始宗教仪式启发，并且以传统仪式和现代表演结合呈现。从20世纪中后期开始到现在，最为让西方听众倾倒的是"苏菲乐风"（sufism）。中亚、中东、北非，乃至世界许多地方都有伊斯兰教的苏菲派信徒，有别于保守伊斯兰教派对《古兰经》及《圣训》教义的极端阐释以及对音乐活动的禁止。苏菲派信徒执着于将音乐、诗词及舞蹈融入敬拜仪式的执迷，受其风格影响的有巴基斯坦的格瓦利

（qawwali）、摩洛哥的格纳瓦（gnawa）、土耳其的萨玛旋转舞（sema）。苏菲乐风在世界的广泛传播，让流行音乐注入了传统底蕴。其中承袭苏菲乐风的乐团之中最为出众的当属酋酋卡大师乐队，这是一支成员来自摩洛哥西北山区酋酋卡村落的乐队。声音刺耳又极具穿透力的唢呐（土耳其和中亚突厥语系地区的唢呐的一个分支Ghaita）除独奏以外，常常以持续低音为伴奏，模仿祷告仪式中苏菲信徒背诵真主名字的声音，仪式是要让敬拜者进入迷幻状态，借此靠近真主。乐团还使用通用于摩洛哥的竹制竖笛（lira）、拨弦乐器（gimbri）以及平放的小提琴补充音色。酋酋卡音乐乐师身份世袭，以往受雇于苏丹宫廷，以音乐治病。时至今日，酋酋卡音乐和舞蹈仍然与祭祀庆典息息相关，供奉古希腊神话中半人半羊形态的牧神，乐师以舞蹈和音乐来召唤牧神的圣灵。

20世纪50年代以来，欧洲和美国文艺界掀起一股酋酋卡大师乐队的热潮，许多作曲家、画家、作家纷纷造访酋酋卡村，与乐师寻求跨界合作。其中的滚石乐队吉他手琼斯1961年首次通过唱片《Brian Jones presents the Pipes of Pan at Jajouka》向外界介绍了酋酋卡及其风格。酋酋卡继而发行了首张国际唱片《Joujouka black Eyes》，同时参加WOMAD世界音乐节，于世界舞台首度亮相。

苏菲乐风作为传统祭祀文化元素的世俗化转型是一个重要的发现。其中不单单有酋酋卡大师乐队对传统音乐元素的继承，更多的是祭祀文化和宗教信仰对心灵的启迪和再创作。这一点对于发掘傩文化的元素构成和当代利用有重要的启发和参照作用。傩仪的文化核心元素中最为宝贵的是地域文化性和精神上平安祈福的向往与寄托，应该成为我们在发展和创新中的灵感源泉。

与酋酋卡当时乐队有别，世界音乐超级巨星尤苏·恩多尔没有在歌曲中刻意地营造超凡脱俗的苏菲音乐。相反，他的音乐十分入世，处处渗透出对世俗的批判以及对社会变革的期许。恩多尔生于塞内加尔首都达喀尔，其母亲世袭西非传统吟游诗人身份。身兼乐师和诗人的口述历史传承者（griot）恩多尔的声音宽广而沙哑，延续着数百年格里奥传统唱腔。他以歌词抒发自己对各类社会问题的主张，其中包括黑人的身份认同、种族隔离、环境保护、苏菲主义以及世界新移民所遭遇的不公平不平等对待等问题。恩多尔对大众权益的关注得到国内外的肯定，并于1991年被委任为联合国儿童基金会亲善大使。

当代的非洲流行风格始于20世纪六七十年代。恩多尔将塞内加尔的本土音乐和乐器与古巴及加勒比地区的非裔侨民文化相结合，创立了一种称为姆巴拉斯（mbalax）的独特城市流行风格，与刚果的伦巴音乐和所卡斯等流行乐交相呼应。姆巴拉斯歌曲主要以本土的沃洛夫语演唱并借鉴沃洛夫民族传统中富有装饰音的演唱方法，以及复杂的多声部节拍。这种新型音乐的出现在一定程度上传承了当时的拉丁爵士音乐热潮。20世纪70年代后期，恩多尔组建达喀尔巨星乐团，成为演唱姆巴拉斯风格的典范。乐队于80年代初更名为达喀尔超级巨星乐团，配器有所扩充，加强了多声部节拍，以凸显非洲黑人风格独有的节拍模式。

恩多尔是虔诚的苏菲信徒。他对苏菲和伊斯兰教意之钻研，体现于2004年推出的音乐专辑《埃及》。专辑加入埃及乐队Fathy Salama Orchestra，并且使用阿拉伯乐器演奏一系列阿拉伯风格和结构的乐曲，使用了西非竖琴柯拉（kora），并融入阿拉伯弦乐器乌德琴（oud）及芦苇笛（nay）。恩多尔借此向观众展示了西非与北非之间的文化联系，并且有意脱离早期强烈的拉丁音乐氛围及舞乐风格。这个专辑广受好评，2005年获得格莱美"当代最佳世界音乐专辑奖"。恩多尔借其世袭格里奥血统及伊斯兰信仰的"双重身份"，向听众呈现其中的矛盾和机遇。在一次媒体访谈中，他说："我们来自西非国家塞内加尔；我们是非洲的黑人，但同样也是穆斯林，后者的身份（或许）更重要。"专辑《埃及》收录的歌曲，除了给听众一般的音乐欣赏外，更重要的是提供了一种多元视野，尝试了解并包容伊斯兰教各分支派别及各种宗教信仰。苏菲音乐的精神并不是要唤起教派各自的历史记忆，相反，在今日壁垒分明的宗教、国籍及种族分野下，恩多尔的音乐正在尝试跨越异见和界限，牵引更大的共鸣。

酋酋卡大师乐队和恩多尔的音乐，从不同角度呈现苏菲的音乐品味，说明小众语言与风格在世界乐坛不一定会被边缘化。音乐家受苏菲风格启发的创作，也逐渐成为新兴的后现代宗教音乐，其既神圣又流行的现代曲风，是否会淡化宗教与世俗之间的感受差异？多元的角度或许可以跨越种族、信仰等传统枷锁，但能否继续保持追求自身的宗教思想精神？酋酋卡大师乐队和恩多尔以音乐洗涤心灵，超脱世俗烦嚣，于音乐扩展新的思考空间，或许都是解开这些问题的关键。什么是苏菲音乐？答案或许要涉及历史、宗教及美学等多层思考。20世纪末期，苏菲风格在世界乐坛的盛行，是复兴逾百年历史的传统声音。流行音乐的形式是否在削弱原本的宗教意味和功能？新加入的现代和声与技法部分，又是否令原本的风格和含义变得模糊不清？

毕加索是20世纪现代艺术主要的代表人物之一，他所创立的立体主义美学概念在傩面具传统的造型中得到了精准的验证。学者惯以概念和定义去给一种艺术逻辑化。然而感性的，"凭空的想象"是人类创作的天赋。情绪和意念在傩文化元素的构成以及当代利用中将是最为宝贵的创作动力。

# 地方文化网络中的社会组织及其功能

## ——青海三川地区水排组织的人类学考察[①]

安徽大学　刘目斌

## 一　引言

美国学者杜赞奇（Prasenjit Duara）在研究近代中国华北乡村社会权力结构时指出："'权力的文化网络'中的'文化'一词是指各种关系与组织中的象征与规范，这些象征与规范包含着宗教信仰、相互感情、亲戚纽带以及参加组织的众人所承认并受其约束的是非标准。这种象征性价值赋予文化网络一种受人尊敬的权威，它反过来又激发人们的社会责任感、荣耀感——它与物质利益

---

① 基金项目：国家社会科学基金青年项目"黄河上游与长江下游傩文化遗产保护传承的比较研究"（项目编号：12CMZ032）阶段性成果。本文是在笔者的博士学位论文相关章节的基础上修改而成的。其资料来源主要基于笔者对青海省民和县三川地区进行的四次田野调查（2007年2月6日—3月26日、6月1日—7月10日、8月19日—10月29日、2013年9月11日—20日）。初始内容可参见刘目斌：《地域崇拜与流动的认同——青海民和三川"纳顿"仪式的田野考察》，北京师范大学博士学位论文，2008年，第55—59页。

既相区别又相联系——从而促进人们在文化网络中追求领导地位。"①借此理论见解，我们可以反观青海省民和县三川地区民间社会组织中的重要角色——水排头在地方"权力的文化网络"中的地位和作用。从某种意义上讲，在三川地区，二郎神及其他地方神灵信仰与仪式的神圣感，即神灵符号之"象征性价值"，赋予了近代社会中水排头尤其是大排头"一种受人尊敬的权威"，促进其在地方"文化网络中追求领导地位"。时至今日，随着社会的变迁与文化转型，水排头已由原来地方乡绅精英阶层追逐担当的独享角色转化为各家户轮值的角色，但是，它依旧能够激发其管理好民间社会事务的"社会责任感、荣耀感"。本文秉持人类学整体论的研究理念，对于三川地区民间社会组织——水排组织在村落乃至地方社会事务（即"地方的文化网络"）中所发挥的作用，进行了深度描述与分析。

## 二 三川地区的水排组织制度

青海省民和回族土族自治县的三川地区，位于甘肃、青海两省交界的黄河北岸，因其境内有三条季节性的河流——赵木川河（也称"杏儿沟"）、大马家河（也称"朱家河"）、桑不拉河（也称"前河"）注入黄河而得名。这三条河流所流经的广大地区，被当地民众依次称为上川、中川、下川地区。由于紧邻黄河沿岸，无霜期长，为民和县的主要产粮区。春小麦是主要的粮食作物，玉米（俗称"苞谷"）和马铃薯（俗称"洋芋"）是其主要经济作物。②作为土族的主要聚居区之一，③三川地区包括官亭、中川、杏儿、甘沟、满坪、前河等

---

① ［美］杜赞奇：《文化、权力与国家：1900—1942年的华北农村》，王福明译，江苏人民出版社2004年版，第15页。

② 参见民和回族土族自治县县志编纂委员会编：《民和县志》，陕西人民出版社1993年版，第39页。

③ 土族主要分布在青海省互助、大通、民和以及同仁、乐都、门源等县，此外，甘肃省的天祝县和卓尼县也有少部分土族分布其间。

6个乡镇，辖80个行政村，近300个自然村。地处多民族文化交汇的三川地区，居住着土、回、藏、汉等多个民族的7.5万人口。其中土族为主体民族，有4.5万人左右，约占土族总人口的18.67%，集中分布在中川、官亭、前河、甘沟等乡镇。藏族聚居在杏儿藏族乡的7个村庄中，有4000多人。回族、汉族主要散居在前河、甘沟、满坪等乡镇。①

三川地区的每个村落都有自己的一套民间社会管理组织——水排组织。②水排组织的成员，就其名称而言，在川地村落与山区村落有所不同。在川地村落一般称之为"水排""排头""水排头"或"当事"，众人从中推选出一人主事，称之为"大水排""大排头""大当事"。而在山地村落中，一般称之为"百总""社长"。在川地村落中，之所以称之为"水排"或"水排头"，是因为与农事灌溉用水有着直接的关系。③

三川地区各村落的水排头，不仅要负责年度周期内与村庙和本村所属寺院相关的一切活动，如各项酬神、礼佛祭祀活动以及村庙和寺院建筑的维护、翻修等，还要负责具体的农事田间管理活动。也就是说，水排头们不仅在诸如"转青苗"、"纳顿"跳会、寺院喇嘛跳会等信仰活动中率领村落众人酬神祭神以求人畜兴旺和庄稼丰收，还要从事看青苗、水利灌溉等具体的农事活动。

三川地区的民间社会组织——水排组织，在管理地方社会事务中逐渐形

①　参见马光星、赵青阳、徐秀福：《人神狂欢——黄河上游民间傩》，青海人民出版社2003年版，第1页。

②　在村落事务管理组织中，除了水排头之外，大多数村落还要另外选出数名德高望重、处世经验丰富的老人，称之为"老者"或"乡老"。他们负责指导和协助当年轮值的排头们处理好众人之事。当今，各村落的排头往往是一年一次轮换，各村多按照房支或小聚落户辖来轮流当值，而老者则往往是三年或四年推选一次，在多数村落的老者中也往往是按照姓氏房支来推选的。

③　在传统社会中，水排头最重要的职责就是组织实施本村的农业水利灌溉。直至1969年，随着官亭泵站的修建，起自官亭镇寨子村至中川乡美一村的黄河灌溉主干渠的完工，三川地区原有的水利灌溉系统发生了彻底的改变。水排头原先管理农事灌溉的职责，被各行政村的社长（即生产队的队长）所替代。各村社长具体负责本村社水份子的分配和调度。因此，在当下社会，水排头管理农事用水的原本职责实际上已经消失了，但川地人仍然多习惯上称之为"水排"或"水排头"。

成了一种轮流当值的组织制度。这与普遍存在于中国大江南北的轮祭制度有着一脉相通之处。诸如，王铭铭关于福建溪村家族的轮祭制度研究，[1]岳永逸[2]、赵旭东[3]关于华北梨区（河北赵县）庙会的轮祭组织方式的研究，刘晓春关于赣南客家村落庙会管理的轮值制度等。[4]如今，这一组织安排是在各村落所有户辖轮流当值，但在过去传统社会中却有所不同，水排头尤其是大排头，往往是在大户人家尤其是家族中具有较强经济实力的人家之间轮值的，一般百姓与此无缘。在传统社会和当代社会中，三川地区水排组织的具体运作机制如下：

**（一）传统社会的水排组织**

在传统社会中，三川地区各村落的水排头轮值方式不尽相同。在诸如中川地区的宋家、鄂家、辛家、马家，上川地区的鲍家等单姓村落中，"排头"尤其是大排头，一般是在本姓氏中具有相当经济实力和社会地位的人物中轮流担任。在下川地区的桑不拉、团结村，中川地区的大户王家、大户祁家，上川地区的官亭四户、赵木七户等户辖较多的杂姓村落中，则是在本村落所辖自然村或者本村颇具影响力的大姓家族中轮值，在一定意义上，"排头"是一种社会地位和权力的象征。这是因为这些大的姓氏家族是村中实力雄厚的重要人物，往往具有更多的土地财产，担任了水排头，便掌握了用水的主动权和支配权，

---

① 参见王铭铭：《村落视野中的家族、国家与社会——福建美法村的社区史》，王铭铭、［英］王斯福主编：《乡土社会的秩序、公正与权威》，中国政法大学出版社1997年版，第39页；王铭铭：《溪村家族——社区史、仪式与地方政治》，贵州人民出版社2004年版，第78—81页。

② 参见岳永逸：《庙会的生产——当代河北赵县梨区庙会的田野考察》，北京师范大学博士学位论文，2004年，第84—89页；岳永逸：《行好：乡土的逻辑与庙会》，浙江大学出版社2014年版，第192—193页。

③ 参见赵旭东：《权力与公正——乡土社会的纠纷解决与权威多元》，天津古籍出版社2003年版，第31页。

④ 参见刘晓春：《仪式与象征的秩序——一个客家村落的历史、权力与记忆》，商务印书馆2003年版，第134—142页。

以便更好地为本家族或个人谋取利益。

### （二）当代社会的水排组织

当下，随着社会变革与生产生活方式的转变，旧社会中曾一度被众人争抢的民间组织管理角色水排头，在如今的三川地区各个村落中，已经是"飞入寻常百姓家"。不论贫富和贵贱，各村落的每一户人家均具有担任水排头的权利和义务。只不过，一般情况下，尤其是在人数较多的大村落中，如桑不拉、大户王家、官亭四户等地，仍旧要从当年轮值的若干名水排头中推选出为人正直、能够主持公道的人物担任最重要的角色"大排头"，以更好地带领村落众人处理好年度周期内的各项集体事务。

三川各村落新老"排头"交接轮值的时间安排不尽相同。一般村落多是在"纳顿"结束之后的第二天进行，如中川王家、辛家、马家，下川的团结村、民主沟等地。有些单姓村落，则是在清明上坟祭祖时，比如官亭四户的各个户辖，赵木川的郭家、窦家等。其中，在官亭四户，吕、张、秦、何姓户辖，均于每年清明节上坟祭祖时，推选出有威望和经验的年长者为"大排头"，再由每年轮流担任的两名"切绕其"（即相当于赵木川一带的"当事"）协助大排头，负责一年之中与农事有关的各项集体公共活动。

另有个别的村落特意安排在"纳顿"小会当天进行，比如，桑不拉庙所管辖的各个村社。每年农历七月十一日"小会"当天，轮选出下一年的大排头一人，小排头八人。新选出的九位排头与当年轮值的九位排头，总共十八位排头，来负责当年的纳顿活动。其中，新选出的排头为当年轮值的排头的"副帮"，不负主要责任，即仅协助当年的排头做事，学习一些管理方法和经验，为下一年正式管理做好准备。至农历九月九"安神日"，当年的农事活动全部结束之后，新老排头才正式交接，新排头正式上任，承担起下一年寺院和村庙中众人事务的管理职责。

此外，在杏儿乡卡洒哇村，各社"管事"（即相当于川地村落中的水排头）的轮换更替时间，不一而足，因各自形成了一个小群体内部的习俗惯制而承袭下来。比如，下社在农历九月九日一年的农事活动全部结束后更换管事；

上社和察合里社则安排在五月端阳嘛呢康里敬献羖羊鲁（当地方言，即山羊）之后，进行新旧管事之间的交接手续。届时，前任管事要向新轮值上任的管事交代上一年全社的资金收入支出的账目情况，以及其他众人的事情。杏儿沟一带的各个村庄中，只在每个社有自己轮值的管事。因为没有川地里举行跳会那么复杂的事情需要组织安排，也就没有产生一村中的大排头和协助排头管事的老者。杏儿沟各村的几位管事之间，地位平等，没有隶属关系，大家共同商议，来管好一年中的众人之事。

## 三　水排组织与村落农事管理

### （一）水排组织从事田间农事管理

在传统社会中，在田间农事管理方面，水排头的主要职责有以下两点：一方面是各村落由当年轮值的水排头来组织实施农事灌溉用水的具体事宜，负责协调本村与共同使用一条泉水灌溉的邻村之间的矛盾和冲突。但随着社会的发展，在当下水排头已经不再承担这一职责。自20世纪60年代位于官亭镇寨子村的黄河灌溉工程——黄渠修建之后，三川地区各村落的农事灌溉用水主要由社长负责。社长即现代民族国家中基层行政村中各社的社长（即东部地区至今仍旧在沿用的过去所说的生产队的队长）。

另一方面，水排头负责看护青苗、守护林木等田间管理事宜。每年农历三月间青苗发绿后，水排头们提着村庙中象征着庙神权力的铜锣，在本村农田中巡察，一经看到有本村或外村村民在农田里放牧或者乱砍树木的事情发生，便立刻制止并随后对其进行相应的处罚，或者是暂时记录在案，等到"纳顿"举行前夕收取相应的罚饷。罚饷的多少是由排头组织本村老者和村落众人联合制定的规约。违规较轻者，一般来说惩罚香表或清油来敬献神灵，违规较重者则要惩罚一定数目的钱粮。每年的田间"罚饷"，由当年轮值的排头掌握，全部用于年度内与村庙或寺院相关的众人事务，特别是用在"纳顿"会的开支上。

如今，在中川和官亭一带的川地村落中，鉴于村民多外出务工，畜牧业已大大消减，因而排头田间护青的职责也基本减少。只有少部分川地村落的排头还在开始之初象征性地敲几次锣，以告众人，但具体则靠村民的自觉，而大多数村落的排头护青工作已经消失。不过，在杏儿沟一带的山地村落，由于畜牧业还占有一定的比重，所以诸如协拉村、胜利村等部分村落，社长（即相当于川地的排头）护青工作依然进行。在杏儿乡调查时，我们恰好在杏儿乡政府碰到了协拉村支部书记李文海和胜利村村民曹永峰，对此他们这样谈道：

由于本村和相邻甘沟一带的村子所饲养的牲畜还不少，所以，我们协拉村和胜利村每年春天的护青工作还在进行，由当年轮到的社长来具体负责，我们村委会全力支持田间管理工作。一般是从每年农历的三月三日开始，到农历的九月九日结束。首先是画出护青的地界，一般是以距离庄稼地300米或500米的地方为界。护青一旦开始了，牲畜越过地界就要受到惩罚，即便是还没有跑到庄稼地吃庄稼，也还是要受罚。在过去，一个山羊、绵羊等小牲畜，要罚款2元，牛、马或骡子等大牲畜，则罚款5元。如今，每个小牲畜就要罚5元，大牲畜要罚10元钱。现在的罚款，除了用于村庙众人事务的开支外，主要用于社长护青的报酬。不过，每个社长都必须对村内和村外的人一视同仁，不能因为是熟人或亲戚关系而少罚或者不罚款。在田间管理开始之初，村里众人就制定了具体的管理规章制度，各户人家都要在上面签字按手印的，表示对管理条例已经认可，如果受罚了则不能够有任何怨言的。当然了，惩罚不是目的，主要是来保护大家的庄稼生长好，有个好的收成呗。①

---

① 受访者：李文海、曹永峰，藏族；访谈时间：2007年7月6日；访谈地点：青海省民和县杏儿乡政府；访谈者：刘目斌。

### （二）地方仪式实践谱系中的水排组织

除了以上所述田间管理职责之外，水排头还要负责年度周期内与村落众人相关的农事信仰活动。其中，除了规模最为隆重的"纳顿"跳会之外，还有每年春季的"转青苗"、立皇杆、插挡牌，夏天的驱冰雹禳灾，秋季丰收之后的"汤影"仪式和"叶儿将"仪式等诸多活动内容。与农事生产相关的诸多仪式活动，乃是年度周期内依据不同时序节令中农作物生长的状况而运作的一套农事仪式文化体系，或者说是村落社会中与农事活动密切相关的仪式实践谱系，这构成了三川地区各村落的文化网络结构。在这一村落文化网络中，水排头起着至关重要的组织领导作用。在人们的观念中，仪式体系是否如期举行，是否按照传统的仪式环节举行，活动中神灵满意与否，将直接关涉农事庄稼的丰歉。因此，每年轮值的水排头均以极其虔诚恭敬的态度来组织各项仪式活动。

### 1. 组织转青苗仪式

此外，每年四五月份庄稼迅速生长之际，三川地区各村水排头会组织众人抬着庙神，举行一年一度的"转青苗"（又称"转山""青苗会"）仪式，以祈求一年风调雨顺、五谷丰登。① 在上川地区，以二郎神为主祭神灵的19个村落，每年从农历四月初一到五月初五，由各村水排头组织起来，依照传统次

---

① 青苗会作为一种与农业生产息息相关的民间社会组织，曾普遍存在于中国华北、西北的广大农村地区。相关研究可参见赵宗福主编：《中国节日志·土族青苗会》，光明日报出版社2016年版；范长风：《跨族群的共同仪式与互助行为——对青藏高原东北部青苗会的人类学观察》，中国人民大学博士学位论文，2007年；杨念群：《华北青苗会的组织结构与功能演变——以解口村、黄土北店村等为个案》，《中州学刊》2001年第3期；[美] 杜赞奇：《文化、权力与国家：1900—1942年的华北农村》，王福明译，江苏人民出版社2004年版，第142—148页；张思：《近世以来华北农村青苗会组织的成长与村民自治》，唐力行主编：《国家、地方、民众的互动与社会变迁》，商务印书馆2004年版；周健、张思：《19世纪华北青苗会组织结构与功能变迁——以顺天府宝坻县为例》，《清史研究》2006年第2期。

序，迎请二郎神在本村地界转青苗，俗称"浪群庙"。①中川地区以供奉摩羯龙王、锁羯大帝、黑池龙王、九天圣母娘娘为庙神的各个村落，则由水排头抬着本村庙神的神轿围绕村落田间地界，举行转青苗仪式。在田野调查中，民主村庙倌乔正良则详细叙述了下川地区转山仪式的组织安排：

> 每年农历四月十三日，民主村当年轮值的排头们前往山上搭俄博（即到山上祭祀俄博）。此后，在属虎的日子，排头们专请峡口老庄的马明和团结村柴子社的赵先成两位阴阳先生，到庙中来书写即将举行的"转山"仪式（即转青苗）中所使用的插牌。而后，在属龙的日子，在排头的组织下，全村人一起举行"转山"仪式。从前转山时，民主村川地里四个社的人家每户均需出一人参加，敲锣打鼓，抬着九天圣母娘娘、真假摩羯龙王的神轿进行"转山"，并在山上敬献一只绵羊。届时，红庄自然村的四个社和山上两个社的排头们，也要来到庙里，随众人一起抬着神轿子进行转山。鉴于路途较远，行动不便，红庄和山上的一般家户，则不需要到庙中来抬神轿。不过，等到川地四个社的村民一大早出发，抬着神轿子到达山上和红庄时，他们需要安排"公管"或"搭肩"（土族语音译，即管众人一顿饭），其中，待众人转至山上二社时，他们安排早饭，下午转至红庄时，红庄人安排"黑饭"（即晚饭）。近两三年，因为在转山的时间年轻人大多出门务工，所以仅由排头们组织众人肩扛画有庙中三位庙神神像的三杆"鸣旗"来转山。说只要虔心敬神神就在，这和过去抬着神轿是一个道理和作用，方神们能够体谅众人。不过，山上二社和红庄人依旧要为转山的众人安排"公管"。并且，凡是家中出门没有人参加的，需要出两元钱作为罚款，该项罚款专用于本村农历八月十二日举

---

① 关于二郎神"浪群庙"的仪式描述与分析，参见刘目斌：《地方认同与族际关系的仪式表达——青海三川地区二郎神祭典仪式的考察》，《北方民族大学学报》2015年第5期。

行的"纳顿"跳会。①

## 2. 组织立插牌仪式

在传统社会中,每年农历四月间,在田地里庄稼苗壮成长之际,三川地区各当年轮值的水排头组织村民,择吉日举行"立插牌"(或称"插挡牌")仪式,以抵挡住夏季常发生的"过雨"(即冰雹)。这一信仰仪式在过去是相当普遍的,不过,时至今日,在上川和下川地区的山地村落还多有延续,而在川地村落中则不再多见。

比如,在下川地区民主沟的团结村,每年农历四月份的龙日,当年新上任的水排头要率领众人举行"立插牌"仪式。团结村八个社在庙上立一个总的插牌,八个社还要分别在自己庄子里立一个插牌。届时,众人要在村庙里宰杀一只羖羊羔,敬献给雷祖爷,以祈求雷祖爷让恶风暴雨远离消散,保佑村民们庄稼丰收和村庄内人畜两旺。

## 3. 驱赶过雨禳灾

在下川地区民主村庙殿的走廊下,笔者发现了过去由阴阳先生写好的七个神牌。每当夏季天阴沉沉"过雨"将要到来之时,庙倌和排头们就敲鼓鸣锣,在庙院中和庙门前,耍起这些神牌,借助神力来阻挡"过雨"的到来。在这七个神牌中,有一个较之于其他粗且长,所书写之神的神位和威力较其他神牌也要高得多,它指挥着其他六个神牌,俗称"总管",即总的兵器。②

在夏季冰雹将要到来之时,首先是庙倌拿出黑白二色羊角卦占卜,咨询庙神是否需要让众人击鼓挥神牌以挡冰雹。如果需要,庙倌就敲起鼓来,闻到鼓声,当年轮值的水排头们必须急速赶往村庙中。排头们同庙倌一起再次掷羊角

---

① 受访者:乔正良,土族,时年73岁;访谈时间:2007年9月27日;访谈地点:青海省民和县中川乡民主村村庙中;访谈者:刘目斌。

② 据庙倌乔正良介绍,神牌上的符咒为峡口村阴阳先生马明所书,神牌为七个,取"七"和"去"的谐音,即表示"灾害去了,驱除了"之意。

卦占卜，请求方神的旨意。如果占卜的结果如前所示，排头们则随即鸣锣，听到锣声，村庄众人便纷纷赶至庙中，挥舞以上七个写有"谨请诸神……止风雹雨恶"的神牌，同时击鼓助威。如若不能奏效，冰雹下起不止，则将村庙中的三个神轿子抬到庙堂廊檐下，焚香化表。假如还不能奏效，则直接将神轿子抬到庙院中间，让其尝受冰雹的打击，同时还要给上天神佛献上一只绵羊，直至冰雹退却为止。

### 4. 组织"汤影"仪式

"汤影"为土族语音译，它是指三川地区土族民众在一年之中不同时节的特殊时刻，迎请本村所属寺院的喇嘛到村庙中所举行的念经诵佛为民祈福的仪式。

过去在当年排头的组织安排下，下川地区民主沟内的团结村每年要举行三次"汤影"仪式。一是农历二月初一，种庄稼即将开始，请本寺喇嘛至庙中念平安经，祈求一年之中风调雨顺、人畜平安。二是农历四月初八，此时正处于青苗管理的紧急时期，这一时期多有"过雨"发生，严重影响当地农业生产，因此，这一时期请求神佛护佑非常必要。据当地村民说，在过去四月里转青苗前后，村里人需要背着寺院里的佛经，围绕每个庄子（村社）的地界来转经，同样是来祈求神佛护佑一庄庄稼丰收而免受雹灾、人畜兴旺平安。三是农历九月初九，此时庄稼收获完毕，请喇嘛于庙中念经，感谢一年中神佛对村中众人的庇护。但在上川地区赵木七户一带的村庙中，各村社每年"纳顿"正会过后的第二天，均由当值的排头前往赵净寺敬请喇嘛们前来村庙主持"汤影"仪式，其目的及形式均与团结村的"汤影"仪式相类似。2007年笔者参与观察了赵木川村窦家社的"汤影"仪式的整个过程。

### 5. 组织"叶儿将"仪式

"叶儿将"是每年农历八月间，中川一带文家寺所辖属的数个村落举行的一种酬神礼佛仪式活动。"叶儿将"为藏语音译，意为夏天平安经念罢，喇嘛出寺院了。

每年在庄稼急剧生长至成熟收获的季节，从农历六月十五日至农历八月初一，共四十五天的时间，文家寺的所有喇嘛都要守在寺院内念诵平安经，祈祷庄稼丰收、平安无事。早晨起床后，喇嘛们要在寺内念经两个多小时，天天如此。待到农历八月初一，各村落排头们先后迎请喇嘛走出寺院，前往本村一户自愿承担举办的人家，喇嘛们坐在炕上继续诵经一天，这便是"叶儿将"仪式。届时，文家寺所辖村落的水排头和村民们一起肩扛一百零八卷《甘珠儿》佛经至举办地点，并将本村庙神的轿子一并抬到举办的人家房檐下，享受村落众人的祭拜。在此，村庙神灵和寺院佛两套信仰体系共处于一个时空之中，一起享受祭祀并护佑着村落众人的安康幸福。

中川地区文家寺一带的"叶儿将"仪式，从农历八月初一草滩祁家开始，到农历八月十五日上下马家结束，历时半个月的时间。举行"叶儿将"的村庄主要是文家寺所辖属的"上八户"，即鄂、甘、宋、文、祁、杨、张、马、汪等八个姓氏的人家。按照祖辈人流传下来的村落举办次序依次为：农历八月初一，草滩村祁家举行"叶儿将"；农历八月初八，在美一村鄂家举行；农历八月十二日，金田村的杨家（杨姓和张姓）和美一村的文家联合举行，两村每年轮值一次；农历八月十五日，由金田村上下马家的马姓和汪姓联合举行。

### 6. 组织立皇杆仪式

在下川地区民主沟的团结村，每年农历二月初二和农历九月初九，在村庙院落中央，当年轮值村社的排头们还要组织"立皇杆"仪式。届时，要敬请海家法师和本村法拉前来共同主持。在过去，法拉要插四根钢签，分别插在两个耳朵和两个腮帮上。如今，虽然团结村老"法拉"已经过世三年了，新的"法拉"还没有产生，但是，答报山天神灵的"皇杆"每年还是要照常敬立的，这一仪式活动也是由团结村八社的排头们负责组织的。

农历二月二立皇杆，意为此时庄稼人开始种庄稼了，祈求天地神佛保佑当年的庄稼丰收，保佑人畜平安，皇杆一直要立到九月初九，等一年地里的庄稼全部收完了，它才能拔出来。农历九月初九"立皇杆"，是说此时庄稼秋收了，一年众人的事情全部结束了，这个时候"立皇杆"来酬神谢恩。农历二月二和农历九月九立的皇杆，其制作方法同"纳顿"会上所立的幡杆一样。[①]

## 四　水排组织与"纳顿"仪式展演

每年农历七月十二日至农历九月十五日，三川地区数十个村落举行以二郎神及其他地方神灵为膜拜对象的庆祝丰收的酬神祭典仪式，土族人称之为"纳顿"节，藏族和汉族人称之为八月会。在三川地区，凡跳"纳顿"过会的村庄，往往与邻近村落构成"两庙一会"的联村组织形式，[②]即两村民众通过相互合会手跳会，建立起了跨村落的联村组织形式，借以加强村落间的沟通和交往，组织完成各村一年一度的"纳顿"酬神跳会。

如前文所述，在三川地区，各村落众人一年之中的集体事务，均是由本村的水排组织在村落老者们的指导和协助下来实施管理和负责完成的。尤其是一年一度的"纳顿"酬神仪式中，各村水排头们更是要谨小慎微地侍奉二郎宗神及本村庙神，对前来本村参加跳会的客队会手以礼相待，从而为自己在一年之中即将结束的管理工作画上圆满的句号。

### （一）水排头管理"纳顿"事务

在三川地区，随着社会发展和时代变迁，虽然水排组织原有的司水职责已经消失，田间护青管理工作也日益消退，但是水排头在一年一度的"纳顿"节庆仪式中的管理职责仍在执行。排头们在"纳顿"管理中的职责主要体现在以下几个方面：

---

① 在农历八月十六团结村庙的"安神"日，各社当年当值与下一年轮值的村社与排头要进行管理事务的交接仪式，不过，当年当值的排头还要负责组织完农历九月九日的"立皇杆"仪式，才算是圆满结束了自身的管理事务。

② 有关联村组织的提出及其研究，可参见刘铁梁、赵丙祥：《联村组织与社区仪式活动——河北省井陉县的调查》，王铭铭、［英］王斯福主编：《乡土社会的秩序、公正与权威》，中国政法大学出版社1997年版，第205—257页。

其一，在本村"纳顿"到来前夕，水排头负责做好相关的准备工作。比如，在过去要收取"罚香"，如今则按照人头或户辖均摊来收取举办"纳顿"所需费用；将跳会的"脸子"、服装、旗帜、锣鼓等相关道具一并整理完备；平整好"纳顿"跳会的场地；安排好会手舞以及其他各出"折子戏"表演中角色扮演分配工作；等等。

其二，"纳顿"小会当天，当年轮值的水排头，一是要搭建起帐篷，请本村庙神出庙，到上一个举办"纳顿"的村落迎请二郎神，让神灵们莅临会场；二是请村里老者制作代表众人祀神的钱粮宝盖；三是率领众人将先前排练过的"庄稼其""五将""三将""五官""杀虎将"等各出折子戏进行初步预演，以备次日"纳顿"正会上能够较为精彩地酬神、娱神表演。

其三，"纳顿"正会来临，水排头们除了要慎重装扮表演好众人所赋予他们表演权利的重要角色之外，小排头要协助大排头全盘考虑好整个"纳顿"会场的各项事宜。因为"纳顿"期间的任何过失，众人乃至神灵都要降罪于排头，认为是其失职所致。比如，清晨负责竖立起代表众人的"观钱粮"；迎接客队会手和庙神时要注意相关的礼节，尤其是客队庙神轿子在帐篷下的摆放位置不得有任何差错；安排好"法拉"跳神的相关占卜和祀神活动；在跳会结束时向众人分发蒸饼；等等。

其四，"纳顿"次日，中川、下川一带的村落水排头还要率领村落众人举行相应的安神仪式，将神灵轿子重新安位。同时，大排头要当场向村民们公布当年众人的一切开支，开诚布公地接受众人的监督。而后，还要与下一年轮值的排头们做好相关事务的交接工作。

（二）水排头组织"纳顿"仪式展演

各村落"纳顿"期间，排头们在做好众人管理事务的同时，更要积极踊跃地参与到"纳顿"折子酬神仪式表演之中。各村落每年当值的大排头在全面履行管理职责的同时，众人也赋予了他扮演"五将"中关公的权利，这一角色是所有"纳顿"折子中最被村民们看重的。

如今，村民们对于"纳顿"折子中角色的扮演，虽不如从前那么重视了，但在过去，人们为了争抢扮演"五将""三将"中关羽的角色，甚至不惜大动干戈，发生较为严重的冲突。对于水排头与"纳顿"折子表演的密切关联，中川草滩祁家的祁祯祥这样谈道：

> 最近这些年，这个跳会的"死卡码"①也没有了，一般就是，谁跳得好那个角色就由谁来跳。如果今年轮到了你家当排头，该你来跳，你要是跳得不好，自己这方面也不感兴趣，那就可以推荐一个人来跳。不过，这些年，我们这里老爷的面箍子一般还是不让给其他人的。一般来说，假如我今年当了大排头，这个老爷——关公的面箍子戴上，装扮个老爷，跳上一回，也是一个非常吉利的事情，也显得最为威风，一般人家个人也跳哩。我要是跳不了，我的哥哥可以跳，再就是由一个家吾（即家族）里的人来跳，外人也轻易不让给，这也讲究着呢。这个大排头轮到谁了，他愿意让给谁跳，这与其他人不相干，这是他的权利。再说，像祁家二百八九十户人家，轮上一次大排头，也要几十年的事情，人一辈子也就能有那么一两次机会，所以，一般人家还是乐意跳，尤其是装扮关公老爷。
>
> 另外，如果轮到我担当大排头，我自己不会跳"纳顿"，就拿上一瓶酒和两盒烟，请来会跳的老者，在小会之前几天或者小会当天，在会场上就紧锣密鼓地认真学习起来。如果自己不能跳，就让自己的儿子来学着跳。再说，跳的也都是些'死码卡'，认真学的话，都能学会的。如果自己家里没人的话，就往内部让，即让给自己的兄弟、侄子，内部确实没有人的话，才往外部让（即让给村里本家族之外的人），不过，这种情况很少。以前还有这种情况，就是他自己跳不好，又没有学好，但还是稀巴烂地来跳，虽然这往往扫了大家的兴，但其他人不能干涉，这是他

---

① 死卡码：西北汉语方言，即严格的规定，不容更改的约定。

的权利，他本人若是要跳，其他人就没啥办法。

过去，原本祁家跟文家、杨家是一庙一会，这样每年关公老爷的面箍子大家挣得不得了，这个说该我们文家跳，那个说该我们杨家跳，祁家人又说该我们祁家跳了，三个庄子就挣得不得了，结果是在这个上起了矛盾，年年打仗，后来也就分开了（即后来文家、杨家共建一庙，从祁家老庙中分了出来）。不过，三将、五将里的吕布这个角儿，一般人都不愿意装扮，因为最后要把他的头杀掉，这被认为不吉利。这时候，讲究的人家就要出钱或烟酒，请别人代替来跳。然而，户数多了，啥样的人都有，最后，还总是有人愿意来装扮吕布，装扮的人还总是能够出来。①

正如杜赞奇指出："乡村社会的领袖只能产生于具有共同象征性价值观念的组织结构之中。但是，这种似乎约定俗成的文化价值正掩盖了在乡村社会中它的产生与运作过程。这一细微而复杂的进程充满着包括国家政权在内的社会集团的相互竞争、妥协及自我调节。由于文化网络既控制着各种资源，而其本身又包含各种感性象征，所以，它成为乡村社会中使权威合法化的见证者。正因为如此，它也成为乡村社会中各种势力激烈角逐的大舞台——争取使网络汇总的舆论导向和权威为某一特殊的需要和利益服务。"②在三川地区传统社会中，水排头这一角色在有声望的大家族中轮流扮演，便体现了这一道理。在某种意义上，水排头尤其是大排头这一角色的权威象征，"产生于具有共同象征性价值观念的组织结构之中"。这一点尤其体现在"纳顿"酬神仪式中傩舞"折子"角色的扮演中。过去，无论是单独村落，还是两个或多个村落联合

---

① 受访者：祁祯祥；访谈者：刘目斌；访谈时间：2007年8月22日；访谈地点：青海省民和县中川乡草滩村祁家社祁祯祥家中。

② ［美］杜赞奇：《文化、权力与国家：1900—1942年的华北农村》，王福明译，江苏人民出版社2004年版，第16页。

举办的"纳顿"酬神祭典仪式中，民众对于表演三国故事的"三将""五将"傩舞中关羽这一角色扮演权利的争夺充分体现了这一点。在人们观念中，忠厚仁义化身的关羽这一形象是权威的象征。反过来讲，关羽形象这一"象征符号之所以具有权威性，正是由于人们为控制这些象征符号而不断地互相争斗"①的结果。

## 五　结语

青海省民和县三川地区各村落内部形成了一套民间组织管理制度，即每年轮流当值的制度。在三川地区传统社会中，水排组织不仅在处理村落间农事用水方面起组织协调作用，而且从事着本村落农业"护青苗"田间管理和组织农事信仰仪式活动。自历史传承下来的传统民间社会组织——水排组织，无论是在三川地区土族、藏族和汉族等各族民众的物质生产生活中，还是在其精神信仰生活中，均发挥着非常重要的社会功能。水排组织调适和维系着传统乡村社会秩序，通过一年一度的酬神庆典仪式"纳顿"节的举办，一方面对于村落内部集体事务起到重要的领导和组织作用，使得村落民众通过参与集体神灵祭典仪式，实现了村落内部群体的凝聚和团结，另一方面当年轮值的管理者水排头在村落老者们的参与下，化解了村落之间的矛盾与冲突，实现了地域社会联村组织之间的社会联合与村际关系的社会整合。

在当下社会急剧转型期，虽然随着社会发展与时代变迁，三川水排组织在农事用水和田间管理方面的作用已经大为简化甚至消退，但是，水排组织与三川"纳顿"依然有着极为密切的联系。各村落的水排头尤其是大排头，不仅负责"纳顿"节的全盘组织活动，而且还被众人赋予了在"纳顿"折子戏表演中

---

① ［美］杜赞奇：《文化、权力与国家：1900—1942年的华北农村》中文版序言，王福明译，江苏人民出版社2004年版，第2页。

扮演关公等重要角色的权利，这充分体现着水排组织的义务性和权威性的和谐统一，从而也昭示出三川地区各族民众实施自我有序组织管理的民间社会"生存性智慧（living wisdom）"①的力量之所在。

---

① "生存性智慧"是邓正来为了推进"中国经验"领域的深度研究而专门建构的一个概念。邓氏认为，"所谓的'生存性智慧'，乃是人们在生活实践中习得的、应对生活世界各种生存挑战的'智慧'……它将彰显并解释生活世界中以'生存性原则'为最高原则的复杂互动关系。'生存性智慧'是地方性的，但是它区别于格尔兹所谓的'地方性知识'（local knowledge）。它是活生的，有效的，灵活的，或在某种程度上可模仿传播的……（它）在存在形态、传播方式、生产和再生产等方面均是具有特殊性的'地方性知识'……'生存性智慧'本身却常常是生态的，是将人与自然融为一体而加以关注的；更为关键的是，它并不以国家、社会或国际等现代秩序概念为限定的。这在根本上意味着：'生存性智慧'乃是与各族群或社群的Nomos相一致的，也是与'外在'自然（external nature）和'内在'本性（internal nature）相和谐的。"参见邓正来：《"生存性智慧"与中国发展研究论纲》，《中国农业大学学报》2010年第4期。

# 民间小戏的女神信仰与乡村女性社会

## ——以定州秧歌为例

中国人民大学文学院　江棘

　　作为在正统教化中的弱势和被压抑方，女性与戏曲的缘分紧张而微妙。历朝历代都有禁止女性演戏、看戏的训言闺箴、官方公文、女德女教，然而，"尤其是明清以后的演剧活动中，的确存在一个庞大的女性观剧群体。……因为观剧为妇女提供了一种前所未有的开放的生活空间，可以让女性从被幽闭、被歧视的卑屈境遇中暂时摆脱出来，获得一种心性的解放、自我的确认和社会地位的认同"①——这段引用的论述特别针对的是《西厢记》《牡丹亭》《娇红记》《玉簪记》等锦绣才情之作，与此相关，提及那些借由戏文戏场唤醒了生命激情与自我意识的传奇女子，学界也更多把关注的目光投向诸如冯小青、商小伶、俞二娘乃至林黛玉这些有文献记载或文学作品描摹的雅致如兰的情女才女。然而，不可能"挑灯闲看牡丹亭"也写不出"冷雨幽窗不可听"的更多平凡劳苦的女子们，是否也会在某一个时刻与戏文中的世界深深交感，获得过"人间亦有痴于我"的宣泄与慰藉？

　　答案是肯定的。只是唤醒、抒发了她们内在心性与自我、令其得以片时

---

　　① 丁淑梅：《中国古代禁毁戏剧史论》，中国社会科学出版社2008年版，第487—489页。

舒展的那个戏文世界，样貌更平凡，姿态更谦卑，性情更富人间味、烟火气。其中以秧歌、花鼓、采茶为代表的民间小戏，是清代以来普通民众也是底边女性最亲切熟悉的。相比富于教化意味的忠臣义士题材，民间小戏更偏爱男女之情和家长里短，也就难怪在本来被视为小道的戏曲中，以抒写两性情怀为基点的民间小戏更难以为精英统治阶层所容了。而毫不意外的是，对此类小戏最常见的"淫戏"挞伐，其语锋所向，女性又是首当其冲。在清代《钦定大清会典则例》《钦定吏部处分则例》《台规》《定例成案合钞》《牧令经验方》等法令、文献中，多处记载有"严禁收容秧歌妇女及堕民婆""严禁秧歌妇女及女戏游唱"的禁令、条目，其矛头也多指向"寡妇、处女"的"入耳变心"，将乡村做戏与"寡妇再醮""妇女越礼"的"丑态"勾连起来①，今人看来，其语已逾严苛而至刻薄恶毒矣。即便如此，却并不妨碍秧歌小戏在乡村的大姑娘小媳妇间口口相传，代代相传。虽不同于历代才女更为主动的笔墨传情、泣血自诉，同样在戏文世界中体感着压抑与慰藉、被书写与自我抒写等诸多紧张、矛盾的底层女性观众，长期以来也在与她们所珍视的民间小戏的互动中，发展出一套沟通、弥合上层教化与日常关切和情感需求的话语系统，民间小戏中频繁出现的那些既位尊神圣、"直达天听"，又护佑众生（尤其是女子）的女性神祇，因此值得我们予以进一步审视。长期以来，学界从民俗研究的角度对于中国各地小戏以及神仙信仰皆有丰富的考察和论述，而以神仙信仰为切口，将乡村女性文化及地方小戏联系起来的考察则较为鲜见。实际上，以秧歌为代表的民间小戏中的女神叙事，正可以视作观演双方、舞台内外自证其合法性的一种修辞，为我们打开了以秧歌为代表的民间小戏和乡村女性交感、互动的别样天地。

① 参见《钦定四库全书·钦定大清会典则例》卷一百五十"都察院六"条，第6页；王利器：《元明清三代禁毁小说戏曲史料》，上海古籍出版社1981年版，第18、20、23、26页；钱学纶：《语新》，国学扶轮社辑《古今说部丛书》（第十集），上海文艺出版社1991年版，第9页。

## 一 秧歌小戏与女性的"狂欢"时刻

就与乡村女性的密切关系而言,有着"拴老婆桩"之称的定州秧歌,特别具有代表性。定州,旧称定县,定州秧歌也曾被称为定县秧歌。与河北、山西等地流行的秧歌小戏相类,它源自民间小曲,清末戏剧化后成为采取板腔体口语化、"干板徒歌"(伴奏只有打击乐)的唱腔形式,以生、旦、丑"三小"为主的地方小戏。其题材多为家长里短,演员也多为非职业的农民,自20世纪20年代以来,定州秧歌逐渐流行于整个冀中,极受欢迎,在定州更是成为稳定的民俗事件(图1)。虽然直到1949年定州秧歌的舞台上几乎没有女性演员,但是20世纪30年代在当地从事社会调查和平民教育实验的"中华平民教育促进会"成员,都关注到"秧歌是定县一般人最嗜好、最普遍的消遣,尤其是妇女的不易多得的一种娱乐"①。

关于秧歌小戏与女性的结盟,家长里短"婆婆妈妈"的题材和妇女借节庆得以喘息休闲的解释并不足够充分。就具有普遍性的民俗土壤层面而言,在新年社火中发展成熟的秧歌戏,带有与春天和生殖信仰密切相关的狂欢文化的基

图1 定州秧歌民间剧团在村头搭台演出(兴定秧歌剧团提供)

---

① 张世文:《定县的秧歌》,《民间》1936年第21期。

因。黄芝冈在考察了各地"打春""唱春""送春"仪式及其中所唱山歌和打春鼓、立春社火的装扮表演歌舞、"采茶"歌词中的"唱春""春调"等文献记载后，认为这些皆同属秧歌系统，是"秧歌"从农人田间劳作歌发展至小戏过程中的不同阶段。①从本质上说，春天信仰和祈春活动是与基于生命本能的生殖崇拜相联系的，它既指向新旧交替万物孕育萌生之时，对于新生、复苏、繁荣、丰收的广义祈盼，也包含狭义的男女交合。古今中外的"春之祭"、酒神颂的春之歌、《诗经》中"思无邪"的春日男女欢会、今日在少数民族中仍保留的"三月三"等，类似的仪式和象征行为，举不胜举，即便在所谓"文明社会"，上述原始狂欢精神也在民间的群体狂欢中得到了承继和延伸。在巴赫金的经典论述中，民间狂欢文化的诙谐与怪诞风格，往往是以贬低化、物质化和"靠拢人体下身的生活，靠拢肚子和生殖器官的生活，因而，也就是靠拢诸如交媾、受胎、怀孕、分娩、消化、排泄这类行为"②为表征的。这种诙谐和怪诞，是一个"审美变体"，它"意味着各种对立因素的奇妙混合，美与丑，喜剧性与悲剧性，可怕与可笑，寻常与离奇，幻想与真实，卑劣与崇高……"，它"不承认任何规范，不仅强调对立因素的混合，而且强调它们的互相转化"。③"对立"之间的"可转化性"和审美"变体"的灵活存在，无疑是对于森严的等级、秩序、禁忌的挑战和突破。④通过"违规"而获得快感之所以可以成为一种"变体"的审美原则，同样也是根植于在本能与社会性不断对抗不断适应不断妥协下，人类心中潜藏的对于压制性、隔离性社会规约制度的"反弹"，以及"打破"的普遍集体性冲动。性的意识，不仅仅是人类最深层原始

---

① 黄芝冈：《从秧歌到地方戏》，中国戏剧出版社2015年版，第77页。

② [苏]巴赫金：《拉伯雷研究》，李兆林、夏忠宪等译，河北教育出版社1998年版，第25—26页。

③ 陈世雄：《戏剧人类学》，上海古籍出版社2013年版，第387页。

④ 有老艺人回忆，1949年前一些"地主老财、乡绅恶霸看到节目剧情揭到了他们的疼处，临走，还要强行戏班用净水刷刷舞台（意思是清除所谓的'流毒'）"（张占元：《定州秧歌史料》，定州市文学艺术界联合会2008年内部发行，第2页）。

的本能欲望，同时也是在礼教压制下最讳莫如深的禁忌。两相叠加的结果，是在这样的生命本能和"集体无意识"中，社火和秧歌演唱，成为一个性意识相对解放松动的狂欢时刻。它的松动既体现为表现内容的相对猥亵——如秧歌戏中有大量对性行为的暗示和描写，这也是它被称为"淫戏""粉戏"的原因；同时也体现为在狂欢群体中，对于平日受到相关禁忌压制最深重群体的短暂松绑。因此，参加者不仅"不分贵贱"，且"男女混杂"，"妇女无限制地或较少限制地参加"，是此类狂欢"反规范性的突出表现"。[1]正因为庙会社火、乡间演剧等公共场合和群众性气氛保障了平日压抑的冲动获得了相对安全的、不算"出格"的释放，这类活动也部分具有了共同体文化整合的"安全阀"功能。虽历代上层官僚对秧歌小戏及女性观演禁令不绝，却无碍这株乡野之花一边栉风沐雨，一边将根系日益向下深扎，甚至不乏基层村中绅士首领富户将组织秧歌社火作为笼络、管理乡民的可利用手段。

## 二　秧歌戏中的女神之名与本地信仰及乡村女性结社

从人类学的角度，许多学者和戏剧家都倾向于将戏剧视为"人的自我实验"[2]。在秧歌小戏处于夹缝中的戏剧空间和逼仄的"实验室"内，底边女性去触碰、探索并尽力延展生存呼吸的边界，必然会发展出一系列表达／实验的策略。神灵信仰在基层社会的普遍所提供的合法性与安全感，同为女性的代入感，使得女性神灵成为乡村女性绝佳的代言者，频繁进入定州秧歌的"实验空间"。统计《定县秧歌选》[3]48出民国时期定型的传统剧目中女性神灵／神庙的出场和暗示，计十余处，涉及女神指称与剧目对应情形如下：

---

① 赵世瑜：《狂欢与日常——明清以来的庙会与民间社会》，生活·读书·新知三联书店2002年版，第126、131页。

② 参见陈世雄：《戏剧人类学》，上海古籍出版社2013年版，第11—22页。

③ 李景汉、张世文编：《定县秧歌选》，中华平民教育促进会1933年版。

| 女神 | 剧目 |
|------|------|
| 老母／观音／大士／<br>南海大士／圣母／南海老母 | 《杨富禄投亲》《杨二舍化缘》<br>《小姑贤》《庄周扇坟》 |
| 三圣母 | 《双锁柜》 |
| 圣母（或为观音） | 《刘秀走国》 |
| 娘娘／奶奶／送子娘娘神 | 《刘玉兰上庙》《王明月休妻》《金牛寺》 |
| 五龙圣母 | 《搬不倒请客》《借髢髢》 |
| 九仙女儿（玉帝之女） | 《杨二舍化缘》《崔光瑞打柴》 |
| 王母 | 《庄周扇坟》 |

　　表中多为我国各地常见女性神，看来似乎并无特色。不过考察之后我们就会发现，这些看来最平常的女神信仰，在定州发展出了一套与当地民间教派及组织活动尤其是女性结社紧密联系的本地阐释。

### （一）老母／观音／圣母信仰与本地教派

　　在定州秧歌中，《杨二舍化缘》《杨富禄投亲》《小姑贤》《庄周扇坟》多出剧目都出现了以老母／观音／圣母指称一神的情形。据"平教会"民国十九年对定县全县453村的调查：最多之庙宇为招魂追悼而设的五道庙，计157座；关帝庙次之，计123座；再次是老母庙，计102座。据民国十七年东亭乡村社会区内62村庙宇调查：原有庙宇（共435座）中仍以五道庙为最多，计68座；老母庙次之，计54座。但现存庙宇中，老母庙却以19座胜过五道庙的17座，高居榜首。①显然，"老母"是定州民众信奉的一位重要主神，那在定州广受庙供的这位"老母"（图2）是否就是观音呢？

图2　定州北齐村韩祖庙内南海大士殿所立观音像

① 此处所谓原有，指清光绪前。之所以出现至民国庙宇数量剧减的情形，与光绪二十六年发生教案（即1900年义和团事件）民间教派受到压制和民国三年县长孙发绪毁庙兴学有关。见李景汉：《定县社会概况调查》，上海人民出版社2005年版，第406、414页。

我们发现，同样在这次调查中，老母庙、南海大士庙、观音庙是分别统计的（数目分别是102座、80座、13座），似乎在当地这三者有所区分（在今日韩祖庙中，观音殿外，亦另有老母殿）。不过，在定县东亭乡村社会区62村调查的原有庙宇数目统计表中，我们能看到老母庙（54座）和观音庙（7座）的信息，"南海大士庙"条目却消失了；紧接着在"62村庙宇内供奉之主神数目"表中，"老母""观音"全部消失了，只剩下"南海大士"61个，考察此数，又正是前述本区域"老母"与"观音"庙数之和。[1]作为在中国具有先发意义的严肃、科学、系统的社会学调查，恐怕"平教会"调查者们也意识到了统计表的不甚严谨，于是做出这样一个解释："老母庙里供奉老母，老母就是南海老母或南海观音，又名南海大士。"[2]既然是同一个神，为何要立出众多建庙名目？除了民间指称的"不讲究"，是否还有其他可能的原因呢？由此，我们就必须提到在定州最有代表性的民间教派，即以创始人韩祖（韩飘高）信仰为核心的弘阳教。

弘阳教创立于明万历年间，又称混元教、源沌教、红阳教等，以念经烧香、斋戒行善、仁慈守法、安身立命的个体修行为主，韩祖以治病、救济民众形象出现，在定州当地多与"药王"并称。同时，因教派在创始发展过程中得到了朝廷支持，弘阳教也呈现出对皇权和统治秩序的攀附和顺奉，总体而言这是一个温顺、平和、保守而又在冀中影响力巨大的教团组织。与大多数民间宗教结社一样，弘阳教"三教合一"，思想体系驳杂，渗透了作为官方"正统"和显学的儒家伦理道德观，佛家无常、因果报应、轮回转世的观念，也因其与道教立场靠拢的趋势在今日被后者"收编"[3]。其信奉神灵众多，名号各色齐全，很多都难辨其源流，这一多神、全神崇拜信仰模式，反映出了中国下层民

---

[1] 李景汉：《定县社会概况调查》，上海人民出版社2005年版，第406、414页。

[2] 同上，第418页。

[3] 据韩国学者李浩栽叙述，今日弘阳教隶属河北道教协会，是政府认可的道教支派，参与韩祖庙管理的也是全真教派道教弟子。见李浩栽：《韩祖庙会中的宗教文化表现》，《民俗研究》2006年第1期。

众因现实生活中的无力感而在信仰层面尤为强烈的功利主义色彩。而定州之所以成为弘阳教圣地，是因相传明末韩祖曾在大旱之年，现身于定州北齐村附近，以荞麦种救济村民，于是皇帝授意，北齐村修韩祖庙、庙内铭韩祖事以为供奉。韩祖宫居于中心，领衔三教众神约二十殿齐聚庙内，其"优先级"可见。直到今天逢韩祖诞和庙集之日，香火仍十分兴旺，定州的酬神演剧传统也多与此有关。（图3）

图3　韩祖庙内韩祖简介、韩祖诞当日韩祖宫前进香盛况及庙前戏棚开戏前场景

在弘阳教中，也有一名为"老母"的主神，即无生老母。作为明清民间宗教的最高神灵，"真空家乡，无生老母"八字真言在诸多民间教门中广为流传。学界一般认为，与"无生老母"有相关性的概念虽在明前已见端倪，但与其信仰的酝酿、铺垫和形成、确定最为密切的，还是明代无为教教祖罗清在"五部六册"中对于"无生父母"和"无极圣祖"的阐论，其后又经四祖《真空扫心宝卷》、七祖明空《佛说大藏显性了义宝卷》、天真圆顿教《龙华宝经》等，得以不断明确、定型，并形成系统。[①]

无生老母是集创世祖与救世主于一身的全能女神。根据《古佛天真考证龙华经》等经卷内容，她创造了天地日月和九十六亿皇胎儿女并令后者居于空廓东土，却不料儿女们迷于酒色财气，真心障幔，灵根埋没，沦落红尘。于是，

---

① 参见马西沙、韩秉方：《中国民间宗教史》，中国社会科学出版社2004年版；连立昌、秦宝琦：《中国秘密社会：元明教门》，福建人民出版社2002年版；濮文起：《秘密教门——中国民间秘密宗教溯源》，江苏人民出版社2000年版。

老母又像人间最平凡的慈母一样，日夜垂泪思念儿女，深情呼唤他们回心转意，并将全身心扑在拯救度回儿女的大业之上。在一些民间宝卷中，还有老母《叹五更偈》：

> 一更之里泪悲啼，想起姹女与婴儿；二更也里泪汪汪，想起婴儿哭一场；三更者里珠泪流，婴儿姹女早回头；四更时里泪长倾，婴儿姹女早回心；五更早里泪满腮，婴儿姹女早回来。[①]

　　从罗清"五部六册"中无生父母、无极圣祖到无生老母，凸显出的是这一全能神逐渐女性化的定位趋势，而在诸多女性气质中，中国女神的神圣叙事又对母性给予了特殊强调。以人情味极厚重的老妈妈为创世祖和救世主，反映出下层民众对于充满温情的神人关系的想象和期待；与之相关，整个人类社会尽是"皇胎儿女"一母同胞的设定，包括经卷中老母对于儿女们"吩咐合会男和女，不必你们分彼此"的叮嘱，则"倾注了以家庭为基本单位的中国下层民众对新型人际关系的向往，同时也反映了当时社会的冷酷无情以及人与人之间的极端不平等"[②]。从另一个角度说，民间对于无生老母信仰所体现出的这种对于人类家庭式亲密平等关系的期盼和认同，也有可能是弘阳教在定州扎根发扬光大的另一个隐秘原因。因为关于弘阳教创始人韩祖飘高的家乡，有着这样的说法："查《邪教阴报录》谓飘高名高阳，系山西洪洞人"，"红阳教主系山西洪洞县人，名高阳，号称飘高祖。而直隶曲周人名韩泰湖，亦称飘高祖"[③]。虽然现在学者经过考证，认为韩祖祖居曲周说更为可信，但是正如宗族本身有着很强的建构性，运用了诸多"假借"手段的

---

① 蔡勤禹：《"八字真言"信仰探析》，《东南文化》1993年第5期。
② 宋军：《清代弘阳教研究》，社会科学文献出版社2002年版，第13页。
③ 语出《续刻破邪详辩》，转引自朱文通：《关于明清时期民间秘密宗教的几个问题》，《河北学刊》1992年第6期。

"造宗族"活动及其文化创造，始终是社会学、史学的热点话题。我们很难否认，自认为是明代永乐间从山西洪洞迁居而来的定州人，[①]对于有着同乡同源说法的韩祖，或许也有一份基于家族和亲缘层面的认同。潜意识中将曾在定州"救世"的韩祖与自己的血亲祖先联结起来，与无生老母的"创世""救世"的神圣叙事，共享着相近的逻辑。（图4）

和很多民间教派的神灵一样，无生老母信仰形成中，凝聚着下层老百姓的创造，而老百姓对这种创造和认知，往往并不十分自觉，特别具有代表性的现

图4　韩祖庙内无生老母殿所立老母像

象，就是民间神祇之间指认的含混与谱系的混乱，非佛非道，亦佛亦道。其实何止是慈悲救难的观音，从无生老母的身上，我们还能看到女娲（创世）、王母（神力、长寿）、骊山老母（年高、慈祥）等诸多女神的综合。不过观音信仰在无生老母信仰创生中确实意义重大，从"无生"思想、慈悲品格、修持法门与仪轨诸方面，都可以找到两者间影响发生的线索，[②]而观音信仰在中国下层民间的特别普遍，也加剧了两者的混杂。

### （二）青虚山、黄山信仰圈与送子娘娘/奶奶、九仙女儿的本地所指

定州所尊奉的女性神，当然远不止无生老母和观音。据民国调查显示，除去老母、南海大士、观音的庙宇，在定县全县453村中，其他女性神庙现存的还有奶奶庙（45座）、龙母庙（12座）、仙姑庙（3座）、天仙圣母庙（2座）、苍姑庙（1座）[③]；而在东亭乡村社会区内62村神庙调查中，另外还出现了"五圣

---

① 李景汉：《定县社会概况调查》，上海人民出版社2005年版，第137页。

② 参见刘平、隋爱国：《明清民间宗教中的观音信仰》，《世界宗教文化》2014年第1期；［美］欧大年：《中国民间宗教教派研究》，刘心勇等译，上海古籍出版社1993年版；孔庆茂：《民间宗教的创世女神——无生老母》，《文史知识》2008年第3期。

③ 李景汉：《定县社会概况调查》，上海人民出版社2005年版，第406页。

老母""五龙圣母"这两个女神之名。<sup>①</sup>调查者说明如下："奶奶庙多半就是天仙圣母庙。奶奶庙里供有三神，一是大奶奶，一是二奶奶，一是三奶奶，所以乡民普遍都称奶奶庙为三奶奶庙；五龙圣母庙里供的是五龙圣母。据本地人说这庙的五龙圣母是定县本地人，她生了五条龙，所以人家想她是神，修庙敬拜她；苍姑庙里的苍姑是妇女敬拜的神，能叫她们善于针黹；龙母庙里供的是龙母娘娘、雷公、风婆。龙母娘娘是管下雨的，雷公是管打雷的，风婆是管刮风的。乡民对于龙母信仰很深。"<sup>②</sup>

这段说明中，除"五龙圣母"较明确（定州秧歌《搬不倒请客》《借髢髢》等剧中皆提到过四月四五龙圣母诞庙会，是亲戚走动、女眷回乡／回娘家的良机），其他多语焉不详。首先"五圣老母"不见其踪，不知确指。笔者贸然猜测，这个"五圣老母"是否有可能就是"无生老母"讹音，而为调查者不识？此外，"五龙圣母"和"龙母"民间多有混叫、"奶奶庙多半就是天仙圣母庙"却又在统计中分置的情形，与前述老母、观音的"缠不清"如出一辙。众所周知，奶奶庙是用于祈祐子嗣的，祈祀目的直接、专门又广为人需，直到今天，各地奶奶庙也多香火旺盛。关于奶奶庙中的"奶奶"所指，各地说法同中有异，且多有"三奶奶"的说法。例如碧霞元君说（又称九天圣母、泰山奶奶、天仙圣母等。各地碧霞元君供庙中，往往在元君左右另有两位女性神祇），云霄、碧霄、琼霄三霄仙子／娘娘说等。民间往往笼而统之称为送子奶奶／娘娘、子孙奶奶／娘娘等。"平教会"调查者认为定州当地的"奶奶"多半是"天仙圣母"，而今日北齐韩祖庙中天仙圣母殿所奉正为三霄娘娘（图5），同殿另有送子郎君、送子娘娘"配套"。与之相证，民国年间有学者指出定州"奶奶"信仰与附近唐县青虚山或曲阳黄山的"奶奶庙"相

---

① 李景汉：《定县社会概况调查》，上海人民出版社2005年版，第414页。
② 同上，第418页。

图5　韩祖庙内天仙圣母殿所立云霄、琼霄、碧霄三霄娘娘像

关，[1]据《唐县志》，青虚山奶奶庙供奉的主神亦正是三霄娘娘[2]。不过，民国时期定州又以"四月十八"为"奶奶诞"[3]，这一日期一般被认为是碧霞元君寿诞日，而非民间所传的三霄娘娘诞日。可见在定州百姓间，奶奶的所指仍不乏含混性。《金牛寺》剧中有对女性多在药王诞（四月二十八）上庙同时拜奶奶的场景描绘，则反映了奶奶信仰"无孔不入"的功利性。

　　同与青虚山、黄山信仰圈相关的，还有定州的"九仙女儿"信仰。在秧歌《杨二舍化缘》中，有"王母娘娘九个女，四双单一都落凡"的唱词，[4]《崔光瑞打柴》等剧也出现了玉帝王母所生九仙女儿的形象。不过在定州百姓心中，九仙女儿也叫九件女儿或九件娘娘，缠杂着更"在地"的解说：传说"九件娘娘"是黄山（谐皇山）之神，以皇姊王美为首，掌管以次的二件娘娘至九件娘娘及一切神仙。九件娘娘各有自己的差使随从，如穆桂英便是其中之一。同时，定州本地巫婆自认师法青虚山，把象征着"九件娘娘"九位差使的"九连环"作为法物，[5]

①　黄华节：《定县巫婆的降神舞》，《社会研究》1936年第105期。

②　张孝琳等编：《唐县志》，河北人民出版社1999年版，第737页。

③　黄华节：《定县巫婆的降神舞》，《社会研究》1936年第105期。

④　李景汉、张世文编：《定县秧歌选》，中华平民教育促进会1933年版，第29页。

⑤　黄华节：《定县巫婆的降神舞》，《社会研究》1936年第105期。

也都可证九仙女儿信仰在定州基层社会具有本地特色与"及物性"的实存。

**（三）女神信仰与乡村女性社会**

上述民间女神信仰与乡村女性活动都有着密切关系，既有求子、乞巧等个体化的行为，也有女性主导的集体活动。例如民国时期定州盛行的、据说从唐县青虚山讨来的巫婆降神舞"跑花园"（本地叫"跑花红"），皆在庙会场中施行，其中以奶奶庙最多，老母庙次之，其他的庙宇则较少。以时令论，则以二、三月最多，尤以二月十九（南海大士诞）、三月三（王母蟠桃会）和四月十八（奶奶诞）这三个日期最易见到。[①]这和今天山西等地碧霞元君的祭祀赛社活动中，由女性来组织完成服侍元君及二仙奶奶盥漱、送神、唱神等重要环节是类似的。[②]

图6　定州秧歌《小姑贤》剧照

在定州秧歌中，还曾提到围绕着老母信仰而产生的"老母会"（或曰老母圣会、老母佛会），这是当地重要的女性社会集团。按村人的看法，"在道门的多系老道学的人、游手好闲者、脾气特别者、缺乏子嗣者、年老寡妇及无知妇子"[③]。戏文中"老母会"的功能主要是老年女性的会餐、聊天（例如《小姑贤》《金牛寺》等），且往往被作为游手好闲、好吃懒做者的聚会而加以嘲讽，也可佐证这一歧视性看法。但是，无论在戏文中还是现实中，对于乡村妇女而言，这一看起来婆婆妈妈的聚会却十分紧要（《小姑贤》极端地表现为即便家中正有休媳妇这样的"要紧事"都要为"赶会"让路），且以轮流坐庄的形式维持着"可持续性发展"

---

① 黄华节：《定县巫婆的降神舞》，《社会研究》1936年第105期。

② 王学锋：《南贾赛社》（神卷），人民邮电出版社2015年版，第220—227页。

③ 李景汉：《定县社会概况调查》，上海人民出版社2005年版，第430页。

（《金牛寺》），个中原委，当然不是妇子"无知"这么简单。"妇子"占了人口大半，却与"游手好闲者、脾气特别者、缺乏子嗣者"等"边缘人群"并提，对她们而言，寻求人际支持，抱团取暖，就更是扩展被压抑的生存空间的必要手段和必然结果。正如有学者在援引Steven P. Sangren、Rubie S. Watson等人的研究时所说的——"男性所主导的宗教崇拜活动多牵涉国家、乡里祀典等公共领域，而女性神祇的象征意义多属于家庭事务或个人救赎等私人领域"，"由于在基层非组织性的民间信仰中，国家、制度化宗教、男性的控制比较薄弱，女性得以在神灵世界里扩展她们的空间和权力。在这片'飞地'内，女性是得到广泛认可的'能动者'"①——或可更全面地说，以女性神为代表的民俗信仰土壤，成为乡村女性和民间文艺共同的"飞地"。

## 三 秧歌中女神叙事的功能与复义的解读空间

广有影响的民间教派与老百姓喜闻乐见的戏曲"换词"互渗，是不难想见的事。有学者讨论过定州秧歌中民间信仰神灵的登场以及弘阳教宝卷中语词、典故和经典情境的出现；戏班开台散场的祭台、请神表演、苦情戏的盛行所关联的禳灾祈福的仪式功能；当然还有更为宽泛的当地各种祭祀仪式和婚、丧、寿、诞场合与秧歌戏的结盟；等等。②而关于定州秧歌对民间女性神的表现，讨论仍相对较少。前文曾提到来自民间教派经卷的老母《叹五更》词，而"叹五更"（包括"叹四季""叹十声"等）又是"采茶"这一与花鼓、秧歌戏同源共生的小戏，极适合抒发怨女哀情的悲调。再如定州旧时巫婆"跑花园"的巫歌（神歌）歌词云："三仙宫，登山赶庙，去跑花红。给奶奶，拜寿经，那庙

---

① 吴真：《民间神歌的女神叙事与功能——以粤西地区冼夫人神歌为例》，《文学评论》2008年第5期。

② 可参见董晓萍、［美］欧达伟：《乡村戏曲表演与中国现代民众》，北京师范大学出版社2000年版；［美］欧大年、耿保仓等编：《保定地区庙会文化与民俗辑录》，天津古籍出版社2007年版。

那山都去赶工程。拿起花鼓真威风——都是皇姐的御妹和皇兄。诸位'差龙'都有仙容，胡说八道得罪刑。"①这手拿花鼓载歌载舞的巫婆行容，与秧歌的早期形态颇相吻合。可见，女神叙事与秧歌的结合，有着漫长的"前史"，而在戏剧定型化的秧歌小戏中，女神叙事的面貌又得到了进一步发展。我们可以将女神在秧歌剧情叙事中的作用和功能，大致分为如下三类：

第一，程式性套语。如《刘秀走国》中马武上场有"西北角下起浮云，圣母倒坐莲花盆"②一句，剧情功能较弱，但反映了女神信仰在戏中的仪式性遗存。《庄周扇坟》中，庄周自道前生因在王母寿诞日天庭当差出错被贬下界，也可视作一种民间叙事的套路。

第二，女性神庙作为剧情展开的背景、场合。例如《刘玉兰上庙》《金牛寺》《搬不倒请客》《借髢髢》《小姑贤》等，在有记录的定州秧歌传统剧目中，但凡提到庙会，几乎都是与女性神灵有关，剧中正是以这些庙会的举办为由头，女主人公才可能展开行动（其中年轻女性的活动往往与爱情、私会有关），亦足证乡村女性的社交活动与女神信仰的关联。

第三，女性神作为推动剧情发展的关键环节。具体又可细分为以下几种：

一是被召唤（假借）的形象，不出场而以神灵威仪影响剧情发展，如《双锁柜》中二姨跳神时所召唤的"三圣母"和"众位娘娘"。二姨在戏中是个可爱的正面丑角形象（定州秧歌称为鸡花旦，表演时面颊画雄鸡，示其泼辣），对应着现实乡村中"老母会首"和女巫一类人物。她真正的"法力"所在，是老辣精明且练达，洞悉人情世故，猜中了余得水嫌贫爱富意欲昧婚的小算盘，又一眼看穿璞姐是以装病来反抗父亲。她明面上跳神治病，实为璞姐做主，也正是因她不凡的老辣和慧眼，使得余得水夫妻相信了她是有神灵撑腰的全知全能，跳神的"伎俩"方能成功。在这里我们看到，乡村社会中贤明智慧的女性

---

① 黄华节：《定县巫婆的降神舞》，《社会研究》1936年第105期。
② 李景汉、张世文编：《定县秧歌选》，中华平民教育促进会1933年版，第223页。

长辈，是如何借助女性护佑神的权威，而实际上成为父权压迫下更为弱势的女性群体的人间护佑者。

二是剧中的女主人公。如《崔光瑞打柴》中临凡追求樵夫崔光瑞的张四姐，是一个能够舍下脸面、死缠烂打的爱情追求者。将这一行为归于神灵，无疑也反衬出现实中之难为。

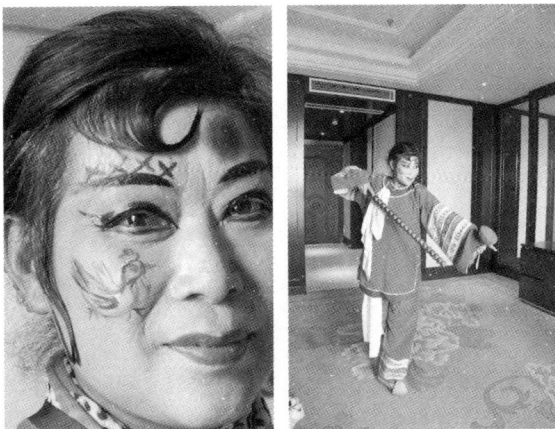

图7 《双锁柜》中二姨的鸡花旦面部化妆与手持降魔铜照妖镜的扮相（兴定秧歌剧团相巧英）

三是剧中登场的重要配角，其功能主要有"挑起"（如《庄周扇坟》中化身佳人小寡妇的观音）和"解决"（如《杨二舍化缘》与《杨富禄投亲》中分别搭救两位因身陷绝境而自尽的杨公子还魂并指示其投身未婚妻家的老母／观音）。需要说明的是，神灵的"解决"功能在秧歌叙事中是有限度的，它的有效性主要体现为对于情理冲突的伦理困境中被宗法礼教之"理"压抑的有"情"人的同情、支持与帮助，但并不提供最终解决方案（如上述两剧，老母仅是中途搭救男主人公，男女主人公要想过嫌贫爱富的严亲这关走到一起，仍需靠自己）。除此之外，神灵的"解决"功能多表现为不指向对于矛盾双方任何一方批判的降福（如《王明月休妻》中的送子）和极少的对极端行为的裁判（如《变驴》中痛殴婆婆险至死地的媳妇遭天谴变形为兽）。究其原因，恐怕是因在戏文里更多以婆媳、父女间代际冲突为代表的家内矛盾中，并没有触及刑法的极端行为，充斥其间的阴影主要是嫌贫爱富等德行缺陷、强烈的控制欲，甚至是说不清道不明的"气场不合"。面对这样日常琐碎的矛盾冲突，与同样作为外在权威执行审判功能的"清官"却"难断家务事"类似，神灵们也失效了，这多少反映出此类痛切却平庸的家内冲突在现实中解决的困难。而女神的"限度"还在于，她们本身亦不乏现实不平等性别话语的投射。例如在中国民间信仰中,女神自身的"母性"多是具有神圣性的母性,她们往往"是以未婚的处女之身获得女神身份。正因为未婚,她们才避免了女人因性交而导致的'不洁',所以在她们的信仰叙事中,无须处理或干脆否定女神身为妻子的面向"①。这种肯定"为母",而否定、屏蔽其前提"为妻"的女神叙事,以及在秧歌戏中多靠乞诉怀有"洁净"之"母身"的女神们,来护佑人间"不洁"的爱欲、性交、生产的行为,体现出民间信仰中对女性及其身体的想象和父权社会权力话语间既抵抗又共谋的复杂关系。

总体而言,定州秧歌中女神的出场和暗示,仍多是站在护佑众生和代言女性、彰显人情人性的立场,但《庄周扇坟》中的观音好像是个特例。"庄周扇坟""试妻""田氏大劈棺"的故事,长久以来都被视为对于女性贞节的极端训教。不过在这一故事的出处——明代冯梦龙纂辑的《警世通言》中,扇坟寡妇只是寻常人家,与神灵无涉,而到了秧歌戏中,观音也加入了这一训教阵营,且扮作佳人,成为一切故事、矛盾的直接挑起人。秧歌中给予的合理性逻辑是:庄周因为娶了田氏而不得升仙,于是观音化身佳人扇坟,现身说法挑拨庄周与田氏关系,让其假死并变化深情美秀士来试探田氏贞节,使得田氏因违背守贞誓言而被五鬼分尸,庄周由此得以度化。长久以来这个令人唏嘘的故事得到过很多不同的解读——例如教导女性无论遇到什么情况都务必守节的"反面教材",现代对于田氏的同情和翻案,以及从人性是不能考验的角度批判庄周了道却不解人等。相比而言,定州秧歌戏里的逻辑细思起来,更有种令人不寒而栗的感觉:人何以能逃脱神的设计?如果说田氏的死是度化庄周这一根本目的的必经一环,庄周必得度化,则田氏必死,那么这就不是纠结的检验人性,而是胜算在握的故意谋杀。换言之,以观音代表的神圣一方,也即代表着真理的掌握者,将田氏在前夫"死"后背却誓言"另抱琵琶",作为一种无法避免

---

① 吴真:《民间神歌的女神叙事与功能——以粤西地区冼夫人神歌为例》,《文学评论》2008年第5期。

的必然或女性的"本质"，这就可能带来了两种全然相反的理解：一是对于女性彻底的否定——天下女人心性皆是如此不可靠；二是既然这是不可避免的、经由观音神圣指示出的"本质"，也就具有了天性、天道如此的含义，既然人人皆在神灵上天觳中，那又何必执着违拗天意？这样的解释或许过于深奥，也不符合乡民看戏的所思，毕竟定州秧歌此剧的剧本和观演，总体价值判断上仍是"厌女"、教训的基调，五鬼分尸的结局比起《警世通言》中的羞惭自尽，更显得报应昭彰而生硬；但是，护佑众生尤其对于底层女性而言最具亲和力与公信力的观音老母，却在此剧中将与丈夫生前恩爱和睦并无过错的女性作为男性成就之路上需要解决的障碍，且计谋如此"阴毒"，多少令人有些难以接受。令人费思量的，同样还有剧中观音留给庄周的两句话：第一句是"出门别笑扇坟女，你在家娶妻大不贤"；第二句为"扇是阴阳扇，南海落下凡，落在贫道手，回家度妻贤"。[1]田氏妻究竟贤也不贤？到底是"度"庄周还是"度"田氏？观音此处的自相矛盾，或者竟与那第二层解释有关——若论遵从了神意（天性天道），田氏自然是"贤"的（若田氏抵死守贞，不知被挑战了权威、丧失了控制力的神灵当哭当笑？）；也正是在这样一层意义上，神灵设计安排好的"故意谋杀"才可能与田氏"大道从天然"的个体解放即"度化"画上等号。民间小戏中看似并不高明的神灵片段添加，倒也为我们的"旧事新读"别开了一片洞天，这或许正是乡土社会思想文化土壤丰富多元、相比"各种严整的大观念大叙事"更具空隙也"更可让人自由呼吸"[2]的一例旁证。

## 结　语

1949年以来，神灵在秧歌中的登场出现了意味深长的变化。老艺人张占元

---

① 李景汉、张世文编：《定县秧歌选》，中华平民教育促进会1933年版，第927页。

② 张炼红：《历炼精魂：新中国戏曲改造考论》，上海人民出版社2013年版，第3页。

在《定州秧歌史料》[①]中，回忆整理了他自20世纪50年代成为定州秧歌职业演员以来学习演出过的近四十出传统戏剧本。对比20世纪30年代的《秧歌选》，我们发现，神灵信仰和形象作为剧情展开的背景、场合（庙会）、仙凡配主人公（《崔光瑞》），以及剧情"挑起者"（《扇坟》）等功能，都在1949年后的秧歌演出舞台上保留了下来。但是神灵之名作为仪式性套语和被很多研究者所看重的作为剧情困境"解决者"的功能，则得到了大大削弱。例如《杨二舍化缘》和《杨富禄投亲》中，观音、老母完全消失了踪迹，前者改为杨二舍虽陷绝境但并未自尽，自作主张沿途化缘至未婚妻家投亲，后者则是杨富禄碰巧自尽于未婚妻家花园凉亭，为正来打扫凉亭的丫鬟所救。可以想见，在传统以禳灾为重点的祭祀演戏中，诸如二舍、富禄哭诉的苦戏场景，必然是重头，其目的就是感天动地，呼唤神灵（特别是老母等救世女性神）怜悯护佑其人间受苦儿女；得到神灵的感应与解决，也是确保仪式吉祥与完整性的要求。而当代记录剧本中神灵作为戏剧"解决"功能的退场，当与1949年后剧种改良进程中，凸显人民自我力量的意识形态要求相关。不可否认，这一新的主导意识形态在民间小戏中得以树立和女神的相对"退后"，也必然与新时代语境下乡村女性地位的整体上升有关。在保留下来的一些女神叙事中，像《崔光瑞打柴》由本是叙述张四姐因下凡"倒贴"反被误认为妖遭到拒绝的闹剧，被"规整"为20世纪50年代之后仙凡同心、劳动持家的"天仙配"叙事，正说明了这点。

行至当下，定州秧歌似乎更多被视作一种自足的"非遗"艺术，韩祖庙对面的戏棚被梆子老调等更大的剧种占据，秧歌身影久已难觅，即便是民间秧歌艺人，也与曾经承载滋养了这一艺术的民间信仰和民俗土壤渐行渐远。尽管如此，神灵的痕迹仍然未被全然抹去，京昆等大戏是这样，扎根并繁茂于前现代乡土民俗土壤的小戏更是如此。在今天，戏曲被不少人视为曲高和寡的传统文化之"粹"，而令它历经艰难仍能够葆有健旺活力，顽强生存至今的精义，

---

① 张占元：《定州秧歌史料》，定州市文学艺术界联合会，2008年，内部发行。

图8　韩祖庙前旧戏棚原址新建的东北齐文化广场

恰是在其芜杂"不粹"。心口相传，大浪淘沙，却淘不掉那个非奇不传又曲尽人情的戏中世界、那些怪怪奇奇与世道人心的绝妙组合。内涵丰富的女神信仰与叙事，从根本上说并不同于超越性、形而上的宗教信仰，而正可以视作底层女性与民间文艺在长期互动中形成的心照不宣的契约，一种富含现实功利的、自证合法性的修辞手段。如果说新中国文艺的创设实践因民间思维和力量的坚忍柔韧存在，而并未完全丧失延续性继承性的内在维度，那么随着关于"民族性"及其重要源泉"民间性"的认同因现实之变而愈加剧烈发生的整体性变化——与在西欧以工业革命为转折点，人们对自然理解的转变体现为"人们更为强烈地意识到自己是生活在社会之中，而不再是直面上帝的伦理存在"①

---

① ［美］安敏成：《现实主义的限制：革命时代的中国小说》，姜涛译，江苏人民出版社2011年版，第15页。

相类，今天的基层乡土也日益深处于由前现代伦理认同走向某种"去伦理化"的新历史意识的过渡期，新时代的文化传承与整合实践因之越发显现出其严峻的一面。而面对乡村空心化、妇孺老弱留守的现状，我们在思考如何使地方小戏等"非遗"回归人民性，和乡土重建富有活力的链接，重获现实对话能力等时代提出的问题时，女性文化与民间文艺的链接就更不容忽视，那些曾经发生的和正在发生的种种或许粗陋、或许曲折隐微、或许混杂泥沙的表达，承载着"她们"的现实认知、历史想象与充盈心曲，作为一种富有生活实感的集体记忆和地方性知识，值得人们去进一步地发掘。